本書爲國家古籍整理出版專項經費資助項目

道教典籍選刊

金蓋心燈

〔清〕閔一得撰
王卡
汪桂平點校

中華書局

圖書在版編目(CIP)數據

金蓋心燈/(清)閔一得撰;王卡,汪桂平點校. —北京:中華書局,2020.6(2024.10重印)
(道教典籍選刊)
ISBN 978-7-101-14569-4

Ⅰ.金…　Ⅱ.①閔…②王…③汪…　Ⅲ.道士-列傳-中國-清代　Ⅳ.B959.92

中國版本圖書館CIP數據核字(2020)第085463號

封面題簽：徐　俊
責任編輯：朱立峰
封面設計：周　玉
責任印製：管　斌

道教典籍選刊
金蓋心燈
〔清〕閔一得 撰
王　卡　汪桂平 點校
*
中華書局出版發行
(北京市豐臺區太平橋西里38號　100073)
http://www.zhbc.com.cn
E-mail:zhbc@zhbc.com.cn
三河市宏盛印務有限公司印刷
*
850×1168毫米 1/32・20¼印張・2插頁・367千字
2020年6月第1版　2024年10月第2次印刷
印數：3001-3500冊　定價:68.00元

ISBN 978-7-101-14569-4

道教典籍選刊緣起

道教是我國土生土長的宗教，歷史悠久，可以溯源到戰國時期的方術，甚至更古的巫術，而正式形成於東漢時期。它是我國傳統文化的重要組成部分，對我國人民的思維方式、生活方式、對古代科學、技術的發展，都產生過重大影響，並波及社會政治、經濟等各方面。

道教典籍極爲豐富，就道藏而言，有五千餘卷，是有待進一步發掘、清理和利用的文化遺産之一。爲便於國内外學術界對道教及其影響的研究，便於廣大讀者瞭解道教的概貌，我們初步擬訂了道教典籍選刊的整理出版計劃。其中既有道教最基本的典籍，也包括各種流派的代表作，有不少書與哲學、思想史關係密切。所有項目，都選用較好的版本作爲底本，進行校勘標點。

由於我們缺乏經驗，工作中難免有失誤之處，亟盼關心此項工作的專家和廣大讀者給以指導與幫助。

中華書局編輯部

一九八八年二月

總目録

點校説明

《金蓋心燈》八卷，清閔一得（號懶雲）編撰，知不足齋主人鮑廷博注，嘉慶二十二年（一八一七）成書。書中主要記述清前期全真道龍門派歷史人物的傳記，總計約有一百人。龍門派爲道教全真支派，奉金元時期全真道著名道士邱處機爲祖師，實際形成的時間可能在明代。相傳清初順治十三年（一六五六），龍門派第七代律師王常月在北京白雲觀登壇傳戒，康熙年間又移駕江南傳教，使全真道衰而復興，蹤跡遍及全國，成爲清代及民國時期最大的道教派別。其在道教中地位，猶如佛教禪門之臨濟宗。直至今日，以龍門派爲首的全真道，仍與龍虎山天師爲首的正一道並立，是影響最大的中國道教宗派。

清朝前期是龍門派勃興時期，江南滬甯杭及其周邊，則是龍門派傳播的主要地區之一。王常月及其弟子譚守誠等人，曾在此地區長期傳道，影響深遠。南京、蘇州、上海、杭州、湖州等地有衆多龍門弟子及宫觀道院，並形成諸多龍門支派。金蓋山在浙江吴興（今屬湖州），是清代江南龍門派一大道場。著名道士陶守貞（一六一六——一六七三）、閔一得（一七五八——一八三六）等，先後來此山中住持修道。在閔一得之前，已有一些高道撰寫過龍門派創教及傳承的著作，如范青雲《鉢鑑續》、陶石菴《金蓋雲箋》、吕全陽《白雲同門録》等，可惜都未能留傳下來。閔一得的《金蓋心燈》，即依據前人著述及其師友傳聞編纂而成，可以説是清中期以前有關龍門派歷史的集大成著作。

本書的注者鮑廷博，字淥飲，祖籍安徽歙縣，遷居浙江嘉興。他是清代著名的藏書家和文獻整理專家，以校刊《知不足齋叢書》聞名於世。這個儒士也是閔一得的好友，他爲《金蓋心燈》所做注釋，不僅解説文意，且引述五十二種文獻，對有關史實詳加考訂和補述。其中許多引述的文獻，都是現已不存世的道士著作或手稿，因此大大增加了閔氏《心燈》所記龍門派史實的可信性。此外，閔氏故交鮑錕爲《心燈》寫了很多評語，極富旨趣。

近年來，國内外道教史家對全真龍門派的研究漸成潮流，《金蓋心燈》則是學者們引證的主要史料之一。但此書尚未有按現代學術規範整理標點的文本。筆者近年因參與編寫《清史·宗教志·道教篇》工作，曾將此書校録一過，也想有機會將全書整理出版，以便學者查閲。此次標點所用底本，爲光緒二年（一八七六）金蓋山雲巢古書隱樓重刊本。其影印本收入杜潔祥主編《道教文獻》第十、十一册（臺北丹青圖書有限公司一九八三年十二月印行，中國社會科學院圖書館藏）。

有關吴興金蓋山的著作，還有吴興人李宗蓮所作《金蓋山志》。此書末還附録有閔一得所著《金蓋志略》，其書作於嘉慶十四年（一八〇九）。李宗蓮在其書自序中，批評閔氏《金蓋志略》闡揚道教。因此，他對金蓋山史實的記述不同於閔氏，可供治史者參考，故一併整理刊出。經查，《金蓋山志》有北京大學圖書館藏光緒二十二年（一八九六）古書隱樓刻本，和中國國家圖書館藏光緒二十五年（一八九九）古書隱樓重刊本兩個本子。兩者相較，主要區別有二：（一）前者比後者多出了「湖州金蓋山全圖」、「湖州金蓋山古梥花觀全圖」兩幅圖；（二）兩者的跋文稍有差異。此次點校，以《中華山水志叢刊》（石光明、董光和、楊光輝主編，國家圖書館分館編，線裝書局二〇〇四年版）山志卷第二十册影印收録的中國國家圖書館藏光緒二十五年（一八九九）古書隱樓重刊本爲底本，用北大圖書館藏本補足底本的缺圖，並把北大圖書館藏本的跋文整理出來，附在底本跋文的後面，供讀者參考。

又，道光十六年（一八三六）閔一得去世後，其後學弟子繼續闡揚龍門派，在江南各地開創不少雲壇支派。其中，清末光緒年間創立的海上覺雲壇，是較爲興旺的一個支派。民國十六年（一九二七），該壇總理戴本珩編成《龍門正宗覺雲本支道統薪傳》一書，記述閔一得之後其宗派傳承源流。此書近年亦受到學者重視，屢見引述，今亦一併標點，與

《金蓋志略》一起附在閔氏《心燈》之後，以備參考。所用底本爲中國社會科學院圖書館收藏。

最後再就整理體例做點説明。一、《金蓋心燈》底本上的鮑錕評語，一部分以小字的形式散見於各行之間的空白處，一部分以大字退格的形式附在有關各篇傳記之後。爲方便排版和讀者閲讀，我們根據上下文意將小字評語移入正文相應位置，作仿體小字，逐條之首皆冠以用【】括注的一個「評」字，以區别於小字宋體的鮑廷博注文；大字評語亦作仿體，整體退格，以區别於正文大字。二、鑒於《金蓋心燈》版本單一，無校本可用，我們在一些文意比較晦澀的地方，用〔〕括補少許文字，以疏通上下文義；在個别錯誤的文字後，用（）括出正確的字，但不改原字。三、這三部文獻中的年號、干支紀年之後，亦均以（）注明公元年代。

整理不當之處在所難免，敬請讀者指正。

點校者

金蓋心燈

目録

重刊金蓋心燈序

金蓋山古稱横山，有南北二隖，北爲桐鳳，南爲何山。山水縈迴，雲樹隱翳，乃吾湖一勝區也。本晉陸簡寂之故居，葛稚川、張玄真皆嘗遊此。宋沈東老爲秉成七十世祖，嘗於東林山遇回仙，有榴皮題壁之事，其後夢入桐鳳隖，見回仙曰止我，乃築齊假龕，於隖祀之。蓋東林、金蓋相望十數里，而幽邃相似，宜真靈之往來游息也。元時趙虚靜，受長春真人之傳，龍門一派遂爲道家大宗。五傳至沈頓空，實居金蓋，而金蓋又爲龍門真傳，山水爲之生色矣。然游覽者徒流連於沙岡竹嶼之間，而於人物源流，與夫忠臣孝子、高人逸士曾託迹於其間者，語焉而不能詳，斯亦考獻者之憾事也。

懶雲閔先生，爲吾鄉先達。曾服官滇南，中年即解組歸，淡泊寡營，凡於道家之書無乎不讀。所居金蓋山側，習聞山爲回仙舊游地，因著爲《心燈》一書，取釋氏傳燈之義。其書首列道譜，繼叙龍門宗派，人繫一傳；而名宦高人，以及閨閣之貞妻、禪林之尊宿，亦坿載其後。用筆之謹嚴，叙事之簡當，駸駸乎入遷固之室而嚌其胾。雖其言託於神仙之説，而意則原本忠孝，豈符籙丹汞幻化之術所可同日語哉？秉成不獲親炙先生之言論丰采，而宦輸靡定，遥望金蓋，又不獲時探其勝，然讀先生書而想像遺風，不啻置身於蓮莊雲壑間矣。是書刻於道光辛巳(一八二一)，亂後板毁，爰重刻之，謹爲之序。

同治癸酉(一八七三)孟冬，歸安沈秉成序。

張來濟、李來述同校

〔嘉慶初刊序〕

吴興金蓋山，爲吕仙純陽子化身所遊地。故山之爲道家説者，世世事吕仙，久而不懈。予觀自古所稱仙人，若洪厓、安期、羡門之屬衆矣，而近世道俗所尊奉者，莫若吕仙。今天子御極之五年，因民情所信向，特錫「玉清贊化」四字，以褒崇之。夫玉清之化，即所謂「惟天陰騭下民，相協厥居，而彝倫攸叙」者也。聖人與天合德，而知天之道。仙能贊之，則以見仙之道固有可信，而非爲方士迂談不經之説也，明矣。

懶雲閔先生居吴興，習聞金蓋山之事吕仙，而道之源流可考也，因著爲《心燈》一書。其言謂吕仙之道遞傳邱長春，長春以不嗜殺人一語感動元世祖，蓋本吾儒之説託之道家以救世者。弟子趙虚靜克紹厥學，嗣爲龍門派，數傳而至陶靖菴，居金蓋之雲巢，金蓋之言道者宗焉。居常訓其徒，以爲天上神仙皆是人間孝子忠臣，不必有子午烹鍊、休粮出俗之行也，神通法術乃駐世神仙萬不得已一行之事，豈吾道所尚哉。然則彼傳吕仙之道者，固惟以忠孝爲本，能忠孝則爲悌弟、爲信友，而於人倫之道無不盡仙。〔儒者〕以是贊化於上，則生烝民而有物有則，俾之各適於道者，此也。道家守其説於下，則本斯理以徹上徹下，修之而登於真者，亦此也。斯非其説之通於吾儒者歟？先生中歲嘗服官滇南，及丁外艱歸，遂侍養其母以終天年，不復謁選，居家以孝友訓子弟。其遠祖牧齋公墓，久莫知所在。先生積年訪求，乃得之餘杭朱葛里，即贖歸其地而修葺之，雖以罄其私，弗惜也。其篤於報本若此，以視祖尚玄虛而置庸德庸行於不講者，豈可同日道哉。

予於道家之書未嘗寓目，蓋以齋醮符録、服氣錬丹之術紛然雜出，故置弗觀焉。獨先生此書所述龍門派，一以清虚自然爲宗而不事神奇，與老聃莊列之説爲近。至其原本忠孝，則其指并不悖於聖賢矣。爰爲書其簡端而歸之。

嘉慶二十二年歲在丁丑（一八一七）冬至日，太倉蕭掄拜序。

〔鮑錕評點序〕

苕上閔譜芝先生，與予傾蓋交也，而相見如故。其兄裕仲先生，與予有同年契，於三十餘年前，即知有譜芝其人。則予與先生實白頭交也，而相接如新。今年秋，先生來武林，寄瓢於予之西鄰，因聲氣之應求，遂得數數覯，乃出此編以見示。焚香讀之月餘，覺心目間爲之朗然。掩卷端坐以臨之，則恍惚若有所得。復展而揣之，則又若千珍萬寶之錯落於其間，而美不勝挹。吁，予讀書七十年來，何獨於是編掩卷了然，而開卷翻茫然也？蓋神志融則清明在躬，耳目煩則心氣俱耗。始也會以得夫悟，繼也悟以樞其會，此讀書之道也。以己之心，度人之心。讀是書者，予固老邁不足道，然而天下之如予者，良復不少，使皆嘅寤嘆於望洋，而不求其門而入，則不第有負我先生撰述之初心，亦且辜刊而傳者之嘉惠焉，烏乎可？或者曰：閔先生是書之作，志在發潛德幽光已耳。殊不知稱先則古，莫非後起之先聲。道在我躬者，其繼往即以開來，其光前正以裕後。但所可必者，前之人言彰行表以既往；所不可必者，後之人清心明目而來也。

予敢以求道之志，體先生之心，棲神遊目於其間兩閲月，而靈關四達，始得爲之點綴如左。蓋不勝有描心畫角之態。至其文心之敏妙，字句之精嚴，篇章之紀律，予間嘗稱道之，然大意不在乎此也。古有人入山而患其路之太岐，爰爲處處立杆標以示之，予亦準此意也。雖然，欲知山下路，還問過來人。予以三十年前，訂白頭之神交於先生，而今始得遇先生於傾蓋間也。予已老而將髦矣，然其敢倦乎哉？因自勗遂以勗後人。用特揭此意，以序其簡端。

嘉慶十九年歲次甲戌（一八一四）冬至前三日，古杭學弟鮑錕敬序於大德觀址之寂甯閣。時年七十有九。

〔鮑廷博集注序〕

懶雲子以禮去官，以病入山，二十年矣。其存心也，忠孝以敬；其守身也，純粹以精；其與人也，慈祥而溥；其爲文章也，有淵雲之氣機，有班馬之疏達。山居日久，著作頗多，均堪傳世。庚午（一八一〇）秋夕，出其師傳源流卷册，並所撰《心燈》七卷，商訂於余。夫以千百年來流風逸韻，與名山俱隱而未彰，一旦有揭之而行，咸使昭如星月。且其立言得體，崇道德，薄神通，筆筆精嚴，言言矩矱，誠乎其可以信今，可以傳後矣。惟是宣尼有言曰：「夏殷之禮能言之，而杞宋不足徵，文獻不足故也。」若懶雲子幸得以父老之流傳，復徵文以考獻，積十餘年耳目心思之力，而成於兩旬日之間，蓋有足多者矣。余恐後之人以傳文之或異，而騰其口説也，爰摭其所本據者集注之，第不免有闕漏遺譏於作家云爾。

嘉慶十六年歲在辛未（一八一一）三月上巳，新安同學弟鮑廷博既集注已，乃拜叙於古書隱樓。時年八十有四。

金蓋心燈徵考文獻録

鮑廷博訂

凡五十二種：

晉　書　　新唐書
南北宋書　　元　史
明　史　　浙江統（通）志
湖州府志　　烏程縣志
餘杭縣志　　天台縣志
金蓋志略　　東林山舊志
桐柏山志　　洞霄宮志鄧志、聞人志。
金鼓洞志　　虎邱新舊志
雲林寺志　　道　紀
道　譜　　道脉源流
復陽得道記　　復陽傳道記以上二種並採入《鉢鑑》。

鉢　鑑王崑陽纂,《揚氏逸林》多採之。
鉢鑑續范青雲纂。
金蓋雲箋陶石菴纂,徐紫垣訂。
白雲同門録呂全陽纂。
東原語録呂全陽纂刊。
樵雲紀事録
輟耕録
白漾漁人聞見録以上二種採入《揚氏逸林》。
淨土聖賢録
三江詩史
湖海蠡言靖菴先生著。
江湖樞要集陶、黄合纂。
湖墅紀聞
菰城拾遺以上五種俱採入《揚氏逸林》。
揚氏逸林揚慎菴纂,無名氏序刊。
閔氏家乘
韓氏日記
三山問答此二種採入《揚氏逸林》。
太平廣記
林靈素古真考
淨明真詮
至真經
麻衣易斷
蝶夢齋筆談以上二種並採入《揚氏逸林》。
佛祖統紀
靈峰宗論
觀經初門
餘學齋集以上四種並採入《淨土聖賢録》。
閔莊懿公詩文集
國初閎文集續刊

道譜源流圖

謹按：雲隱呂律師所纂原本以玄玄皇帝爲道祖，以純陽帝君爲道宗，今仍之。

道祖

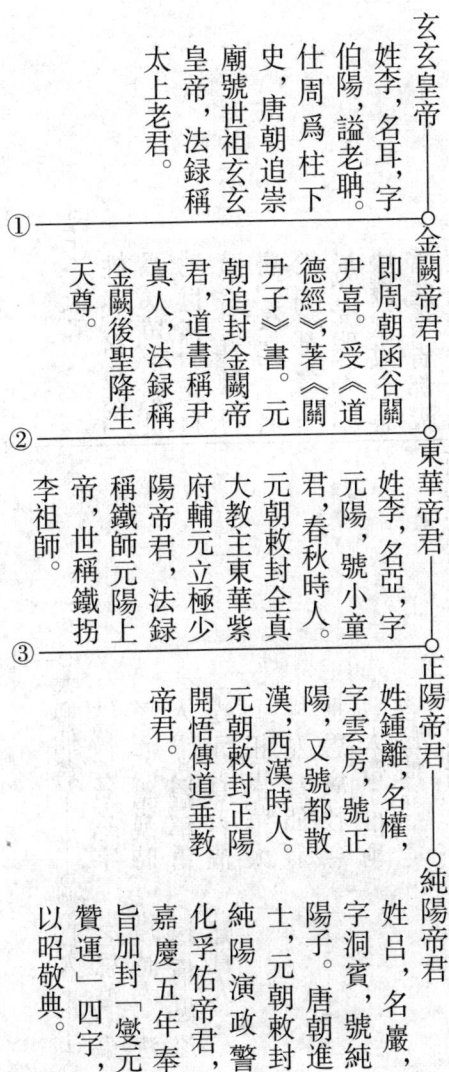

玄玄皇帝　姓李，名耳，字伯陽，謚老聃。仕周爲柱下史，唐朝追崇廟號世祖玄玄皇帝，法録稱太上老君。

①

金闕帝君　即周朝函谷關尹喜。受《道德經》，著《關尹子》書。元朝追封金闕帝君，道書稱尹真人，法録稱金闕後聖降生天尊。

②

東華帝君　姓李，名亞，字元陽，號小童君，春秋時人。元朝敕封全真大教主東華紫府輔元立極少陽帝君，法録稱鐵師元陽上帝，世稱鐵拐李祖師。

③

正陽帝君　姓鍾離，名權，字雲房，號正陽，又號都散漢，西漢時人。元朝敕封正陽開悟傳道垂教帝君。

純陽帝君　姓呂，名巖，字洞賓，號純陽子。唐朝進士，元朝敕封純陽演政警化孚佑帝君，嘉慶五年奉旨加封「燮元贊運」四字，以昭敬典。

①正一天師

姓張，名道陵，爲漢留侯張良七世孫，先獲黃帝九種丹書，後遇老君於蜀都之玉局，受盟威品，法籙全成上證雷霆泰省都天大法主六合無窮高明大帝，封號正一輔元神化靜應顯佑真君。道傳其子衡，子子相傳爲正一派，居江西龍虎山。

②西華帝君——果老仙師

西華帝君：姓王，名駘，字玄甫，春秋時人，元朝敕封帝君。

果老仙師：姓張，名果，號果老，唐玄宗朝授銀青金紫光禄大夫，後還恒山。

南華莊子

名周，嘗爲楚國漆園吏，著有《南華經》。

③太極仙翁——鄭真人——抱朴子

太極仙翁：姓葛，名玄，字孝先，東漢時人。法録稱雷霆元省天樞上相東華太極左宮仙翁垂恩廣救慈悲大帝，世稱老葛仙翁。

鄭真人：名思遠，東漢時人，法録稱思遠鄭真人。

抱朴子：姓葛，名洪，字穉川，號抱朴子，爲太極仙翁之姪孫，世稱小葛仙翁，著有《抱朴子》。

道　宗

純陽帝君

柳真君
名棨，字飛卿，晉代人，至唐朝得度，後封宏教真君。

韓真君
昌黎伯之姪，名湘，元朝封宏教真君。

陳真君
名七子，後唐時得度者，世稱藍采和，元朝封宏教真君。

曹真君
宋之外戚名臣曹彬之孫，世稱曹國舅，元朝封宏教真君。

何仙姑
本男子，姓徐，名聖臣。嘗出定，家人殮其屍，及返，適有何氏女新死，遂附焉。後得度去世，人稱何仙姑，元朝封元君。

海蟾帝君——紫陽真人——杏林真人——紫賢和尚——陳泥丸祖師

海蟾帝君　姓劉，名操，嘗爲遼相，得度來南，自號海蟾道人，元朝敕封海蟾明悟宏道純佑帝君，是爲南宗啓教祖師。

紫陽真人　姓張，名伯端，字平叔，號紫陽，北宋時人，著有《悟真篇》，雍正十一年奉敕賜號禪仙。

杏林真人　姓石，名泰，字得之，號杏林，亦宋時人。

紫賢和尚　姓薛，名道光，號紫賢，初爲僧，與紫陽真人友，後遇石杏林真人，乃授以道。

陳泥丸祖師　名楠，字南木，號泥丸，一號翠虛翁，宋朝人，著有《翠虛篇》。

——白紫清真人——彭鶴林祖師

白紫清真人　本姓葛，名長庚，後繼海南白氏，名玉蟾，字以閲衆甫，自號紫清真人，著有詩文全集行世。

彭鶴林祖師　名耜，字鶴林，宋末時人，啓細林正宗。

以上張、石、薛、陳、白五代爲南宗五祖。

留紫元真人
名元長，亦宋時人。

鞠九思

沙道路

重陽帝君
姓王，名嚞，號重陽，又號害風，南宋時人，元世祖時敕封重陽全真開化輔極帝君，是爲北宗。

長春帝君
姓邱，名處機，字通密，山東文登縣人。重陽帝君授以至道，潛修龍門山，後應元世祖皇帝三聘出山，一言止殺，天下初定，復遣其十八大弟子，分十八路以招撫天下流民，全生安堵。皇帝乃追封其傳道師五代，皆加

趙大宗師
名道堅，號虛靜，南陽新野人，敕封混元宗師。真君傳以心印、衣鉢，付三大戒，并以元世祖皇帝命開龍門派御賜二十字輩密付之，使日後流傳戒法，爲龍門正宗第一代律師。
以下流傳另譜支派圖。

宏濟真君

姓程，名濟，明建文朝臣。

崇帝君號，敕封長春爲長春全德神化明應主教真君，稱以儒仙，命主全真道教，開龍門正宗派，並封其同學者六人，其十八大弟子皆以招撫功賜封號，爵大宗師。真君成道後，奉敕供奉其像。乾隆年間，高宗純皇帝御題聯句讚曰：「萬古長生，不用餐霞求秘訣；一言止殺，始知濟世有奇功。」

長生真君

姓劉，名處玄，字〔通妙〕，號長生，封長生輔化宗玄明德真君，開隨山正宗。

宋大宗師

名道安，賜號太元。

尹大宗師

名志平，賜號清和。

孫大宗師

名志堅，賜號太素。

夏大宗師

名志誠，賜號守一。

宋大宗師

名得方，賜號太玄。

主大宗師

名志明，賜號清真。

于大宗師

名志可，賜號光範。

張大宗師

長生真君
姓劉，名處玄，字〔通妙〕，號長生，封長生輔化宗玄明德真君，開隨山正宗。

長真真君
姓譚，名處端，封長真凝神玄靜蘊德真君，開南無正宗。

丹陽真君
姓馬，名鈺，封丹陽抱一無爲普化真君，開遇仙正宗。

太古真君
姓郝，名太古，封太古廣甯通玄妙極真君，開華山正宗。

名志素，賜號沖和。

鞠大宗師
名志圓，賜號抱朴。

李大宗師
名志常，賜號崇真。

鄭大宗師
名志修，賜號光教。

張大宗師
名志遠，賜號凝神。

孟大宗師
名志穩，賜號敷化。

綦大宗師
名志玄，賜號洞明。

何大宗師
名志清，賜號明真。

玉陽真君

姓王，名處一，封玉陽體玄廣慈普度真君，開嵛山正宗。

楊大宗師

名志靜，賜號明遠。

潘大宗師

名得沖，賜號沖和。

清淨元君

爲馬丹陽真君之妻孫氏，名不二，敕封清淨淵真玄虛順化元君，開女真清淨正宗。

以上邱、劉、譚、馬、郝、王、孫七宗爲北宗七真。

劉仙姑

龍門正宗流傳支派圖

謹按：此圖譜列諸真有本傳者，無庸贅注。間有一二未列傳者，則注其出跡。其有生平開講一方、流傳宗律或改傳科法者，則註其啓何支派，以見道之統系，俟其後之達者祖述焉爾。嗣宗第十一代閔一得謹識。

自第一代至第十四代

第一代 即抱元宗師 趙虛靜律師—○第二代 張碧芝律師—○第三代 陳沖夷律師—○第四代 周大拙律師—○第五代 張無我律師—○第六代 趙復陽律師

自周律師傳張、沈二人，始有律師、宗師之分。

第七代 王崑陽律師

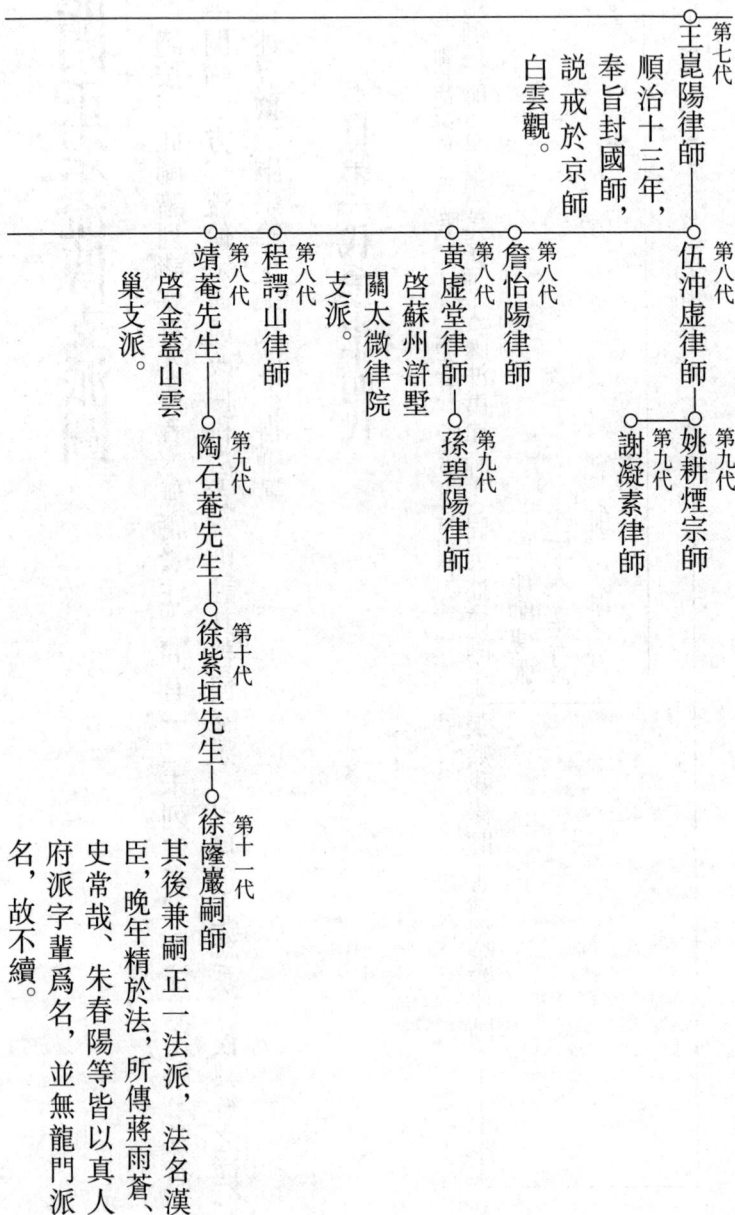

順治十三年，奉旨封國師，說戒於京師白雲觀。

第八代 伍沖虛律師

第九代 姚耕煙宗師

第九代 謝凝素律師

第八代 詹怡陽律師

第八代 黃虛堂律師

啓蘇州滸墅關太微律院支派。

第九代 孫碧陽律師

第八代 程謂山律師

第八代 靖菴先生

啓金蓋山雲巢支派。

第九代 陶石菴先生

第十代 徐紫垣先生

第十一代 徐嶐巖嗣師

其後兼嗣正一法派，法名漢臣，晚年精於法，所傳蔣雨蒼、史常哉、朱春陽等皆以真人府派字輩爲名，並無龍門派名，故不續。

第八代 黃赤陽律師 駐杭州大德觀，即今之寂甯斗閣。

第九代 周明陽律師 啓杭州金鼓洞支派。

童融陽律師

許青陽律師

二人嗣王永甯律師。

第十代 戴停雲律師

第十一代 駱聖哲嗣師

第十一代 戴聖學嗣師

第十一代 徐聖宗嗣師

第十二代 蔡天一嗣師

第十三代 戴北莊律師

張復純 現主金鼓河。

第十代 方凝陽律師

徐嶐巖嗣師 後入金蓋，嗣紫垣先生。

第十代 謝賓陽律師

第十代 高東籬宗師 主講天台桐柏山崇道觀，嗣范青雲宗師，啓桐柏宮支派。

第十一代 方鎔陽宗師

第十二代 顧滄洲宗師

第十三代 王嶧陽宗師 啓蘇州裝嫁橋斗母宮支派。

第十四代 潘雪峰律師

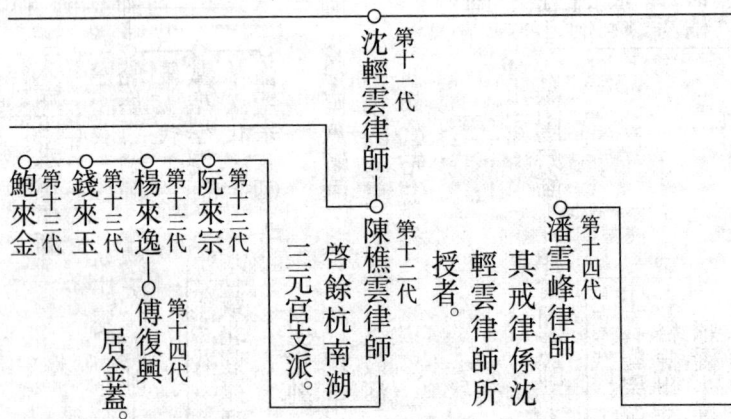

其戒律係沈輕雲律師所授者。

第十一代 沈輕雲律師——第十二代 陳樵雲律師

啓餘杭南湖三元宮支派。

第十三代 阮來宗

第十三代 楊來逸——第十四代 傅復興

居金蓋。

第十三代 錢來玉

第十三代 鮑來金

第十二代 周梯霞律師 啓餘杭銅山半持菴支派。

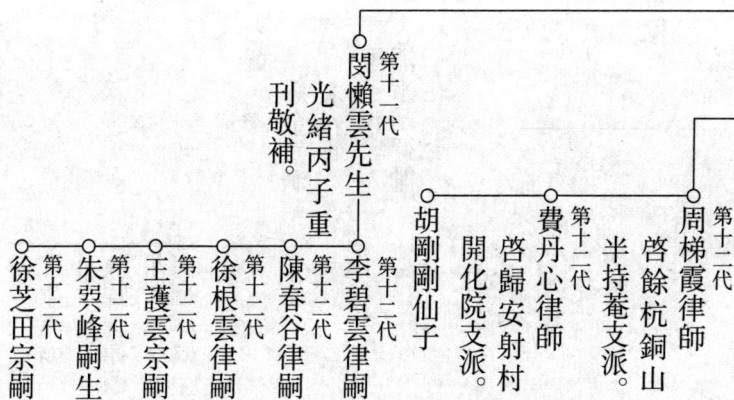

第十二代 費丹心律師 啓歸安射村開化院支派。

胡剛剛仙子

第十一代 閔懶雲先生 光緒丙子重刊敬補。

第十二代 李碧雲律嗣

第十二代 陳春谷律嗣

第十二代 徐根雲律嗣

第十二代 王護雲宗嗣

第十二代 朱巽峰嗣生

第十二代 徐芝田宗嗣

第九代 王永甯律師

第十代 金靜靈律師——黄一陽 居金鼓洞，未列傳。

第十代 孟逸陽律師——第十一代 潘素靖律師

第十代 葉旻陽律師

第十代 童融陽律師 嘗主天台桐柏宫講席。

第十二代 江生默齋

第十二代 陳歸雲律嗣

第十二代 高薌雲嗣生

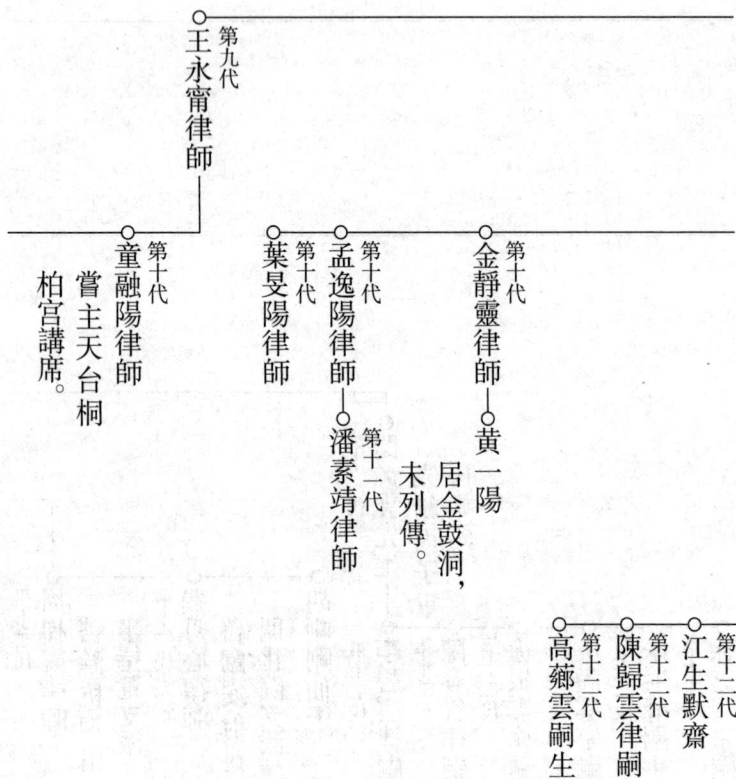

第八代
呂雲隱律師
啓蘇州冠山支派。

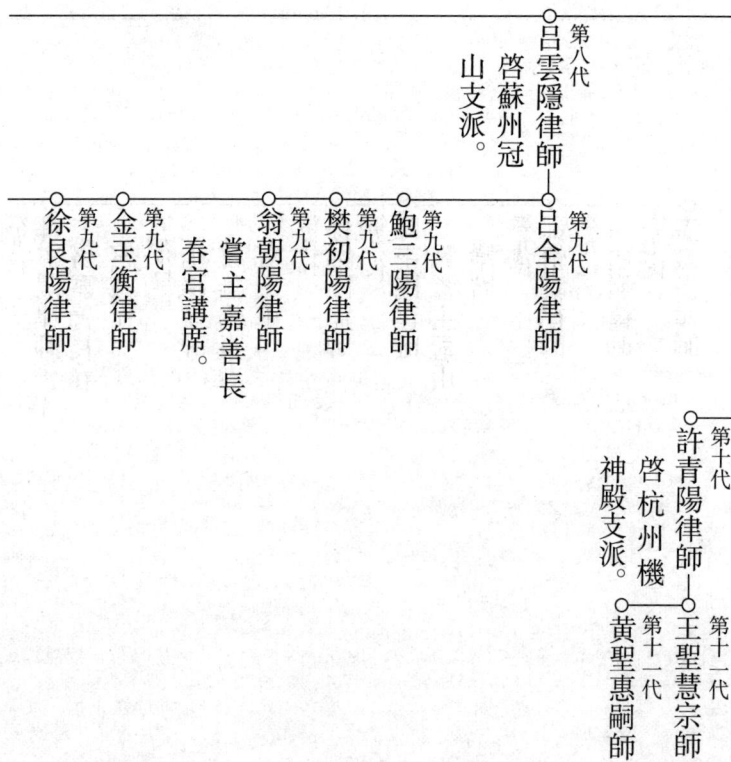

第九代
呂全陽律師

第九代
鮑三陽律師

第九代
樊初陽律師

第九代
翁朝陽律師
嘗主嘉善長春宮講席。

第九代
金玉衡律師

第九代
徐良陽律師

第十代
許青陽律師
啓杭州機神殿支派。

第十一代
王聖慧宗師

第十一代
黃聖惠嗣師

第九代
邱寅陽律師
啓嘉善長春宫支派。

第九代
錢函陽律師
啓無錫長春宫支派。

第九代
孫則陽律師

第九代
歸南陽律師
嘗繼主冠山講席。

第九代
邵悟真律師

第九代
徐鶴嶺律師

第九代
潘無盡律師

第八代 金筑老人——第九代 潘牧心律師——第十代 王洞陽律師——第十一代 潘天厓律師

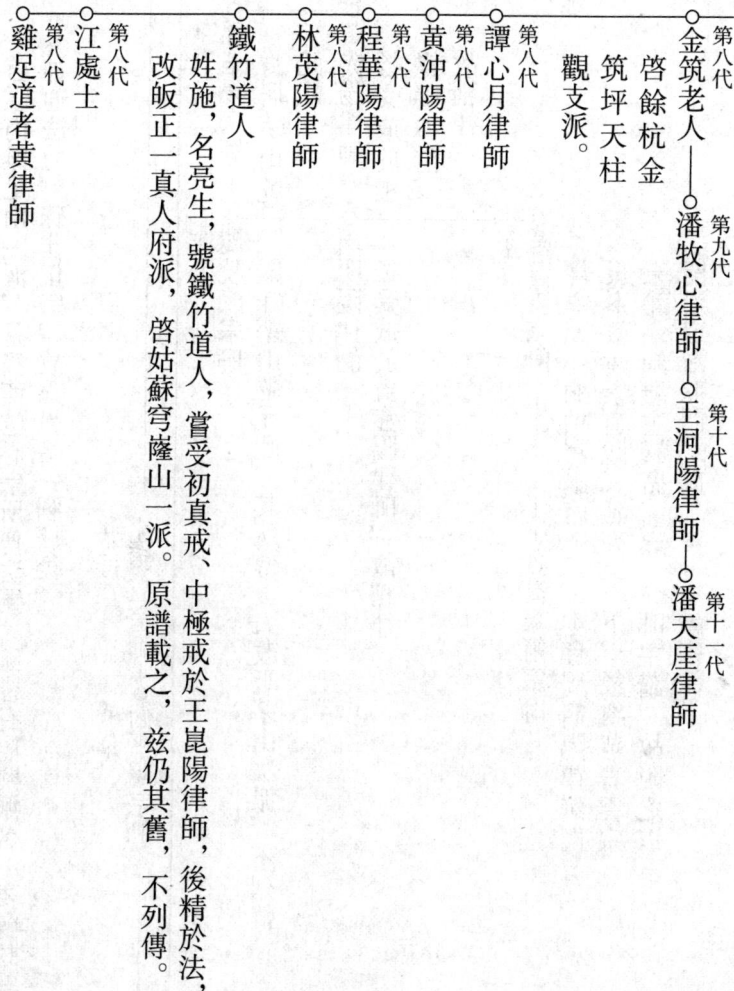

啓餘杭金筑坪天柱觀支派。

第八代 譚心月律師

第八代 黄沖陽律師

第八代 程華陽律師

第八代 林茂陽律師

鐵竹道人

姓施，名亮生，號鐵竹道人，嘗受初真戒、中極戒於王崑陽律師，後精於法，改皈正一真人府派，啓姑蘇穹窿山一派。原譜載之，兹仍其舊，不列傳。

第八代 江處士

第八代 雞足道者黄律師

啓雲南雞足山一派，是爲西竺心宗所傳法嗣。雖皆有龍門派名，要各眩其神通法力，殊非正宗，故爲另譜一圖於後。

第五代 沈頓空宗師——第六代 衛平陽宗師

第七代 沈太和宗師 晚年駐茅山。

第八代 孫玉陽宗師 嘗居茅山乾元觀。

黄赤陽律師 後受戒於王崑陽律師，故稱律。

第九代 閻曉峰宗師 繼守茅山乾元觀，其所傳後人改皈茅山法派，不列傳。

周明陽律師 後受戒於黄赤陽律師，故稱律。

第九代 范青雲宗師 嘗主天台桐柏宫講席，後奉敕建崇道觀，延高東籬宗師繼主講席，遂開崇道觀龍門宗派。

高東籬宗師 本係周明陽律師門下，後繼范青雲宗師主講，故附之以續宗派。

龍門分派西竺心宗流傳圖

凡五代，實龍門第八代至第十二代。

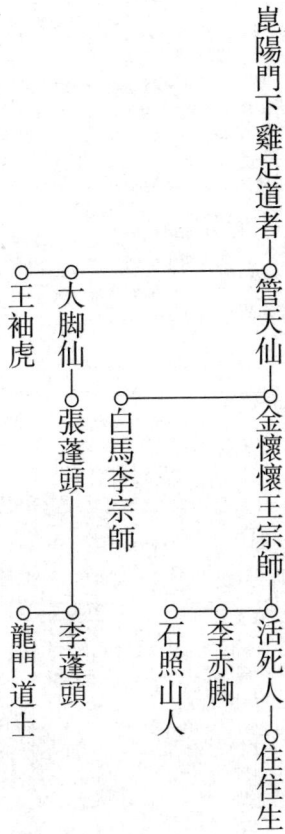

- 崑陽門下雞足道者
  - 管天仙
    - 金懷懷王宗師
      - 活死人
        - 住住生
      - 李赤脚
      - 石照山人
    - 白馬李宗師
  - 大脚仙
    - 張蓬頭
      - 李蓬頭
      - 龍門道士
  - 王袖虎

金蓋心燈卷一

新安鮑廷博淥飲注

武林鮑錕薇菴評

龍門正宗第一至第七代，凡傳十篇。

趙虛靜律師傳

師姓趙，名道堅，號虛靜，南陽新野人。初業儒，博聞强記，精於體認，【評】希賢希聖之功。不能爲應世學。至性淳慎，言語謹默，鄉里稱古人。【評】信而好古。喜參道典，尤善莊老，【評】和光同塵。與世浮沉，父兄不之識也。聞七真演教，獨攜瓢笠，【評】能自得師。謁長春邱祖。《道譜》載：長春真人姓邱，名處機，字通密，山東文登縣人，生於金遼之地。王重陽祖師度之入道，潛修龍門蟠溪諸深處。後爲元世祖皇帝三聘出山，遂一言止殺。天下初定，復遣其十八大弟子，分十八路以安撫天下，流民因而安堵全生者無算。世祖乃敕封真人以「長春全德神化明應主教真君」，號曰儒仙，主全真道教，開龍門派。追封其傳道師五代，皆加封帝君，並封其同學劉長生、譚長真、馬丹陽、郝太古、王玉陽、孫不二爲七真，各開道派，謂之「金蓮七宗」。譚、劉、馬、郝、王五真亦各加號敕封真君，孫亦加號封元君。其門下十八大弟子，以招撫功，皆賜封號，爵大宗師。○愚按全真道派，邱祖師一振之，遂大行於天下焉。誠敬精嚴，【評】敦厚崇禮。執弟子禮。邱祖與語而奇之，曰：「此玄門柱石，天仙領袖也。他日續心燈而流傳戒法者，【評】「心燈」名書殆取諸此。必此子矣。」【評】確似聖門顔子。遂侍祖游燕闡教，凡有作爲，不言自合，【評】與道合真。或侍終夜，不發一語。祖乃傳以清虚自然之秘，棲隱龍門者多載。《道譜》載：出撫西北路七載，安堵流民二十餘萬人。○《逸林》載：退修龍門十有七載。○愚按此篇蓋本諸《鉢鑑録》。復出，侍祖於白雲觀，統大衆。《道譜》載：首座趙律師，奉元世祖皇帝敕，賜封號抱元趙大宗師。師於至元庚辰元世祖之十七年，乃大一統元年也。正月望日，受初真戒、中極戒，如法行持，無漏妙德。【評】廣大精微。祖乃親傳心印，付衣鉢，受天仙戒，贈偈四句，以爲龍門〔開〕派，計二十字，《逸林·全真録》載：元世祖賜開龍門派欽定二十字。即「道德通玄静，真常守太清，一陽來復本，合教永圓明」之源派也。【評】特標派字，以領五卷八十餘篇全脉。師謹識之，未敢妄泄。是爲龍門第一代律師。

〔師〕行維戒律精嚴，威儀整肅，【評】文章可見，性道難聞，傳之得體。弟子中鮮有當意者。【評】不得中行而與之。修持凡三十年，功圓行滿，將示化，【評】得人之難。始以戒法口訣，於皇慶壬子年元仁宗元年（一三一二），距至元庚辰（一二八〇）已三十三載。十月望日，鄭重其禮，【評】尊師重道有如此者。親授河南道士張碧芝，名德純。此篇暨以下四篇，一本於《鉢鑑録》。較之原傳，其文稍簡。言言繩墨，字字精嚴。渌飲翁謂《心燈》八卷，其字句都從天平兑過，更無一錢可上下者，纔閲首篇，已信。

張碧芝律師傳

師姓張，名德純，本名珩，號碧芝，開封、洛陽富室子。形容魁偉，性豪俠，多致術士丹客，講摩不倦。家因破而病作，乃悟所行皆妄想，【評】惟狂克念作聖。無益身心性命，遂棄家爲道士，滌除舊習，專精玄旨，年已三十餘矣。聞龍門衣鉢已付趙祖，遂以弟子禮事虚靜律師，歷年十八，一無指授，而誠敬不之移。祖知爲道器，將示化，始呼至前，囑曰：「昔我子邱子大闡玄風，廣行教化，其間得道承宗者，豈爲鮮少，乃獨以無上之道傳付於我，今又三十年矣。不敢輕授匪人，以辱太上正宗，得子以承，我事畢矣。汝其珍重以持。」【評】丁甯鄭重，何異典謨。師跪而受之，遂隱華山，肩荷律教有年。《逸林》載五十餘年，此仍本于《鉢鑑録》。是爲龍門第二代律師。運至大元至正歲次丁未元順宗之三十五年，爲改元至正之二十七年（一三六七），實元代之末年也。距皇慶壬子（一三一二）已五十有六載。七月望日，以傳東昌陳致中，名通微。師遂遐隱，不知所終。【評】得弛負擔，我事畢矣。

前篇天然妙質，此則有意裁成。運筆精嚴，傳神言外。

陳沖夷律師傳

師姓陳，名通微，原名致中，號沖夷子，山東東昌人。早喪父母，往來羽流間，學正一驅邪祈禱之法，大著靈異，人爭事之。師苦其煩擾，爰盡棄之，逃至華山。過碧芝張祖精舍，見祖誦《道德經》，神志恬適，顧其左右，皆儀度閒雅。【評】傳神阿堵，運筆於虛。師禮足長跪請教，祖不答。進叩如前，遂止宿，且深自抑損者久之，始得改授今名，叠承三戒。以上參考於《鉢鑑》、《逸林》兩書，特删去其各種神異事蹟。嗣是謹行妙德，苦志玄功，【評】一生精進，具此八字。秦晉之間，多所闡揚，爰度羽流，周遊有年。以上悉本之《鉢鑑》，其事跡殆不可考。不得遇，乃入青城。至洪武丁卯明太祖二十年(一三八七)，距前元丁未已二十有二載。正月望日，廼以戒法傳西安周大拙名玄朴而隱。是爲龍門第三代律師。

精琢數筆，具見全神，文亦得居敬行簡之法。

周大拙律師傳

師姓周，名玄朴，原名知生，號大拙，陝西西安人。賦性不凡，耽玄教，【評】是學究天人之本。躬耕自樂，而運值元季，郊野多事，不能安居，遯隱終南。又會土寇倡亂，徵聘異人術士，搜求甚急，【評】想當時已名震天下者也。遂棄家入青城山，《道譜》載，時年四十八。皈依陳祖沖夷子，擔荷戒法。以上俱本之《缽鑑》。是時玄門零落，有志之士皆全身避咎。【評】極摹世景零落，爲前後各篇中一段當行文字，深得繪影繪聲之法。師隱青城，不履塵市五十餘年，面壁内觀，不以教相有爲之事累心。弟子數人皆不以闡教爲事，律門幾致湮歿。以上五十八字本之《缽鑑》，而刪其繁詞。住世一百一十年，始得天台道者張宗仁承當法戒，此本《缽鑑》。【評】傳戒。復得頓空氏承傳宗派，【評】傳宗。重負乃釋。此參考於《缽鑑》及《缽鑑續》二書，其説大同而小異。【評】律宗始分於此。師顔色如童，足登峰頂如履平地。於景泰庚午歲明代宗元年（一四五〇），距洪武丁卯（一三八七）六十四年。十月望日他適，不知所終。【評】既釋重負每自。是爲龍門第四代律師。宗仁，（法）名靜定。頓空氏，名靜圓，姓沈，原名旭。

筆多借映，有江中石壁之趣，故簡練中頗覺光芒四射。

張無我律師傳

師姓張，名靜定，原名宗仁，浙江餘杭人。世業儒，精通性理。永樂間，按《缽鑑》載成祖朝，是也。《東原語録》載成化朝，化字疑悮。茲從《缽鑑》。舉明經，不能趨時，隱居不仕，講學於苕溪。父母既葬，慨然有物外之志，謂其子曰：「了此一件人子大事，吾此形骸不復累爾矣。」【評】談何容易，乃竟慨乎言之。天地雖闊，我當逍遥其間，安能拘拘於老學究，坐以待死耶？」【評】何等胸襟。遂遊名山，參訪高人達士。嘗言：「若有陳沖夷，吾當北面事之。」至天台而喜，依止黄冠家，羽士三四人以師事之，亦不卻，吟咏唱和，精入玄元，經典丹訣，一覽即解。《東原語録》稱其著作頗多，後皆燬棄。盤桓十餘年，體顔子之坐忘，子綦之喪耦也，更號無我，【評】其道已得。弟子益衆，然猶志在訪求。【評】不自滿假。一日，有乞食道者【評】伊何人耶？周大拙耶？陳沖夷耶？曰：「天台景致不如青城，師何不一遊？」遂遠遊青城，至山即聞周真人道德之名，登涉月餘始相見。不覺屈膝曰：「真我師也。」印證不數語，真人曰：「道雖如是，有一大事託子。」【評】可見道之爲物，本無可傳。可傳者，入道之蹊徑耳。乃舉如意、戒律、師派授之，曰：「雖時當晦蹟，先聖一脉不可不續，後當擇一至士授之，再傳而行矣。」【評】蓋明知王崑陽之應時行道者。仍還隱天台。《道譜》載：無我律師居天台山，年已六十餘，得青城山周大拙祖師遣徒招之，遂往受戒，復還天台，時在景泰元年（一四五〇）。是謂龍門第五代律師。於嘉靖壬午歲明世宗元年（一五二二），距景泰庚午（一四五〇）已七十二年。七月望日，以傳瑯琊趙得源，名真嵩。

質本琴張、牧皮之流，而造於中庸之道者。文亦以簡而備，真實不華。

沈頓空宗師傳

師姓沈，名靜圓，字哉生，原名旭，晚號頓空氏，山西太原籍，江南句容人。《逸林》謂師生長句容，其祖籍吴興人，非也。稽師之生也，父遜、《逸林》載永樂朝進士。母嚴《逸林》載年四十。禱於茅山，應夢而得者，故名旭。師生而能言，【評】夙根。母驚曰：「汝果神人，默乃是；若妖也，自便。」遂默不復言。至九歲，弟珏生，始呼母。【評】夙知。父喜，示以書，遇目即成誦；與之筆，揮灑成文章，【評】夙慧。而性無好尚。【評】夙性。是年母殂，十三父又卒。能攜弟珏成禮，扶親柩歸葬山西。【評】夙情。路遇天台道者張無我，贈以要言，泣拜而别。【評】夙因。師嗣是有出塵志。以上概出於范青雲《鉢鑑續》一書，《鉢鑑録》所闕載者。

正統戊辰明英宗十三年（一四四八）。秋，出遊名山，復遇天台道者（張無我）於青城山。斯時道者已遇大拙周祖，受授宗旨、戒律，改名靜定矣。既見，相慰問，願師之。張不答，翼而前。瞥見（一人）皤然而髯，雙目如電，危坐大盤陀，呼張曰：「攜來得非沈旭歟？宗教如是，律法亦如是。」【評】龍門宗教始此。師遂跪請，命名靜圓，字曰哉生。【評】夙緣。皤然者，大拙周祖也。歲己巳英宗正統十四年（一四四九）。七月望日，晉付玄脉，曰：「是祖祖親傳，善護持，善付囑。」師拜而受之，禮畢，命行。乃偕張辭去。以上《鉢鑑録》《鉢鑑續》二書均載。辛未，明代宗二年（一四五一）。至天台，有顯者據桐柏山。師檄告之山神，即日猛獸毒蛇繞守桐柏左右。年餘，顯者悟，願施山。【評】有感必孚，天人無間。山乃完。其事詳載於《鉢鑑續》卷一，並載其檄文及獸形甚詳。己卯，英宗天順三年（一四五九）。至金蓋，掛瓢於書隱樓。【評】龍門中居金蓋者如此。慨仙蹤之不振，弔逸緒之無承。蓋指陸、吕、梅、沈、衛、閔諸先哲。有終焉志，問水尋山，陶情適性，居有年。一日晨起，見虎卧簷下，逐之不去。師曰：「汝具天性，奈何好殺，今後能戒否？」虎起而復伏，若受戒然，與處數載，有如猫犬之附人。【評】善惡兩忘，物我無間。僧衆異之，咸願皈玄，一時滿山蓄髮。【評】見異思遷，僧衆可笑，蓋未諗其所以馴虎者耳。遠近稱爲勝事。《鉢鑑續》略載之。按蘇柳塘《蝶夢齋筆談》載之甚詳。

成化乙酉憲宗元年（一四六五）。春，師遊禾郡，遇華亭衛平陽於語溪，遂攜至南宫，授以宗旨、玄脉，命名真定，拂袖而散。按《鉢鑑》《鉢鑑續》二書所載皆同。是爲龍門第五代宗師。後亦人無見之者。【評】結筆峭甚。

此以天生妙品，捨俗成真，其兩顯神奇，非法也，道也。行文者但歷叙而來，仍處處不失宗旨，自是烘雲妙手，能使讀者心契篇中，神游道閫，可見道在我躬，無須假借，所謂「分外不加毫末事，意中常滿十分春」，自然法力神通，隨意卷舒。有如此者，非盛德不能有此事，非作家何能撰此文。

趙復陽律師傳

師姓趙，名真嵩，原名得源，號復陽子，山東瑯琊人也。父母以乏嗣，禱諸斗，【評】斗最重孝，此通篇之來由也。得天花白鶴之祥。生而端莊，體相超然，有出塵姿，性薄浮名。【評】自然一生篤實。年二十，精通經史，博覽道、釋要典。二十五，父母亡，追痛不已，思有以報。【評】此即成真之基。其欲報父母而急於修道，確是斗中人物。遂出遊武當，至茅山閱道笈，掛單瓢。奔走吴越山水間，冀得明師，四載無所遇。適天台，登桐柏，歷盡崎嶇。平陽道現，甚喜之，贊歎問，忽應聲曰：「美則美矣，爾知更上一層否？」【評】恍如天上人來。顧之，不覺近前，笑而拜，恍如舊識，曰：「子非瑯琊趙得源耶？」【評】無我之招復陽以孝，復陽之引靖菴以忠，一樣口吻，兩樣聲色。生死肉骨，固有常道，能者從之。」【評】復陽以孝感，無我以孝應，道之相孚有如此者。進叩姓氏，曰：「張無我。」【評】如雷灌耳。遂請皈依，許之，命名真嵩，具誓戒。請玄旨，不之許。事有年，曰：「時至矣。」【評】因緣時節自不可强。乃攜登瓊臺，密付戒旨曰：「我將他適，汝毋久居，自度度人。太上一脉，惟汝能任。【評】重任加身矣。王屋山清虚洞天也，往居以俟時。」【評】與靖菴傳中梅花島「待時而動」語意相似。遂別去，不知所之。【評】無我律師卸任矣。以上悉本《鉢鑑》，參以《復陽得道記》。

師則獨居雙闕，飲食頓減，夜夢父至，責以大義，遂至王屋山精修不二法。《鉢鑑》載：嘉靖二年(一五二三)師入王屋山。黄鶴來翔,白猿奉果,師益謙謹不自滿。既且面壁忘言,雀栖其髻,【評】何等靜定。忽聞山有笑語聲,漸近呼師名,若師父母音。乃開目,蓋坐已三載,所至果所生,【評】孝果已成。悲喜交集,乃復相笑而昇。【評】有以報矣。按《鉢鑑》載:師隱青城,習大定,有雀栖其髻。上帝命其父母呼之始覺,已三年矣。父母撫師背曰:「是是非非古到今,是非不動至人心;若是至人心不動,動心還是是非人。」言畢,相笑而昇,曰:「可矣,好持之。」師嗣是六通具足。○《逸林》載:某居青城山,入定三年,雀栖於髻。上帝敕其父母降呼,遂開目,悲喜交集。父母咸怒,責之曰:「上帝以汝道成,故活我兩人。汝心仍動,聚恐不久也。」師跪拜而慰之曰:「親言誠是,然親勿憂。父母至前,子心不動,非人也。仁至義盡,斯謂純天。兒惟恐不孝罪深,天心或昧,二親之來,或由意造,尚非天命。今果命出自天,則父母已昇天也,無患聚不久也。」父母咸作喜色曰:「兒言是也,前言試之耳。」遂攜師上升,朝謁玉帝。旋入東華紫府,參謁列祖。復下天台,神度衛平陽。歸於青城,謁張無我律師。乃神遊海上三山,時來往於世間,卒度王崑陽真人,授受戒律。師嗣是六通具足。【評】六通早具足於三年中,蓋至是始運其六通耳。崇禎戊辰,明莊烈帝元年(一六二八)。上黨王平訪至,始得傳其所受。乃返天台,復入王屋而終隱焉。【評】重任即卸,即可終隱。然復陽子猶未忘情者,觀於卷二卷三可知矣。是爲龍門第六代律師。

「思有以報」四字,一篇之骨。傳者寫其工夫步驟,處處不離孝思,是真能體律師之志,傳律師之全神者。

衛平陽宗師傳

師姓衛，名真定，字元宰，號平陽子，嘉興石門人也。其先世居華亭，宋末元初，正節先生開白社書院於石涇塘，遂家石門。《鉢鑑續》所載如是。師生而魯，父母不甚恤之，而師性至孝，【評】載道之基。兄弟間有過，則分任不辭。【評】亦常人大難事。既長，有出塵志，父母不之問，常出遊數月一歸。一夕宿社廟，夢神【評】至誠感神。告曰：「明日有真師至，負奚囊、持拂塵者是也。」遽然覺，坐守至下午，遇頓空氏，一如夢示。《鉢鑑續》所載如是，《鉢鑑》無應夢一事。乃禮而師之，遂偕至南宮，命名真定，授以宗旨而散。

師自是坐如尸，立如齋，儼乎其若思，茫乎其若迷。【評】宗旨既得，其發現于外者有如此。父母益惡之，諸昆季皆忽視，鄉里無有識之。【評】衆人固不識也。乃雲遊名山川，《逸林》載師遊至天台，遇趙復陽律師，頗多印正。備歷險苦，師無倦志，歲月寒暑俱於相忘。既而土寇四起，師嘗出入其間，若履昇平妙境。【評】師惟一片生機，毫無殺機雜乎其間，豈有法避之可恃耶？《鉢鑑》所載止此。遊至蜀，有老神仙者，獻賊之所崇奉者也。見師，延坐而禮拜之，問以救劫之祕。師笑曰：「天生人，天殺人，在天可挽。今天生之，人自殺之，無可挽。汝亦非必在數者，以未能曲全【評】可憐。而貪功弗去，【評】可憫。我不知爾究竟也。【評】可悲可慨。此說並見於《鉢鑑續》《逸林》兩書。師之論如此，師之道不已神乎。若夫海行而馭風，事載《逸林》及《蝶夢齋筆談》二書。扣鐘而致粮，事載《鉢鑑續》。特其餘事，未可以爲至道之驗也，【評】推許得體。不爲之詳。崇道德，薄神通，宗教立法如此。

師生於正統辛酉英宗六年（一四四一）。十月朔日，卒於順治乙酉（一六四五）十月望日，住世二百有五歲。是爲龍門第六代宗師。得其宗旨者，桐鄉沈一齋，名常敬。此十三字，並見於《鉢鑑》及《鉢鑑續》。

儼乎若思，茫乎若迷之際，其道德於是進，其神通即於是具足。通篇略跡寫心，收筆特標宗教。其文律精嚴，有切玉椎金之義。

王崑陽律師傳

師姓王，名常月，號崑陽，原名平，山西潞安人。幼有道士顧之曰：「樵陽再生矣。」【評】此道士殆亦張麻衣、趙復陽之流。言訖不見。然初無好尚，【評】性體湛然無所住。父兄皆留心玄門，尊事張麻衣。麻衣爲師治危疾，大顯神力而去。師棄家訪之，時年弱冠，而向道之心已篤。【評】色心都寂一真宗。遍遊名山，踰越險阻，風霜道途，歲月寒暑，幾於相忘者八十餘年。【評】願何其堅，力何其果，行何其久。此二十五字，呂雲隱撰傳中所無，茲據《鉢鑑續》所載如此。至王屋山，得得心動，遂遇至人。【評】崑陽以心感，復陽以氣召，故將遇而先有心動之機。至人者，復陽趙真人也。隱居久，就懇指示，真人不答者月餘。師食松枝，飲清泉，拜求更切。麻衣特至爲之請，【評】難得難得，想亦真人作用耳。命名常月，始知張與真人友也。又爲求戒，授以二册。【評】麻衣非厚於崑陽，亦非厚於復陽，實爲龍門正宗一大助教也。麻衣特至，亦本之《鉢鑑續》。真人囑曰：「成道甚易，然亦甚難，必以苦行爲先，種種外務切須埽除，依律精持，【評】即此宗匠本領。潛心教典，【評】博我以文，約我以禮。體《道德》自然之玄奥，探《南華》活潑之真機，方爲穩當。汝大器，當晚成。」【評】此時年逾期頤，而猶謂未晚耶。以上出《復陽傳道記》。師再拜受教，周流諸山間，甘苦備嘗，搜覽三教經書，孜孜不怠。過一古觀中，道籍頗多，晝夜檢閲，每乏燈，以香續火，光照而讀。八九年間，參師二十餘處，【評】何等好學，何等力行。印證五十餘人。此本之《鉢鑑續》。時值軍荒，相繼搶攘。聞九宫山多異人，訪不可得，至最深處，見一人巍然獨坐，覩顔拜謁，即前復陽真人也，驚喜過望。真人問：「十年之闊，持心應物，【評】自是宗匠當行事業。何得何失？」師歷叙玄風頹敝，邪説流行，罹諸艱苦，徒增浩歎耳。真人曰：「君子窮於道謂窮，通於道謂通；道備我身，何憂窮通。若違時妄行，安能免世俗之謗議，匪類之妒忌哉？」【評】真人原不以世俗匪類累心，以崑陽當應運爲世宗匠，故特以此戒之，豈俗求炫於世哉？吾有三百年來獨任之事，當付於子，寶而秘之，時至而興，大闡玄風，是在子矣。」遂轉授《天仙戒》。以上出《鉢鑑續》及《金蓋雲箋》兩書。又云：「昔我長春真君於元世祖時廣行戒法，【評】此番授受，特舉長春真君以告之，蓋自元以來，及崑陽始復盛傳，正爲丙申説戒張本。流演太上清靜律寶，心心相印，祖祖相傳，皆守靜默而厭有爲，單傳秘授，不能廣行。是以羽流道侶鮮覩威儀，幾不知玄門有戒矣。【評】可見大闡玄風，更不可緩。今因緣將到，任大事者非子而誰？」謂日後登壇授戒。乃傳衣鉢。師辭謝不敏。真人曰：「得人而傳，非勉强也。子於二十年後遊燕京，謁邱祖於白雲觀，是道行之時也。」《鉢鑑續》及吕雲隱所撰傳文，載皆同。

師生於嘉靖壬午按吕雲隱所撰傳，謂師生于萬曆甲午（一五九四）；《鉢鑑續》載師生於嘉靖壬午（一五二二），長沈太和宗師一歲，極辨雲隱相傳之訛。兹從《鉢鑑續》。○嘉靖壬午，爲明世宗元年也。五月二十二日，於順治乙未（一六五五）《鉢鑑續》載，師年一百三十有四歲，始遊京師，而狀如五十許。秋遊京師，挂單靈佑宫。歲丙申順治十三年。三月望日，説戒於白雲觀。因緣護法，天然會合，皆符真人語。【評】句中有眼，補筆省筆。歲戊戌，陶然皈，命名守貞。即靖菴先生。己亥，黄珏至，命名守元。即赤陽律師。凡三登壇，而得弟子千餘人，威儀楚楚，莫不欣羡。二十餘年間，諸山闡揚殆遍。戒子得道者，仙蹤勝跡亦復不少。此節悉本於《鉢鑑續》，較其原傳删簡十之九。○又載：師前於崇禎庚辰年（一六四〇）五月五日，於王屋山手録《大戒》三册，首授江西伍端陽，名守陽，即沖虚律師，先於甲申（一六四四）元旦卒。師將示化，【評】住世一百五十九歲。時在康熙十九年（一六八〇），吕雲隱所撰傳文及《鉢鑑續》原傳均載之。又以自用如意、源流、拂麈，傳於姑蘇吕樹，名守璞。即雲隱律師。以上二十三字，《鉢鑑續》所載如此。

節落紆徐，篇章警策。本之各前人諸傳，删繁就簡，蓋不必鋪張。國師威儀，的是我朝高士第一流人物。

沈太和宗師傳

師姓沈，名常敬，字一齋，號太和子，浙江桐鄉人。《鉢鑑續》載：祖籍吴興，遷居桐鄉。世業儒，《逸林》謂師江南人，中明世宗辛丑歲（一五四一）進士，贅於苕溪施氏，遂家焉。家貧，無隔宿糧，師處之泰然。【評】想其時，一切靈𠥋奇壬等術早已習之，後則遂加精進。人問之，曰：「我樂其無累心事。」古人謂之清俸，脱恐有滿日，遷比富鄰遺擾，或及是所憂也。已而有某姓自蘇來遷，家富而貪，居鄉不仁，失戒而災，師宅亦因火廢。遂遷居武康，課小沙彌，性縱酒，【評】本是豪傑清狂行徑。常以白眼觀世。《逸林》亦謂師性縱酒，一日有醉漢過其門，師適自友人家大醉而歸，相值不及避，師素有臂力，格之，漢仆墜石而死，因遭縲繫，月餘而出；遂戒酒，遍遊名山。而《鉢鑑續》不載。懶雲子謂其事可疑，故不録。愚附注之，爲縱酒者戒。年四十入金蓋，榻於蘧雲，習靈𠥋音欽。也。既靈而棄之曰：「是幻化，【評】窺破一層。非至道。」遷揣六韜奇壬於武林，旋又棄之，謂是鹿鹿家數，【評】又窺破一層。非妙用也。退習長生久視之方於玄蓋洞天，久又棄之曰：「是戀尸者事耳，【評】又窺破一層。志士豈可溺此。」遂遊名山，路遇平陽子，與談合，遂師之。始得太上宗旨，乃至茅山而居焉。【評】非幻化，非鹿鹿家數，非戀尸者事，亦非復可以白眼觀世矣。以上悉採摘于《鉢鑑續》，删煩就簡以成章者。是爲龍門第七代宗師。得其傳者，玉陽孫師、赤陽黃師也。歲癸巳順治十年（一六五三）。季秋十六日，宴然長逝，葬於茅山。稽師生於嘉靖癸未明世宗二年也。六月十九日，住世一百三十有一歲。出《鉢鑑續》。

按此質本狂簡，克自裁成。淥飲翁謂此篇文字删煩就簡而筆筆圓轉，渾如明珠自走於水晶盤中，真乃傳神妙手。信甚！

金蓋心燈卷二

新安鮑廷博淥飲注
武林鮑錕薇菴評

龍門正宗第八代，凡傳十四篇。

伍沖虛律師傳

師姓伍，名守陽，字端陽，原名陽，江西吉安人。宗師守虛之兄也。《缽鑑續》載有此句，未詳其出誰人門下，想亦係龍門八代宗師。幼精性理，明佛三昧。年二十，舉明經，志在成仙，不入仕籍。朝士屢推之，遯入廬山，師事曹老師、名常化，號還陽。李泥丸。曹師授以大丹秘〔訣〕，未就。即《天仙正理》所稱曹老師者，蓋本此。李師曰：希仙者須立三千功、八百行乃可。遂授以《東老遺書》。師遂竭情烹錬，丹垂成而飛者五十有七次。乃出訪泥丸於何山即金蓋之西北麓。南麓，得五雷法而返。丹乃成，將試取吞服。泥丸突至，曰：「毋。洞汝五臟未堅，服恐不利，【評】古今來受外丹之禍者，往往在此。不如以點石，得則普濟。」乃點所坐大磐石，轟然若雷聲，雲霞爲之色變，金成而泥丸杳矣。師嗣是，濟人作福無虛日。【評】三千功，八百行，其在此乎？吉王聞之，羅致而師事之。師恐有禍及，遯至天台之瓊臺。以上按《鉢鑑》所未載。考謝太易撰《師大傳》暨《鉢鑑續》，均詳言之。今本於《鉢鑑續》，其文字大同小異。

趙復陽知而俯就曰：「汝乃律門真種子，盍至王屋山清虛洞天，與我常月子即王崑陽律師。徜徉時日乎？」并授以内丹口訣，曰：「是爾所（師）曹某所事之書也。」師乃拜辭，踵至王屋，崑陽律師已預俟於洞門外。師時亦大悟，洞澈金液微妙，一見契合，遂皈投，叠受三大戒，得名守陽，字曰端陽，以時值重五節也。以上《鉢鑑》《鉢鑑續》兩書均載。相處有年，返服還丹，【評】工夫至此，始受外丹之益。始得質凡咸化。自號沖虛子，手著《仙佛合宗》《天仙正理》。按師門下有姚耕烟、謝凝素兩律師，實爲傳道受戒弟子。至歲甲申（一六四四）正月朔日，忽沐浴辭衆而逝，地曰武陵。

懶雲子曰：經有之，爐火非至道，惟至人得，不假以自悮。若沖虛子者，非我律宗之至人與？體其金液洞澈，大戒叠承，又曰返服還丹，始得質凡咸化。然則爐火之學，亦未可盡埽。【評】只此數語，便是點化天下多少學仙人。第學者當自問其五内何如耳。經言豈欺我哉〔一〕。

此係兼事内外丹訣而登真者，律宗惟此一人。然其傳世兩書，絶無一語涉及爐火。撰者並不删其廬山事實，而篇末論以數語，極徵理趣。倘非過來人，不能道者。

詹怡陽律師傳

師姓詹，名守椿，字扶摇，號怡陽子，江南金陵人。祖籍徽州，世業鹽，遂家金陵。以上

〔一〕整理者按：康熙五十八年刻本《天仙正理直論》卷首序，所述伍守陽生平，與此《金蓋心燈》武氏本傳略同。但該書附録《伍真人事實及授受源流略》所言伍氏師派傳承，則與《心燈》大異。武氏之丹法究係師承曹還陽，抑或王崑陽，已成疑案。謹摘録《藏外道書》第五册七八四頁《伍真人事實及授受源流略》於左，以備考異云：

謹按：真人〔武守陽〕，故明嘉靖乙卯（一五五五）孝廉，維摩州刺史伍希德，號健齋先生之季子也。世居南昌辟邪里。幼孤，家貧力學，持身高潔，一介不苟取。長而薄榮利，篤好道德性命之言，造次顛沛弗離也。性至孝，以母在，故歲授生徒，博館穀。母九十餘而卒，而先生世壽亦七十矣，遂隱跡仙去。所著《天仙正理》《仙佛合宗》二書，掃盡旁門，獨標精義，誠無生之寶筏也。真人爲龍門嫡嗣，〔《天仙正理》〕原序謂龍門授之張靜虚，即俗所謂虎皮張真人者。李虚庵師靜虚，曹還陽師虚庵，而真人爲還陽弟子。據此則真人爲龍門四傳弟子矣。間考龍門二十字派，真人適當第八字，即真人亦自書「龍門第八派弟子」。然則博庵之序，果無據耶？因重修《天仙正理》，復以得之買癡先生，及西江板原叙諸説，緝而誌之，以存十一於千百云。越日鐵蟾又書。

十一字出《道譜》。崑陽王祖戒弟子。母劉，國戚也，未詳其所自出。通佛乘，家奉大士極誠。已染痼疾，師向禱，年僅七齡，【評】天性至孝，與卷五李碧雲相似。久而勿愈。乃向哭，檀像突動，驚而出，遇一道者，自稱慈度居士，狀貌奇異，遂跪求救母，叩頭流血。初，家有珠塔，層級纖備，重五錢，希世珍也。師愛佩弗釋，道者向募之，欣然解與。【評】其誠孝可知。道者探囊得紅丸，大如豆，以奉母含，果立愈。爰感其恩，遂繪像懸禮，【評】只爲報恩，非求後佑。至長弗衰。然師善病，嘗經年卧，家事置勿理。劉爲娶妻置妾，弗得子。年三十，世運滄桑，母亦殂。盡散蓄貲百有七十萬鏹，【評】普心卓識，即此行圓功滿矣。以濟江淮難衆。《鉢鑑續》載之甚詳，事在辛巳歲（一六四一），明崇禎十四年也。阮大鋮招之不就，拘其妻妾，妻妾咸死之。【評】妻妾難得，從此孑然一身矣。師乃北遁，匿於燕山深奥處，身存短褐破履，日食松柏以度。【評】此時不死，更難得者。夜夢大士告曰：「汝家應絶，天憐爾孝且慈，留爾以度先亡。【評】此段爲全篇關鍵，以「汝家應絶」四字束上，以「天憐孝慈」等語起下，文成法立有如是者。越十載，樵陽演戒來，蓋謂王崑陽律師。出禮，受授天仙，許及骨肉冥圓，同昇極樂，長爲金仙班頭。今毋自賊身性，加吞冬青，身得强。」言訖遽悟，起拜而誓守。

歲乙未（一六五五），崑陽王祖來自王屋，掛單靈佑宮，旋開戒壇於白雲觀，從者如雲。師聞造謁，【評】信夢而往。極相契，叠受三大戒，統領大衆有年。【評】長爲金仙班頭。隨王南行，

《金蓋雲箋》載：康熙三年歲次甲辰（一六六四）三月，國師王真人由京師出駐浙杭之宗陽宮，從者二十餘人。歷駐金蓋、穹窿、青坪、棲霞等境。《金蓋雲箋》載：康熙六年歲次丁未（一六六七）秋七月，王崑陽真人來止我山，詹律師守椿、黃律師守元從，績溪處士江太虛偕。明年秋，姑蘇施法師亮生、呂律師守璞來迎我真人，乃出山，之穹窿，詹某等從行。與交有雲隱、即呂律師守璞。靖菴、即金蓋宗師陶靖菴先生。赤陽、即黃律師守元，一號隱真，儒名珏。石菴、即金蓋嗣師，姓陶名太定。明陽、姓周名太朗。〇以上諸師均有本傳列後。鐵竹、即穹窿山施法師，名亮生，《道譜》載其曾受戒於崑陽真人者，此不列傳。輩二十餘師，互闡太上宗風。【評】其數十年演律承宗，鉅細功行，總括無遺。

自號怡陽子，其所傳不可考。於康熙三十九年（一七〇〇）他出，不知所往。《雲箋》載：怡陽子於康熙己卯（一六九九）自燕來山居，常出遊江浙間。明年庚辰（一七〇〇）夏復出遊，不知所往。是爲龍門第八代律師。以上悉出《鉢鑑續》。〇按其原傳計三千餘言，此删煩以就簡者。迄今百有餘年，金陵善信猶能歷述其捨珠感象、應夢成真勝事。杭州范近蓬先生，亦嘗爲廷博言之。君子曰：若怡陽子者，其得純孝慈祥之報也歟？

密密河珠水底串，深得屬辭比事之體，極似左公文字。

黃虛堂律師傳

師姓黃，名守正，字得一，號虛堂子，江南長洲人，滸關太微律院之開山祖也。《鉢鑑續》無此句。初無好尚，【評】似崑陽少年。世業儒，讀書而已。年少於貞九吕翁，吕雲隱律師之父，事見於吕律師傳。翁心敬之，知其必成道器。年十三入蘇郡庠，十五冠古學，吳會名振。間遊靈巖，遇異人，謂其當出世作散人，【評】數語爲一篇領脉。領袖一山，不宜浮沉宦海，白鶴夜投，因緣會至。歲癸未，明崇禎十六年（一六四三）。一客特至，三鄉人，白姓而鶴名者，約訪太和子於茅山。始如夢覺，欣然就道。至則太和子他適無耗，返至天台，止桐柏，一丐道人踵前，喜即靈巖異人也。【評】果何人耶？殷拳若此。互爲禮叩，師心尤敬之。異人囑曰：「王屋山人將出世矣，乙未（一六五五）當至京師，此地毋久留。」師拜謝起，已失所在。遂偕白返蘇，而向道之心益切。居數年，白他適，不知所之，師得雲隱而友之。《鉢鑑續》所載如此。又值世運滄桑，遂決意出俗，不復進取。届時北上，果逢崑陽王祖説戒白雲觀，遂執弟子禮，受初真戒而出，旋開律院於滸關。【評】《心燈》特筆。歲甲辰，康熙三年（一六六四）。始晉受中極戒於武林宗陽宮。未幾，復受天仙戒。遇隱真子，即黃赤陽律師。同遊金蓋，會靖菴氏。已而雲隱子踵至，遂辭返太微。《金蓋雲箋》載：康熙三年，隱真子黃師偕江夏黃沖陽、武陵譚心月、姑蘇黃虛堂，自杭來山。姑蘇吕雲隱亦由杭來山，群居一月。隱真旋大德，沖陽之法華，心月偕雲隱駐冠山，虚堂返太微。○今滸關太微院道裔，皆其傳也。得其宗律者爲孫碧陽，有傳列卷三。雲隱亦開律院於冠山，相峙闡揚，律宗大振，俱稱八代律師。此篇大略悉出於《鉢鑑續》。異人之言悉應。

懶雲子曰：《揚氏逸林》云，愚按《逸林》八十卷，成於江南揚氏，但稱逸林主人，而不著其名，其後裔亦不可考。殆乾隆初年人也。國朝順治間多隱君子。百工技藝中往往隱有奇人，知過去未來現在，於星相羽流更衆。《逸林》之言止此。若夫靈巖異人，其姓名籍居無從一考，較之嚴君平輩高有過之者。或云復陽氏變化，出《逸林·天台顯化篇》中。是耶？非耶？而虚堂子受其指示，因緣輻輳，玄矣哉。

要言不煩，全神具在。

程謌山律師傳

師姓程，名守宏，字謌山，新安世家子。《逸林》載：其父仕浙江，師生於武林。母夢黄鶴繞室而生，然善病，早廢書，感山水之清幽，痛人生如夢幻，遂决然出俗。【評】雲情鶴性。父母不能强，乃爲築室於浙之西泠，遣僕侍之。【評】此僕何修而得之。以上出於《逸林》。聞上陽子駐大德，誠詣請訓。上陽子見而憐之，曰：「因緣未至，妄求無益。歲乙未漸可鉤玄，至甲辰始可一貫。」既而攜入密室，授以却厄秘宗，曰：「功滿三千，所以報本；【評】宗律經論。行圓八百，適以培元。是内也，非外也，能者從之。」唯唯拜叩而退。於是閉户西泠，坐忘一室，三月病愈，【評】得力於却厄秘宗矣。九月身强，冬不知寒，夏不知熱。以上出《金蓋雲箋》，謂山自述。《鉢鑑續》亦採之。喟然歎曰：「道無淺深，純一自神，旨哉言乎！」【評】補筆省筆。一載大悟，遂出而濟世，【評】毛羽既豐，高飛完性。「九天雲鶴長鳴過，舉世昏昏夢未酣」二語，可爲此人咏之。雲遊海内，盗賊水火，不知何以恬出也。【評】殆亦得力於却厄秘宗耶？如是有年。卜孟文《白漾漁人聞見録》載：師遊湖廣，聞何騰蛟爲左良玉所逼，自投於江，師僞爲捕魚人救之得甦。又載：丁亥（一六四七）三月，師遊至衡陽，其父執瞿式耜招之，師往。自三月至五月，相隨晝夜，立矢石中，師與瞿公皆身無一瘡。後瞿公爲亂兵傷足，師復往爲接骨，治之而去。

歲乙未（一六五五），至京師，遇崑陽王祖。丙申（一六五六），受初真戒。越二載，祖聞靖菴賢，命持卷册、如意、芝杖、源流、拂塵，至金蓋。靖菴厚禮之，與處年餘。《金蓋雲箋》載：順治戊戌（一六五八），師來金蓋。明年己亥（一六五九），偕我宗師回京，謁王祖。至甲辰（一六六四），王祖來杭，晉受中極戒。想從王祖南來。其戊戌至甲辰數年，蹤跡未詳。旋受天仙戒。遂返新安禮親墓，【評】如龍掉首，亦可見律宗之不忘其親。出隱廬山，不復入世。此篇大略出於《鉢鑑續》。是爲龍門第八代律師。

其人如黃雲，如病鶴，忽然雲破振翮，不可復招，文亦如是。

靖菴先生傳

靖菴先生者，勝國之孤忠，我朝之高士，金蓋之宗師也。曰孤忠者，身爲沈浩也。曰高士者，身爲陶然也。曰宗師者，本《鉢鑑續》所稱靖菴宗師也。○按《金蓋雲箋》謂先生既逝，門人私諡曰靖菴先生。考之《道譜》，則稱陶靖菴律師；《逸林》亦稱靖菴先生。歷年未久，而傳聞互異。謂《道譜》與《鉢鑑續》《金蓋雲箋》《江湖樞要集序》，及《逸林》等書。不有以考，何以傳信？諸書所載，互有異同，此篇參綜於各書，以《鉢鑑續》及《逸林》兩書爲據。

先生蓋一靈一殼而成真者，【評】老手能文，一言包括。此句揭明前後兩身，以爲通篇綱領。稽其寄靈甯晉也，【評】曰「寄靈」，曰「是爲」，逐字搜剔成文。是爲沈浩。母鄭氏，四十無子，禱於社廟，驚雷而娠，遂生浩。按《逸林》《鉢鑑續》兩書均載。就卜於張麻衣，得遯之既濟，曰：「世事戲也，人生寄也。【評】麻衣即神卜。然遯與既濟二卦何以斷出此詞？古人卜筮之言，蓋有不可測者，於《春秋》傳尤甚。曰沈曰陶，曰然曰浩，死死生生，儒儒道道，傳之千百世，居然與張三丰、趙復陽稱三異矣。【評】先生合前後兩生，全賴麻衣與三丰、復陽好撫之，正不獨其父母也。好撫之。」【評】此節卜詞數語領絡全篇。按此説出郭來青《麻衣易斷·存驗》。《鉢鑑續》亦採載之。

及長，志尚清節，博雅能文，力能舉千觔。中崇禎辛未（一六三一）武進士，而容貌脩偉，鬚長三尺許，【評】爲下文鬚失張本。技勇稱當時第一。授懷甯守備，陞京營神樞東九營遊擊。時京營軍制壞，冒餉無算，積習相沿，弊重難返。因條析神樞營事宜，上之。其本稿全載《湖墅紀聞》。内臣王裕民索三千金，弗予。議卒格。浩歎曰：【評】先生一歎，信讞已成。此明之壞國緣由，先生志所深恨者。明之權貴，何從逃罪？「朝廷之上，選官增職非賄不行，叙功紀録無錢莫問，係軍國重事皆由情面囑託，關社稷生靈必用金帛打點，世事至此，尚何忍言。」遂稱疾辭官去，莫知所之。【評】以「莫知所之」四字故作疑詞。其無限心事，無限行爲，概從此傳神矣。俗筆至此，必添出多少饒舌，文翻卑淺。以上出《湖墅紀聞》，《鉢鑑續》亦採之。

歲甲申（一六四四）秋七月，【評】忽接甲申七月，陡然直豎，驚自天來。職方某、國戚指揮某某，皆閩人，猝遇浩於東海之濱。狀若擔叟，【評】與後來灌園叟之狀何如？背負大革囊，中藏磊磊然。【評】磊磊者何物耶？〔浩〕厲聲叱曰：「汝曹變衣冠，將安遁？昔既竊位，今必偷生，云有待者，詐耳。殺却污我匕首，【評】此輩原不過當年趨炎附勢之流，尚可不殺。爲告若，蓋另指一人，非謂此職方、指揮數輩。甯晉沈某將問汝！」【評】聲罪致討，嚴於堂堂正正之師。翼日，有某者果家死，而報失其首聞。【評】此首得貯革囊中否？以上出《逸林·神俠篇》。《鉢鑑續》亦採之。蓋浩之憤世辭官也，【評】此段爲「莫知所之」以後補叙。計遇異人，得其術以殄朝佞，【評】何等慷慨，何等忠壯。精誠格天，遂果得遇於塗。術既成，遂之天台，訪其同志黄珏。珏，湖人也，以諸生而有術者。不遇，遂之湖，入金蓋，獨處年餘。【評】何等苦工。可補列卷七名宦傳。術益神，返之東海，手刃某某等一十三人，【評】即革囊中磊磊然物。皆故明之權貴也。此補叙其辭官去後，猝遇海濱於前數年苦心。

〔沈浩〕猶自病術微，不足雪國耻，【評】何等胸懷，何等悲壯。跡至異人居，【評】異人未點名，乃行文直徑法。進求靈匳。靈匳法具三十六門，太公望所遺，爲留侯、武侯藉成王霸業者。得而煉之，百日大靈。遂辭出，【評】將爲子儀、仁傑之徒矣。將之刃吴三桂而奪其兵。【評】字法：已行而未至曰「之」。之往也，異人覺，跡追至，叱曰：【評】有此一叱，省殺天下多少生靈。或者謂異人傳以靈匳，已屬多事。蓋求知三丰爲先生一人宣其忠氣，則傳其靈匳，爲天下計太平，則止其奪兵。正仁至義盡者也。此以數言，即謂棒喝千古孤忠也可。「毋妄行。古未有以術幻成厥志。且大聖人已御極，鼠輩將就戮，國耻可雪也。欲完孤忠，一死足矣，【評】聞此二語，恍如夢裏鐘聲。而數當再生，蔓爾因緣。」【評】此二語，三丰言之甚明，先生此時殆未嘗解。遂促浩死。【評】孤忠自盡，如是足矣。再生蔓緣，亦偶然者得。偶然之緣，儘可隨緣安分矣。異人者，張三丰也。浩乃泣拜辭，踴身入海。【評】泣國，拜君，辭職，殉身。爲順治元年（一六四四）季冬八日事。【評】即此趨義存仁，勝國孤忠，了當矣。

〔浩〕既入海，洪濤拍天，【評】身死矣。沈浮不自主。【評】神出殼矣。忽見碧眼藍身，赤髮上豎數輩，追呼好送。【評】神離海矣。遂覺耳畔風生，若有萬馬奔騰之勢。俄而挾沖天際，【評】神至武昌水次矣。旋復倒拽穴入，【評】神入殼矣。而聞見胥泯，惟覺寒氣冰人，氣格格不得達，悶幾絶。已而噫發二三，【評】再生矣。氣乃舒，然神志摇摇，殆有過夫氣冰時也。【評】此段但見彼騰此挪，手揮目送，絶無半點傳。□體文氣充□，文筆精鋭，於此可見。强制半晌，〔氣〕定乃爽。竊有所怪，乃開目，見有青裘而少、白褐而壯。又有黄冠草履，衣麻衣，【評】先生始生，麻衣爲之卜。先生再生，麻衣爲之囑。先生之於麻衣，其神仙中師弟歟？其在天爲同僚歟？是未可知也。貌奇而古，撫之曰：「我張麻衣。一死足，三丰之囑。【評】「撥轉頂門關捩于，英雄閒去叩神仙」二句，可爲先生此時詠之。今而後，重開日月，爲巴蜀之陶然也可。」先生聞，掘然起，【評】以上撫囑數語，先生聞之則驚起。陶氏二甥聞之，將謂麻衣道士喃喃念返魂咒也。已失所在，乃東奔西顧。青裘、白褐者咸亦驚呀，知麻衣非凡客，益相慶夫死者之復生也，乃咸前請曰「舅安」。神不之顧，【評】先生固未識二甥也。四巡疾趨。觀者如堵，咸呼二人曰「飲以湯，毋任其走」。【評】觀者之言，常人之識見，亦行文之點染。少者起而理髻。辭而自理，髮如雲，視之黑如漆。旋呀鬚失【評】不見鬚長三尺矣。而膚凝如雪，大異之。於是徐起，【評】「於是徐起」四字，傳出許多灰頹覺悟神情，讀者可想見其鑒形復坐低徊理髮之狀。鑒形於江，皤然者竟翩翩美少矣。始默悟〔麻衣之語〕，謹識其囑，不復談往事。俯而泣，仰而號，【評】孤忠悲感之餘，其神志有如此者，已完勝國之忠臣，始作我朝之高士。竟以陶然自居，字錦城，更字浩然。以上出《逸林·完志寄靈中篇》及卜孟文《白漾漁人聞見録》。《鉢鑑續》亦採之。【評】此一節不獨爲陶然小傳，實爲下文叙事之由。

然，蜀人也。父紳，外卒。然僅五齡，依其姊以生。既長，姊居孀，然未娶。姊没，值蜀亂，率甥南遷，謀至浙也。然年二十有九。〔其二甥，〕壯則長然一歲，少則年十七。渡江舟漏而然溺，地曰武昌。援然出水者，二甥與有力焉。【評】二甥原自救其舅耳。以上出《金蓋雲笈》及潘牧心《湖海紀聞》等書。○又按《金蓋雲笈》等書，均未詳其二甥姓名。據此卷《林茂陽律師傳》内載，浙省城北菩提菴主僧慧源，爲其甥也。其一甥未詳所終〔一〕。

先生既再生，遂將然二甥順流而下。越豫經皖，直抵浙江之湖州然姪屺瞻家，安然二甥而他之。【評】先生將何之。屺瞻者，歸安諸生，晚號石菴。家富而仁，學優而義。自崇禎壬午（一六四二）下第，絶跡不復出世，【評】足爲先生之姪，克承先生之志者也。亦一代之奇人也。後有石菴嗣師傳，在卷三。原，然父紳中萬曆朝武舉，授吴興千户，與屺瞻祖祥爲無服昆弟，生常往來。既卒，力難返蜀，祥爲卜葬於小梅山，局完氣秀，頗稱祥志。然時留蜀，與屺瞻未嘗謀面。【評】以先生爲金蓋宗師，故帶叙屺瞻之孝，以引後脉。屺瞻能體祖志，綏其二甥，而父事然，不亦孝乎。宜其終承遺緒，後繼先生，承主講席。而爲金蓋嗣師也。以上事實具載《金蓋雲笈》中，《鉢鑑續》亦採之。

先生至是愈深韜晦，【評】韜晦云者，不形於外而有存於中者也。即此傳先生之神，即此傳先生之心，可見其

〔一〕整理者按：此段傳文及注文，原本順序頗混亂，今稍作調整。

素志猶未泯也。且易形，故湖郡故知亦無有能識之者。之外旋返，訪黃珏也。又不遇，【評】「又」字摹神入骨，有無限孤忠獨盡，低徊莫訴之情。乃之天台，徘徊於桐柏山麓，而行藏未決。【評】徘徊未決之時，先生固深望有可見，而正不可□緩者。蓋自有此見，而藏之志決矣。要知下文先生之求決於所見者，以行不以藏；而見者之決先生也，在藏不在行。細味自見。瞥見〔一人〕脩髯雙髻，赤面藍袍，雙目炯炯，鶴立桐柏林中，若有所俟。識爲異人，疑即黃珏。先生悲且喜，趨前禮之。〔異人〕若勿視然，傴僂久之，叱曰：「汝非甯晉沈浩耶？一死足矣。逐逐神通，不思究竟。」先生懼，跪悔泣，叩頭流血。【評】「疑即黃珏」一句，傳出先生欲行未行，一種素志，一時蓬勃于楮上。觀其悲喜交集，趨禮必恭，蓋先生意中以謂，既遇，可以決然行我素志。迨聞叱而懼而悔，而跪而泣，而叩頭流血，然後欲行之志稍阻。異人叱如疾雷破山，令人驚怖。其再生以後，徘徊未決之心，殊有一死未足之意，一時喝破於素不相識之人，安得不懼？安得不叩頭求決耶？文字傳神，有此摹寫，非深知先生素志者不能言，非深悉先生素行者不敢道。異人喜，乃改容，怡然笑，翼然前曰：「毋。我有三百年來未傳正宗，他日當囑常月子付爾。【評】此爲通篇轉機，先生之行藏始決。梅華島是爾故林，曷返守，相時而出。」復以手撫其背曰：「不出世，莫入世；不入世，莫出世。【評】必須如此，方能忍受，方能孽化爲玄。夙世罪愆，報盡乃全，甯順受，毋法避。」先生跪而拜曰：「謹受教。」【評】先生孤忠，至此方爲了當。其後乃一味高士行徑矣。進叩姓氏，叱而退，不敢抗，【評】此即先生第一次順受。再拜別。【評】以下六十三字作一句讀，愈覺神味雋永。

〔先生〕乃之豫之荆，之滇之揚，返黔轉襄，入漢就皖，折閩穿蜀，走至甯晉，【評】此皆先生向所駐足之處，爲訪故林，遂徧歷之。出湖星宿，上雪山，備歷艱險，幾至死，數數忍辱，饑寒凍餒，裂膚折肢，不敢復以法避。【評】補筆省筆，可想從前之往來四方，純以法避者。訪梅華島不得，聞湖郡多異人，知未來過去現在，遂又返湖，棲於黄鶴山，山故黄珏故居。雲遊不五載，足跡滿天下，故竟鬚白髮禿，非復再生時狀；【評】翩翩美少者，又皤然矣。較之浩，體有倍老焉。按《逸林》《鉢鑑續》兩書載：先生於順治七年庚寅（一六五〇）之秋，自蜀倦遊而歸，仍居戴華陶屺瞻家，時往獨居黄鶴山。越六年，始得偕隱真子入金蓋之梅華島。先生至是志始定，【評】先生於武昌水次之悟，知己已易形；桐柏林中之悔，知天有成命。至是志始定而後心平悠然矣。一意皈玄，無半縷英豪氣，休休若灌園叟。【評】大異海濱擔叟之狀。《逸林》載：先生既歸，暇日手著《湖海蠡言》十卷，將其雲遊五年中，分以天文、地理、人事、山靈、水怪、辟兵、知遇、救人、參同、全真十類；凡足跡所至，耳目所及，無不備述。後有吴興潘牧心得其本，遂并金筑老人手著《三江詩史》七卷，及陶、黄兩律師合訂《江湖樞要集》三卷，復自叙見聞十六卷，共編成三十六卷，名曰《湖海紀聞》。而先生生平，合前後兩身而載之，實十居其六焉。

歲丙申，順治十三年（一六五六）。始知妙喜、黄珏隱於弁陰之碧巖。聞珏爲晉代神仙隱真子隱真子爲晉代旌陽許真君弟子。後身，【評】先生此時尚不自知爲晉代神仙靈真子後身耳。六通具足，謂是養成而非法煉者。【評】向聞黄珏有術，以爲同志而往訪；今聞黄珏六通具足非法煉者而造訪。其先後，大不相同。即先生今昔之心，亦迥異也。遂造訪，竭敬竭誠。既見，若故知。珏即問曰：「先生得非甯晉奇男子，【評】與異人一吡口吻大異，殊不驚人。易殼於武昌水次者歟？某休天目有年，【評】先將訛傳六通之説一辨，即叙前誼。亦惟從事於文昌化筆，遡其傳自旌陽許祖，始記有之。【評】嘗考靈真、隱真，皆係旌陽門下。當年同道，此日同方，既見劇談，遂傾衷曲。欲傾衷曲，先叙來由。蓋先生訪黄固久，而黄之望先生亦久矣。昔司馬氏之有天下也，孽蛟滋計，肥子若孫，將沈豫省成中海。上帝怒，命祖祖即許真君也。收斬，葛翁佐之，葛翁即抱朴子，名洪。玉真、靈真、隱真皆許真君弟子。輩三千人，爲之指臂。經濟多載，萬法千門，竭才盡技，蛟乃殄，豫安而壤浮。帝之力，豫蒼生之福。〔許〕祖得劈大滌仙箬，編筏三成以承豫。今具區沿〔海〕三州生靈，豈止億萬萬？而腥焰踰仞，下必有物。西湖爲具區端户，外窺錢塘，通海眼，兩地無人制，爲害非細。祖曰：『我已三調靈真疑即先生前身，但繹下文可見。至浙，將遺鎮湖之金蓋。遺汝之杭，鎮大德，且以俟來，以鎮鶴林。』即今之金鼓洞。又嘗聞之呂祖即純陽帝君。亦云『今之陶然，昔之沈浩；會鎮金蓋，機緣夙造；甯晉奇男，不告之告；爲復陽孫，爲浩然號；丙申不遠，黄鶴三到；靈真隱真，神仙可造。』如是如是，某故知之。謂具六通，相傳之誤。」

〔珏〕因進問曰：「先生究將何之而休？」乃爲歷述其遇，并告以所訪。〔珏〕曰：「梅華島在望，古以地樹多梅得名。【評】「踏遍天涯無覓處，得來全不費工夫」二句，可爲先生之訪梅華島咏之。當時異人所告，不曰金蓋山，而曰梅華島，原有意使其歷受磨折，將罪愆報盡，然後安居修道。蓋早知陶、黄二人之相會于此也。按之《道藏》，天下隱男真居之，勝與海外桃華島匹，即今金蓋也。星應牛女間，隖曰雲巢。晉時名春谷，陸簡寂嘗居之。【評】先生將爲金蓋之宗師，故特叙金蓋先賢，先詳有高人，有名賢，有高僧，有名宦，有神仙，俯仰上下千七百年間，自近溯遠，自古及今，後先錯綜，惶乎言之。讀此節恍見金蓋諸賢會今古于一堂，令人起落月在梁之慕。唐曰桐鳳隖，宮無上仙蹟著焉，呂潭隖中有清濁兩泉眼，形如呂字，中多龍字，相傳爲宮無上手鑿。可據而信也。晉有克正，即何楷。宋有安定，即胡瑗。正節，即衛富益。東老，即沈東老。子春，即梅子春。於元則仲穆，即趙雍。牧齋，即閔牧齋，諱遜。明之藕益，宋之參寥，高僧也，閔珪、蘇軾、顔真卿，名宦也，無不惓惓久居。間或勿去者，東漢尹無我、屈東生、韓珊珊、苦而人。以上諸人，惟趙仲穆、參寥子、蘇文忠、顔魯公四人未列傳。其餘諸人均列傳於卷七、卷八中。要知〔此山〕脉接黄山，竅開林屋，景純之説非虚。苟無至人以主之，豈非虚此勝境歟？按先生之行藏，洵成寄戲；【評】此與張麻衣卜詞相應。苟非六通具足者，安得慨然言之？先生之趨向，不外忠純，真當代之異人，宜爲駐世神仙許可。某雖不敏，願請從事。山之高十五里，山之廣四倍之，山之神有謂尹無我，有謂韓珊珊。【評】先生之居金蓋，蓋爲鎮具區、錢塘之要脉。尹、韓諸神皆山神而治水者，故又叙之特詳，非聞文聞筆也。珊珊無蹟，其出處莫之考，相傳爲無我之師，東生之舅，淮陰之裔胄，知兵法，諳遁甲，三國徐庶嘗師之。有寇據方山，爲烏程憂，因起陰兵逐之鏡湖，巨魁殁於水，烏程乃安。民感其澤，故至今祀之。或謂尹無我之事，故又祠尹。尹亦姓屈，東生之叔也，曾爲會稽郡鹽鐵尹，以無我爲學，故曰尹無我。能興雲致雨，咒水成潮，遺蹟在在有之，誌乘所叙尹公潮是也。嘗拄日於金蓋，事載本山志略。知未來事，卒與東生隱金蓋。東生受業於左慈，亦知變幻，尤精吐納，故壽最長。許、葛除蛟時，東生亦與事焉。梅華島之大略如此。」以上《金蓋雲箋》及《江湖樞要集》均載之甚詳，約二千餘言，《鉢鑑續》但略引之。此得刪繁就簡之要。遂與偕訪，得先生故居齊音齋。假音格。龕而居之。【評】即癸未甲申間獨處年餘之所，桐柏異人謂曰故林。此時得故居而居之，後先相映。已而參玄訪道者集若雲，雲巢之名始驗。《志略》載：雲巢之名始於元季。愚按參寥子詩已有雲巢，則宋時已名雲巢矣。惟譯其末句「琅玕青與白雲齊」之義，則宋時之雲巢或在於巔，迨元而改築於「桐鳳」塢，是未可知也。

先生曰：「天上神仙皆是人間孝子忠臣。漢壽亭侯血刃終身，位證大帝，未聞其有子午烹煉、休粮出俗之行也。【評】天也，帝也，昭乎若揭日月而行。非熟閱歷如先生者，何能創爲此言？非精體認如撰傳者，何能倡此宗風？人從實朴朴地下手，便是築基妙訣。神通法術，乃駐世神仙萬不得已一行之事，非經教，聖賢仙佛所不取也。【評】此係宗門老成之論，先生至是體乎言之。可見英雄豪傑之造聖賢仙佛也。其學力才識，自與庸流大有徑庭也。撰者特叙此言，更不必詳其進修之功，即以昭金蓋宗風全憑忠孝，上承先哲，下啓後賢，端在完其真性，與道合一。其非得宗教之全者，烏能語此？龕中坐者，非呂、陸、衛師歟？陸不仕宋，呂避僞周，正史缺載，野録可憑。具載於《湖墅紀聞》等書。向使衛應元召，仕至卿相，不過數載榮寵，安保究竟？【評】桐柏異人叱先生不思究竟。今先生設言：「向使出仕，安保究竟？」可見先生之保究竟，決於異人一叱。既得保其究竟，遂能勘此究竟之道，曰可悟，曰無愧。想先生斯時舉其前後兩生之悲，感惱怒、朝野、生死、成敗、邪正種種因緣都聚目前，一時判雪。惟能心安肥遯，聚焚著作，故愈隱而愈彰。即此可悟聖賢仙佛，止完其真性，全其無愧而已矣。」晟溪雪簑翁聞而歎曰：「若浩然者，今之古人歟？我聞其語矣，未見其人也。」將就訪，【評】文如馭馬，隨策隨勒。而崑陽王律師以卷册、如意、玉麈、芝杖，遣人即程謂山律師。寄授，命名守貞。【評】此先生之範圍也，爲全篇之特筆。貞者，正而固也。崑陽子可謂知人矣。前於桐柏林中所聞「他日當命常月子付爾」一語，至此始應。禮聞來學，不聞往教。先生蓋不戒而戒，久受知於天台異人，【評】補點異人姓名，如龍掉頭，領珠自露。異人姓趙，名真嵩，號復陽，〔崑陽〕律師之師也。【評】圜環轉折，舒展自如。可見文章以大氣盤旋者，周折規矩之中，自不費筆力如此。然則卷册之寄，必上承夫趙祖之命而來者。【評】桐柏林中他日付爾之語，至此一應。

歲己亥，順治十六年（一六五九）。先生乃攜珏至京師，一以謝所授，且爲珏請受戒。珏本爲沈太和宗師門人，派名守圓，自號赤陽子，又號隱真，故但請受戒（，不言拜師也）。後自有列傳。〔崑陽〕律師方飯，聞至，果吐哺，出曰：「我子趙子復陽氏嘗言之，汝來何晚。」乃跪謝不敏，繼而泣。【評】此與桐柏林中之泣及海濱之泣大異矣。蓋此時之泣，出於感激涕零，然皆因有從前兩地之泣，而此時遂不覺泣之下也。遂邀入別室，授以無窮秘旨。先生自是益精進，遂具六通。珏則受戒至天仙，頗多進益，其賜偈曰【評】凡此偈語，編中不少，皆係前後應證之文。述者每詳叙之，不敢略。爲與通部各篇相關鍵者，不得謂係可存可去之文。「圓陀陀，光爍爍；貞元圓，摸著脚。同去同來，炳來得法；永鎮鶴林，白雲先達」，命名守元。本名守圓，至此改名守元。遂令〔守〕元之杭，居鳳山之大德觀。【評】遺鎮金蓋、遺鎮大德二語，至此一應。先生之湖。仍歸金蓋山。又曰：「道越世而興者，數也。若夫南林春雪，艮野天香，猶馬之白眉也乎？」其系出太朗者，第九代周明陽律師，名太朗，其時已皈孫玉陽宗師門下，爲沈太和宗師門孫矣。汝曹識之。」○上雜出於《金蓋雲箋》及《鉢鑑續》《道脉源流》等書。已而歸。

與先生遊者，晟溪雪簑翁而已。【評】遥接前節，文法綿密，絶無痕跡。方士往來者良多，蓋居塵出塵之交，惟此一人而已。翁姓閔，名聲，字毅甫。崇禎壬午（一六四二）舉人，嘗不應召，亦以逸民終。後另有傳，列於卷七上之高人部。翁命屺瞻入侍〔先生〕，命名太定，【評】終承遺緒一語，至此一應。號曰石菴。以上出《金蓋雲箋》。歲癸丑康熙十二年（一六七三），溯其于順治丙申年（一六五六）入山，先後凡一十八年。九月二十七日，忽命屺瞻送其卷册、如意、玉麈、芝杖之杭之大德觀。【評】與黄赤陽傳中兩承一授之語相應。逮返，先生説偈而逝。偈曰：「生也寄，死也義；【評】與篇首卜詞相應，爲通篇之關照。耿耿百千秋，難了此生戲。不如去，不如去。」頃之，風雷大作，隱隱見先生乘雲而上。【評】其生也驚雷而娠，其死也風雷大作，是以雷降以雷升者，故其于世也，亦如雷之震驚。門人石菴子，爲卜葬於金蓋之陽，舉其龕，若虛器然。【評】先生二穀，一在海，一在龕。龕而若虛，其猶海乎？大學士黄機爲撰墓門表，因門人私謚曰靖菴先生，題其墓碑曰「高士靖菴先生之墓」。其文爲笪重光書，廷博昔見其本于湖城高氏。惜其墓碑已斷蝕矣。杭通判許天榮壽之石。以上悉本《鉢鑑續》。是日，黄師赤陽子即名珏者。亦沐浴辭衆，【評】偈中同去同來之語一應。召其門人周太朗與之偈，瞑然而逝。時十月朔日也。

懶雲子曰：死生亦大矣。若二宗師者，去來自如，其無懷氏之民歟？葛天氏之民歟？越數世，有沈氏真陽子【評】特舉沈、陳二子，足見二宗師之所傳奕世不泯也。分身辭世，即沈輕雲律師，傳列卷四。去非陳氏亦克示期坐化。即陳樵雲律師，傳列卷五。不有心傳，【評】有太史公自序，其在斯乎遺意？焉能了達師之尊與天地君親等？【評】言外傳神，文能得左史之精髓者。有矣夫。

人文兩絶，字句警策，纖織無痕，靈機一片，此其上下千古了然胸中。想其文駛疾馳，目光四射，實編中之傑作也。此等高賢，事實良多，考據難盡。俗子搦管，鮮不粘手者。

陶高士靖菴先生墓表

黄機撰

嗚呼！異人者，天之梯也，君之航也，世道民人之中流砥柱也。天既生之，天必有以用之。奈何一聽其跋涉寰宇，出阻入險，獨逸一山，草衣木食，待數十年之久，而終不得一白其志，見之行事，著之竹帛，宜其喟然歎，撫然悲，卒然歸，而棄世如遺，有如吾陶高士諱然字浩然先生者，豈不惜哉！

先生，我朝之異人也。生於蜀，爲晉淵明先生三十八世孫。其先世居會稽，祖唐，應蜀藩聘，遂居蜀。父紳，以萬曆朝武舉官吳興千户。卒於官，貧無以殮。先生諸父祥，湖郡諸生也，富而義，其先亦由會稽遷歸安者，擬送歸蜀不果，爲卜葬于小梅山。術者謂當出異人。時先生年五歲，隨母黄留蜀。未幾黄卒，依姊氏以生。既長，姊惡其不事生産，不爲娶。姊殁，始至歸安。諸父祥墓木已拱。祥孫思萱有祖風，送休金蓋山，爲浙西勝壤，尹無我、宫無上曾居之。尋復出遊五載，如滇如齊，如豫如揚，轉黔越廣，穿漢入閩，經燕達晉，歷崑崙星宿而返。當其時，明社初屋，餘寇未平，四海烝民不屠於流賊，即殄於庶頑，僻壤窮鄉，皆成虎穴。先生乃以一介書生，徒步憑弔于其間，飄然往返，不損毫髮，異哉！石菴曰：「叔年少於我，三教典墳，記覽無遺，狀貌蹁躚，真神仙中人。」

問其長，若一無者；究其藴，淵乎若無底泉；測其量，渺乎若南海洋。有時而涵平無際，霽月光風；有時而旌揚鈿震，迅雷疾電，草木咸威；有時而蓬壺、方丈、圓嶠、瀛洲，善繪莫狀。人嘗見其與洪洞明、黄赤陽、盛青厓相慕訪，氣味融洽，而經處三五七日，不聞談論，欻然散去，望之若斷霞孤鶩。又嘗見其登山極巔，初，四顧閒如也；既，旋趨翼如也。已而仰天長嘯，山鳴谷應，風雲爲之色變。就與語，嗒焉若有喪。試進扣之，曰：「我聞之，不出世，莫入世；不入世，莫出世。」蓋出處有權，進退有道，苟不體此而惑於命數，凡夫也，不可與言志也。

歲戊戌（一六五八），受戒于京師白雲觀。律師崑陽王君授以卷册、如意、芝杖、玉麈，命名守貞，遺歸金蓋。因自號靖菴子。至癸丑（一六七三）孟冬朔，風雷忽作，乃辭衆説偈而逝。偈曰：「生也寄，死也義；耿耿百千秋，難了此生戲。不如去，不如去。」享年五十有八，生於萬曆四十（四）年（一六一六）六月二十四日辰時，卒於康熙十有二年（一六七三）十月朔日午時。其諸子思萱爲卜葬于金蓋南麓，舉其柩，若虚器然。

思萱號石菴，湖之碩士，言不苟譽。今所述若此，囑余爲撰墓表。先生真我朝之異人也哉。

黄赤陽律師傳

師姓黄，名守圓，易名守元，自號赤陽子，原名珏，號隱真。《江湖樞要集》《淨明真詮》等書俱稱隱真子，未聞有赤陽子之號。浙江烏程人，明季諸生也。少負奇才，明術數，豪邁不拘，世居吴江之震澤鄉。

祖申，中萬曆朝舉人，授黄岡縣令。有德政，三年行取進京，卒於山東。父名慕韓，母淩氏，年俱十六七，留黄岡不得歸。邑人憐之，遂家而入籍，爲黄岡諸生。以祖墓之在湖也，遂之山東，扶父柩歸葬於烏程之黄鶴山。而淩没於楚，師生才三歲。〔父〕迺返楚，擕師扶淩柩還江南，依於其族。未幾父卒，家尋災，族不之恤，乃依舅氏淩景仁，居歸安之雙林鎮。舅爲葬其父母於妙喜。

年十三，舅又卒，以不得舅母歡心，出居妙喜。形影相依，縱多親族，無有過而問之者，惟傭工自活。以餘資購殘籍，焚膏誦讀，志日堅。偶聞時事，必捨耜三歎【評】即此爲靖菴同志。曰：「彼富貴而肆縱，若是我得志，必鋤之。」嗣後有舅族謚忠介之封君某，偶過訪，大奇之，授以《性理大全》《朱子綱目》，並選古今文藝若干首，令熟揣之，資以白米三石。乃得日夕專精，未三月，心手契合，【評】何等天資，何等發憤。揮灑皆珠玉，識日益深。一日出遊，遇董香光於織里，相得如故知。留住半月，遂得書法三昧。香光謂曰：「以子之材，傳世不難，何自窘乃爾。」師曰：「舌耕耜耕，勞逸有殊，而傭工一也。且播耘耕穫，其間天道人事，【評】何等抱負，是爲靖菴同志。妙義無窮，以之撫世，道果有異於農乎？故昔伊尹，聖人而王佐也，亦嘗從事於農，而謂自窘，得乎？」香光心重之。已而師出應試，爲湖郡庠生。年三十，香光既貴，遣人招之京，不就。出遊武林，日賣字以沽飲，【評】正其豪邁不拘處。著作頗多。某巨公【評】其錢謙益之流與？見而奇之，師心薄其人，避之若浼。問其故，笑而不答。年四十，聞上陽子考之《道譜》，姓陳名致虛，爲馬丹陽真君遇仙派裔。居（杭州）大德觀，造訪而師之。【評】何異靖菴之遇張三丰？師後居大德觀而終焉，蓋因乎此。乃得筆籙、奇壬諸異書一十九種，返潛習於天目山，寒暑不間者有年，【評】正靖菴訪而不遇之時。術精且神，知未來，遂委身巖谷。【評】「遂」字摹神入骨，見得從前並非甘心岩谷者。

歲甲申（一六四四），焚其衣冠經籍，【評】只此一焚，何異沈浩之死，省卻多少周折。易羽衣而出。以上五百餘言，悉出於《金蓋雲箋》中閔聲撰《黄隱真生傳》。考《鉢鑑續》止採其師事上陽子得法一節，餘闕載〔一〕。遊至茅山，太和宗師（沈常敬）知之，謂其門人孫守一即孫玉陽宗師，後有傳列卷尾。曰：「八代律嗣至矣，可書守圓二字以待。」師至，遂以名之。曰：「圓者，○也，一也。識得一，萬事畢；崑陽興，明陽立；【評】日後授受之人，已判于此。元易圓，業可必。」蓋云元者，善之長也。師拜而聆之。以上出《道脉源流》。起爲卜，得贅壻，六壬課名。疑之；轉得八專，亦課名。乃悟。【評】此節全在虚裏寫生。下文以兩「果」字摹虚於實，正其術精且神，能知未來之證。越十三年，始返湖，隱於碧巖，在弁山。果有陶然字浩然者至，贅壻之課應，是爲靖菴先生，遂入梅華島。歲己亥（一六五九），偕靖菴入京師以求大戒。崑陽真人見而喜之，果延入室，授以《宗旨》一冊，曰「三百年一行教典

〔一〕整理者按：上陽子陳致虛係元代道士，此處所謂黄赤陽師事上陽子得法，絶無可能。

備於此矣，兩承而一授之也可」。遂易名守元，八專之課又應。

康熙庚子〔一〕，先真人而出駐於大德。越五年甲辰（一六六四），真人始來杭。果【評】又一「果」字，可見萬事皆從因果中來。其從前心在朝廷，事關社稷，特無其因，是以不果耳。有震澤後進周名太朗者，即周明陽律師。奉其本師孫玉陽命來投即孫宗師守一。求戒。【評】與靖菴天上神仙一節心同而事異。師歎曰：「匹夫行藏，絲絲命定，況事關社稷歟？」【評】可想見其從前居心之所在。生我者父母，存我者子陳子也。」即陳上陽真人。【評】可想見陳上陽當年之教戒。遂與周相約，人莫之知。以上出《鉢鑑續》。越十有四年，歲癸丑（一六七三）十月朔，靖菴先生亦寄其卷册、如意、玉麈、芝杖至。乃召太朗，師以《宗旨》並付之，【評】應「兩承一授」一語。曰：「此先太律師復陽趙祖之命也，【評】應靖菴傳中「子趙子嘗言之」一語。好承之，師師傳受，以待來者。咦！渺渺太虛中，壽世無量劫；悠然見南山，才是真消息。」《道脉源流》載：周問何時，師曰「戊子當來」云云。觀下卷周明陽律師傳可見。語畢遂逝。七日入龕，顏色如生。以上悉本於《道脉源流》。考《鉢鑑續》《金蓋雲箋》，均載之。是爲龍門第八代律師。

師生於萬曆乙未歲（一五九五）正月九日辰時，卒於康熙癸丑歲（一六七三）十月朔日

〔一〕整理者按：據本篇所述推算，此處「康熙庚子」係順治庚子（一六六〇）之誤，而非康熙五十九年（一七二〇）也。

午時，住世七十有九歲。門人明陽子，遷葬於棲霞嶺北，地曰天官山。

以伊尹之材，慕伯夷之節，其光明磊落，卓然一丈夫也。觀其晚年行境，則惟夙夜基命宥密，專以得道傳宗爲任，真所謂「數著殘棋江月曉，一聲長嘯海天秋」。文亦從此中摹寫，而絶無一點豪芒爲妙。

吕雲隱律師傳

師姓吕，名守璞，號雲隱，原名樹，字端虚，姑蘇長洲人也。父貞九，爲徐文質後身。此句亦本之原傳，《鉢鑑續》亦載之，未詳其何據。髫年補博士弟子員第一，餼於太倉庠，名傾吴會。後值世運滄桑，脱青衫，衣羽服，訪終南，歸碧天，竟以仙化。按原傳，貞九翁嗣清微派，爲二十三代法師。○以上五十字，悉本《鉢鑑續》。而師修明性地，大闡宗風，建梵天壇，魏元君、劉天君殿暨父塔院於小桃源。

師生而穎異，丰采照人，塵俗緣人所溺而不能出者，師出之最早；道法緣人所疑而不能入者，師入之最早。蓋由力學，亦復有天焉。【評】筆有區徑。年十四即洗心道奥，持長齋。十七辭江氏姻，鸞鳳分棲。廣行諸法，濟度人鬼，饋以金銀則毫無指染，而獨以道法證父子緣，又以父子證師弟緣。當父訪道時，師纔十七齡耳，按師著《復立山房詩》，上有二兄，師蓋爲貞九翁季子。毅然擔一瓢一笠，奔走數千里，直抵武當、終南最深處，疊遇魔試，不生退轉，原傳，師遇猛虎、毒蛇均交臂而過，載之甚詳。卒能遇父侍歸。妻江氏，亦慨然有出世志，遂禮翁爲師，取名正合，號雲城，築女貞仙院，修煉其中。江雲城大師傳，列于卷六下女貞部。師嘗告曰：「學道之人僅明丹訣，不從實地修持，是猶渡江湖亡舟楫也。」【評】至言也。

輕雲子曰：青律始於長春邱祖，襲爲單傳秘簡。【評】重提青律，爲《心燈》中特筆，有「藍水遠從千澗落」之趣。崑陽真人興，歷訪萬山中，乃得傳於趙祖，出應世祖章皇帝詔，説戒白雲觀。師聞前謁，真人一見喜曰：「是真法嗣也。」遂授初真戒，旋於武林晉授中極戒。此師二十齡及二十四齡事也。師二十一齡，父將羽化，預期示兆。師聞馳赴，課葬小桃源。師獨守塔，若將終身。及壯，領受天仙戒，大開演鉢堂於姑蘇之冠山。其戒子承化得道者，亦復不少。歲庚申（一六八〇），崑陽真人將返平壺，取平日自用錦囊、如意、源流、拂塵等，印封完密，囑侍者曰：「姑蘇吕守璞來，付之。」時康熙十九年（一六八〇）十二月二十五日也。

師性功淵朗，胸無纖翳，藹藹乎春融，浩浩乎秋空，動爲閒雲，靜爲止水。平日一意修持，不求文字藻飾，一旦豁然昭灼，則信口拈來，皆妙諦矣。所著有《心印經注》《東原語録》《復立山房詩》，梓以行世。此篇按之吕徵所撰原傳，大意盡同，而文法頗異，删括甚多。考《鉢鑑續》所載，亦甚略。師於清微爲二十四代，【評】其父貞九翁爲清微派。於龍門爲八代律師。康熙庚寅（一七一〇）四月十四日，按庚寅爲康熙四十九年，距庚申有三十年。以自用如意、源流、拂塵付其弟子吕徵，名太晉。即師之胞姪，傳列卷三。以上見《鉢鑑續》。

筆如雲龍，如霧豹。但覺文氣騰空，莫得而測。其起伏之處，極似大蘇中年之作。

黄沖陽律師傳

師姓黄，名守中，號沖陽子，湖廣江夏人。父盛，崇禎朝任浙江副總兵，卒于官。師年二十有二，患軟脚病，留浙不返。訪道於茅山，不遇，路逢土寇，【評】與詹怡陽之遭阮大鋮何異？擄資奪盡，乃乞食返楚。一家歿於疫，室又遭兵燹，思自經。適靖菴先生過楚，【評】正靖菴徧訪梅華島不得之時。知而救之，順與治疾，痼疾竟愈。《鉢鑑續》載：師患癱瘓，既而全家喪歿，因自經。靖菴律師過而解救之。既甦，詢其癱瘓之由，曰：「前遇寇時，幸不見殺，而左足忽木，遂不能屈伸。」靖菴爲撫之良久，口諵諵若詛，忽見空中飛一股，大如指。靖菴首叩而手接之，急摣其足，喝曰「换」，已爲摩撫再三，覺氣熱如火，自膝及足，試屈伸之，遂愈。師叩其故，曰：「楚多妖法，此以木腿易人腿，吾遣神人索之來，故愈。吾蜀中亦有行之者，已殛之矣。」蓋採於《白漾漁人聞見録》，然靖菴未嘗言之者，故亦不備録。〔靖菴〕授以内觀法。〔師〕願從遊，不許。折回浙，年已四十三，寓於武林千勝廟。

一日，羽士數輩自北南來，將朝普陀，聞隱真子（黄赤陽）名，約就訪。入天目，不遇，將復之茅山。既行，日沈風雪作，狼狽覓宿，止於古廟後樓。夜既半，微聞有聲自遠來，若笑若哭，【評】不知究竟是何物，當時之不同外走者，蓋内觀法之力也。師不之動。頃而同侶紛紛，若皆外走，已乃寂然。天曙起，失同侶，四呼不應。時雪初霽，出循跡，徧尋至廟後，皆縱横倒地，目瞠口噤，惟身皆尚温。師驚極，强定而守。日既高，一僧持漿至，謂王將軍囑來。師喜，取以灌，皆甦，相向哭。衆曰：「得毋吾輩盡死歟？」【評】一時醉生夢死光景，可憐可憐。未及詰，僧叱曰：「汝曹迷，故至此，居士固無恙，生汝曹者，居士也。將軍謂汝曹不足恤，慮累居士，命我來。居士定心，至小菴，會同將軍，北訪金仙。」師乃率衆謝，隨之行里許，翠竹森如，中含茅屋，露一老僧，皓鬚星目，倚門而立。見即率衆趨前，揖而入，曰：「將軍何在？」【評】將軍即老僧，老僧即將軍。曰：「往矣。」乃向老僧謝。老僧曰：「無他，内魔不生，外魔自滅。惟居士知之，得感將軍來。老僧不與世事久矣，重將軍命，暫且多事。飯熟矣，曷各飯？」乃出胡麻飯一盒，曰：「有緣乃得供也。」師感將軍再造而未得謝，心得得不安。老僧曰：「毋，且飯。」群乃飯。老僧睨視之，曰：「有緣得常飽。居士北行，當會將軍於道，會問毋憶也。心定神知，心擾神昧，如是如是。」師起拜謝之，已而辭出不數武，僧廬忽俱泯，但見凍竹折枝，漫山晴雪而已。師遂悟，辭衆北走至京，月餘不饑。適崑陽王祖説戒白雲觀，乃皈投。王祖大器之，疊授三大戒。一日，隨雲衆進演鉢堂，王糾察現，即王天君（王靈官），其誥文有

「都天糾察大靈官」之號，故稱王糾察。鬚眉畢燭，乃悟老僧語，拜而祝謝焉。

歲甲辰（一六六四），隨祖至浙，訪隱真子於大德觀，追述往事，互相慶讚，遂往建菴於天目。崑陽王祖署其堂曰「飯麻精舍」。隱真子爲序其事，其文載《金蓋雲箋》。丙午（一六六六），至金蓋訪靖菴，語言針芥。曰：「不圖太上宗旨微妙如此，昔日先生慈授諸秘，字字金針也。」靖菴曰：「古人云，言無淺深，在人領會耳。」居數月，返飯麻。後常往來於天目、法華等境，多所闡揚，學者宗之，【評】中庸其至矣乎，民鮮能久矣。鮮克當意。至乙卯，康熙十四年（一六七五）也。○按《金蓋雲箋》載：乙卯歲范青雲來山訪遺書，黄沖陽子來自法華，手輯《白雲同門録》一册，示青雲子。及青雲去後，師亦隨出山，後遂復不見矣。忽外出，不知所之。此篇與《鉢鑑續》所載事同而文小異。是爲龍門第八代律師。

此出於疾病傷亡之餘而得道者。文但叙其受戒於前，能得力於内觀如此，志士之極荷神佑又如此，於老僧口中字字指迷，句句傳道。至其出京以後，但略加點染，位置自爾不凡。

譚心月律師傳

師姓譚，名守誠，號心月，湖廣武陵人。性篤實，不苟言笑，童時已然。既長，讀書於黄鶴樓，飄飄有出塵志。江夏有沖陽子，亦抱異質，成莫逆交，常相約【評】同術同方有如此者。曰：「人生百年耳，安得明師而事之？他日有聞，必共趨禮，皆成則妙，一就必轉拯，不爾即爲負誓不成道。」已而沖陽隨父遠出，蓋之浙江副總兵任。音問疎。師亦出遊滇黔間，忽忽三十餘年。迨返，沖陽全家没於疫，師四訪無音。【評】四訪無音，是心月欲拯沖陽，不知沖陽拯引心月之心亦久。蓋兩地神交之深，而感通於夢也。一夕，夢至京師，見沖陽衣羽衣，巍然高坐，未及禮叩而遽覺，大異之。遂束裝北上，歷盡艱險。當時正兵戈載道。及抵京，聞崑陽王祖大開演鉢堂於白雲觀，就師之。王祖奇其材，叠付大戒，【評】有如秋遇良宵，雲破月出。始知沖陽已於庚子順治十七年（一六六〇）。皈投（王祖），備受三戒，乃大悦，駐觀有年，道既純淳，偕沖陽而至浙，往來於陶、靖菴先生，居金蓋。黄、隱真子，居大德。黄、虚堂子，居澘關。呂、雲隱子，居冠山。之間。師皆親如骨肉，嗣是益互琢磨，惠諸後學，勉承宗教，四方咸向之。

時遊金蓋，亦駐冠山。又有年，計二十四年。忽於丁卯歲康熙二十六年（一六八七）。不知所之。【評】沖陽先於十二年前不知所之，心月殆知其所之，故亦不知所之。此篇大意悉本《白雲同門録》，參以《鉢鑑續》語。乾隆甲子（一七四四），有見於雲南太和宮，出其手録戒律，托寄與冠山陶某云。此説傳聞於冠山陶律師門人，其見師而受寄託者，爲吴門紳士唐某云。○乾隆四十八年（一七八三），懶雲子遊冠山，見其手録戒律原本三卷，其尾頁另署四十字。其文曰：「真人有命，青律傳孫；乃交黒兔，爰托文門；金果一德，龍樹載駸；黄中通理，懷之好音。守誠恭承師命，敬題。」懶雲子讀而遽悟曰：「乃交黑兔者，謂歲次今年癸卯（一七八三）也。文門者，閔字也。金果者，我師派上承杭州金鼓洞，洞有金果泉，故又名金果洞。一得（德）者，我派名也。首二句，我譚子所以寄陶子也。後三句，殆某得此本，後之證驗與？」因徧告山衆，拜而受之。及後懶雲子往雲南，以其原本奉授雞足道者，始應後三句。按雞足道者傳，列於卷六首篇，閱者可覽焉，茲不備述。

「性本篤實」，「道既純淳」，此兩句爲篇中關鍵，可見得天者厚，用力更深。至其與沖陽神交夢感，洵乎天下之理惟感與應而已。文以一片神情，纏綿千載，究其運筆，只在幾個「虛」字間。

程華陽律師傳

師姓程，名守丹，號華陽子，原名鎮華，字英和，徽郡績溪人也。世業儒，有古風，男讀女織，疏布自甘，無公事不入城市者，數世矣。師承志守，以孝友爲宗。值世滄桑，群勸出試，【評】或謂孔子曰，子奚不爲政。笑而不答。强之再，曰：「山野廢材，自守猶拙，若出而試，倖得一職，【評】肉食者鄙，未能遠謀，慚愧慚愧。上無當意於長官，下無滿願於黎庶，屏斥乃歸，辱莫大焉。我甯繼守祖訓，得過三十六歲，家事楚〔定〕，將爲東西南北散人以歿，是我願也。」【評】人人皆可，其誰能之？

師少精奇門，通易理，凡有動作，必先之卜，吉凶悔吝，應如〔影〕響。三十九至金蓋，師事堅密禪師，藕益禪師弟子，後有傳，列卷七之高僧部。究參佛乘。始不敢以瑣事瀆之易，曰：「循理而行，非易是易，若囿於易，易失其易，況降而下者乎？」居山七載，日惟從事於木雞，漸至忘食忘寢，客來不知起，有問不知答。一日豁然長嘯，嗒焉中止，喟然歎曰：「真如而外，無非戲局，我其逢場作戲歟？【評】渾似一本戲册，我觀華陽，正如大面出場，不言而喻。靜也戲，動也戲，喜怒哀樂，生死成敗，無非戲劇。隨戲演劇，做得熱鬧，忙戲也。冷靜瀟灑，閒戲也。窮愁落寞，窘戲也。刀兵水火，危戲也。離别傷亡，苦戲也。參玄訪道，醒戲也。貪財好色，迷戲也。孜孜業業，勤戲也。悠悠忽忽，懶戲也。雄赳赳，勇戲也。樂陶陶，逸戲也。推而至於風雲雷雨，春夏秋冬，造物之戲也。富貴貧賤，飲食男女，人生之戲也。造物之戲出於無心，人生之戲幻於有我。有我則害生，趨避徒自苦。登此傀儡場，難免戲中戲，一朝鑼鼓歇，閒逸爲誰來？然人生之戲愈出愈奇，而造物之戲古今不二，即此可悟無心之妙。」此説全出於《金蓋雲箋》中，按之《鉢鑑續》，止載「真如」云云三句。

歲丁未，康熙六年（一六六七）。崑陽王祖來駐金蓋，師禮之。命名守丹，叠授初真、中極兩大戒。遂從王祖出駐江浙諸名境，復隨入京師白雲觀，暢演醒戲十有餘年。及祖逝，時康熙十九年（一六八〇）。自北南來，按《鉢鑑續》載：師於康熙辛酉（一六八一）之秋始返浙。乃依明陽子振興鶴林，即杭州金鼓洞鶴林道院。始得安演逸戲，十有五年而逝，異香氤氳三日始散。此篇事蹟悉本《鉢鑑續》，其説則參考於《金蓋雲箋》中。是爲龍門第八代律師。

曰趨避自若，曰無心之妙，則凡正心應物，概可處之泰然矣。華陽降世，特戲之耳，惟不愿作紗帽生耳。撰《心燈》者，亦猶演劇與人看，學者但善觀之，何妨仍列身於名利場中耶？

林茂陽律師傳

師姓林，名守木，號茂陽，浙江仙居人，祖籍福建。祖昌明，遷之台郡。父華生，遷仙居之四都，載耕載讀。師生而慧，有辨才。【評】生有辨才，而其後名之以木，意深哉。歲癸卯，康熙二年（一六六三）。至省垣，寓城北菩提菴。主僧慧源，四川人，靖菴先生甥也，爲述聞見。遂至金蓋謁靖菴，留住月餘歸，【評】其得力於靖菴者不淺。有出塵志。越三年，復由金蓋至大德。《金蓋雲箋》：丙午（一六六六）秋七月，林師來山，我宗師遣至杭，謁王祖師。崑陽王祖導之入室，出辭，祖示以偈。偈言未詳。遂遊五嶽，履險蹈危，不可勝紀，總以忍辱仁柔法脱盜刃。【評】蓋得祖示以偈之力。迨返，舉世泰，訪至元蓋，餘杭縣境有元蓋洞天。適赤陽子與靖菴先生、金筑老人俱榻金筑坪，金筑老人傳列後。與談，大契之。赤陽子率師返杭，授以《大洞經》，令遊天目、黄山、普陀等境。英志盡消，柔出訥入，無復强制，厥道將圓，乃返杭謁赤陽子。赤陽乃出示崑陽王祖手書，爲之加冠贈名，叠付三戒。遂依明陽子，居金鼓洞。《鉢鑑續》載：師於康熙十一年壬子（一六七二），得王崑陽真人書，遂受戒，年已六十矣。後居金鼓洞終焉。住世九十有四，卒葬法華山。此篇大意本《鉢鑑續》，按之《金鼓洞志》，具名而已。是爲龍門第八代律師。

懶雲子曰：余閲蘇柳堂《蝶夢齋筆談》，載有康熙丁丑年（一六九七）天台令某，按縣志，康熙三十六年知縣□。過百步宫，見一道者年約三十許，端坐紫陽樓，傍有皤然老紳，肅衣冠，捧茶進。道者若弗視，老紳立良久，始接飲。令不勝憤，呼吏拘之。紳知爲令，亟趨前跪曰：「是貢生父，年已八十五，因尚玄學，出遊六十載，三十年前曾一歸，不浹旬而遽出。某奉母命歷訪，又三十餘年，今始得遇，惟願迎父歸以慰母，而未得父允。幸得賢父母來，敢乞勸父歸也。」令聞，不覺驚喜，遽翼貢士趨前揖曰：「某不識先生，先生何修而得此？」道者亦起而揖曰：「我林守木，乃先律師王崑陽先生戒弟子，但知守戒，未嘗修也。」令曰：「不俗固仙骨，多情亦佛心。先生曷從嗣子請？」語未畢，道者已點頭，坐而瞑矣。令乃諭貢士：「曷奉母來會於樓？」又以母老疾難之。移時令出，貢士送之返，而道者已杳然矣。《筆談》所載止此。按此説考《鉢鑑續》等書均不録。噫！師其壯歲即成歟？殆返耄而爲壯也。其以守戒精修，即以慰家人之念歟？夫崑陽律師凡三登壇而得弟子千餘人，戒子得道者良亦不少，師乃爲賢宰官所見耳。

以夙慧辨才之質，而造於柔出訥入之功，然後可承戒律。至於返髦爲壯，乃其餘事耳。《心燈》章法，具有正宗，蓋不徒以闡揚先哲爲心矣。

金筑老人傳

金筑老人者，字號三見而三異。【評】即此七字，其高蹈之風，已可概見。《洞霄聞人志》載：盛青厓，江南桐城人，明末進士，隱天柱觀。即餘杭天柱山之金筑坪。《楊氏逸林》載：樵雲氏者，桐鄉人，姓盛，名未詳，明末舉進士，值世滄桑，高隱大滌，自號退密山人。學問淵閒，不讓鄧牧。宋末高士，隱於餘杭〔大滌〕山中。吴興陶石菴輩得其詩文全稿，將付梓，不果而歿。《菰城拾遺》載：異人金大滌，學富五車，嘗自比管、樂。明亡，遂隱。初休金蓋之白雲居，更號樵雲，既歸老於天柱金筑坪。平時往來者，道有靖菴、石菴、赤陽，釋則藕益、堅密、洞明而已。三僧均列傳於卷七。著作頗多，石菴輩梓以行世。此所謂三見三異也。愚按《金蓋雲箋》載：順治元年（一六四四）有一老人，不知姓名籍貫，來居山之白雲菴，自稱白雲老人，以署其稿。明年出山，住餘杭金筑坪，改號曰金筑老人。順治十六年己亥（一六五九），老人來山，訪靖菴先生與洪洞明頭陀，遂邀洞明入天柱山，歲常往來。及康熙九年庚戌（一六七〇），老人又稱退密山人，以其手著《三江詩史全集》，遺潘牧心來山乞序，靖菴爲序之。康熙十五年丙辰（一六七六），老人復來自金筑，仍居山之白雲菴。明年復歸金筑云云。則《洞霄宫志》所稱盛青厓，《楊氏逸林》所稱樵雲氏，《菰城拾遺》所稱金大滌，均與《雲箋》不符，而紀其事實則大同小異。又按《鉢鑑續》謂：退密山人者，不自述其名氏，爲崑陽王祖戒弟子，居大滌山，江浙之間所稱玄虚清逸先生者也。《白雲同門録》稱謂退密翁，亦未詳其名，其事蹟亦都隱約莫可考云。合觀第三卷潘牧心傳文略詳。輕雲子即第十代沈律師，其傳文列於卷四。曰「總之不離乎隱君子」者，近是。得其傳者，吴興潘牧心。【評】因此知其爲龍門正宗第八代律師。稽之餘杭大滌山，葬有金筑老人墓。相傳老人未之死，逝越九月，總兵某自山西來，攜有老人手書，及其殉葬騰雲履、降魔扇，付牧心收貯。乾隆間，邑人餘杭人。猶都見之。説載《聞人志》。係洞霄宫舊志。

靖菴先生曰：「天上神仙，皆是人間孝子忠臣。」信矣夫！傳者不贅一言，而老人之潛蹤已顯。筆筆入彀，字字傳神。

江處士傳

江處士者，名字未之詳。《鉢鑑續》謂爲崑陽律師戒弟子，道德精深，【評】自是處士神仙本領。無書不讀，鄉黨稱異人，間世一出材也。少好術學，晚事精虚。《鉢鑑續》載文止此。愚按《金蓋雲箋》載：康熙六年丁未（一六六七），崑陽真人來止我山，績溪處士江太虚偕云云。《逸林》載：值歲旱，處士出方珠法，救灌寡婦田，反因受呀於邑令。又嘗爲友致書巴蜀，賸茶尚温，已取據返。及年既邁，嘗讌客家中，績溪某客於杭見其泛舟於西湖六橋間，即是日也，且招下茶話云。以上三事《逸林》載之甚詳，兹不備述。處士真異人也，生卒亦不可考。或謂其道號太虚，徽州績溪人也。蓋本之《金蓋雲箋》中。

如龍溷蹟，端倪莫測，文亦如是。

孫玉陽宗師傳

師姓孫，名守一，號玉陽，原名尚之，歸安諸生也。生有神智，年三歲能辨疑獄，全其親誼，其事未詳，《鉢鑑續》所載如是。鄉里豔稱之。既長，博聞强記，且精騎射，自命不凡。然不屑入世，常休金蓋之雲根。爲元初衛正節先生所建，今其址已無存矣。年十九遊金陵，遇太和沈祖於陶谷，慨然以得仙爲分內事，遂偕隱茅山。授以秘書三十六種，師則一一精詣其髓。《鉢鑑續》記甚詳。沈祖大悅，授以宗旨，命名守一。按《鉢鑑》載：師爲太和宗師首座承宗弟子，同居茅山二十三年。

歲丙申，順治十三年（一六五六）。歸休金蓋。浩然至，即陶靖菴先生。師問何持。答曰：「穿過一線天，直造大悲界。」師曰：「何如踢倒落伽山，瀉出無生境乎？」相笑而別。已上四十五字，《鉢鑑續》所無，出自《金蓋雲箋》。旋又出遊名山，復駐茅山乾元觀，得閻曉峰皈投。康熙甲辰四年（一六六四）也。遣其門人周太朗之杭之大德觀，並與宗旨一册，使嗣赤陽黃律師。赤陽本太和〔沈常敬〕弟子，與師爲同門，後往受戒于崑陽律師，故亦稱律師。師遂飄然而出。愚嘗聞之沈輕雲律師，謂孫宗師於乾隆初年間尚在世。又按《鉢鑑續》所載：甲辰之明年乙巳（一六六五）元旦，門人范青雲遇師於天台之瓊臺，遂從行十有二年而出。青雲子記其問答語言，編列《鉢鑑續》九卷。此傳但序至甲辰年（一六六四）止，惜其後之履歷，《鉢鑑續》既未顯著，考之他書亦無左證，故仍闕之。得其宗旨者閻曉峰、本係茅山法派，後皈孫師，仍住乾元觀，其所傳仍〔爲茅山〕法派，閻亦未嘗至金蓋，故不爲列傳。周明陽，即名太朗者。《鉢鑑續》載如是。范青雲亦得宗旨，而不自列名，觀於下文可見。是爲龍門第八代宗師。

懶雲子曰：余按《鉢鑑續》九卷，纂自湖廣人范青雲。名太清，其傳列卷三。范亦從師十二載，考之《鉢鑑續》，自康熙四年（一六六五）元旦，遇師於天台，遂從他去，越十有二年而出駐於桐柏山云云。自記其問答語言，編成第九卷，不下萬七千言。迨後雍正間，感奉世宗憲皇帝敕建崇道觀，大興桐柏山，宗風賴以一振，苟非心承宗旨者，曷克臻此？事載《天台桐柏山志》。然其爲本師記事，謂得宗旨者，但稱閻、周二子，而自逸其名。由今觀之，明陽既爲後於陶、黄，承當戒律；並稱陶、黄者，以從前崑陽真人有「兩承而一授」之説。曉峰復從事於〔茅山〕法秘，駐守乾元觀；説見前注。〔然則〕承師脉者，惟青雲子一人矣。余思青雲，其殆勞謙君子人與？輕雲子曰：「然，非也，蓋棺然後論定。范宗師，精嚴之至者也。」

謹按玉陽身分，具見先後各傳中。此處本傳，但要言不煩。蓋既得傳人，遂飄然出，絶不復措一詞，極似崑陽《鉢鑑》筆意。

金蓋心燈卷三

新安鮑廷博淥飲注
武林鮑錕薇菴評

龍門正宗第九代，凡傳二十一篇。

姚耕煙律師傳

師姓姚，名太甯，浙江崇德人。今之石門縣。少孤，寄養周姓，穎悟非常。年十三，見賞於沖虛子。即伍真人。師亦自命不凡，不苟求利達。以上出崑陽《鉢鑑》。嘗從我先族祖大司馬公諱夢得，字昭余。出征狪猺，陪宴土司秦良玉，飛矢入營，連斃三侍卒，師危坐，色如常，氣膽之壯可知矣。此説出《湖墅紀聞》。聞故明國事日蹙，遂隱浙杭之西湖，自號耕煙子。日益韜晦其才，惟釣魚歌詠，以適天性。【評】是大難事，苟非學養純真者不能也。會沖虛子復自豫來浙，遂師之，而盡得其傳。已而歎曰：「長生之道，固如是也。然士各有志，【評】立人之道。今而後真可生死自由矣。」

至癸未故明崇禎十六年（一六四三）。冬十月一日，凝素謝子傳列次篇。過浙，聞師名，造問長生訣。師告之曰：「國祚將移，生民塗炭，駐世非易，【評】忠愛惻怛，如聞其聲。保戒尤難。我將先我師而歸，子速往，尚有得。」遂爲具書一函，拜囑而送之錢江，曰：「子詣師居，爲我好辭，來歲元旦，某當恭俟於蓬山之麓。」凝素問以故，曰：「我怕讀虢國夫人一絶耳。」指「平明騎馬入宫門」句。語畢，淚如雨下。【評】忠孝慈祥之至，不覺其淚之涔涔下也。舟既發，師遂立逝於江干，顔色如生，七日不倒。居民始爲卜葬於六和塔，題曰「耕煙姚律師墓」云。與《金蓋雲箋》中謝太易撰師本傳及《鉢鑑續》所載語同而稍簡。

寥寥數筆，無限神情。其一種温柔敦厚之致，幾令人按卷猶疑其鵠立於江干也。

謝凝素律師傳

師姓謝，名太易，自號凝素子，江蘇武進人。性愛潔，生不茹葷，爲林處士逋後身。【評】想當然耳。以上十四字出《鉢鑑續》。嘗徙寓毘陵紅梅閣，每徹夜倚梅，静領逸趣。相傳月夜聞環珮聲，精格致也。《逸林》載：師嘗居毘陵紅梅閣，閣爲張紫陽、薛道光、陳上陽輩手注《悟真篇》處，紅梅百本，紫陽所手植者。師於月夜常聞環珮聲，一夕偶坐，恍惚間見羽士數輩，最前長者約四十許，末一少年約十四五，笑語而至。長者顧少者曰：「汝注《道德經》深入顯出，而無鉛汞氣，然正是《悟真》心法也。」中一人曰：「盍往孤山？」長者忽指師曰：「此老何來？」師遽起，忽不見，恍若夢遇。師自是有出塵志。歲癸未，明崇禎十六年（一六四三），《逸林》作歲壬午（一六四二），兹從《鉢鑑續》。至孤山，有終焉志。旋得白注《道德》，伏揣之。《逸林》載：壬午（一六四二）至孤山，得白注《道德經》，始悟毘陵所遇，長者張〔紫陽〕，少者白〔玉蟾〕也。第未解其爲《悟真》心法，後往就正於姚耕煙云云。

聞耕煙名，竭誠持謁。耕煙感之，起而告曰：「道無爾我，緣有淺深。我師隱廬山，與子有緣，即往訪，猶得聞道。」遂起就道，耕煙爲具書，且留飯。辭，持書出，送之江干。舟發十餘里，猶見耕煙鵠立也。【評】蓋此時耕煙已逝，凝素於十餘里外但見鵠立而已。抵西江，不遇，遍歷山曲無蹤。至武昌，上龜山，見一羽衣攜藜杖，翩翩而下，手招而呼曰：「客愛梅，客師遊廣信，臘朔返廬山。」瞥視之，乃耕煙也。【評】大奇。急前趨，忽不見。【評】大奇。至期果遇，遂呈書，並述囑。沖虛子默然久之，曰「是矣」。【評】實處虛寫，煩處簡寫，不作聲色，而聲色自躍躍矣。遂爲解釋章注，縱談玄奥，一動一靜，咸囑體認。隨遊至武陵，授以宗旨、大戒，凡諸法秘，咸備聞之。轉瞬元旦，沖虛子逝，師爲卜葬於武陵之平山，遂廬墓。干戈擾攘，無能驚及，【評】此得簡聞諸法秘之力。師蓋有以作用也。以上事實，參訂於《逸林》《鉢鑑續》二書。

世既泰，返江南之金蓋，訪梅華島。寄跡何山趙莊，復植梅於左右，當時稱勝境。《逸林》所載如是。○愚按何山趙莊，即元趙仲穆金粟園，文衡山嘗居之，有《金粟園唱和》一集行世。《鉢鑑續》謂趙莊有二，一在何山，其一即今梅華巢。《淨明真詮》所稱龍樵道院，是其舊址也。究無確據。稽之山前父老，謂爲隱於金蓋東偏，即今梅華巢，未知孰是。按《金蓋雲箋》載：師於順治十四年丁酉（一六五七）來山，居梅華巢，手著丹經，復廣植梅。至康熙癸亥（一六八三）出山，不知所之。康熙甲辰（一六六四），出謁崑陽王祖於宗陽宮，又多受授。靖菴先生比師曰鶴，赤陽子稱師曰梅仙，亦可想見其丰神矣。著作頗多，傳世不少。有《白注道德經疏》《參同契注疏》及《金仙正論》《慧命篇》《金丹火候》，又《梅隖清賞集》《植梅譜》《日用編》等書，凡十餘種云。其最玄者，《金仙正論》《慧命篇》《金丹火候》。癸亥（一六八三）出遊，不復返。以上本於《金蓋雲箋》。

嘉慶四年（一七九九），有僧稱柳華陽者，寓京師之天壇東側，年約四五十許，有謂安慶人，有謂武進人。余慕而造訪，出示著書，目同而文小異，今且付梓。柳華陽詎即凝素子歟？【評】亦甚難得。我謂柳華陽者，凝素子之殼中人耳。抑其玄裔歟？總之仙佛一家，【評】是。今古一時，【評】是。萬靈一性，【評】是。何謝何柳，【評】是。書傳則幸云。【評】是極。

此脚踏實地以登真者，即聖人所謂踐跡而入於室也。豈以清逸神仙而遂謂不可企及耶？文亦清新俊逸，其末一節更得涵泳之妙。

孫碧陽律師傳

孫師碧陽子，徽郡麗男子也。年十七皈玄，名太岱，戒行精嚴，未幾仙化，爲虛堂律師戒弟子。虛堂姓黄，開太微律院於滸墅，傳列卷二。方師之在俗也，人爭以女妻之，師惟微笑，同庚者訝之。【評】師之降生，特亦現身説法耳。師問曰：「子都至今存否？存亦皤然老翁耳。此色身肉成者，一朝腐爛，鮮不掩鼻而過之。」聞者皆大笑嗤其腐，師不能耐，乃出奔。遇虛堂律師而師之，叠受三戒，令居小桃源。《逸林》載：師上有三兄，其長兄爲雲隱律師族婿。當師出奔時，父母俱歿，其兄訪得之，將逼以歸，雲隱爲處置。乃居小桃源，出皈滸關太微院黄律師，因受三大戒焉。越一年，無疾逝。是爲青華孫律師。青華，其自字也。《鉢鑑續》載如是。《逸林》謂師爲李青蓮後身，未詳所據。歿十載後，憑乩普度，嘗自述其生平如此。

此以青年得道，極少事實可傳者矣。撰者即採其自述數語，而畢生之造詣存焉。是可謂傳神阿堵者。

陶石菴先生傳

先生姓陶，名思萱，字屺瞻，一名太定，自號石菴子，歸安增廣生。祖籍會稽，蜀高士靖菴先生之族姪，晉淵明先生三十九世孫也。【評】爲篇末夢境一領。原序無此二十一字。高祖德培，自會稽遷烏程。祖祥，湖郡諸生，遷歸安之戴華鄉，【評】按即今之戴家壩。世業賈，稱巨富。父淳，有詩名，早卒。母董氏，名兑兑，七歲能詩，十六歲歸陶，十七生先生。祖母莊夢無數金甲神，各執旂節指揮其宅，智火萬端，隱隱内發，人宅俱摇摇不能持，鄰里號驚救。戰慄而覺，以爲不祥，大惡之。越二載，父果卒。莊又惑於命數，逐養外宅，依外兄董香光以生。迨莊殁始得歸，年已二十三矣。

母董，著有《棘憂草》若干卷，香光爲端録。先生寶之，見即悲慟，終身不能卒讀。事祖如事父，病革，割股以食之。既不起，願以身殉。晟溪雪蓑翁，見卷二靖菴先生傳注。其師也，理諭至再，始進粥，【評】先王之制禮也，過之者俯而就之。三年未嘗笑。先生生而神慧，九歲能賦《白楊吟》以寄性，以不得祖母莊心，悲鬱成疾。【評】于田號泣，千古同悲。性嗜詩畫，【評】即後文所謂筆墨濡染也。尤精蘭竹，善草隸。雪蓑翁强之試，乃入泮。時祖年已邁，先生亦年逾三十。已而世事日非，不復應試。【評】遂成爲石菴矣。歲飢，官不之賑，先生盡發倉粟以濟，〔飢民〕集若雲。無賴子以集衆鳴之官，官不之察，家因破。【評】破家在此，成功即在此。天特假雪蓑力耳。其祖母莊却有先知者耶？雪蓑翁力救之，罪始脱。收其餘燼，資不盈萬，恬如也。遂散其僮僕，井臼親操，若固能者，【評】舜之被袗鼓琴，若固有之。易地則皆然也。暇則賦詩作畫。妻莊憂之，先生諭曰：「東鄰某，尚書孫也，鶉衣百結，妻子菜粥，營而後得。豈素貧困耶，今若此，可知蘇困有數。且較之吾家之居蜀者，求作太平雞犬不可得，汝曹賴祖宗遺澤，寢處無喧，尚不自足歟？」爲取琴鼓之，和若春風，悦乃止。【評】鼓琴而能感悦，可見其胸懷本自恬然，初無半縷强制也。諭妻數語，豈强顔之論哉？

乙酉春，順治二年（一六四五）。族叔（陶）然率甥某某歸自蜀。先生欣然析其已産以安外弟，送其叔然休金蓋，是爲靖菴先生。【評】應篇首靖菴族姪一語。秋，靖菴復他出。越五年歸，見其鬚髮純白，向之悲號，氣幾絶。【評】此中有許多難説處，雖劈南山之竹，不足寫其氣絶之悲。忠臣也，孝子也，悌弟也。聞者皆爲垂淚。原序無此三十五字。此本《鉢鑑續》傳文。無何，（妻）莊歿，長子澄年十八，次子漣年十四，皆聰慧，貌端麗，智圓而精，三教經史，覽無遺義，著作超群，動静卓然。見之者無不擊節歎賞，曰：「是陶氏千里駒，宋之二蘇也。」不一載相繼而夭。女一，及笄未字，亦死。鄉人咸痛之，【評】公道自在人心，況受先生之德惠者乎？然得聞下文先生之論而能釋然者，終鮮也。以爲天道無憑。先生曰：「惡，是何言也。天之生材，各有其用，祖父箕裘，繼之有道。我子若女，殆不以此爲志者，宜天之不我子女壽也。我非不欲富貴功名也，富貴功名非吾家故有物，且憂國有人矣。【評】何等安命，其措詞又何等圓穩。一子道成，九族天升。昔我叔浩然氏，旋休旋出，攖鋒冒鏑，萬死一生，五年之暫，蹟遍塵寰，致令翩翩美少，奮成皓首，行何其癢。【評】何爲乎而行耶？今乃裹足勿出，止何其固？【評】何爲乎而止耶？知事已然，蓋將假梅島作桃源耳。【評】明明將靖菴從前素志全然道破。我故有挈眷入山之志也，我子若女無是志者無是福，無是福者無是壽，是以去。不然，清福一家享，何難拔宅飛昇，守我忠孝祖訓歟？惟能完人道者，斯克享天福也。」【評】純乎其仁，脱盡鼎革時豪傑氣，且脱盡明末士人氣。蓋先生此時，惟有天理日流行于心目間，故直與天地萬物上下同流，各得其所之妙，隱然自現于言外。於是浸淫夫蒙莊，咀吹乎釋典。有年，乃手注《周易》《參同》《悟真》等書，頗稱靖菴志。遂入金蓋，復多著作。稽之《金蓋雲箋》，先生著有《周易注疏》、《悟真》《參同》二種注疏、《南華經注》；纂有《道緣斗懺》《玉樞經集注》《玉皇本行經集注》《千真雷懺》《紫庭經注疏》等書。外遺有《雲箋》六本，内紀本山四十八年事實。門人徐紫垣訂爲十二卷。先生生前又嘗開鐫其叔靖菴先生各種遺書，刊其太夫人《棘憂草》董書碑本，成十二帖。又訂本山《萬年簿》一册。今其各種著作散諸四方，概已殘缺云。

又有年，靖菴卒，先生繼其志以守〔金蓋〕。以上悉與閔南仲先生所撰《陶石菴入山序》文大略相同。范青雲著《金蓋雲箋》序言亦採述之。嘗謂門人徐紫垣曰：「讀書不忠孝，修玄不清淨，譬如引泉入溷，遺羞潔類，罪在不赦。茲山立法，【評】茲山立法，靖菴倡之於前，復經先生口中昭示門人。後之來者不益當矢守勿替哉？教孝教忠，上承吕、衛之宗，吕即宫無上，謂純陽帝君也。衛謂宋末衛正節先生。不替邱、王律派，謂邱長春真君、王崑陽律師。始稱種子。子本望族後賢，性淳而樸，識道根源，大器也。

毋小就筆墨濡染，適足累性。當以我爲戒。」先生蓋現身說法也。按卷四有徐紫垣傳。其居山日惟靜默，晨起讀《學》《庸》一過，【評】儼然以吕祖之心爲心，故即以吕祖之學爲學。我謂先生爲三教嗣師也可。繼之《道德》《楞嚴》，晚則炷香禮斗，以祝世泰。以上出《鉢鑑續》載，稱陶石菴律師卒於康熙壬申（一六九二）七月初八日云。

壬申康熙三十一年（一六九二）秋夕，夢至一境，山削水曲，殿宇巍峨，傍有小樓，陳設富麗，中坐一叟，冠碧玉冠，衣翡翠裘，朱履黄絛，侍從雲集，絲竹管絃設而未作。【評】大異「三徑就荒，松菊猶存」光景。俄見一人方巾而少，自後出見，【評】其殆先生之厥考耶？即轉趨叟前曰：「三十九世孫某至，留否？」曰：「得非户外立者乎？」曰「然」。先生趨進，伏於地。叟曰：「我淵明也，是爾遠祖。昔爾志願清潔，今果垂熟，毋過高，過猶不及。歸則示期化，是亦一道也。」語未畢，内樂大作，遂寤。次日辭世而逝。此說出於《楊氏逸林》。門人紫垣子卜葬於靖菴先生墓側，地曰石菴龕。由先生墓得名，至今傳之。先生於儒曰處士，邑人嚴我斯題其墓碑曰「清處士陶石菴先生之墓」。於龍門爲九代律師。《鉢鑑續》稱陶石菴律師。

石菴子於奇窮困苦之中，而畢生處之恬如，較之第二卷中詹怡陽律師，爲尤難得。蓋怡陽之苦，爲阮大鋮一網打盡，一時勉力，即得過去。石菴之苦，逐漸頻臨，稍動於心，即入苦趣。且怡陽有大士神靈明彰默佑，則心可恃安。石菴惟一儒師雪蓑翁爲之理喻力救而已，苟非天懷澹定者，鮮不怨天尤人也。文亦雍容和平，深得恬澹之致。而石菴先生者，將與聖門之淵憲，後先同樂也。

周明陽律師傳

師姓周，名太朗，字元真，號明陽子，江蘇震澤人。茅山乾元觀之宗嗣，先皈玉陽孫宗師於茅山乾元觀。杭州金鼓洞之開山祖，說見下文。金蓋山雲巢之宗師也。考之《鉢鑑續》載：康熙五十九年庚子（一七二〇），徐隆巖始主雲巢講席。此後居金蓋者，周律師門下所傳者爲最盛，咸奉周爲宗師，故稱宗師。○愚按明陽子受宗旨於玉陽孫公，承受戒律、源流于陶、黄二公，原係靖菴所傳者，故稱宗師。

〔師〕七歲能詩。赤陽子見而奇之曰：「是玄門真種子，囿於利達，非其志也。」既長，性嗜平澹。【評】成道之基。强之試，入郡庠。惟以古人自居，【評】道不遠人，原當如是。邑人皆敬之。年二十，隨父仕至京師，謁白雲觀，虔禮七真殿下，誓願出家，以親在未遽也。【評】所謂發乎情，止乎義者，應如是。越三年父歿，扶柩歸里，喪盡其哀，祭盡其誠。服闋，窀穸既安，乃決意捨俗。【評】一「乃」字，見得盡子道者。復遊人海，往來〔白雲〕觀中，願依觀主而居之。崑陽真人諭之曰：「〔汝〕師在江南，宗、律將於汝一貫。」【評】其後統承宗律，已在崑陽意中矣。觀於卷二陶、黄兩傳中自見。乃南返至茅山，遇玉陽孫祖於乾元觀，稽首執弟子禮，從事宗教，【評】應篇首「乾元宗嗣」一語。得名太朗，號曰明陽。故篇首稱乾元觀宗嗣。遂從遊名山，祖則極意砥礪。師益爭自琢磨，篤志不移者有年，宗旨盡得。

至歲甲辰，康熙三年（一六六四）。復遇赤陽黃祖於〔杭州〕大德觀，互見卷二赤陽律師、玉陽宗師兩傳內。進受大戒。黃祖大契之，謂曰：「昔我遇汝於家，汝纔七歲耳。【評】應前「玄門種子」一語。光陰迅速，子髮已斑，愚按康熙甲辰歲，師年方三十八歲，蓋其髮已斑云。我老矣。汝承師命來，三百年一行大事，謂〔受〕戒律正宗。非子，我誰與？」遂與約而别。【評】想即靖菴傳中黃師所述「且以俟來，以鎮鶴林」之説相爲約耳。觀其二年後遂開金鼓洞，可知矣。《金蓋雲笈》載：明陽子於康熙乙巳（一六六五）後，常來金蓋，究問江湖樞要於靖菴先生。故其後靜鎮鶴林，一如法制，絶無水妖決鬬之虞，皆陶、黄所教云。是歲秋，崑陽真人至〔杭州〕武林，〔與師〕相依兩載，多所授受，學更進，六通具足。

時西湖棲霞嶺有金鼓洞，舊稱名勝，懸崖倚空，未有屋宇。師愛其境隔紅塵，【評】蓋不獨愛專在是。掛瓢巖下者三日。洞主僧慧登法師至，一見契合，舉山施於師，【評】此非人意，殆有天焉。從此永鎮鶴林矣。師拜而受之。《金蓋雲笈》載：慧登爲杭城菩提菴主僧慧源同參兄，夙聞周律師道德之名。既見，遂以金鼓洞歸周，乃得建觀宇云。已而同志永甯王師來自金蓋，始共結茅，繼建瓦屋，遂開金鼓洞，【評】應篇首「金鼓洞開山祖」一語。即今之鶴林道院。參玄訪道者雲集。其中人物、古跡，具載《金鼓洞志》。愚考志中戴清源撰師傳文，與《鉢鑑續》所載意同而文異。按此篇節次，悉本諸《鉢鑑續》《金蓋雲笈》兩書。

歲癸丑（一六七三）十月朔，黄祖來召。康熙十二年（一六七三），赤陽子將逝於大德觀，故來召師。師已齋沐前迎，相視微笑，【評】師弟子之間，心心相印有如此者。此一節即補黄赤陽傳文之未備。曰：「去留一也。願師善護諸。」祖亦首允，以手遥指曰：「戊子當來。」師曰諾。此説參觀於卷四戴停雲傳中自見。祖復以如意、玉麈、芝杖、卷册付師。此即靖菴遺賚來杭之物。師拜而受之。【評】前之拜受於僧者，爲鎮鶴林。此時拜受於師者，爲承宗律。皆鄭重其禮者也。是爲龍門第九代律師。見《缽鑑續》。

懶雲子曰：【評】此以下應篇首「金蓋之宗師也」一語，且爲龍門正宗五卷之一大關籥。當時從師者千有餘人，此句見《缽鑑續》。其得宗旨而能樹立者，惟我子高子東籬宗師，於周律師門下獨承宗旨，未嘗受戒，後繼范青雲宗師，入主天台桐柏山崇道觀講席。與停雲戴師、於周律師門下爲統領弟子，其後承主金鼓洞講席。凝陽方師、靜靈金師、逸陽孟師數人而已。以上諸師均有傳，列卷四。聞之輕雲子曰：「全真一派，東華而下盛自重陽，按之《道譜》，東華姓李名亞，元封全真大教主東華紫府輔元立極少陽帝君。李傳鍾離雲房名權，元封正陽開悟傳道垂教帝君。鍾離傳呂純陽名巖，元封純陽演政警化孚佑帝君。今皇上（嘉慶帝）御極之九年（一八〇四），晉封「燮元贊運」四字，加於舊封號之上。呂傳劉海蟾名操，元封帝君號，於宋時早開南宗一派。呂又傳重陽帝君。重陽姓王名嘉，元封扶元協極重陽帝君，於宋末開北宗一派。傳邱、劉、譚、馬、郝、王六真君，暨孫元君。是爲金蓮七宗，俱於元時敕加封號。全真道派於斯爲盛，故曰「東華而下盛自重陽」也。歷傳邱（處機）→趙（虛靜）→張（碧芝）→陳（沖夷）→周祖（大拙）；周傳張（無我）→趙（復陽）→王（崑陽）→黄（赤陽），並傳沈（頓空）→衛（平陽）→沈（太和）→孫（玉陽）諸師祖。邱見卷一首篇注，以下十二人均有本傳，列前卷。皆奉元始度人無量之心，修其內觀無心之法，故能化愚迷而成知識，遵正軌而破歧途，不重法力神通長生不死，惟煉性淳心淨，大道同風。逮我明陽子周律師出，祖道南行，龍門爲北宗，至此始盛於南，故曰「祖道南行」。外與沖虛、沖陽、虛堂、怡陽、雲隱、心月、謂山、青雲、凝素、石菴、全陽諸大律師後先頡頏，內而茂陽、華陽、永甯、融陽、小童、停雲、凝陽、靜靈、賓陽、逸陽、東籬諸師〔一〕，一秉玉陽←太和←平陽←頓空之宗旨，自近溯遠，故倒叙法。上承無我→復陽→崑陽→靖菴、赤陽之戒律，自上傳下，故順叙法。賡揚唱和，玄風慶會。自元而降，殆無有過之者，猗歟盛哉。」【評】內外交融，群賢薈萃，俯仰上下。慨乎言之，亦盛世之鴻文也。

師生於崇禎元年（一六二八）正月二十日，卒於康熙五十年（一七一一）九月九日，住世八十有四歲。生卒年月出《道脉源流》。

此以故明諸生誓愿出家，後竟决意捨俗，大開道場，傳法精微，絶不鋪張金鼓洞雲棟霞宇之勝。但紀其承宗受戒之前，而末後一節復述輕雲子之言，爲之俯仰，上下讚歎，其間殆所謂宋元之際於斯爲盛之意乎？此實《心燈》中總束龍門五卷之一篇關鍵

〔一〕整理者按：上列伍沖虛以下二十二人，本書中皆有傳記，列卷二至四，不復一一詳注。

文字也。

王永甯律師傳

王師永甯子，四川夔關人也。蜀亂南遊，【評】靖菴之鄉人也。初休金蓋，年已七十五矣。按《金蓋雲箋》載：師於順治十七年（一六六〇）來山，年已七十五，而身任樵採。禮靖菴陶祖爲師，赤陽黄祖亦重之。【評】此其後來歸宿處。師嘗往來其間，佐明陽子創開金鼓洞。及後陶、黄並逝，乃偕明陽子守鶴林。【評】想其時何以不留偕石菴守金蓋，而往偕明陽守鶴林？蓋金蓋爲已成之基，而鶴林爲開創之始。會鎮鶴林，即其會鎮金蓋與大德也。且其後童、許二生皆由居鶴林而得者，陶、黄二師蓋早屬之矣。按師於康熙十三年甲寅（一六七四），年九十，始出山佐明陽子創守鶴林。〇以上本《金蓋雲箋》。樵採身任，得閒則持誦禮拜。

一日歸自外，神意脱然，不誦不禮。明陽子將問之，師笑曰：「君既知我，何以處我？【評】一笑神來，却問得妙。昔我之從靖菴氏也，歷險出艱，盜【評】「盜」字有法。聞至道，而未能守〔於金蓋〕。赤陽子謂我有材，終成大器，上續律宗，下開玄徑。今知道貴無我，【評】精理名言。欲淨理淳，千經萬典，發明心學，完我太古。頭即玉京山，心即法王城。語言行事，理之發於外者也。過去、未來、現在，古云不可得，我云何必得。」又轉而進曰：「自然得、求不得。【評】妙喻確喻。譬如天明入室，物物件件，巨巨細細，悉知悉見，何勞思索。我輩黑夜入室，故一無所見，東摸西摸，撈得一物則喜，因而棘手刺額，種種不測者有之。何不持燈而入，雖未若白日之明，而誤觸可免。此師道之不可無，經藏之不可失也歟？吾聞之，古之人假前哲作明燈，所貴自立。閱彼程圖，一步不走，十年還在家裏坐。【評】妙喻確喻，可見知之非艱，行之維艱也。購了多少拄杖，渾身傍着他，脚力一些不用，看他如何替行得？世之人不之察，歸咎圖、杖而不自責者，比比然也。豈知經藏，程圖也；先生，拄杖也，亦明燈也。靜以待旦，諸物洞現，水到渠成之義也。學力所致，自然之道也。世之人不學則已，學期立悟，故鮮不棘手而刺額也。道固如是也。君既知我，何以處我？」明陽子遽然起，肅然拱曰諾。師聞而謝且拜。遂擇日懸陶、黄二祖像，爲師更服加冠，鄭重其儀，付以三戒。即取師言「完我太古」句義，贈名太古，號曰永甯子。師之原名愼，字止止。按《金蓋雲箋》載：止止二字，靖菴所賜。故《鉢鑑續》稱止止道人。

師自是事周如師，而周則以兄禮待之，相處數十餘年，於宗旨互有闡發。【評】可見不可不偕明陽子守鶴林也。以上均出《鉢鑑續》。嘗聞周以融陽童師爲師後，師則兼取許青陽，遂命融陽名曰清和，青陽名曰清陽。均有傳列卷四。稽師後明陽十年而逝，融陽已化，師之殮與葬，青陽獨任之，人始服其先見之明云。【評】此其餘論。此説蓋聞之沈輕雲律師。師生於萬曆丁酉（一五九七），卒於康熙辛丑（一七二一），享年一百二十有五歲。葬於棲霞嶺北之天官山。是爲龍門第九代永甯王律師。

一番議論，千古傳聲，而永甯子畢生造詣具見焉。此可以仰追昌黎《師説》，後之學者亦可以能自得師也夫。

吕全陽律師傳

師姓吕，名太晉，號全陽，原名徵，别字又嵒，姑蘇長洲人。雲隱律師猶子也。年十一出家，二十二受初真戒，二十五進受中極戒。於是雲隱律師呼入密室，然燭焚香，拜跪起而告之【評】專述雲隱傳授大戒時一番訓語，其一生之精修具見。曰：「昔余早歲棄家，尋親訪道，遍歷山川，得遇先太律師崑陽王真人，授余大道，結茅自立。予父即爾祖，一脉相承。汝今頗有志行，叠受律戒，爲律門弟子，精修勿懈，屏絶旁門。此汝祖積功累行，仙靈不昧，諸子皆賢，可以承宗祧，復生汝身繼此脉，甚慰祖望。今余年邁，恐先師秘旨日後無傳，特以大戒，兼附一偈，首授與汝。其文曰：吾道貴修身，戒行毋虧少。放下萬緣空，寂爾玄中妙。智燈朗如月，心光澈宵曉。性體湛然明，證果天仙道。汝其竭力脩持，闡揚大道，勿替先志。勉旃毋忽。」以上出《冠山源流》。師嗣是坐忘一室，曉夜不偷，遂造巔盡。《鉢鑑續》所載如是，其説較《冠山源流》有加，兹删述之如此。

懶雲子曰：輕雲子云，當時南北律師數有千計，得如師者，其惟我明陽周祖。【評】篇末讚詞，特舉周祖一襯，其後來之承宗傳道，揚勵宗風，概可想見。是爲傳神之筆，有不待煩言也。周克以無爲爲用，師則以坐忘爲功，不顯法力，不尚神通。舍周與師，其誰與歸？雲隱律師，可謂得傳也矣。仙佛有種，信然。

筆簡而該，意精詞重。

鮑三陽律師傳

師姓鮑，名太開，號三陽，原名和，〔順天府〕大興諸生。以父定生官江南太倉州目，遊冠山，遇虛堂律師，與談大悦。既歸燕，述其道行高潔，舉家慕之。師遂辭父兄，由燕南下，棲於滸關，年僅十八也。已而雲隱律師外歸，【評】三陽因訪虛堂而來，竟歸雲隱門下。可見師弟子之緣具有前因，非虛堂、雲隱之有所軒輊也。棲冠山，大開演鉢堂，志士雲集。乃偕朝陽輩，朝陽子姓翁，傳見後。受初真戒，未幾晉受中極。越五年，始傳衣鉢，受天仙戒，領袖大衆。按《金蓋雲箋》載：康熙二十五年丙寅（一六八六）三月，師偕翁朝陽輩，至金蓋訪石菴，學更進，乃返受大戒。年三十八北歸，適白雲方丈〔空〕懸，王公大臣公薦師攝之。辭不敏，强之再，乃坐，律宗又振。已而聞雲隱有逝信，遂復南出，駐冠山。雲隱既逝，《鉢鑑續》載：雲隱律師卒於康熙四十九年庚寅（一七一〇）四月。喪葬畢，辭衆出遊，不知所終。是爲龍門第九代律師。出年四十有三。出《鉢鑑續》。

此蓋承父兄之命而入道者，卒獲大成而出世，真所謂知子莫若父也。文亦翦裁得體。

樊初陽律師傳

師姓樊，名太復，字初陽，江南長洲人。年十七皈道，受初真戒於雲隱律師。確抱元一，志切修持，【評】此八字，初陽一生學力之所在。老宿咸遜之。越二年，晉受中極戒。威儀楚楚，動止合常，遂晉受天仙戒。入湖州碧巖十有三年，出駐梅華島雲巢精舍，年許返蘇。按《鉢鑑續》載：師於康熙三十七年（一六九八）春至金蓋，明年秋七月返蘇。巴蜀青陽（羊）宫住持牛太安按《鉢鑑續》稱，牛亦龍門第九代宗嗣云。慕師名，逾山越水，歷三月至冠山。太安善導引吐納之功，時年七十有六，而貌如三十許人。師則以忘忘爲准，出有入無，一天地陰陽，古今善惡，渾存於若存若亡之境者。【評】所事殊貳，其確抱元一，志切脩持則一也，故一見而合。見則契如針芥，遂别衆，與偕遊楚蜀間，從者如雲。【評】吉一人也。太安因而遂造巔盡。按牛太安未詳其出何人門下，其後履歷亦不可考。

乾隆甲子（一七四四）春，悟真子（邵悟真）至武陵，聞馬伏山有異人，將尅期逝，造訪之，乃師也。相見一拱而逝。時維正月望日之辰正三刻，遺蜕重六星，薄如紙。人群見有白氣一縷自頂出，而直貫九霄，別無他異。得其宗旨者，華山嗣師貝常吉。考之《道譜》，華山派乃宋元之間郝太古真君所開也。貝君名本恒，後主大滌之洞霄宮者。輕雲子所述如此。

懶雲子曰：爰稽梁山舟太史撰《常吉傳》，見《洞霄宮志》。未之題及〔樊師〕。殆未之考歟？抑貝君門下或未之知歟？爰傳述之，以見初陽有後云。

確抱元一，志切修持，乃其一生本領。乃其終也，氣貫九霄，殆所謂善養浩氣還太虛者歟？

翁朝陽律師傳

朝陽翁師，名太益，又號卧雲，浙湖苕溪人。《逸林》載：師少年博學，長耽清靜，嚴狀頭存庵嘗師之。善草隸，工詩賦。晚歲隱於五湖名勝處，盡焚其生平著作，吴興高士也。《鉢鑑續》謂：師六七歲時多病，有道士自茅山來，誘師前，藏針於袖，撫師胸背，惟覺神融氣舒，病如脱。《鉢鑑續》謂師所自述如此。師嗣是得專精於學業，而慕道之心亦篤，是以自少至壯，不求聞達。嘗讀書於金蓋之朝陽菴，菴在金蓋北麓。因以爲號。壯歲家貧，舌耕自濟。年五十一，聞雲隱律師名，誠訪之，問業何以進。雲隱曰：「有以故滯，無住乃生。」師大悦，遂師之。終日兀兀，如對賓客者有年。【評】此非積學而清靜者不能。乃叠受三戒，雲遊於五湖勝地。及門顯者如存菴輩，存菴者，即嚴我斯，有傳列卷七之名宦部。諏訪不得一見，其高潔又如此。六十一歲至嘉善，喜其地有前緣，乃休於長春宮。蓋師應其同門邱寅陽延，主長春宮講席。寅陽自有傳列於後。深加韜晦，終年不舉筆。又有年，覺性益淳，物我兩忘，乃返湖。石菴子大契之，留休金蓋。《金蓋雲箋》載：康熙二十五年丙寅（一六八六）三月，師與鮑三陽輩至金蓋，訪石菴子。居數月，鮑先去，師仍居朝陽菴。至戊辰（一六八八）正月，復至嘉善云。從學詩字文章者又若雲，師亦不力卻。年餘，復至長春宮，月餘逝。以上均本《鉢鑑續》，又載師卒於康熙三十七年（一六九八）三月望日，住世七十有一歲。是爲龍門第九代律師。賸有《桃源》《霅溪》《春雪》等賦於世云。見董刊《國初閟文集續刊》。

書生以文字魔所纏而拘蔽其性靈者，雖閱盡三教經書，終未必其能一旦釋然者。此篇得雲隱子以「有以故滯，無住乃生」八字喝之，而朝陽遂相悦以解矣。我願普天下文人但奉此八字金針，雖終日濡染於筆墨，亦烏足累其性體哉？

金玉衡律師傳

金師名太宸，字玉衡，忘其號，江南常熟人。雲隱律師戒弟子。性疎曠，不喜文字，嘗謂人曰：「道且强名，有無一也。吾不知孰爲人，孰爲我，自世有人我而爭端興。吾將出入於無何有之鄉，【評】有如是胸懷，有如是識見，然後可以不喜文字。置物我於不識知之地，熙熙皞皞，終其天年，安用文字累人心目。」是以師嘗縱飲，醉卧青樓，若未嘗親承三戒者。【評】有玉衡之材則可，無玉衡之材則亂也。《鉢鑑續》載：師於姑蘇，有友人邀入酒肆，師渴飲數十巨觥而出。又一士人挽入青樓，師醉卧周時不起。有一妓年最少，獨侍師不去。及醒，師睨視良久，遂出。越日，少妓忽單身奔師，請皈投。師爲索資於士人，贖其身，遣投女貞觀，皈王霞棲門下，後竟得道。道侶或諷之，大笑而起。時而登陽山，仰天長嘯。或終日默默，客問不之答，識者咸重之。《鉢鑑續》又載：師嘗自扃其室，數日不出。道侶或覘之，則虛室焉。律師亦不稱不責，但睨視之。一日午出，向衆大哭，【評】奇人不可測，此哭良有情。遂立而逝。律師曰：「我亦將逝矣，玉衡爲我先容也。」越三日，律師果逝。出《鉢鑑續》。

處處狂放，刻刻精嚴。觀其有爲之爲，出於無爲；有動之動，出於不動。何等胸懷，何等學力，固衆人也不識也。學者但觀其心，而勿效其轍也可。

徐艮陽律師傳

師姓徐，名太一，字象昇，號艮陽，嘉興嘉善人。雲隱律師戒弟子。狀貌奇怪，見無不極敬者，畏之也。師生而智，百日識親疏，見人即呼哥莫怕。蓋師兩目炯炯，顧人如電掣。既長，光更足，無書不覽，百工技藝皆極精。以上略採《鉢鑑續》。

聞之輕雲子，師嘗出其手製桃核畫舫，牕門啓閉，人物如生，器具悉備。問何以能成？

曰：「神注不移，製小如大。」律師告曰：「何不返視，陶鎔情性，【評】撥轉頂門關捩子，阿誰不是大羅仙。摶萬成一，化有完無，不假心力，造化於中任運推移，動現無量無邊億億恒河沙數世界，河沙世界之中各藏現億億恒河沙數仙佛淨土、極樂三山、蓬壺海嶽，靜則萬籟皆空？一靈獨露之爲得乎？」師曰：「然則然矣，人誰能之？」律師歎曰：「咦，諺不云乎，仙人都是凡人做，只恐凡人心不堅。」師曰：「從何而入，【評】善哉問。斯得肆志無魔？」律師曰：「易也。有乃妙有之有，【評】性命全功，數言包括。有不爲有，斯得妙有；無乃妙無之無，無不爲無，斯得妙無。有無咸妙，妙合而凝，乃成上真。經曰：存無守有，頃刻而成，豈虛言哉？」師再拜而受之，曰：「某雖不敏，請事斯語矣。」律師大悦，乃爲命名加冠。嗣是先從事於無我，繼加之以忘忘，【評】萬籟皆空，一靈獨露矣。宵夜精進，無敢自畫。一載丹凝，宿病全消。三載道成，吹氣熟豆。律師嘉之，疊付三戒，令韜晦焉。於是溷俗和光，【評】不假心力，造化于中矣。穿衣喫飯，而知者鮮矣。又數年，不知所往。

此但述其師傳道奥，更不復詳其閱歷。蓋所謂金莖玉節具領全神，不必描摹其貌相之工也。而窺其所指，正不外乎目神内視生光明一語。其味深長，最宜潛玩。

邱寅陽律師傳

師姓邱，名太生，號寅陽，原名聖集，嘉善富家子，地曰西塘。雲隱律師戒弟子。嘗開長春宮於嘉善，捐田一頃，以接七真派之雲水者。延朝陽子爲主席，師則運水擔柴，執諸苦行。【評】以富家子而執諸苦行，真絶無僅有者也。長春道衆焉有不感發而日進其功者耶？以上出《鉢鑑續》。雲遊道衆，爰加精進，互相勉勵曰：「一粥一飯，粒滴海山，彼已忘其富厚，祖豈容我安閒？曉夜行持，猶恐墜墮。」按此説考之《逸林》，乃張蓬頭居長春宮時勵衆語，蓬頭亦有本傳，列卷六。是以終師之世，長春道衆無一不日進其功，因而證果。如張蓬頭輩一十九人，沖舉鶴化，迄今豔稱，師之德大矣哉。以上所説蓋嘗聞之長春道裔。師自二十五歲受初真戒，已絶正色，擯嗜好，終年兀兀，端謹可風。以上二十五字出《鉢鑑續》。又年餘，而大戒迭受，近説遠來，七十有九載。及師既逝，遺風亹亹可傳，是皆純一不已之驗也夫。此篇大略係長春道裔徐某所述云。

行圓功滿，言簡意該。人以文傳，文以人傳矣。

錢函陽律師傳

錢師名太華，號函陽，未詳其原名。相傳爲江蘇人，或謂常州，或謂鎮江，均無確據。

按之《鉢鑑續》，謂雲隱律師戒弟子。《逸林》載：江南錢某，亦儒而皈道者。少負奇才，卓犖不拘，阨於數命，窮困莫信。讀平聲。其妻王，望族女也，信奉呂祖，能以法降真仙。一日降真不繫舟。此三字蓋王氏之齋名也。王之母家也。師初不之信，仙召之前，勉爲揖，默祝心事以試之。〔乩仙〕飛舞而判，矯若虬龍，曰「安適路無跡，止止行行絶」。師見，不覺屈膝。又曰：「寅賓朝陽，出世有訣；函谷夕陽，長春分宅；不諱雁行，華生九節。」師不解，肅再叩，乃大判曰：「冠山去，路堂堂；主是誰，宫無上。」師遂悟，買舟訪之。既遇呂律師，乃誠求出世，雲隱律師憐而許之。處年餘，微有得，命名太華，號曰函陽，受初真戒，命居嘉善之長春宫。漸讀平聲。摩於翁、邱二師之間，翁號朝陽，邱號寅陽，均列傳於前。益感乩仙之不欺也。越三載，功更進，舉止有度，晉受中極戒。師遽澈悟，從事無生。未周歲，心如止水，月印江心。律師曰「可矣」，呼來密室，付以宗旨，授天仙戒。出駐無錫長春宫，演律傳宗，幾忘歲月。其妻王，已於師遊冠山之次年，皈玄受戒，王名霞棲，皈呂律師之妻江雲城大師，後竟仙去。霞棲亦有傳，列卷六之下女貞部内。【評】師從呂，王從江，可謂夫妻同轍。主席女貞院矣。愚按《鉢鑑續》所載，其大意相同。

《中庸》曰「不誠無物」，信已。若師者，固自明而誠者矣。其妻王，殆所謂成己而成物者歟？「是故君子誠之爲貴」。

此以窮困莫信而歸於道者，卻非世俗之假太上法作衣食地可比。蓋其人本負奇才，但引而伸之，即能觸類而長之。君子原當謀道不謀食也，於吾儒何莫不然哉？文無斷語，而一結獨標正指，具見儒道同功，有室有家者，可以棄，可以無業也。

孫則陽律師傳

師姓孫，名太觀，號則陽，原名扶青，江南崑山人。性剛而義，【評】剛以近仁義爲事，是才德兼人者也。落落不友人，惟少與金蓋嗣師徐北瞻者稱莫逆。北瞻即紫垣，亦崑山人，見前陶石菴傳。父廷臣，號補山。母顧氏，名瑛。甲申之變，補山謂瑛曰：「我祖宗受大明三百年休養，今闖賊破京師，聖主已殂，我與子將何之？」瑛曰：「死已。子女聽其存沒焉。」補山笑曰：「是我妻也。」出其遺囑入瑛懷，瑛遂舉筆大書於壁曰：「大明民婦某，從夫某死。子若女得太子所在，當炷香告我兩人。他無囑。大明某年月日書。」書畢，從容拜祝天地起，各就位縊死於聽月樓。事詳《揚氏逸林》。

師時遊學浙江，年方弱冠。妹名小，年僅六七歲。叔廷佐，館於顧氏。聞變歸，追師返喪。葬畢，師以妹歸叔，遂從客子僧休湖州下昂青螺菴，地在金蓋山南數里。遵遺命也。由是學問淵宏，明韜略，精壬易、太乙、奇門。【評】何等才幹，何等學力。且善操舟，嘗出沒江海，伏水中七晝夜。已而客子逮死於獄，相傳爲叛逆案波及，事在康熙年間。師請於官，爲喪葬之。人咸爲師危，師毅然請之，卒盡師生之誼。雖出聖朝度量之寬宏，然其義膽俠腸，自有不可遏者。以上均出《揚氏逸林》。按之《鉢鑑續》，謂則陽氏自命不凡，出入四鎮之營，【評】何等經濟，何等作用。或任運糧，或任探子，於中遊説喻布衣，藉以用左。即左良玉所稱喻大哥者是也。李定國因以從明。定國本張獻忠舊人，後從永明王終於緬甸者。其因以從明之説，未詳。則陽之志，豈僅如斯已哉？而終逍遥於雞足、峨嵋，返承律宗於雲隱律師門下，退與金蓋嗣師修好，以永天年。嗣師即紫垣徐公，説見下文。苟非能自得師者，曷克臻此。旨哉斯論也。

稽師之皈玄，年已七十有三，歲次壬申之秋，爲康熙三十一年（一六九二），始來自蜀。因患妖猺幻易，左腿病廢而歸。蓋同卷二黄沖陽律師故事。雲隱律師治之以法，腿復而病如脱，始洗心玄學，依律行持，叠受三戒。紫垣子聞而招之，始至金蓋，《鉢鑑續》載：康熙四十年辛巳（一七〇一）之秋，師年八十二，始訪徐紫垣，入湖之金蓋。同居九載，休休若庸人。庚寅（一七一〇）之春返冠山，送雲隱子逝。明年辛卯（一七一一）卒。漆友暌違，幾忘歲月。至是始知紫垣即北瞻，【評】與篇首「惟與北瞻稱莫逆」句一應。相持而哭。暇日偕至青螺，懸客子大師影，拜而祭之，不哭而大笑焉。紫垣子曰：「不出世，莫入世；不入世，莫出世。要知天上神仙，皆是人間孝子忠臣。英雄閒，乃神仙，其則陽之謂也夫。」【評】至此數語，收束全篇。師曰：「一切有爲法，如夢幻泡影。如露亦如電，應作如是觀。」紫垣曰：「此君之所以名觀也歟？」師曰：「如是如是。」庚寅康熙四十九年（一七一〇）。返蘇，年餘逝於冠山。是爲龍門第九代冠山孫律師。以上諸説悉本《鉢鑑續》。

「英雄閒，乃神仙」六字，盡之矣。此殆天永其年，俾以修證，所以報世守忠孝者歟？文亦具得繩檢之法。

歸南陽律師傳

師姓歸，名太咸，字嶺筠，號南陽，蘇郡長洲人。世業儒，學博而質，不利試，乃皈玄。雲隱律師戒之曰：「憤志不除，皈玄無益。太上一門，賢愚並納。吾輩皈投，期以明性，不加自責，天性難全。」【評】經世名言，真萬古不磨之宗論。師大悦，事事反躬，幾忘歲月。律師召之曰：「可矣。」取其宗旨、戒律而疊授之。有年，乃令出遊，【評】南陽之出遊，正其補偏救弊之道。曰：「不琢不成玉也，不磨不達材也。今家處逆少而順多，未見其都。我年已邁，千古戒宗，任在汝曹。」師乃泣辭出，年已五十矣。

涉水逾山，《鉢鑑續》載：康熙四十七年戊子（一七〇八），自冠山至金蓋，由武林南遊閩廣滇黔，折之終南、太華，轉之廬山，乃服月丹。披星戴月，遠近俱忘者又有年。行之廬山，忽見一客喘息前至，跪而泣，問之不答，首叩而手指，若大窘然，遂遁。俄而壯士數十，各持械至，問師有見否。師曰無。四周尋之，茫然前趨，乃獵者也。須臾客至，謝而退。師初不解，【評】既謝而退，蓋仍未退也。仰而思之，口適開，一物突入，甘滑如飴，香澈骨，心遂大悟，由是六通具足。始知客爲兔精，吞爲月丹。經有之：「服月丹兮通六通。」雖然，亦師之真積力久，將有所得故。

迨返，康熙五十八年（一七一九），師歸於冠山，見《鉢鑑續》。律師已化。按雲隱子化已九年。師乃主席冠山者十有七年。師歸冠山，呂全陽律師退，延師主講，師乃演律傳宗十有七年。○愚按《鉢鑑續》係絶筆於雍正十三年（一七三五），兹稱十有七年者，自康熙五十七年（一七一八）起，至雍正十三年止，已十七年矣。其後履歷及終於何年，蓋均不可考矣。律宗賴以不墜。此篇大意悉出《鉢鑑續》。是爲龍門第九代冠山歸律師。

此又别開一逕，蓋人力盡而天工得焉。可見道患不修，何患不成。然篇中「真積力久」一語，實爲一篇正指，其示人以可遇而不可求之誠意也夫。

邵悟真律師傳

師姓邵，名太震，字雷州，自號悟真子，江南長洲人。《鉢鑑續》謂金蓋嗣師紫垣氏中表弟，【評】是爲卷四徐紫垣傳中補筆。徐紫垣於康熙三十一年壬申（一六九二）之春，遇師於鎮江之金山寺，得師手書，送浙湖之金蓋山，遂投陶石菴先生門下，事載《鉢鑑續》。雲隱律師戒弟子。以葆真全性爲宗，【評】通篇標筆。不尚奇異，薄功名，澹嗜好，性使然也。常終日怡怡學，【評】此節傳其性功。故日進不自知。虚己下人，雖樵夫豎子，事如宿學。寄休金蓋十二年，《金蓋雲箋》載：師於康熙十八年己未（一六七九）之夏，來金蓋從學於石菴先生，頗多進益。至二十九年庚午（一六九〇）之秋，乃承石菴教，出之姑蘇冠山，皈呂雲隱律師門下。居山凡十二年云。亦惟靜閒一室，客問則對，不發一議。石菴子大契之。師年四十入金蓋，【評】此節歷叙其生平道行。五十一始皈雲隱律師。律師見亦大契之。居二載，出外雲遊。逮返，年已七十矣。始叠受三戒，得傳衣鉢。旋復出遊川廣滇黔間，多所闡揚。《鉢鑑續》大略如此。輕雲子謂：嘗遇師於天台，時維乾隆十二年歲次丁卯（一七四七）之秋。爲師一百有八歲，始歸自楚。越二年己巳（一七四九），逝於小桃源，住世百有十歲。

考之《揚氏逸林》，【評】此節傳其功行，舉一以見其他。謂師於康熙辛卯（一七一一）秋，舟過赤練磯，得得心動，問諸土人，言據《永樂紀聞》載，稱磯名赤練者，以下有赤蟒，凡舟經過，必先沉牲口以飼之，否則險甚。其爲民害久矣，未有能除之者。師乃臨流坐，手持一小瓶，口喃喃咒之久。人群見一物自磯出，浮如蚓而色赤，旋自入瓶。師起，舉以埋之石罅中，囑曰：「若建真武宮鎮之，永無害也矣。」又載：【評】此節傳其道力。乾隆甲子乾隆九年（一七四四）。春正月望日，師至長沙馬伏山，餞初陽子。初陽姓樊，師同門戒兄，前有傳可閱。初陽蓋待師至而昇仙者，人群以師適逢其會，師亦不之辨，瞠視而送之。悟真、初陽，真所謂難弟難兄者歟？

又嘗聞之輕雲子，【評】此節傳其感應。謂師曾駐無錫天王殿，嘗手丸泥丸，納之吴林氏屍口，林遂起如常人。師蓋應感林子吴晟之孝而特生之者，非顯異也。【評】應篇首「不尚奇異」一語。事在乾隆十三年（一七四八）。師之遊地多矣，師之靈蹟在在有之，而《鉢鑑續》不之採述。輕雲子曰：「非略也，范宗師所述一秉諸宗律云。」

此生平極有顯異之人，而《鉢鑑續》謂爲不尚奇異。可知悟真一生，皆行其所無事也。而行文者之於宗律防閑，亦不能稍假出入者矣。

徐鶴嶺律師傳

徐師鶴嶺子，當代之奇人也。【評】一句領題，下分二比，極似制藝體裁。《逸林》稱：鶴嶺道者，名焕，字太焕，不着姓。江南錫山人。學富五車，胸無人我，饑則食，寒則衣，一如常人，莫得而測其趨向。惟臨大事，决大義，議論鋒如，計謀雄密，蘇張當前不能破也。大將軍年〔羹堯〕嘗聘之，平藏奇計，半出其口，中道而遁，莫知所之。《逸林》所載大略如此。

《鉢鑑續》謂：師姓徐，名太焕，字道光，自號鶴嶺子，常州無錫人。嘗入金蓋，爲訪隱真、靖菴遺書。得將他之，石菴留之，不可曰：「我將出而輔治也。」石菴曰：「出不遇，可師吕雲隱。」乃出，《金蓋雲箋》載：徐道光於康熙二十九年（一六九〇）來金蓋，明年辛未（一六九一）之春出山去。又載：一日道衆雲集，作鼓琴會，垂散，道光忽倚門而歌。歌曰：「雲飛飛兮煙錯，渺渺予懷兮天托，一古今而上下兮清濁。」

云云。果無有問之者。年已三十餘矣，始就冠山謁雲隱子。雲隱收之，疊付三大戒律，封勿與閱，曰：「待汝初志圓成，【評】可見因果亦由心造。歸閱於天台瓊臺可也。」已而雲隱子逝，師遂出，復周遊名山川，幾忘歲月。曾受知於年將軍，乃從軍入藏，藏將平，飄然遐去，折之天台。【評】正好啓封閱戒律矣。年將軍遣其僕名慎子，〔循〕跡追至。師曰：「〔功成〕身退，天之道。汝亦我箇中人，毋仗有金，遁勿汝懼。汝以將軍爲泰山耶？將軍不體天而好殺，雖國家果得二十年太平，然古之名將坑降者，禍不旋踵。將軍其得免乎？」慎子悟，亦不復覆命，遂偕隱天台有年。一日晨出，俱不知所之。《鉢鑑續》載如是。

懶雲子曰：《詩》云「既明且哲，以保其身」。【評】題後寫神得雍容揄揚之致。鶴嶺子蓋得力於太上宗旨者也。若慎子者不知何許人，亦不詳其姓氏，其殆當世之劍俠，而隱於僕隸者歟？而鶴嶺子與之偕隱，未知亦荷付戒律否。【評】結筆孤峭。

義精智深，知幾其神。一旦功滿行圓，遂不復理人間事。黃石公之徒歟？赤松子之徒歟？雖莫爲之後，而其盛已傳。

潘無盡律師傳

師姓潘，名太靜，字定菴，自號無盡子，江南嘉定人。出《鉢鑑續》。《逸林》稱：松江秀州人，雲隱律師戒弟子，皈最遲而年最高。生於故明萬曆十三年（一五八五），歷百有餘歲，始受初真戒。擯侍妾三十三人於崇川、太倉、蘇郡、溧陽、維揚、漢口等處別業。而肌凝如脂，望之若出水芙蓉。以上並見於《鉢鑑續》《逸林》二書。悟真子謂其善服食，姬妾雖多，未嘗褻玩。居常集童男子十數人匝身，而任其嬉笑跳舞，或歌或唱，已則閉目靜觀，如醉如愚。有此妙用，是以不老。此説專見《鉢鑑續》，以下並見於《逸林》。師既皈正宗，則一無好尚，【評】然循律與金玉衡迥不相侔。華服盡釋，粗糲自甘。雲隱子大喜之，叠付中極、天仙大戒，令居小桃源。師則身如槁木，心若死灰。未幾，師孫曾子女輩，老者壯者，少者稚者，簪纓冠裾，貂金佩玉者，蛾眉皓齒，翠黛朱唇，豔若天仙者，或向呼，或向泣，或跪或拜，或訴情衷，或問旅況。師一頷之，和若春風，【評】文如花雨繽紛，人似春風獨坐。曰：「我道士，諸香檀莫訛認。」語畢，閉目趺坐於中，三日夜未嘗神散而形搖。師之定力爲何如哉！眷屬暫散，師已遁去。遂集道俗法眷，分投尋訪，無點跡，【評】是謂風化。亦無人曾見之者。眷屬相向大哭而去，然師自是竟杳然矣。是謂龍門第九代律師。《鉢鑑續》謂於康熙五十一二年間（一七一二—一七一三）事。

福壽康强，而終安澹泊，斯已難矣。及至人群環繞，而神凝自若，忽焉風化，則更可羨而不可擬，議者誰復能之？

潘牧心律師傳

師姓潘，名太牧，字牧心，金筑老人弟子也。吴興世家子，明末入金筑，不復入世。【評】簡潔明淨，可想見其高風。康熙甲辰（一六六四）始受宗旨、戒律於金筑老人，越二十一年而逝。《鉢鑑續》載：潘鄧生，名太牧，吴興世家子。明末入金筑坪，依天柱觀主，身任樵採，觀主未之識也。順治乙酉（一六四五），退密山人來居金筑，鄧生心重之，爲服事其起居，而以白眼視衆人。嗣見山人休休閒閒，無是無非，乃自悛，人亦樂與共苦作，不復有潘白眼之呼。人第見其冬衣棉，夏衣葛，心氣和平，行止益謙遜，自號牧心子。又越二十一年，歲次乙丑（一六八五），卒於天柱觀。觀主檢其篋，吟詠甚富，并得卷册三本。始知其於康熙三年（一六六四）八月望日，密受大戒於退密翁，實爲龍門第九代律師，其書留傳。江蘇王大器，名清虚者，乃以律師禮殮之，葬於金筑坪下。〇愚按《湖海紀聞》三十六卷，纂於潘牧心之手。說詳《揚氏逸林》，並見卷二靖菴先生傳注。

我山石菴先生深敬之，嘗告紫垣子曰：「道患不行，何患不聞。我家潘牧心之事退密山人也，十年不聞道。退密之事太律師崑陽子也，【評】此說可補金筑老人傳文之未備。三月不與言。已而或聞擊磬，或荷杖卓立，皆頓悟。」以上出《金蓋雲箋》，並見於《鉢鑑續》。味是言，牧心子必非頑隱者也。按《金蓋雲箋》載：康熙九年庚戌（一六七〇），牧心子奉金筑老人命，自天柱山來至金蓋。明年九月，靖菴先生同往金筑。參觀卷二金筑老人傳注自見。人第稱其餧虎奇聞，事詳蘇柳堂《蝶夢齋筆談》，謂其居常有一虎隨之，出則從行，居則守户，日與一飯餧之云。是豈識師之全體者哉。

人本高自位置，文如縹緲雲峰，極爲相稱之作。

范青雲宗師傳

師姓范，名太清，號青雲子，湖廣江夏人。玉陽孫祖弟子，獨承宗教者也。【評】特題宗教爲一篇之旨，即爲龍門正宗標出宗門一線之傳。説見卷二孫玉陽律師傳。早歲任俠，而學富五車，性薄名利，【評】題明「性薄名利」，可見青雲一生行事，並非故事表章。嘗不應福藩召。按《揚氏逸林》載：江夏范某篤學而任俠，從者甚衆。阮大鋮慕其名，矯福藩旨下招，將以助其惡。范不赴召，易羽衣而出，自號青雲子。馬、阮等復大緝，無蹤云云。毅然擔一瓢一笠，【評】何等膽力，何等閱歷。隨身無銖蓄，托蹟徧天下。

稽其初皈孫祖也，歲在我世祖章皇帝之元年（一六四四）。師年三十九，脱青衫，【評】筆甚犀利，簡而易該。易羽衣，入茅山謁沈祖。太和宗師。祖命嗣玉陽門下，得玄偈一百十首，而復使之遊，曰「應盡乃來」。其間之艱難困苦，出入於水火刀兵，具見師手述《鉢鑑續》。已而纖介悉應，十年乃歸。太和宗師將辭世（一六五三），孫祖乃爲命名加冠，【評】前承宗派，爲第九代宗師。復授以錦記數章而出。然師猶志在豪俠，【評】性薄名利，而志任豪俠，已爲難得。輕死生，放浪雲林，屢遭觸折者有年。遊至天台時，雪初霽，乃獨登瓊臺，仰天長嘯，山谷爲之應聲，【評】襟懷爽朗，何等風光。如鸞如鳳，餘音四繞。師得得心動，【評】如響斯應，遂有所感。瞥見孫祖戴笠而來，遂攜師去。越十有二年，返駐桐柏，人第見其休休焉，得得焉，【評】絶非從前放浪光景，可想見其十二年中學力。問水尋山幾三十載。以上大略核之《鉢鑑續》，所述相符。年逾百歲，而狀如四五十許。人問之，則概以四十三對。此説蓋聞之沈輕雲律師。

東籬子【評】東籬子是爲第十代宗師。曰：當師之居桐柏宮也，山地四十里，久爲邑豪佔據。師以事達九重，恭奉世宗憲皇帝[一]特旨下頒，敕建崇道觀，賜田六百畝，使清聖孤竹子之古像重輝，按《桐柏山志》：師嘗掘古石像二，背有鐫文曰「伯夷之像」、「叔齊之像」云云。後得建觀，因崇祀奉焉。禪仙紫陽氏之遺蹤顯著，紫陽氏姓張，南宋時人，嘗居天台，著《悟真篇》。雍正間賜禪仙封號，建觀崇奉，實師之力也。見《桐柏山志》。桐柏一山，遂爲天下望。事在雍正十二年。此師出於萬死一生之餘而功成身退者，具載《桐柏山志》。

輕雲子曰：【評】以下表其承宗闡道之功，實先得傳者同然之心。故述沈輕雲之言，力爲摹寫，即以表證《心燈》之作所由來也。范宗師以一身獨承沈、頓空宗師。衛、平陽宗師。沈、太和宗師。孫玉陽宗師。四代之宗派，此説須參觀卷二孫玉陽宗師傳文。於康熙、雍正七十餘年中，歲常往來於江浙，得受崑陽王律師《鉢鑑》五卷。《金蓋雲箋》載：康熙六年丁未（一六六七）之秋，我祖師王崑陽真人來山。九月，湖廣青雲子范

[一] 整理者按：「世宗憲皇帝」，係雍正皇帝廟號及謚號。底本訛作「宗憲皇帝」。

太清，爲宗師玉陽孫公高弟，來謁真人，授以《鉢鑑》五卷。明年正月，青雲子乃偕龍游童融陽辭去云云。○愚按《鉢鑑續》所載大略相同。時復與諸先律師遊，蓋即指卷二卷三諸律師云。復手叙《鉢鑑續》九卷，始於順治之甲申（一六四四），迄於雍正之乙卯（一七三五），自順治元年至雍正十二年。上下九十二年間，皆師耳聞目擊事。其於龍門宗律，實繼邱、王之緒，而總持樞紐者也。厥後崇道觀落成，俾我子高子即東籬宗師，爲輕雲子之師，故稱子高子。入主講席。【評】宗派相承，第九代之於第十代，惟此爲相傳之據。述者爲東籬門下，亦可謂善繼善述者。而自投閒於四方，其足跡絶不向天台一至。已而歸老於鶴林。即杭之金鼓洞。是則我高子之學，雖非范授，其宗派之流傳，顯有繼述矣。【評】龍門宗派爲之一明，正作者自相統系處。師生於萬曆丙午，明神宗三十四年（一六〇六）。卒於乾隆戊辰（一七四八），住世一百四十有三歲。【評】從前概以四十三歲對人，卒之符其餘數，蓋先自知其期也。東籬子爲葬於鶴林之陽，地在報本堂側。

是爲龍門第九代宗師。【評】却應篇首「獨承宗教」一語。愚按此篇大意，蓋聞諸輕雲律師者。

愚按孫玉陽門下有閻（曉峰）、周（明陽）、范（青雲）三子。閻子，《心燈》無傳，兹置勿論。周明陽子始受宗旨於孫宗師，繼受戒律於陶、黄兩師，實爲統承王、沈二師之宗、律者也。竊查明陽子門人衆矣，獨一東籬子稱宗師。蓋以其不戒而戒之，躬修退守宗風於桐柏。若青雲子，雖始終于玉陽門下，而身任事於《鉢鑑》之源流。可見范、高之學，其後先繼美於天台者，無非太和子一脉之心傳。況周、范本屬同門，即援孫、黄以例之，亦事同一轍。則范之與高，正不必歧而二之，亦無庸統而系之。但曰：若龍門宗派一流，其第九代則有范青雲宗師，其第十代則有高東籬宗師，可也。輕雲子所謂

「雖非授受，顯有繼述」，綦慎重矣。蓋不必自我傳之，而自不絶於世也。今懶雲子爲東籬翁高足，其在斯乎？廷博謹識。

燦爛之餘，歸於平澹。人亦如是，文亦如是。

金蓋心燈卷四

新安鮑廷博淥飲注
武林鮑錕薇菴評

龍門正宗第十代十一人，第十一代十人，凡傳二十一篇，又附録三篇。

徐紫垣先生傳

先生姓徐，名清澄，號紫垣，原名拱宸，字北瞻，江南崑山人。遭家多難，因而出世。師蓋性嗜玄學，崇真斥僞，而議論鋒如，族之顯者未之識。及遭不造，群不之解，乃出走，未詳其所爲何事。《鉢鑑續》所載如此，謂其族叔乾學輩未之識云云。年已二十九矣。煢煢道路間，心鬱鬱不能平，倦而假寐。有青衣數輩，同聲而歌，歌曰：「南山北山，彼秀此頑，一天陶鑄，實命不然。」一若有如諷如譏之意。忽爲行人擾覺。按《揚氏逸林》載：先生遇洛人宮無上於通州，呂四贈以南山北山一歌而別，事在康熙元年（一六六二）。參觀卷七神仙內宮無上傳自見。自是精神恍惚，應答失宜，益與世違者三十餘年。既爲人作寄書客，特至金蓋，及索書，又失所在。按《鉢鑑續》載：先生於康熙三十一年壬申（一六九二）之春，遇其中表邵雷州於鎮江金山寺，得其書，送浙湖之金蓋山，遂皈陶石菴先生門下云。但見脩竹萬竿、喬松數十本繞一敝廬，徘徊不敢入。俄一老翁年約八十許，扶杖而出，呼曰：「客進坐，老夫待汝久矣。」遂偕入，歡若平生。竊異之，翻疑爲夢，【評】半生如醉如癡光景，至此始如夢覺。已而神恬始悟。蓋先生與悟真子金山之遇，原未嘗有書，皆恍惚中之因緣輻湊耳。見《鉢鑑續》。翁亦爲述行藏事，大契之，遂禮翁爲師。翁盡以山事付之掌。未幾，爲懸列祖像於丹室，鄭重其禮，授以宗旨、源流，命名錫號。數月而〔翁〕逝，〔囑〕曰：「好事宗旨，毋滯毋拘。」【評】通體工夫，只此八字爲之一露。事在康熙三十一年（一六九二）孟秋七日，翁即石菴嗣師也。先生年已六十有三云。嗣是獨居金蓋，蔬食簞瓢，載樵載養，樂天機，忘歲月。時歌一曲，或而黃冠草履，或而披髮行吟，竹爲之舞，鳥爲之歌，馴哮虎，友麐麀，朱蘭三放，幺鳳群來，師亦不自異也。按之《鉢鑑續》，先生於康熙癸酉（一六九三）手訂靖菴、石菴兩師手誌日月記，分十二卷，所載順治元年（一六四四）始，康熙三十年（一六九一）止，共四十八年事實，名曰《金蓋雲箋》，青雲子范太清爲之序。又嘗刊石菴手纂經懺六部，并《道源》一卷。先生又手輯《黃庭經集注》行世。又載：乙酉（一七〇五）之夏，紅蘭放於西澗，幺鳳集於桐隖。丙申（一七一六）之春，朱蘭重放，白虎守扉，是年始大開經社。戊戌（一七一八）之秋，朱蘭三放，幺鳳忽稀。明年己亥（一七一九），先生乃逝。先生住山凡二十七年，其來山訪道者，則有程華陽律師、詹怡陽律師、初陽樊師、則陽孫師、南陽歸師、永甯王師、鶴嶺徐師、凝陽方師、旻陽葉師、青雲子范宗師等，及雲南金懷懷輩。先嗣師石菴先生族姪起哉，來山居二十餘年卒，先生爲葬於下泉埠。〔先生〕行將辭世，爲山開經社。二年，積資置田五畝。即今竹字圩田五畝，係先生於康熙五十六年（一七一七）手置。人問之，曰：「無恒産者無恒心，山須人守，我恐餐風食蕨，後來者將不旋踵而去也。」已而金鼓洞凝陽子姓方，傳列第三篇。遣其門人崆巖子崆巖亦姓徐，有傳列於後。來山，先生乃説偈而逝。其偈語無可考。

是爲金蓋嗣師徐紫垣先生，於龍門爲第十代宗師。先生生於崇禎庚午（一六三〇），卒於康熙己亥（一七一九），其月日未詳。住世九十歲。此篇大意悉出《鉢鑑續》。青雲子曰：嗚呼，先生其亦人盡見天者矣。據《鉢鑑續》讚語。

始則議論鋒如，繼則應對失宜，如癡如夢三十餘年，可謂阨於境矣。卒能樂天機，忘歲月，究其得力，只在「毋滯毋拘」四字耳。文但從實朴朴地寫來，而自見其功用。

戴停雲律師傳

師姓戴，名清源，字初陽，號停雲，浙江仁和人。祖籍徽州，全陽子之甥，全陽子姓吕，傳列卷三。師事明陽周祖者也。性簡達，方正不阿。全陽子深契之，導以清虚之學有年。年三十始皈周祖，按《金蓋雲箋》，康熙辛未歲（一六九一），載有仁和戴停雲自冠山來金蓋，石菴薦皈杭州金鼓洞，依周明陽律師云云。疊受三戒，【評】皈周而即能疊受三戒，可見其得力於全陽者已深。多所闡揚。已而祖逝，師承主席，心契惟谷音子。【評】此句先爲下文作領。即沈輕雲律師。稽師於康熙五十年辛卯（一七一一）之冬，戴師始承主講席，後十有三年爲雍正甲辰（一七二四），沈師始至金鼓洞，皈高東籬宗師門下。十數載内，動靜悠然，不離宗旨，遠近仰之，謂周得人。後以人事煩劇，交院事於聖哲駱師，聖哲爲戴師弟子，傳列於後。退閒一室。

久之，一日晨起，集衆論玄，發前未發。子高子適至。懶雲子爲東籬門人，故亦稱子高子。師喜，問子曰：「谷音得非戊子（一七〇八）生歟？」子曰然。曰：「然則太上宗律傳有人矣。」蓋稽卷二卷三黄赤陽、周明陽兩律師傳内，有「戊子當來」之語。翼日，谷音（沈一炳）入侍，師呼而訓曰：「我家律派，上承張、趙，謂張無我、趙復陽兩律師。近述王、黄，謂王崑陽、黄赤陽兩律師。以先律師謂周明陽律師。衍流某輩。汝師道邁，謂高東籬宗師道行之高遠也。遥承【評】觀於此言，明明以高東籬爲獨承宗派者也。沈、衛、沈、孫之宗旨，謂沈頓空、衛平陽、沈太和、孫玉陽四代宗師。而後學希承。汝爲南岳降神，掌有朱篆，承是統者，非汝而誰？然某聞之，李林甫降自天仙，嚴分宜（嚴嵩）亦感星隕，適成奸佞。生貴精修，有恃必墮，【評】此八字可爲高明人夜半鐘聲。汝其勉旃。」遂授以大戒三册。按輕雲於二十四歲疊受戒律，推其年爲雍正九年歲次辛亥（一七三一），時戴師方七十歲。

越數載，師忽沐浴焚香，禮聖揖衆而逝。七日入龕，顔色如生，住世七十有四歲。師蓋生於康熙壬寅（一六六二），卒於雍正乙卯（一七三五）。葬於龍井，題曰「龍門第十代停雲戴律師墓」。以上均本《鉢鑑續》。其墓碑不著何人所題者，或即范宗師手筆。既檢其笥，得二偈焉。其一曰：「虚度韶華七十秋，金飛玉走不停留。於兹追憶從前事，一枕黄粱已白頭。」其二曰：「騎鶴歸停海上山，空留勝跡在人間。赤明遺偈昭如日，愚按「戊子當來」一語，乃赤陽子口傳周明陽，明陽以告戴師。故戴師偈謂赤明遺偈。戊子當來正未還。」此二偈愚曾親見於金鼓洞蔡天一手，乃戴師墨筆也。後見《金鼓洞志》内，〔末二句〕改作「蒼松翠竹長相待，望斷孤雲尚未還」。蓋不知原偈之指，翻失本意耳。味其偈，溯其心，蓋當時屬意於谷音之作也。非惟卓識，乃是前知。

即其「生貴精修，有恃必墮」一語，想見停雲平日之乾乾，不容稍懈矣。文亦心細手和，字斟句酌，齋心熟讀，始得見其胚胎之妙。

方凝陽律師傳

師姓方，名清復，號凝陽子，休甯世家子也。幼而敏慧，長而慕玄，日常焚香以讀《易》，寒暑不之間。壯歲至浙，遊幕於撫署，兼訪至道於周明陽。方其初見周也，極誠而進，極喜而退。人問之，曰：「君不見其拔草乎？拔草，去念也，非教而何？」已而又至，周爲執帚以除氛。師謝而出曰：「是教我淨土也，恩莫大焉，舍之子，我誰師？」【評】凝陽本慧人，而久於讀

《易》，其體會於仰觀俯察者有素。況當時竭誠而進，所見皆玄，自然穎悟如神，有不待言而喻者。遂具柬皈投，周亦不卻，命之名而囑之歸。

越十三載，喪葬事竣，竟棄子女妻妾，易服南來。夜遇群盜，宴處如故，從容起曰：「富者贈人以財，貧者贈人以言。」一手攜道衣，一手將書籍曰：「披此可成仙，讀此可證果。我懼衣食之誤人，故舍家而奉道。諸君若省修行，五百阿羅漢，即是諸君前輩也。」群盜聞之，哄然散，且竟有面赤而退者。同舟咸慶之，而師無喜色。【評】凝陽遇盜，惟運其悲度之心耳，安得復有喜色？既至杭，一人特至，爲師負戴，情摯而禮恭，抵院弗去。問其故，曰：「願從披道衣，讀仙經，希冀證果耳。」是人也，姓徐氏，山東人，從師三十載，後皈徐紫垣，《鉢鑑續》稱：是爲山東徐嶐巖，乃康熙三十四年（一六九五）事。○以上悉本《鉢鑑續》。竟得證果而逝。是爲徐嶐巖，嶐巖亦不自諱，故人得知其即群盜中之面赤者。

《易》曰「信及豚魚」，豈虛語哉？竊怪夫世之爲師者，動云善導，而梗化者比比，何也？【評】此篇忽然空中發議，正通篇極醒之文。可見凝陽生平無我無私，天人浹洽。下節逐件點明機神浩浩，是作者之體會前人也獨深。導出於有人則梗，導出於有我則更梗。蓋其導之源頭已失，而所以導之故有所爲；有爲則有私，有私則情格；情格而欲其不梗也，難矣。原我師之遇盜時也，初則宴處，不驚可知；從容而起，不怒可知。贈財贈言，論何其平；攜衣將書，示何其實；證果成仙，導何其切；懼誤捨奉，情何其真；省脩前輩，望何其濃。我想其時，師之懷滿腔至誠惻怛，師之面必現有浩浩蕩蕩，無善無惡無我無人一團真意，流露於眼耳鼻舌動靜之間也。豈若世之人，徒挾三寸舌，説今道古，文飾其私，而不知自愧也哉！

嘗聞之輕雲子，謂師平時不苟言笑，事上撫下，惟慎且貞，言道性善，行忘人我，父事師長，兄事友朋，故人咸樂與共處。鶴林之振，師力居多。又謂師嘗禮斗，甘露晝降，爲世祈年，風調雨順，祈雪雪飛，除蝗蝗滅，種種靈感，不可勝紀。無他，一誠以應之。【評】此焚香讀《易》之功效也。若師者，可謂善拔草，工淨土也矣。

師生於順治六年（一六四九）十月一日，卒於乾隆元年（一七三六）三月二日，住世八十有七歲。見《金鼓洞紀事》。是爲龍門第十代律師。

即其遇盜一節，亦足概其生平。後復稽輕雲子數言，而謂爲一誠以應凝陽之學、凝陽之教，具在斯矣。文得繪影繪聲，自是無漏妙筆。

謝賓陽律師傳

師姓謝，名清涵，字慎齋，號賓陽，江南武進人，爲凝素子季叔。三舉孝廉，三中副車，志灰皈玄，不求聞達。年已四十有七，而狂躁之性未平。《金蓋雲箋》載：師於康熙二十年辛酉（一六八一)之春來金蓋，時年四十七。所載如是，則其初皈明陽子時，年未至四十七也。明陽子愛護之，而病其性放，命字慎齋。又憂其躁，命名清涵。一日自外至，側肩撒臂，周見之叱曰：「天上無不敬神仙，世間無犯規羽士，聖賢仙佛，完從敬始，妖魔鬼怪，成自肆來。」【評】此持身要義也。可見狂士風流烏可爲訓？因又號以賓陽。師自是刻加遏抑，恭敬自持者有年。辭周出遊至金蓋，行李楚楚。石菴見曰：「以其騎馬參方，不如在家啜湯。」【評】可見結駟連騎亦不可以爲訓。師慚謝且跪。石菴説，乃扶而起曰：「真吾家大器也。」留休三月，頗有得。出《金蓋雲箋》，按《鉢鑑續》亦載之。於是入蜀穿黔，足遍天下，返棲龍井。周祖知其道圓，始付大戒。《鉢鑑續》載：康熙四十年辛巳(一七〇一)，師年六十七，始受三大戒云。又二十餘年而逝，【評】此後工夫，概可想見。葬於馬鞍山，住世九十有八歲。

《逸林》載其遊蜀勝事十有三則，謂師亦晚歲通神，而素精術數者，然於浙無聞焉。嘗聞之輕雲子曰此駱賓陽事，駱賓陽蓋亦道家者流，未詳其傳自何人。非師也。師爲龍門第十代律師云。

此以一「敬」字爲通篇之骨，所謂「成人有德，小子有造，古之人無射(斁)，譽髦斯士」。撰者亦寓有深意，以示學人。

高東籬宗師傳

子高子名清昱，字東籬，一字東離。祖籍山東，爲甯海州人。寄居長白。其祖於明萬曆初年始居長白。父熙，中順治戊子（一六四八）舉人，己丑（一六四九）進士。康熙間，某由内職放臺灣道，轉陞長沙臬司，道卒。見《臺灣風俗考》周叙文内。稽其初入道也，【評】此節爲辨正其籍貫。歲在壬申，康熙三十一年（一六九二）。由臺灣而至浙，年已七十五矣。稽師手著《臺灣風俗考》三卷，成於康熙三十四年乙亥（一六九五）之秋，周叙所述載又如此，蓋師久居臺灣者也。始偕族姪高麟來訪杭之金鼓洞，遂事明陽周祖爲師。周識爲道器，遂留之，亦不詳其生平履歷。高麟本仁和庠生，與子往來如骨肉，故《金鼓洞志》稱子爲仁和世家子，殆未之考也。予侍子有年，故略知之。謂知其祖籍山東，寄居長白，復由臺灣而至浙也。

子自此日趨承周祖，【評】此節傳其進功之次序。周惟授以《南華》。子故宿學儒也，受而伏揣，益自折節以事之。【評】何等專精。又十有三年，【評】年已八十八矣。祖乃授以《道德》，且爲標撥宗旨。旋授以《參同》、《悟真》，未幾又授以《華嚴》。曰：「此皆證聖成真之寶筏也已。」又授以趙注《學》、《庸》、《道德》首章、《心經》全册。【評】可見宗門人物自是全真復聖三教一貫之學。曰：「此出世入世真消息，簡易易行。進此後，熟揣《周易》，神仙之能事畢矣。」考之《鉢鑑續》，師於康熙四十六年丁亥(一七〇七)正月,受宗旨於明陽子,有「汝其追述孫祖宗風」等語。子自是靈關四闢,花香鳥語,雲裊溪旋,無非玄徑矣。嘗謂人【評】此節傳其教人。曰:「人病不心清耳,心清眼自明,明無或昧,自與道合。蓋人身一小天地,無物不有,無理不具,包古今,具去來,身同則具同,非難非易,何聖何凡,遲速有時,成功則一,一心清淨,水到渠成。」子之立論如是,子之學力可想見矣。此高子告方鎔陽之語。

余聞之輕雲子:【評】此節傳其息養之深、神通之化。子曾以事外出,遇少年要於道,强入青樓。子恬處歡笑,不露聲色。子既出,問曰:「道者亦動心乎?」曰:「我心如鏡,象憂亦憂,象喜亦喜。」又有人故按子於地,而辱毆之,問曰:「怒否?」曰:「子等搥不出怒,但惡戲我,我何怒爲?」問痛否,曰:「子等自撾,痛癢自覺,反問我耶?」尋散去,子行自若,而惡戲者歸,無不遍體青墨。子之作用又如是。子嘗數日不食,冬嘗衣葛,夏嘗衣裘。居嘗聚圓絲銀於大盆,置之坐前,而閉其目,兒曹爭竊之,一時盆空,乃開目笑曰:「開眼常存,轉眼即失,可悟此物無情,去留不足戀也。」想其時必有守錢虜居側,子故以此省之耳。有自稱能以法濟人者,子笑而問之曰:「我患一瘡,頗不便,子能割一些些肉以補我否?」某不能,答曰:「挖肉補瘡,已非道理,奈何割張家股,以療李家病乎?」某慚而退。子之省人,大率類此。以上諸説,蓋俱聞之輕雲子。

子居鶴林有年，從遊甚衆，鮮當意者。師於康熙三十一年（一六九二）始居鶴林，至雍正十三年（一七三五）出主天台桐柏山崇道觀講席。求其賢賢相繼，得心解而力行者，惟輕雲氏。子嘗示人曰：「修道樣與做戲無異，我深耻之。逐逐興常住，常住即身也，奈何身外興之？此之謂務外，離太上宗旨遠矣。」遂之天台桐柏宮。以上五十三字出《鉢鑑續》。道亦不行，曲高和寡，自古云然，子亦聽之而已矣。晚知道之終不行也，乃示疾而逝，葬於桐柏山。後二十年，或有見子於四川青羊宫，謂其鬚髮轉黑，意子厭世而尸解者。以上雲遊道衆所述如此。

子生於天命元年（一六一六）六月十九日，按師生前每述其前事，必稱天命、天聰、崇德諸年號，未嘗有泰昌、天啓、崇禎之稱，觀其手著《臺灣風俗考》序文可見。蓋因其祖已遷居長白故也。兹故稱天命元年也。卒於乾隆三十三年（一七六八）七月望日，享年一百五十一歲。是爲龍門第十代宗師。著有《臺灣風俗考》三卷。【評】補筆。

懶雲子曰：君子不怨天，不尤人，我夫子安命者也。謂其厭世而尸解者，不知夫子者也。

高子之學，已足垂教無窮，得此文而宗旨益顯。

金靜靈律師傳

師姓金，名清來，靜靈其自號也。儒名日生，字東陽，烏程邑庠生，世居江南黃葉村。性慧而狂，善弈好飲。年十七，舉孝廉不第。《逸林》載：金日生於崇禎壬午（一六四二）下第，後遂出遊，年方十七耳。遂出遊溫、台間，有出世志，而勃勃然英氣逼人，【評】只此英氣，受苦一生。識者咸敬之。嘗縱飲市廛而裸其體，【評】其禰平原之流亞歟？却與靖菴海濱殺人之意相符。逢人謾罵，故所居常遷逐，而師行自若。

聞隱真子名，造訪過金蓋。靖菴先生大抑之，【評】非如靖菴生平志願者，靜靈子焉能忍受其抑如此？師不之悟，遂成肝疾，尋辭去。《金蓋雲箋》載：康熙十一年（一六七二），烏程諸生金日生來山，居數月，尋感疾去。疾革，乃悔歎曰：「神仙難做，爲人更難，欲近高人，須先自琢。」乃退隱入海十有九年，自以爲可矣，將返浙。《逸林》載：師於康熙三十一年歲壬申（一六九二），始由京師皈浙杭之金鼓洞，遂出世。時明陽周祖鎮武林之金鼓洞，忽謂門人初陽、姓戴，即停雲律師。凝陽姓方，傳見前。曰：「十月五日，黃葉村某至，大器也。然須極抑之，而示以澹趣。」已而師至長跪，（周祖）不之答。叩之衆，皆神志寂然，無可否。但令任運水，諸真士亦不甚敬恤。師承之若分宜然，【評】竟能如是，是其心目中但見有高人，而向來英志銷磨殆盡矣。而夜則長立不寐，倦則跪拜。如是有年，祖乃呼入曰：「時至矣，【評】蓋其英氣淨盡，漸摩已熟之時也。三鼓至此。」師乃泣拜，至期入，祖告曰：「道以無我而徹，佛以無住而生。」遂爲目顧而掌示之，【評】顧者何物，示者何事，豈不疑煞天下人耶？不知道無形象，不可得而形容，究無可顧之物，亦無可示之事。所謂「目顧而掌示」者，與《論語》「其如示諸斯乎！指其掌」之義相同。乃大悟，拜辭出。鶴林諸真咸相慶賀，而師行日勤，若未聞宗旨然。未幾，叠受三戒。

越十載，祖逝之日，爲康熙五十年辛卯（一七一一）九月九日。師自外至，曰：「師去乎？」遂亦立而逝，【評】立而不倒，令人重想其英氣逼人。三日不倒。紀師年八十有六歲。是爲龍門第十代律師。門人黄一陽葬師於武林之半山。黄一陽，《心燈》無傳，亦不詳其字。

懶雲子曰：師爲金太傅之俊猶子，見《揚氏逸林》。能以逸士終，潔哉。師乃崇禎朝諸生耳，《逸林》謂其慷慨出世，逸跡有四則，均在温、台處地。讀之令人淚下。【評】靜靈以明代諸生而又爲本朝相臣之姪，其不得不慷慨出世也。焉得不令人淚下？《鉢鑑續》載亦然。謂不得其叔父心，甲申（一六四四）之後往來於温、台之間，與諸遺忠逸老遊。其慷慨悲歌以宣志節，外人有不得知者。記有之：「英雄閒，乃神仙。」微乎言哉。

筆筆生色，處處傳心。撰者極摹其琢磨之工，更不詳其徹悟之後，其旨深矣。

孟逸陽律師傳

孟師名清晃，號逸陽，山東嶧縣人。少從其叔甯宇宦游江浙間。好丹法，【評】頗有第二代張碧芝之風。喜吟詠，事師七十餘家，名山遊遍。年五十始皈鶴林周祖，故遲之一歲命名，始悟宗旨神通，一根性發。理事之暇，熟讀《楞嚴》，參以《金碧》，即《金碧參同契》。閒則嘯傲西泠，陶鎔氣質，詼笑由人，清狂自在。

有年，聞金蓋（徐）紫垣氏得玄宗精髓，復出訪。《鉢鑑續》載：師少壯時，嘗從陶石菴、謝凝素兩師居金蓋，於康熙三十六年丁丑（一六九七）始皈金鼓洞。越三年庚辰（一七〇〇），出訪徐紫垣於金蓋山。明年辛巳（一七〇一）冬，復返金鼓洞。〇愚按《金蓋雲箋》誌：康熙十四年乙卯（一六七五），山東孟逸陽來山，師事我嗣師石菴子與凝素子。越二年丁巳（一六七七），出山之江南。則師前至金蓋年二十八，後至金蓋年五十三矣。（與徐紫垣）晨宵印證，宿習盡埽，吟詠乃廢，飄然歸，清狂者竟變爲淳樸矣。周祖喜【評】可見清狂自在者不可爲訓。曰：「可令出遊四海，接引有緣。」至山西潞安府，適旻陽葉師傳列次篇。從一楚巫至。楚巫以神異爲才，大顯靈怪，愚夫愚婦聚若蜂，斂財若阜。及干禁遁失，其法被收，將（累）及葉。葉窘極，思自盡。師知之，投刺府尹。楚巫未之知也，自死於獄。府尹名泰生，師之從姪而莫逆者。事乃解，遂攜（葉）至浙，以白周祖。祖喜【評】喜其果能接引有緣。而付法授戒，命名清徹。已，師住松晟，觀名。葉亦偕休，竟承律宗三十餘年，無疾而逝。出《鉢鑑續》。是皆我明陽氏人飢亦飢之慈化也夫。得其傳者，素靖子潘一善云。素靖，傳見後。

「宗旨神通，一根性發」八字，爲一篇之眼。及其清狂，亦歸淳朴，盡乎仁矣。《心燈》短篇，每傳精意，學者味之。

葉旻陽律師傳

葉師名清徹，號旻陽，安徽六合人。家富而豪，酷好神通，【評】大誤事。家因破，出遊未悟，幾至死乃醒，始皈律師，事詳孟逸陽傳。師既悟，潛脩宗教有年。崑山徐氏有蛇擾，紫垣子召師除之。師至金蓋，初弗允，紫垣喻曰：「子昔妄，故當戒；【評】至理名言。今無欲，行何妨。」乃行。雷震一下，蛇隨雹落，庭遺大珠，皎若月。驗之，蛇腦破而出。蛇長丈七尺，圍大如斗。遺珠歸葉，葉歸徐，皆不受，卒歸程邑尹。徐氏家安，兩地里人至今稱之。已而返杭，住松晟觀，先後三十餘年，確守宗律，罔或敢渝。【評】其所以旻陽律師也。詩曰：「出於幽谷，遷於喬木。」其師之謂歟？

合觀二傳，具見涇清渭濁之由，出幽遷喬之效。輕雲律師所謂「道德，體也；神通，用也。取其用而遺其體，適成妖孽」，信然！

童融陽律師傳

童師名清和，號融陽子，浙江龍游人。少好修性，嗜佛乘，禮僧十數輩，皆一時善知識。歲丁酉順治十四年（一六五七）。至天台，遇趙祖復陽氏，贈以偈曰：「説覺還不覺，針頭往外穿，動靜都不是，放下兩頭看。」師於言下立悟，不覺屈膝呼師。趙曰：「莫，太朗爾師也。癸丑緣合。」師乃獨居瓊臺，久之始覺動靜咸宜。《鉢鑑續》謂：師自順治丁酉迄康熙丙午（一六五七—一六六六），獨居天台瓊臺凡九年，大丹已成。乃出而煉性，印證於崑陽、赤陽、靖菴、石菴輩，居金蓋亦有年。《金蓋雲箋》載：康熙五年丙午（一六六六），龍游人童融陽自天台來。七年戊申（一六六八）正月，偕湖廣人范青雲出山。八年己酉（一六六九），融陽子歸自茅山。十二年癸丑（一六七三）八月，我宗師靖菴先生，詔融陽子往投杭之金鼓洞。○愚按康熙六年丁未（一六六七），王崑陽真人率詹、黄二律師來山時，融陽子正在金蓋，及明年正月始偕范青雲出山。故曰「出而印證於崑陽、赤陽、靖菴、石菴」。至歲癸丑（一六七三），出之杭。周祖明陽氏聲名已振，及師至，彼此契合，有相見恨晚之意。遂止而不他適，竟爲諸真領袖。周祖心重之，殿宇既竣，教相具足，乃同永甯王祖爲之加冠受戒。是爲龍門第十代律師。

越十餘載，返主天台桐柏宮講席。邑人不之敬，禱之太上。【評】與沈頓空宗師之保桐柏何異。

有范青雲者，湖廣人也，傳列前卷。嘗與師（周祖）同事玉陽孫祖於茅山者，至。師以山事託之，無病而逝。師生於萬曆己未明神宗之四十七年（一六一九）。六月二十日，卒於康熙丙申（一七一六）七月十八日，住世九十有六歲，葬於桐柏山。此篇悉本《鉢鑑續》。

懶雲子曰：知人則哲。桐柏得范青雲而始保，師可謂得所託者矣。至於經、籍、度三師【評】謂王崑陽、黄赤陽、周明陽三代師尊。然融陽并曾親遇復陽子，則不第親炙三代已也。之皆得親炙者，道家稱本師謂度師，度師之師謂籍師，籍師之師謂經師，故謂之經、籍、度三師。自元而降，惟師一人而已。

人本純粹，靜鎮無華。文亦組織無痕，悠然神往。

許青陽律師傳

師姓許，名清陽，字小童，號青陽，浙江仁和世家子。初習舉子業，屢試不售，遂絶意進取，玄門師事明陽周祖，授以課誦。罔間寒暑餘功，惟守靜默，不務馳逐。【評】其靜默如此。永甯王祖愛其材，周祖知之，以爲王後。王殁，師爲殯葬，哀毁一如喪周，至性之純，出之自然。其接應事物，惟誠惟信而已。師初於康熙戊辰（一六八八）出駐東城機神殿，衆留勿捨。師曰：「緣在是也。」遂往。按《金蓋雲箋》載：師於康熙二十六年丁卯（一六八七）之秋，自金鼓洞來山。明年戊辰返杭，出駐機神殿。茲稱「衆留勿捨」，或係當時來居金蓋之道衆云。

有客至，楚人也，爲杭郡守故戚，少孤，依舅氏以生。母没，舅爲喪葬。既長，以父事舅，而利其財。舅氏亦以子視，其婚娶舅任之。已而舅遭災，貧且病，某竟棄如遺，種種不義，浙中人未有知者。〔客〕問：「觀有幾友？」師忽心動，答曰：「二。」問：「一何在？」適狗自外至，師曰：「來矣。」客哂之。師起曰：「是頗知仗義者。昔某有餘時畜之，今某貧且病，彼依依不某棄。鄰人或嘉其義，百法誘之去，彼不爲惑。某故以友視之，非敢故自卑也。」【評】其驚人又如此。

一日，師過麵肆，肆主人設麵以供，而神色惶遽。詢之，曰：「某傭者家東越，適斃於肆，恐有訟累。」師曰：「若毋恐。」囑開死者户，師入，死者甦矣。命速送歸越，並囑扃師於斯室，七晝夜毋啓視。肆主人遵之，迨七日送者返，師出而傭者即死於家。【評】其神運又如此。又嘗失柴斧，責護法神追還。以上悉本《鉢鑑續》。

〔師〕既蜕年餘，有客從蜀來者，攜其雙履以還某，乃師殉葬物也。【評】其神異又如此。種種顯異，城東父老猶嘖嘖道之。永甯子真知人者也。是爲龍門第十代律師。

其功惟守靜默，其應接事物惟誠惟信，而所發現者如此，可見靜者心多妙矣。傳者心入玄玄，筆自了了。

王洞陽律師傳

師姓王，名清虛，字定然，號洞陽子，原名大器，江南蘇州人。師事全陽、姓吕，駐姑蘇之冠山。石菴、姓陶，即金蓋嗣師。牧心，姓潘，駐餘杭金筑坪。駐修冠山、金蓋有年。按《金蓋雲箋》載：康熙二十二年（一六八三），江蘇王大器來山，師事石菴嗣師。越六年己巳（一六八九），王大器出山，之金筑。越二年辛未（一六九一），復自金筑歸山，旋住冠山。品行卓立，道法超然，【評】此八字，爲洞陽一生大傳。晚休大滌山。《鉢鑑續》載：王大器於康熙三十五年丙子（一六九六）之春，始從冠山過金蓋，復至大滌，遂居金筑坪，皈侍牧心子，命名清虛，默受三大戒律云。愛其山水佳秀，洞府清幽，勿他適。清虛之名，牧心所命。全陽、石菴善教之，未爲〔加〕巾冠，師皆事之如事父，都得心傳。晚年濟人作福無虛日，杭屬遠近延請祈禱者，無不立應，名譽籍盛。後無恙正襟危坐而化，卒年九十有六。門人青陽子姓潘，傳列此卷末篇。葬師於大滌山。

此篇但爲清晰源流，而學力即澹澹點出。筆墨之妙，是以「秋水爲神玉爲骨」。

徐隆巖嗣師傳

嗣師姓徐，名一返，字龍元，號隆巖，山東東昌人。少任俠，有北宮黝之風，不自檢攝，失身於跖侶。一日遇凝陽子姓方，傳列前卷。於水濱，聞其訓示，大契於中，悔而遁之浙，遂出俗，夙興夜寐，居然處士矣。事在康熙乙亥年（一六九五），見凝陽律師傳。侍凝陽子有年，深造玄奧，乃受宗旨，持三戒，出之金蓋。按之本山《紀事録》載：師於康熙五十二年癸巳（一七一三），從其本師方凝陽來山，居五月而返。又載：五十八年己亥（一七一九），復從其本師來，遂師事紫垣子，命字蘿巖云。

紫垣子有逝志，〔見〕師來大悦，盡以山事付之掌。曰：「汝承凝陽教，但存無我相。若留此，當以菩薩心，而現羅刹相，庶幾住以待來者。東鄰白雲僧白雲菴在雲巢東南，向有僧居之，今居無僧矣。非善類，以恩結之，以力降之，皆不得而服也。惟一遜而澹，不避之避也。洞庭蔣生，庸材也，字雨蒼，有傳列卷七善士部。然有來歷人。其祖母王非凡婦，爲禱楚中湘君廟而生。所惜者，嘗精進而仍退惑也。果來，好收之。」語畢，遂逝。【評】數十年後事瞭如指掌。師爲卜葬於金蓋之陽，今墓不可考矣。

師嗣是晤言一室，鄰若無鄰者二十五年。又按本山《紀事録》：師於康熙五十九年庚子（一七二〇），始主本山講席。明年辛丑（一七二一），方凝陽律師復來山俯護。居三年，甲辰（一七二四）乃出山，復歸金鼓洞。洞庭蔣生始入山，按《紀事録》：乾隆八年癸亥（一七四三），洞庭蔣雨蒼來山，嗣師切諭之，即日出山去，由是常往來焉。往來又五載，乃皈師。師付以山事，而出住下昂、竹墩等境諸靜室，避白雲僧也。《紀事録》又載：乾隆戊辰（一七四八）蔣雨蒼始棄家入山，嗣師復切訓之，授以茅山祈禱法，使承張真人正一法派，得名通祥。復授以宗旨，而不命名，盡以山事付之。師自出居下昂，以歲時往來於山中。蔣乃久賈於狄岡者，護之者衆，雲巢始安。

師精於法，師亦嘗皈正一法派，其名漢臣。禱雨祈晴無不立應，而知者鮮也。樵雲子姓陳，傳列卷五。嘗師之，迨蔣歿而師猶存。蔣生後於乾隆三十年乙酉（一七六五）出金蓋山，歸洞庭數月，卒於家，時師猶存。蔣、即雨蒼。陳、即樵雲子。朱、字春陽，傳列卷七高人部。史，字常哉，未有列傳。四君子之斗法傳自師。師之有功於金蓋也，偉矣。【評】此其所以稱金蓋嗣師也。自師出山後，凡五十餘年中主持金蓋者，皆師門下士之力云。其生卒未之詳，其墓葬於下昂之鄉。是爲龍門第十一代嗣師，住世九十有三歲。此篇大意，懶雲子謂係樵雲子所述，而參以《紀事録》者。○愚按《紀事録》即樵雲所成。

傳未詳其所傳與其所授。爲金蓋講席，攝一樞紐。於本人正文，略叙數筆，而一生之學問存焉，功行闡焉。撰者亦深有慨於其際歟？

駱聖哲嗣師傳

駱師名一中，字聖哲，錢塘駱家莊人。性質而純，中年皈道，擔柴運水，獨任其勞，爲停雲戴師弟子。戴師頗憐之，而師則日進其功，嘗自面壁苦修，徹夜朝禮，於是授以宗旨，命名加冠。蓋謂三千諸佛，行門而出，雖欲自休，心有不敢。嘗謂輕雲子曰：「我既出家，當捨命修，惟恐一息怠惰，振作便難。捨父母，去妻子，所爲何事？【評】棒喝天下出家人。凡僧道流俗，皆當奉爲寶訓。假太上法爲衣食地，地獄種子也。」師之自戒如此，宜其卒承宗派，四方仰之。以上蓋聞之輕雲子。

諺曰：修道如牛毛，成道如麟角。世間羽觀衆矣，求有勤純如駱者，何可多得？一傳而蔡生陽善，傳列卷五，即蔡天一。大興鶴林。再傳而北莊戴子，遥承周、明陽律師。戴停雲律師。之律宗。三傳而復純張生，《金鼓洞志》就。戴北莊，有傳列卷五。脉脉不湮，其來有自。【評】莫非聖哲勤純之所致也？

余考金鼓洞駱師，實繼停雲律師而主講席者也。一生純勤，即以承前啓後。傳者筆精意美，詞短音長。

戴聖學嗣師傳

戴師名一振，字聖學。性喜静，從其從叔閒休鶴林。從叔歎其純，外人皆笑之。及既逝，或有見於西湖陸莊，衆聞始悔。【評】有眼無珠，以耳爲目，可爲一歎。從叔者，停雲戴師也。輕雲子所述如此。

聖學蓋真能得聖人大學之道者也。寥寥數筆，千古傳聲。

徐聖宗嗣師傳

徐師字聖宗，江蘇洞庭人。早歲孤貧，讀書不利，幕遊粵閩，倦乃皈玄。停雲戴師契重之，命名一正，休於鶴林。嘗與聖哲、聖學輩來往於金蓋、金筑，追蹤陶、謂靖菴先生。黄、謂赤陽律師。大滌謂金筑老人。之遺風，互相砥礪，頗知精進。卒明性理，澹然自持，爲四方仰。輕雲子稱其材，鶴林不衰，謂其力多。

善鼓雲和江上月，遺音猶遶數峰青。

方鎔陽宗師傳

方師名一定，字鎔陽，甯海人。子高子弟子。子高子者，東籬宗師也。入道最早，澈悟功深，著有《心印經注》《太極元經》行世。輕雲子謂爲不朽作，曰：「是出心傳，亦由心澈，直與古聖真一鼻孔出氣者。」【評】其自脩如此。

師於温、台、甯、處間，〔得〕及門〔弟子〕甚衆，所居勝境賴以重輝，有如桐柏、百步、金壘、紫琅、委羽、蓋竹之類。皆宫觀名。師承東籬宗師後，主席天台崇道觀時，概爲修築者。師豈漫應數運而興哉？有德以招之，有功以致之耳。【評】其行功如此。及門之最著者，姑蘇顧子；名陽崑，字滄洲，傳列卷五。續顧而成者，來真王子、字孟生，號嶧陽，傳列卷五。復圓潘子。號雪峰，王嶧陽弟子，傳列卷五之末。餘若春谷陳生名陽真，字太仆，懶雲子弟子，少時嘗從師於委羽洞天者也。輩，千有餘人。蓋統計師主天台崇道觀講席時，凡來印正者而言。均克清淨自娛，不出宗教。【評】其傳人如此。猗歟盛哉，是真能承我子高子之學，而心無慚怍者也。宜我輕雲子眷眷爲人道也歟？

詞旨温潤，筆墨精嚴，以少勝多，足以傳後。

沈輕雲律師傳

師姓沈，名一炳，字真揚，號谷音，又號輕雲子，吳興世家子也。祖居竹墩，九世好善。【評】此先述其祖功宗德，并其生時異徵。曾祖濂，遷居前邱，世稱仁者。祖善繼，家貧克孝，舌耕以生。父周章，母錢氏，以乏嗣禱於歸安射村開化院，歸夢巨星隕於庭，越十有四月而生。生時異香繞室，天樂盈空，鄉里咸聞而驚異之。方七歲，【評】此節述其童時之定志如此。父卒，母復疾殂。四顧壁立，日隨牧子以刈草，夜率形影以歸廬，鄉里咸悲之，而師處之恬如也。以上與王傳所紀同。或問之，曰：「我聞之父母云，上古之人無衣無褐，茹毛而飲血，上巢而下窟，故壽至盈萬。中古不然，火而食，織而衣，入則宮室，出則舟車，而壽止滿百。不見夫漁家子乎，寒冬而裸其體，酷暑而寘之風，一生無疾，且壽且康。無他，貧苦以煉之，忘機以生之耳。我亦猶是，故亦自樂。」其立志堅定已如此。以上見陳樵雲子《紀事録》中。

童時好趺坐，【評】此節述其童時異徵。喜規畫星辰，得像則拜。嘗牧羊於前谿之側，見龍鬬溪頭，能以手書令升沉，止雷電，初亦不自異也。年十六，遇蜀人李泥丸於金蓋山，授受秘詩三章，遂有出塵志。十七遁跡武林金鼓洞，【評】此節述其宗律之由來。師事子高子，未幾盡得其傳，乃命今名。停雲戴律師與我子高子東籬宗師兄弟也，爲師授以三大戒。按江青所書碑本，無以上二十八字。出訪道【評】此節述其友善。於高池，武康山名。貝常吉名本恒，爲華山派裔。厚遇之，臨別謂師曰：「他年得君，同主大滌洞足矣。余年長，請先往以待君。」既而常吉住餘杭洞霄宫。師住無錫正氣菴，面壁三年，遂出之松江，【評】此節述其脩功。復遇泥丸，問其究竟。答曰：「三一音符，道之至中、至正、至真者，但事長生，非吾願也。」嗣是究心儒書，躭性理，參《周易》五十餘年。其得力在慎獨，其致功在真誠，步趨語默，未嘗心離中正也。晚歲通神，知未來，洞悉三教一貫，而謙讓不自盈，亦未嘗預示可否。人問吉凶悔吝，但據理以答之，不涉神異。以上與姚傳所序大同而小異。○愚按《紀事録》載：師於乾隆元年（一七三六）從高東籬宗師應聘至天台桐柏山，主崇道觀講席。明年丁巳（一七三七），遇西河薩真君於桐柏山麓，遂出遊訪道於高池，得貝常吉爲友，繼往松江從周法師，得諸大法秘宗。時師年三十。又按，乾隆三十三年戊子（一七六八）七月望日，高東籬宗師年百五十一歲，謝世於天台。懶雲子先期得書，亟往送。及至，沈師已先在。嗣是懶雲子常從沈師學，以師禮事沈師，從高師命也。

稽師年六十一，懶雲子年二十有一歲云。

歲丙戌，【評】此節述其經濟。乾隆三十一年（一七六六），師年五十九。莊親王招入京，與談大悦，將薦之朝，固辭乃返。王常念之，謂諸大臣曰：「若谷音者，惜不幸而羽其服矣。用之啓議，捨之可惜。我聞其論治平也，長官不好貨，下吏不剥民，除蠹役，達輿情，因其治而治之。其論黄河也，循故道，守舊制，嚴察成堤，而厚恤河兵。論鹽法則曰：『培竈户，察重觔，除賂獻，禁升騰。』又謂錢禁私鑄，不如折十而五用。築城掘河，要務也，俟其歲饑而行之。其論極當，有材如是，而使之老朽空谷，我輩何以對天下。」當時大臣咸自引咎，爲之歎息，而師則竊以爲幸。以上見王傳。

有孝廉某某，【評】此二節述其驚衆。數人勸師易服得官，師笑而謂之曰：「使我少歷幾十年苦行，亦早就仕，爲長官奔走。然或民未得益，而身戍巴里坤，甚則就戮菜市口，未可知也。」越數載，而某某皆任甘肅，冒賑獄興，卒皆正法。總制某經浙過訪，就問休咎。師曰：「事無巨細，欺上必誅，此理也，非數也。」未幾而總制某亦以坐贓案賜帛死。此二説見《紀事録》。昔賢謂君子造命，小人喪命，庸人囿命。師之論，特冀若輩毋爲命囿歟？抑直誨其毋喪命歟？

師之教人也，【評】此節述其教人并其抱負之精蘊。妙議不易，必審其情性之遠近，穎悟之頓漸，用力之難易，披隙導窾而指示之。故誨無不返，示無不悟。嘗謂余曰：「天地一陰陽也，陰陽一造化也。機發於萬有不測之間，聖人測之，惟天應之，而吉凶消長之道呈焉。故古之至人，惟密審其不識不知之處，而宏其無我無人之教。蓋物各一天，而天含萬有，分之則物物一太極，合之則萬靈惟一性。譬之一人九子，分則九州，合則一本。氣一則貫通，靈一則照圓，天下一家也，萬姓一我也。不以天下爲天下則化行，能以一身視萬姓則世治。蓋呼吸相通，輿情自悉，【評】可見上文莊親王所述之言但其用之條目耳。其本領有如此者。物我無間，大道同風。此治心之元喻，亦宰世之良謨也。」按師與懶雲子等心傳口授之語言文字，散見於書帖本頁者不可勝紀，兹特載其一耳。

師嘗禱雨【評】此節述其功用之純正。於菰城，事在乾隆五十年歲次乙巳（一七八五）。祈晴於撫署，致雪於錢塘，收狐於青浦，伏虎於終南，馴狼於太白。以上均乾隆乙未至乙巳（一七七五—一七八五）十年内事蹟。皆不假符篆法籙，蓋其爲用神矣。師常語人曰：「有道德者有神通，無道德者無神通。是以《楞嚴》一籍，極詆神通；關尹《五千》，惟明道德。可知道德，體也；神通，用也。取其用而遺其體，【評】邪正之辨，端在乎此。適成其爲妖孽。君子則不然，廓其真靈，養其真氣，【評】古今聖賢莫非如此，發而爲用古也。積之宏，蓄之久，及時流露，有行乎其所不得不行，止乎其所不得不止之妙也。」

及師垂歿時，【評】此節述其神化。竟一日而奇蹟四著焉。一告逝於歸安開化院，再告逝於武林張宅，三告逝於無錫顧氏，四告逝於松江楊姓。我見其告逝於開化院也，院在歸安縣射村。集道侶，焚符圖，分經籍，翩翩然，翼翼然，朝神揖侶，若將他之。已而手書逝偈四十九章，有「住世七十九，光陰非等閒，喜完真面目，神證太虛天」等句。又出其平日所作八十一偈。按江青碑本，於所書之下有二十八字，其文曰「萬卷丹經一性宗，心神安醒是玄功，丹竈謹防丹火焰，抽添有意欠圓通」，偈於八十一偈之上。尋見紅光冉冉，出自其頂而逝。斯時也，異香盈室，天樂愔愔，群聞移時歇，不已異乎？於武林、於松江、於無錫，則無不於同日之正午至其家。地相距凡百里、五百里、七百里不等，或現天仙服，或現處士衣，或見披髮，或見巾冠，稽其飲食酬酢皆如昔。按江青書碑本，此處尚有一百十字。其文曰：於楊氏則書偈云「一樣精修七十春，如君世有幾人能，駑材讓我稱先覺，覺後還須爾獨承」；於顧氏則云「仙事希夷人事危，利名誤爾好天材，知君也解崇真教，萬古金仙心淨來」；於張氏則云「蕭蕭白髮意懸懸，底事句留日半恬，爲愛主人閒且曠，好從清靜去修仙」。其後證之，悉合時日。師非入神出化之天仙歟？而以平澹無奇中出之。蓋師之神通，正師之道德也。

生於康熙戊子年四十七年（一七〇八）。七月十八日子時，卒於乾隆丙午年五十一年（一七八六）。十月二十六日午時，常吉門人李仁凝碑本作月峰，蓋李名仁凝號月峰。爲封其龕，享年七十有九。葬於大滌山之金筑坪，蓋師所自擇也。是謂龍門第十一代律師。按江青碑本無此句，又凡稱師處，碑本皆稱先生，不作師字。戊申，五十三年（一七八八）。王殿撰勿菴爲寫照，【評】此節述其生平之見敬信於人如此。奉於歸安開化院。家中丞峙庭公諱鶚元，時巡撫江蘇。復爲刻像於滸關文昌宮。踵而祀之者，武林懶雲塢、在棲霞山金鼓洞内。湖州金蓋山澹泊境、維揚菊花坡。以上各處皆師生前遊蹟所駐之地。嘉慶四年（一七九九），定親王鄖賜「太虛真境」扁額，並聯句云「在在尋聲扶妙道，心心相印錫通靈」。均懸金蓋山。大學士朱文正公諱珪。亦寄題柱聯，云「貫三清而上下太極本無，乘六氣而周流至虛不宰」。亦在金蓋山。嗚呼！不有至德，何以感賢王之寵錫，而致文正諸公之眷敬耶？

懶雲子曰：師之道高且深矣，【評】以下述其嘉惠後學。當時之從師遊者，類皆望洋而歎，不知所宗。按師門下如陳樵雲、費丹心、周梯霞三人，後均有傳列卷五。外如鄭韜圃、高海留，及顧、楊、張諸公，約十餘人，均卓卓一時，各本所傳以教後學。茲未列傳。然有其一體，則已卓卓當時，宗族稱孝，鄉党稱弟，或以富，或以貴，或以長年證果，有自然之效也。師之教人有十義，曰忍辱，曰仁柔，曰止敬，曰高明，曰退讓，曰剛忠，曰慧辨，曰勤，曰信，曰廉。余嘗持之三十餘年，知而不能達，悟而不能守，殊媿師之啓迪矣。師嘗拈成語以訓余曰：「問渠那得清如許，爲有源頭活水來。」又曰：「等閒識得東風面，萬紫千紅總是春。」又曰：「向來枉費推移力，此日中流自在行。」旨哉數言，請與當世共參之，可乎？

附録：王姚周三公撰傳

沈輕雲先生傳

王以銜勿菴

先生姓沈，名一炳，字真揚。原名谷音，後以爲號。又號輕雲子，吴興世家子也。祖居竹墩，九世好善。曾祖濂，遷居前邱，世稱仁者。祖善繼，家貧克孝，舌耕以生。父周章，母錢氏，以乏嗣禱於歸安射村開化院，歸夢巨星隕於庭，越十有四月而生先生。生時異香繞室，天樂盈空，鄉里咸聞而驚異之。方七歲，父卒，母復疾殂。四顧壁立，日隨牧子以刈草，夜率形影以歸廬，鄉里咸悲之，而先生處之恬如也。好讀書，斷卷殘編，常攜之野，伏而讀之，琅琅之聲徹鄰里。有某先生憐而就之講説，至衣敝緼袍一節，先生喜溢眉際，曰：「志士原當若是也。」一日講至顔淵問仁一章，先生拜曰：「我亦願從事四勿，庶幾君子，其可及乎。」某先生益心敬之，因贈之名曰谷音。

年十六，遇異人李泥丸於金蓋山，席談達旦而始散。遂出遊武林、天台等境，而羽其服矣。好尚不與人同，同參者亦罔測其底藴。第見其坐如尸，立如齋，望之儼然，接之也温。長長幼幼，牧豎樵夫，咸相敬如大賓，數十年未嘗或懈焉。一日歸舟，過某先生故居，肅起而拜，長跪移時，迨已過遠不復見，始起定如初。凡與人書，必拜而緘之。訪之人即門，必禮而入，登堂必肅拜至三，始起與主人揖。人問之，曰：「門有神守，堂有祖先，敢不肅拜。」

歲丙戌（一七六六），莊親王招入京，與談大悅，將薦之朝，固辭乃返。王常念之，謂諸大臣曰：「若谷音者，惜不幸而羽其服矣。用之啓議，捨之可惜。我聞其論治平也，長官不好貨，下吏不剥民，除蠹役，達輿情，因其治而治之。其論黄河也，循故道，守舊制，嚴察成堤，而厚恤河兵。論鹽法則曰：『培竈户，察重觔，除賂獻，禁升騰。』又謂錢禁私鑄，不如折十而五用，築城掘河，要務也，俟其歲饑而行之。其論極當，有材如是，而使之老朽空谷，我輩何以對天下。」當時大臣咸自引咎，爲之歎息，而先生則竊以爲幸。

嘗出遊名山川，幾忘歲月。性好吟詠，而不屑存其稿，曰：「我所言，皆古人之遺吐耳，何庸贅存？」惟聞《大學衍義》《中庸直指》兩書，其門下有得録而存之者。晚歲返湖，客於射村開化院，惟示誠敬身心爲本務焉而已。

丙午（一七八六）冬十月二十六日，説偈而逝。偈曰：「住世七十九，光陰非等閒，喜完真面目，神證太虛天。」尋見紅光冉冉，出自其頂，異香繞室，天樂愔愔，移時始歇。我聞其掌有殊色四篆文，辨之莫識，或曰「主宰太虛」，或曰「炎漢盤白」，未知孰是。銜從父西溪先生嘗從遊，故得拾所見聞於册，非敢曰傳也。

乾隆戊申（一七八八）秋七月既望，里人王以銜謹撰於小輞川。

真陽子沈先生傳

姚文田秋農撰

沈真陽，字一炳，號谷音，吴興世裔竹墩分系也。父諱周章，母錢氏，感月入懷而生。天性至孝，童時好趺坐，喜規畫星辰，得像則拜。少孤，牧羊前溪之側，見龍鬭溪頭，能以手書令升沉，止雷雹，初亦不自異也。年十六，遇蜀人李泥丸於城南金蓋山，授受秘詩三章，遂有出塵志。十七遁跡武林，師事金鼓洞高東籬，未幾盡得其傳。訪道於高池，貝常吉厚遇之，臨别謂先生曰：「他年得君同主大滌洞，足矣。然余年長，請先往以待君。」既而常吉就主餘杭洞霄宫，先生主無錫正氣菴。面壁三年，遂出遊松江，復遇泥丸，問其究竟，答曰：「三一音符，道之至中、至正、至真者，但事長生，非我願也。」先生因遂究心儒書，耽性理，參《周易》五十餘年。其得力在慎獨，其所論惟貴真誠，步趨語默，未嘗心離中正也。晚歲通神知未來，洞悉三教一貫，而謙讓不自盈，亦未嘗豫示可否。人問吉凶悔吝，但據理以答之，不涉神異。先生之行若此，宜其爲東籬、泥丸、常吉三賢所重。斯三賢，吾聞其語矣，未見其人也。先生壽七十九，生於康熙戊子年（一七〇八）七月十八日，卒於乾隆丙午年（一七八六）十月二十六日，葬餘杭洞霄之金筑坪，蓋以踐高池之約。常吉門人李君封龕，勿菴王君摹其照，留吴興射村開化院。

子沈子太虛主人傳

餘杭周陽本梯霞撰

子沈子名一炳，字真陽，一名真揚，字谷音，號輕雲子，蜕號太虛主人。吴興世家子，生有異徵，性至孝。幼失怙恃，卒克自愛身修，造至神化而不住者，雖曰天賦，豈非學至哉。吴郡姚、王兩殿撰，各撰傳文，蕭山湯敦甫閣學書之，載入《餘杭洞霄宫志》。我叔閔公懶雲子亦撰傳二千餘言，錢塘江青書之，議將付石。小子復何贅述焉。蓋子之精行，不可得而測；子之妙用，更有不可得而勝紀者。樵雲陳君訂有《紀事録》，尚不免有缺漏云。記詳則流諸繁，記略則失其實，皆非也。爰爲節述其入道、聞道、得道、行道、證道、圓道之年與日，俾遺夫後之學者循日循年，依次晉修，庶免躐等之弊已耳。

子年十六，遇蜀人李泥丸於金蓋山，始授心宗。十七印證於金鼓洞高東籬宗師。二十四叠受全真三戒於戴停雲律師，後隨高宗師入天台，勇猛精進。三十通神，出遊滇、黔、山、陝間，多所闡揚，學徵（臻）化域歸。五十有六，從事忘言於無錫、青浦諸静居，人莫得而窺其奥。年七十大澈悟，超三界，出五行，蓋徵（臻）入虛空粉碎玄境矣。越九載，歲次丙午（一七八六）十月二十六日午時，參聖揖侶，若將他之，説偈於歸安開化院。院爲太夫人錢禱嗣得兆之地。説畢遂逝。是日也，武林張某、蔡某、無錫顧某、譚某，松江楊某咸家居，均得子詣其堂，叙寒暄，進齋供，臨行咸各付偈一章而別。迄今〔各〕家珍守之，可據取而問也。

聞之樵雲陳氏，謂某壇吕祖榴皮題詩處也，蓋即歸安縣境之東林山。子嘗往侍之。吕祖不之名稱曰：「故人坐，毋煩禮。」贈以詩，有「炎漢名盤柏，隴西是故家」句。又時有某者失儀，王糾察將致罰，風狂燭滅。子就前解之，糾察連書「某領諭」，風頓止。又聞子即於丙午（一七八六）十月神降蜀之雲停淨所，偕梓潼君降經三卷，名曰《至真經》，明年正月，蜀都人士傳送至蘇〔州〕，長洲彭氏、吴興閔氏先後刊刻，以傳於世。稽此數則，子之道德神通，不已證夫金仙身分歟？然子未嘗一自眩也。

余隨懶雲子，偕樵雲陳氏、丹心費氏等，皆得侍子有年，聞訓亦各成帙。而懶雲子篤實輝光，清虚恢漠，獨承其大，才足以闡揚先哲，德足以化育後賢，現亦從事於面壁忘言，其造詣正未可量。樵雲氏則先我子而仙去，其神猶能禦大災餘，邑侯謂有功於民，奉入祀典。事詳樵雲本傳。丹心氏則一生無假，的是真人，五年前戊辰（一八〇八）之春，亦徵（臻）正果。他若西溪王氏、名沂。海留高氏、名山輝。雪峰潘生名復圓，嘗侍子於無錫者，傳列卷五之末。等，均稱一代名賢，流芳身後，可謂善事繼述者矣。惟余壯不如人，髦而戮力，勉持師訓，三十餘年間，無一近似之者。然時復見子於夢寐羹牆，有不勝其内省之疚也。蓋子之一生，功從止敬入，德自太虚宏，實實朴朴，精精純純，不自滿假，撒手乃息。所論所宗，出入乎《學》《庸》

《性理》《道德》《楞嚴》，而一準乎《周易》。神通變化，能而勿尚，平澹極者，正其高厚之無窮也。

嘉慶十七年歲次壬申（一八一二）七月望日，受度弟子周陽本百拜敬述，並書於金蓋山之雲巢。

總評：統觀四篇，均得大體。然正傳洵稱屬辭比事而不亂，恭儉莊敬而不煩。王姚二公，自是作家體格，至周作字字核實，筆筆遒勁，足以傳其全神，與正傳相爲首尾，不可滅者。

潘素靖律師傳

潘師字素靖，吴興東泊人。原名寅，家貧失怙，從其叔出爲杭州水月菴沙彌，而心喜玄學。鶴林孟逸陽，高士也，聲名四振。師心慕之，乃詭造夢兆以愚其叔，即以説孟師。孟師知而不遽破，愛其材也。許之，命名一善。

師時年十三，而終日趺坐，如醉如癡。忽覺與一垂髫女相戲謔，噶噶笑有聲。子高子東籬宗師。適至，叱曰：「小鬼頭，得無内景而爲識牽歟？噫，汝雖童真，已開識界，此危微之關也。來，吾語汝今而後訣，惟心等虚空，【評】此爲上訣簡易易行者，民鮮能之。湛然常寂，庶無此障。其次【評】不得已而思其次。亦惟微加真意，隨汝目光越海北，穿升至泥丸，一停一洩，降至臍輪。到此地位，加之虛極，妙遇無雙。一旦海日東昇，奇境也，亦危關也。安之一法，惟除怖字，能省深沉，晉攻尾閭，浮槎逆泛，返遡崑崙，如前停洩，百脉充和，神歸炁穴，斯爲一度。晝夜三度，百日胎圓，加前心空妙訣，脱胎何難，其要在滅除七情，胸無人我。【評】此爲脩真之路，入道之門，舍此而他求，未有不遁魔障者也。我以汝有緣，期無負爾師録耳。」師再拜受之。孟師聞而鼓掌曰：「不意此子果有是緣，他日水月重輝，特其餘事也。」已而師行如囑，年未二十，至道已圓。孟師遂爲加冠，疊付三戒。

師惟和光同塵，絶無顯異，【評】至誠無息有如此者。數十年如一日。以上見《紀事録》，輕雲子所述者。退興水月，奉像誦經，隨緣建閣。迄今城東父老，但能述其平生不苟言笑，處心誠潔而已。諺曰：「真人不露相。」其師之謂歟？是真仿佛我輕雲子，爲能得心解力行於高子者也。志稱尊師，《金鼓洞志》稱師曰潘尊師。有何愧哉？

此性命兼修、直捷了當之一大道也。撰者標而出之，俾夫心解者力行之耳。蓋不徒素靖子可稱尊師也。

王聖慧宗師傳

王師名一淨，字聖慧，浙杭世家子。少喪父母，流落街市間。青陽許師憐而收之。既長，不識不知，【評】若嬰兒之未孩。命之食則食，命之卧則卧。凡夫起居動作，悉承師命，無能自主，惟仰而怡怡，俯而嬉嬉，悲感惱怒，未之聞也。已而有黃姓者來皈許師，命名一靜，囑師以兄事之。許將逝，爲師及黃加冠易服，曰：「我其逝也。」師聞泣不已，許慰曰：「我眠去即醒，汝一聽靜，事靜如我。不哭，我自天來，同爾天去。」【評】良不妄言。言畢乃逝。靜哭而師笑，【評】青陽非妄言之，聖慧非姑妄聽之，遂覺喜溢于中，安得不笑？依龕長立。靜惡之，食不呼，眠不囑，三日不移所。但見足腫而色黃，乃憐之，【評】至此方憐，見得黃之真誠不及王，大相懸殊。然至遂憐，一如許在，已非庸衆人所能企及也。遂令食令眠，兼令拜聖，一如許在。得閒則仰天而視，目不轉睫。問之，曰：「我待師也。」衆皆笑之侮之，詈之撾之，嬉嬉怡怡，自若也。【評】不貳不息有如此者，其愚正不可及也。一靜既歿，師尚存。一日晨起，忽失師在，驗之户扃如故，四訪無蹤，人咸以爲許師度去云。此篇説辭得之金鼓洞道衆，並見《揚氏逸林》。

太璞不離中有美。下士聞道大笑之，以此。

黃聖惠嗣師傳

黃師字聖惠，名一靜，原名青選，仁和諸生。精易理，年五十無嗣，卜得遯卦，適遇聖慧季叔，引之機神殿，有出塵志。青陽許師不之許，三至乃收，訓曰：「知罪否？」【評】驚煞。曰：「不孝之罪，某所不免。」許曰：「將誰欺？【評】嚇煞。某店某童不是耶？」師聞，不覺泣跪曰：「今將何如？」曰：「姑待之，某月某日，將自投，嗚之族，汝妻爲之證定矣。」已而果然，蓋其出妾所生也。師嗣是事許如神。【評】安得不事之如神？許將逝，以聖慧托之，師則視如骨肉。日惟賣卜以生，夜則禮斗達旦，十年不懈，頗有感應。有鄰某，性至孝，母死哀極，子憐之，急上章告斗，刻許，死者甦。【評】其神明應感何異古仙人？輕雲子嘗述之：一日出至西湖，遇二青衣，一持帖，一持書，拆視之，于忠肅公召請書也。師乃泣辭曰：「我有弟聖慧，棄之不忍。」青衣不答，飄然失在。歸知不久，乃沐浴辭衆，三鼓竟逝。越三月，聖慧王師亦不知所往。異哉。

懶雲子曰：不生不滅之謂仙，聰明正直之謂神。王之歸仙矣，師之歸神矣乎。

筆寓真誠，意歸神化，此文之寫意者。

潘天厓律師傳

潘師青陽子，名一元，字天厓，餘杭人。九歲受書，聰穎異常，從父至金蓋。紫垣子眷重之，謂其夢感許、葛，必爲名醫。許諱遜，晉時旌陽令也。葛諱洪，字稚川，亦晉時人。按之《道藏》，皆位證天醫者。及長，熟揣岐黄，果擅方脉。又謂其骨格超然，必成道門種子。已而失怙，果慕大滌清淨，【評】「果擅方脉」、「果慕清靜」，連下兩「果」字，可見凡事皆從因果中得來。惟人自種善因，必得善果。二「果」字領住通篇全神，直應篇末結意。棄家入道，修持有得。脉接金筑老人，爲洞陽王師戒弟子。其孀母吴氏，和丸茹蘖，甘與偕隱，以終苦節，壽登百有一歲。

金蓋心燈卷五

新安鮑廷博淥飲注
武林鮑錕薇菴評

龍門正宗第十二代十四篇，十三代三篇，十四代一篇，凡傳十八篇。

蔡天一嗣師傳

蔡師名陽善，字天一，浙江石門人。中年皈道，聖哲駱師之弟子。智圓而達，神靜而充。【評】此八字爲天一一生精蘊。輕雲子稱其材足以振興殿宇，宏觀規模。已而果然財緣雲集，鳩工庀材，小者大之，低者昂之，闢基築岸，費逾萬計。金果泉之題名，降魔岩之表臬，懶雲塢，供奉輕雲子遺像。報本堂，供奉列祖之所。成自斯人。松山若干畝，禾田若干畝，置自斯人。鶴林爲之一振，事詳《金鼓洞志》。十方雲水日聚百人，無復有瓶罄之耻，是真能宏我明陽周祖之堂構者也。【評】引起下文不事内功一節。其緣之來也，善承人志，作事周詳，用人得當，經法真誠，酬應柔質，人故樂與布施，退無悔志，人人相引，緣似雲來，此其振興鶴林之功用也。如是者三十餘年而殁，師之用心良苦矣，師之功亦鉅矣。【評】引起下文不從疾化一節。正傳止此，以下二節乃借題發揮，以爲當世道流棒喝。

或有病其不事内功，是不知道者也。《清規執事榜》【評】稽典堂皇，正從高處立論。元時邱長春真君所定，王崑陽律師所傳。曰：「打坐參玄也這箇，運水擔柴也這箇。」也這箇，猶言也是大道也。凡夫這箇那箇，箇中一有分別，便非宗教。師蓋律其身苦行箇中。夫苦行非惟操作禮誦等，亦非惟枯寂奔馳等，坐而籌畫，卧而指揮，皆是也。況酬應乎？況把握乎？況和其衷，勤其躬，以興常住乎？孟子曰：「君子勞心，小人勞力。」師於井臼亦親操焉，於壇場亦與事焉，靜則勞心，動則勞力。謂師非宗教種子，得乎？後之人不去莊嚴仙境界，徒能狼籍道家風，不僅爲師之罪人已耳。【評】天下後世道衆聽者。

或又有病其不從疾逝，乃遭火卒，事詳《金鼓洞志》蔡師本傳。不足爲從學表式，是更不知道者也。蓋化有五轍，【評】又從高廣處立論。無分高下，凡存其道而死者，皆正命也。五轍惟何？曰疾，曰兵，曰水，曰火，曰風。風化者，如無盡子（潘無盡）於大庭廣衆中猝然影滅。見卷三無盡子傳。水化者，唐之李太白，宋之陳泥丸。兵化者，周之萇弘，晉之郭璞。火化者，漢于吉，人所共知者也。他若佛氏有闍維之道，而疾化者多矣。柱下史由之，皆抱大道而天仙者，未可以分高下也。學者亦自審其素行之何如耳。《金鼓洞志》不之辨，爰引以論之。【評】何其辨之不早辨也，蓋爲其有不必辨者存也。

師生於乾隆××月××日，卒於嘉慶××月××日，住世六十有×歲。是爲龍門第十二代嗣師，金鼓洞鶴林堂上之宗師也。得其傳者爲戴北莊律師。有傳列於後。

撰者於此篇處處爲鞭策後人着筆，而蔡天一之素行昭焉，可慨也夫！

顧滄洲宗師傳

顧師名陽崑，字蒼州，號滄洲，姑蘇人，鎔陽宗師弟子也。博聞强記，道學淵深，【評】此八字爲滄洲一生精蘊。從遊人衆。棲桐柏有年，尋真問徑者無虚日，疲於酬應，【評】此爲滄洲力不足處，然自知而退，正足尚也。退隱於俗，又數十春秋而殁。我門雲水者咸病之，【評】滿目黄冠，渾身墨漆，良可歎也。群擯師於敗教中。【評】衆人皆醉，何容獨醒。余聞之喟然曰：「道之成否，果在服物彩章耶？抑在精脩心性耶？世之道樣者多矣，豈知穿我衣，喫我飯，犯我法，斯乃真敗類、大魔軍。【評】此係實在情形，言之未嘗過分，不傷雅道，正《心燈》中精嚴之筆。況儒衣冠而證太上者，【評】可見儒道本未嘗分，特今之黄冠者不自分其邪正耳。非柱下史乎？按《道典》以周柱下史爲道祖，稱曰太上老君。考之《道祖源流》亦然。旌陽令、句漏令而證天相者，非許、葛乎？按《道典》載：許真君諱遜，晉時人，嘗爲旌陽令，後拔宅飛昇，證九天諫議大夫，高明大使，雷霆泰省天樞上相。又按：葛仙翁諱玄，東漢時人，嘗爲勾漏令，昇證東華太極左宫仙翁，雷霆玄省天機内相云。古今來得道者亦衆矣，吁未之思耳。【評】天下後世之黄冠者，盍各思之？余非敢爲顧師辨，蓋混俗和光，宗門本分云。

「道學淵深」四字，乃一篇之骨。後則立論以傾衆議，雖屬餘波，卻是喫緊處。

陳樵雲律師傳

樵雲陳師，名陽復，原名去非，字翼庭。輕雲律師戒弟子，金蓋之嗣師，余之畏友也。浙江歸安人，世居荻岡。早歲嗜禪，從事《十六觀經》，大有所得，【評】正其生平澈根處。辭婚不娶。年十七，出遊名山川。二十五，歸自粤西，禮嶐岩師於雲巢，進求玄秘。嶐岩師授以紫光梵斗，【評】此其生平應感神速之由來也。遂休雲巢。愚按陳樵雲手纂《紀事録》載：乾隆十年乙丑（一七四五），至金蓋謁嶐岩嗣師，年方十六。嗣師授以先宗師靖菴先生所纂《道源》一卷，遂出山雲遊。又載：乾隆十九年甲戌（一七五四），自粤西歸山。時嶐岩子已出山，居下昂，蔣雨蒼繼守，遂居山輔之。嶐岩子授以紫光斗秘，日夜誦禮，籍以進功云云。日夜虔禮，甘露爲之屢降，露凝若珠，掛諸松針、竹葉間，有紅白二種。余年十五，嘗從兄胞兄希顔先生。讀書雲巢，時乾隆二十七年歲次壬午（一七六二）。時出采服之，甘香非錫蜜可比。師曰服此者壽，【評】夙非誑謁。初亦未悟其爲甘露降而凝者。斯時也，朱蘭歲放，幺鳳群翔，客山者咸異之，而師未以爲祥。

歲乙未，乾隆四十年（一七七五）。輕雲律師知而俯就，命名陽復，【評】可見師之求弟子亟于弟子之求師。後人既遇師授而不自勤行者，不徒自負其身也。授以律宗。按其《紀事録》載：乾隆乙未春，閔湘波先生始迎輕雲沈子，自桐柏來山。余乃皈投，始得繼嗣龍門，爲十二代弟子，派名陽復。遂受三大戒，始承本山陶、徐四宗師遺緒，主講席云。師嗣是深加韜晦，謂：「向日衣重裘，往來於炎暑烈日之下，披單葛，行走於風霜冰雪之途，或百里、七十里而不識寒暑，皆顯異羽流所尚。【評】可見顯異一流斷非宗教。要未能以無我爲宗，而一循夫王道，且事干律戒，不可訓也。【評】可見正宗戒律何等精嚴。至如假衣推食，拔難救災，雖分内事，苟不素其位而行焉，鮮有不爲所困，【評】即卷四高東籬傳挖肉補瘡之意，聖人所謂過猶不及，未嘗取也。世之奸行小惠而越俎代庖者，可以自省矣。而道翻爲晦者。此凡學道者不可不知。」又謂余曰：「若吾子心性磊落，而好爲其難者，猶當戒之。」

歲庚子，乾隆四十五年（一七八〇）。先君子廷博謹按：閔艮甫先生，諱大夏，字位思，乾隆甲子（一七四四）榜魁，挑選河南息縣，後請改教諭。秉鐸餘杭，命余入山從事養氣。師乃於是秋出遊楚豫間，師以山事付懶雲子代守云。多所印證。有如李赤脚、張蓬頭、金懷懷、龍門道士輩均有傳列卷末。互相契合，愈徵信夫宗律法科，同乎一源，其神化自有，如彼如此。【評】心無彼此，行有彼此，不可不知。乙巳乾隆五十年（一七八五）。春，衲衣芒鞋，長鬢風拽，踵至餘杭。先君子見而大喜曰：「君緣在是耶？」師曰然。時南湖東堤三元宮之主席，〔先君子〕爲告邑宰，延師主之。是歲大旱，河道涸，田盡枯，客米不至。邑宰田公名嘉種，關中名進士。憂之，延師虔禱於三元帝前，應聲雨下。一日苗盡蘇，二日遍足，三日河道通。邑宰大悦，議給匾以旌之。師曰：「某所恃者，爲民父母者之誠，而甘霖斯霈，邑人士之福也。【評】雖則云然，實爲樵雲從前日夜禮斗之功效所致。某何功焉。」

時余有事於姑蘇，按懶雲子於乾隆四十九年甲辰（一七八四），以山事交樵雲之徒楊來逸，出山之蘇。數月〔後〕始至餘邑（餘杭），時爲九月二十四日。至則家人告曰：「師至久矣。」既見，寒温而外，默無一語。久之，起顧余曰：「我之來也，三三五五；我之去也，三三五五，殆有數焉。」遂辭出，留之不可。余味其語，夜半乃悟：三三得非月數耶？五五得非日數耶？來非生義耶？去非卒義耶？若然，明日乃師生辰，師豈明日當逝耶？何曰有數耶？坐以待旦，不意户啓而群客掩至，迨散始往，師果於辰刻危然坐逝矣。是爲乾隆乙巳年（一七八五）九月二十五日。師生於雍正庚戌年（一七三〇）九月二十五日，住世五十有六。

越七日，輕雲子至，爲封其龕。目光不落，顔色如生，異香氤氲，【評】養之有素，出自人神。出自其體，馨聞餘邑之四郊，月餘乃泯。邑宰擬爲文以祭之，先君子復述其居山出遊種種玄妙。邑宰歎曰：「是古君子也。」遂爲立祠塑像於三元宮側，卜葬於天柱山之金筑坪，題曰「龍門第十二代金蓋嗣師樵雲陳君之墓」。

嘉慶二年丁巳（一七九七），餘邑大水，湖堤將決，邑宰張公，名鳳鑾，至其祠救災。師像忽躍出，離座丈許，浮水面，移時牆崩而水退，像泥無稍損。【評】何等神力。張感其神，擬建樓置田以奉之，不果。厥後姑蘇張公吉安，來宰是邑，始爲堂以祠，且置産焉。按此篇較之《餘杭洞霄宫志》，大同而小異。

懶雲子曰：按之祭法，能禦大災則祀之，能捍大患則祀之。師以一介書生，屢應賢邑宰之誠，感其精靈，直通乎天地。生死無二致，其得祠祀於餘邑也，宜矣。現聞其祠香火甚盛，籤藥靈應如響云。曩者居山日久，【評】應照第二節。以和氣而致祥於冥漠中者，良復不淺，人固莫得而稱焉。癸酉（一八一三）冬，餘杭鮑南雲等修其墓，改題曰「龍門第十二代樵雲陳律師之墓」，以其曾受三戒於輕雲沈子也。【評】即應照第四節。前題「嗣師」者，【評】即應照篇首「金蓋嗣師」一語。志其不忘金蓋云爾。

意氣閒閒，精神炯炯，人以文傳，文以人傳矣。

周梯霞律師傳

梯霞周師，名陽本，字用霖。早歲皈玄，原名通照，浙杭海甯人也。初事符籙，爲餘杭道紀司有年，禱雨祈晴，靡不回響應。兼善書法，邑都士皆重之，延主天曹、李王等觀，均重興之。年六十餘，始遇輕雲律師於南塘，乃皈龍門。一意金丹，【評】可見其從前亦嘗從事金丹者，特未專功耳。捨城市，入銅山半持菴，蔬食菜羹，井臼自操，獨居三十餘年。日惟禮誦，倦則凝神養炁。樵者過訪，囑以守正，【評】觀此節所述，儼然圓通三教之宗師也。少者孝，老者慈。士大夫來，惟舉《學》《庸》《論》《孟》中語，返復詳示，不雜二氏說。遇釋氏，證以《金剛》《圓覺》等經，遇同門則以五千言爲宗旨。或問道之形義，則曰：「飲水飲湯，冷暖自覺，此非可以告外人者。吾輩各自問心，諒無躐等諸弊，其要在不自欺三字云。」余與師交三十餘年矣，師嘗同居金蓋者六載，嘉慶初年，師主金蓋山雲巢講席。惟見其事事從真。每曰：「所謂真人者，不失其赤子之心之謂也。【評】與克己復禮之説相符。但赤子本一無知而混混，真人者物物圓覺而一無所惑，其差別如此。」師可謂得吾沈師之宗旨者矣。

歲丙辰秋，余與遊大滌之巔，有獸似兔而大，紫灰色，見師匍拜而逸。〔余〕奇而問之，曰：「彼將爲守山虎得，我救而生之，故來謝。」余聞而疑之，師曰：「我山虎馴如猫，能懂人意者，君疑誑耶？姑歸，示信可也。」是晚師禮斗功畢，忽若與人言，果見一虎伏而聽，【評】何異郭文舉、沈頓空諸前輩。既以首着地者三，起而逸。余從而究竟之，曰：「虎猶人也，去其貪志即捨殘性，【評】何異郭文舉之言。復其本來。此我家家訓，君何疑之未釋耶？」余聞，不勝慚服。

師生於康熙乙未（一七一五）七月七日，卒於嘉慶癸酉（一八一三）十一月二十六日，享年九十有九，葬於金筑坪輕雲律師墓側。嗚呼！若師者，余之畏友也。今捨我而長逝矣，余將何藉以進乎？爰爲立傳，即以自勉云爾。

德業周詳，情文兼至，老成雖謝，尚有典型，可無遺憾也。

費丹心律師傳

丹心費師，字通真，原名漢文，輕雲律師戒弟子，吴興千金人。六歲歸清微派，爲射村開化院玄裔。秉性純勤，一無外好，識大義，言忠行篤，忍辱仁柔。【評】此十九字爲丹心生平精藴，卒以成真者。輕雲子謂爲可教，卒授以戒，命名陽得。按丹心子之皈沈律師也，事在乾隆四十六年辛丑（一七八一）之秋。道功益進，應感尤靈，院乃新，規模楚楚，爲遠近觀冠。然師之事沈子，竭誠且周。沈師嘗試之以威以惠，師惟順受而切感之，顏色情詞無稍出入，雖純一孝子，無能或過。【評】「事師無犯無隱，左右就養無方」，禮也。况以輕雲子爲師，而試之者耶？若丹心者，亦時下不可得之人矣，故傳者特揭之耳。沈師稱其道器，洵非虚言也。梯霞子謂其一生無假，的是真人，亦非過譽也。

余承師琢磨久矣，月夜談心，師心如月，嘗謂余曰：「學道心空，着空即病，【評】至道名言，不磨之論。我甯于寔樸樸地下手，一旦豁然，自忘人我。」又曰：「毀譽聽之人，冷暖只自覺。昔樵雲氏忍受飛冤，【評】可見我承之而無傷，人當之而難保者，即舍己以從，亦非背素位而行者可比。卒成正果。按乾隆四十五年庚子（一七八〇），樵雲陳律師居金蓋雲巢時，有鄉愚某盜斫費姓墳樹，費氏追究甚迫。樵雲子知其人有老母幼子，貧窶不堪，案將破不能自存。樵雲挺身至費姓家，冒認誤斫其樹。費與樵雲素交好，乃懈追，然一時咸謂爲盜。樵雲終自任不辭，交謗者衆，遂出而雲遊。凡生而赫赫者，没名必敗也。」師之識超世一籌，即此可見。師今殂矣，余益孤矣。老成凋謝，宗律其無人歟？我聞師將辭世也，望余若渴，余無狀，未能一送師，豈有私屬哉？意惟惠我好音，勉承宗教而已。師生於雍正××年×月××日，卒於嘉慶戊辰年（一八〇八）二月，住世七十有×歲。是爲龍門第十二代律師。

慨我寤嘆，念彼周行。《心燈》之作，意甚遠矣。

李碧雲律嗣傳

碧雲李生，名陽春，儒名志亮。世居長興李家巷，秉性至孝，學藝精專，心慈而義，志一而忠。【評】此處十六字爲總領，下文分陰陽爲兩大比，後路以受戒行功總結。篇法布局閎敞，比事精詳。七歲時父疾病，晝夜祈禱。恍惚至一境，殿宇巍峨，出入人衆，長者少者，群相顧而私語，有如哀其孝，又似嗤其愚。已而有白髮老翁前曰：「汝非某耶？爲父求生耶？父命已絶，奈何？」

曰：「願以身代，可乎？」曰「善」。隨引而入，遞叩不應。乃遞至五殿，殿神叱曰：「命已定，汝何知？童子言焉，不懼戮乎？」曰：「父果得生，死且樂，何懼之有？」神怒曰：「湯鑊在前，能就否？就則活汝父。」遽前泣趨，撩衣就鑊。神急止之曰：「毋。」乃許增半紀，仍泣不已。遞乞遞增，增至一十六年，始索册籍，乞除己壽。神乃起而笑曰：「善哉善哉，童子能乃爾，仙材也。奈汝壽止餘十六，今當爲爾奏之。」【評】聰明正直，依人而行。碧雲謝而出，神呼翁送之歸。翁乃導而走，徧歷地府。經典所載不誣，凡在獄者，皆目瞑而口噤，沉如頹如。其在獄外者猶夫人也，街道屋宇，一如世間，往來穰穰，未見悲戚，惟無日色，地道泥途而行不粘足。導至一境，血湖也。大倍於西湖，水色赭如而稍明，其間沉者無筭，密若蝦蟣，間有側浮倒浮、没浮見半者。翁指一二半浮者曰：「是某氏，胸有黑斑，爾之叔祖母。其左股紅斑大如拳者，是爾嬸母某氏也。」語畢，挾昇空際，走捷如風。越一城市，必駐足呼曰：「押家同。」下必應聲曰：「得昭，乃過。」如是越數十境，忽被翁如瓦擲，塊然而下，乃醒。父已進粥，己則沉睡三日矣。越翼日，父竟瘳，歷十六載而殁。里之人共知之，每摭以供談吐者也。

及父既卒，悲不欲生，以母在節哀。未幾母患風疾，乃習針灸，專精既極，神爲夢授，【評】精誠感格，神人無間。藝益神，母尋愈。遂藉以謀生，娶妻養母，皆取之醫，有餘則旁澤戚族。如是有年，母乃卒，若將身殉，晝夜號哭，音啞而血嘔，三日不食，三年不笑。【評】以上述其全孝。喪葬竣，妻又歿，乃依從昆姪，有得則悉予之，【評】此見其慈。而身乏如洗者年餘。出報其授藝楊師於合溪，【評】此見其義。有獲悉以助楊，如是者十有五年。親族勸之返，乃自爨於家，累積醫資，【評】下文又述其孝。置田若干畝，山若干畝。出以助之宗祠，以作父母祖先祭埽之資。曰：「我生有奇疾，醫藥不能效，子嗣一道我其已焉，具此些些，聊以自盡。我將皈玄，倘得病愈而上承一線，未可知也。」

於是踵至金蓋，一意皈玄，事在嘉慶五年庚申（一八〇〇）春月。徹夜禮斗，誠煉祝由，志在濟世。嗣見山事拮据，思有以濟，【評】此見其心慈而義。夢寐不忘，苦積醫資百兩，出以勷山，而没其名。曰：「此公用也。我所能皆天授者，所得皆天賜者，假我手而得出之，我留名則非知命者也。」歲癸亥（一八〇三），授以初真、中極兩大戒。乃返長興，寄食於磨盤僧舍，而救人治病，禮斗施符，不稍苟財，愈加勠力。故朝昏告急，寒暑請行者，莫不應聲而往。【評】此見其心慈而義，志一而忠。竭誠盡瘁，因而染疾，竟於丙寅年（一八〇六）九月二十一日端坐而逝，享年六十有一歲，葬於長興小東門外金蓮菴側，題曰「清處士碧雲子李君陽春之墓」。

孝則必仰，況孝且皈玄者。《論語》曰：「入則孝，出則弟，謹而信，汎愛衆，而親仁。」李公備矣。文以傳之，仙靈自是不泯。

陳春谷律嗣傳

春谷陳生，名陽真，字太樸，原名樸生，又號棲雲子，台郡富家子也。幼而好道，不近利名。年十七，遇鎔陽子姓方，傳列卷四。於委羽洞天，即事子午功。父兄強之娶，不從，攜資出賈。至天台，謁來明孫師於桐柏宮，按孫來明爲龍門十三代道裔，未詳其師系。盡捨其攜資而返。父兄知而將責之，乃逸之黄巖。路遇江西李蓬頭，按卷六有李蓬頭傳，稱奉天人，此處稱之曰江西，抑李從江西來歟？抑江西另有一李蓬頭歟？偕之杭，復之蘇，遂與雲遊海内，名山洞府無不蹟至，遇有道即師之。乃通内外典，且能詩，精演禽。十八丹頭，無不洞悉其源。方士羽客，爰契重之。春谷不自滿，返之家，頭鬅足跣，身赤如也。父母不怒，翻深喜之，如還拱璧。推其故，乃均感夢兆，【評】春谷此時須得神人感化乃安，從此可見其向日雖在外，正無日不思慕其親也。神人謂其已得玄宗，後當證果金蓋，父母得藉以東昇者，故咸望其心堅莫退也。因竊慮其特然家食，不無或倦，遂多方以試，終不惑。時家益裕，猶子亦多，【評】有此家境，正好出身脩道。二老足自娛，且舉家持奉《感應經》文。春谷知而益安，精脩日堅，家人見之，無不喜溢眉際。其鄉之有識者，咸相稱其神化所致。

嗣是五朝九華，七朝南海，而三到五臺。返則往還於桐柏、委羽間，專事煉命，父母由是【評】「由是」兩字摹神，見得春谷專爲煉神還少也。還少。嘗注《悟真》《參同》《清靜》等經，頗有卓識。與人交接，惟遜惟淳，有助以資，惟以公用。台、温孔道得以平治，率皆出於春谷。從者益衆，父母由是證果。【評】又可見其所立功行專爲父母證果之資也。群叩其故，愀然答曰：「父生我，母鞠我，身雖有三，其氣一也。某豈不願宫室之美，妻妾之奉哉？誠以上昇之道，全憑乎神，而神則藉氣，氣則藉精，不有累積，從何立勳？【評】言言醒目，句句經心。我之絶慾也，將以積精也；其積精也，即以累氣；其累氣也，即以足神。經不云乎？神能入石，神能飛形，神能起死，神能回生，神之用大矣哉。昔我之修，我也，親也；今親之升，親也，我也。惜我不材，未明宗旨，廓養無方，有負此身，即有負于天地父母也。我將入金蓋，而問我懶雲子也。」於是出天台，來金蓋，嘉慶七年壬戌（一八〇二）之夏來山時，春谷子年三十九。與余相處者年有三。第見其出閒入默，有明陽氏之遺風。明陽氏周真人，爲懶雲子之師祖，傳列卷三。知其得力於鎔陽子，而受益於李蓬頭者多多也。爰爲加冠而贈以名，引禮於輕雲沈子像前，而授以三戒。春谷能自得夫宗旨焉，【評】應「未明宗旨」一語。謂之畏友則可，謂之弟子余則何敢。

已而忽聞其出貲贖山，即竹山數畝，於乾隆末年爲前守山人所賣者。知其必將辭世也。未幾，果於嘉慶乙丑（一八〇五）四月十六日，禮神及余，飄然坐逝。其父母之夢，果應夻矣哉。【評】應「證果金蓋」一語。歲戊辰（一八〇八）秋，始爲卜葬於菡萏山之東北麓。菡萏山爲雲巢案山，山在金峰之陽，其形如菡萏云。春谷生於乾隆癸未（一七六三）三月朔日，享年四十有三。

是爲龍門正宗第十二代律嗣之傳，推許得體，筆精墨潤。

徐根雲律嗣傳

根雲徐生，名陽盈，字應仙，江南泰州人。性直而恭，慈而毅。童年奉道，晚歲皈余。嘉慶三年戊午（一七九八）始至山，年六十有五矣。金蓋工興，根雲勞瘁矣。井臼相操，日無刻定，根雲無懈色也。最可嘉者，余嘗無故呵斥，根雲不之辨，惟唯唯自責。嘗受初真戒，而内外悉符中極。得閒則誠誦《三元經》，乃古本《三元經》文也。有翛然自得之趣。年近七旬無衰邁態，蓋其兀坐功深，早絶嗜欲故耳。聞其事師亦多矣，如白馬李、住住生、潘雪峰等二十餘人。曾近高賢，講求有素，故惟析疑問難，不有米砂瓜豆之迷。愧余不德，有負根雲，抱負長逝，未有疾聞。按此語意未詳何指，蓋惜其不得大道而逝也。時年六十有九歲。根雲根雲，【評】其魂可招。有功可録，有志可旌，是爲傳。

一片神情，如春雲之澹宕，令人想見。其老成純粹，休休有容，一團神影。

王護雲宗嗣傳

護雲王生，名陽泰，字守醇，原名九如，字鶴皋。成都武世家子，力勇而技精，膽大而智圓，有古俠士風。嘗從征荆楚川陝，事在乙卯、丙辰之歲（一七九五—一七九六）。曾以得勝功，歷録賞翎三次，軍中呼爲鐵鷂子。【評】可想見其力勇而膽大也。會經略明公名亮。中道入都，未能奏叨優叙，僅以千户職名歸籍。年五十七至浙，適其父盟姪宋司馬旅卒於武林，四顧壁立，貧無以殮。護雲售其衣物，得三百餘金，又爲奔走台郡守洪、杭郡守李、錢邑令曹，得助千金。親扶其柩直至巴蜀，以其餘資付其家，且爲購山卜葬。司馬之子某來浙，歷述其仗義如此，而護雲未嘗自道也。此嘉慶九年（一八〇四）間事。

歲丙寅（一八〇六）六月十日，特至金蓋，乃大言曰：「我聞之，英雄閒，乃神仙。我願終生以事子，收我則生，不收，前湖洋洋，即我葬身處也。」【評】自是英雄閒散激烈之聲。余怪其語，壯其志，適將他之，乃盡以山事付之。山自蔣、陳以來，按雲巢自乾隆十三年戊辰（一七四八）徐隆岩出山後，蔣公雨蒼繼守十七年。至乾隆三十年乙酉（一七六五），山歸陳樵雲掌十有五年焉。乾隆四十五年庚子（一七八〇），樵雲子出山，懶雲子代守四年。歲甲辰（一七八四），仍以山事交樵雲之徒楊來逸。越一載乙巳（一七八五），楊復至餘杭，惟其徒傅復興居守四年。至乾隆五十三年戊申（一七八八），始有朱春陽先生歸山主持其事。越四年壬子（一七九二）夏五〔月〕，朱公又卒，石門吴君竹巢居守兩年。至甲寅（一七九四），吴君又出山，仍歸傅復興獨守。次年爲乾隆六十年乙卯（一七九五），傅子又卒，山無守者，四壁爲之一空。明年爲嘉慶元年（一七九六），乃得懶雲子入山，慨仙蹤之不振，弔逸緒之無承，遂居休焉。并延梯霞周師入主講席，重振雲巢。越數年，周師返餘杭，静居金筑坪，先後有徐根雲、李碧雲、陳春谷輩來山佐理，均不數年而殁。至嘉慶十年乙丑（一八〇五），李碧雲從姪名廷佐者，懶雲子之甥，居山掌理。然廷佐舉業中人，不能久住，次年丙寅（一八〇六），適護雲王君來山，願居守，故懶雲子遂以山事付之。竊稽前後六十年來，其往來山中者，善信固屬不少，而俗情道樣者亦頗有之，故下文云魚龍混寄也。魚龍混寄，處之非易，且素無蓄積，周致尤難。余心以爲憂，護雲欣然受曰：「甘苦我分也，得收，死且不厭，【評】却説出一「死」字。况任勞怨乎？」於是獨居山宇，井臼親操，載守載創，事神待客，竭敬且誠。外來横逆，百計千侮，護雲不怒不仇，間或稍作聲色以制之，曰：「不如是則山難整治，而宵小不知謹，是誘人犯法，我不忍也。【評】寓嚴得慈，行仁以義，天神其貌，菩薩其心。甯使人怨我笑我，誹我詈我。」第毋自内動真嗔，以違宗教，故有識者皆敬之。計自丙寅以來，謂自嘉慶十一年至十四年（一八〇六—一八〇九）。時而巡山，時而步塍，風雨不之阻，寒暑不之間，卒緣得疾。然山則茂其林，田則阜其植，山用日足，債負日清，匪徒不敢近，志士得安遊，其靖山之功，爲何如哉。山非仁里，護雲蜀人也，語言不通，性情强合，其受侮之多，有不可勝述者。

嗚呼！護雲竟於己巳年（一八〇九）六月二十七日棄我而逝。【評】其魂可招。雖然，護雲之心猶惓惓也。我聞其於是月二十六日，神至湖城，訪我甥李廷佐於其館。【評】觀其兩地分神辭世，何異輕雲子當年？時李適往盛澤未歸，人皆見其聲音顏色自若，曰：「我將歸，山事無托，我故來。茲山爲懶雲子山，而先生爲懶雲子甥。某未來時先生守之，某今將行，不伊托，將誰托？」翼日李歸，其居停沈某所述如此。是日荻岡倪某亦得護雲至其家，且攜一青衣童子，【評】此童何來？其神化更不可解矣。年約十三四。護雲辭以將歸，促倪入山，而善飯健談一如平日。異哉，修不足者難致此，心不堅者難望此，護雲其蛻也歟？何行之奇乎？

茲爲列傳，錄其略以備修志乘者之採擇云。護雲生於乾隆戊辰年（一七四八）六月十三日辰時，卒於嘉慶己巳年（一八〇九）六月二十七日戌時，享年六十有二。是年冬，余爲卜葬於菡萏山之東北麓。

英雄閒去即神仙，脩到梅華定夙緣。不有師傳真口訣，焉能神化竟飄然。我謂王君，當世神仙也。文以平澹出之，斯爲宗派也。

朱巽峰嗣生傳

巽峰朱生，名陽元，仁和世家子。少年美貌，恃富奢淫。偶閱《陰騭文圖注》，始大悔，【評】其勇于悔過如此，亦少年場之俊傑也。赤體遁。初休鶴林，即棲霞嶺之金鼓洞，繼至登雲，觀名，在杭城南關外天真山。旋依吳山三茅觀，計在搜遠而忽近也。已而家聞，少姬二三輩來迎，乃出走姑蘇機神殿，行苦行將終焉。巽峰本貌美，得養色更麗，遊女爭擲果，心難持，復遁入茅山有年。歲丙辰（一七九六），遇余於茅山洗心池，始偕返浙，止金蓋。巽峰無他長，惟曉夜誠持《高上玉皇經》十有三年，縱或疾作，未之敢間。【評】可謂發憤懺悔者矣。已而閉關三載，出之石門，在嘉慶十三年戊辰（一八〇八）春日。志在雲遊，而殁於石門翌文祠。未詳其年，約四十許。丙子（一八一六）冬，始爲遷其柩，卜葬於本山下菰城之西北。下菰城爲金蓋山西南麓。

有决志，有定力，有恒心，有苦功，有足傳者，亦傳之，得聖人揚善用中之意。

徐芝田律嗣傳

芝田徐生，名陽果，一字馭雲。原名仁和，字秉良，江蘇光福人。通易理，明佛乘，寄居虎阜，有善人之稱。詩酒自怡，仁柔忍辱，人惠以資，即時施捨，家無宿粒，賣卜以生。癸亥（一八〇三）遇余，結成師弟，金蓋之興，馭雲與有力焉。【評】是能助懶雲子力行其善者也。蓋謂其身代懶雲子，力護虎邱放生河，且引姑蘇洪銑等助山云。稽其生平得力在佛，是以動昇皓月，寂現寒潭。大凡修道多魔，而馭雲獨能空淨者。力護〔放〕生河，曉夜不之間，風雨不之阻者，幾二十年，水族生靈，沾生無筭。况有洞明慧光，虚空燭照。即國初虎邱方丈洞明禪師，有傳列高僧部。懶雲子創開虎阜生河時，禪師頗顯靈異。魔何得侵？障何敢蔽哉？已而生會中歇，護善難行，乃之滸闕，創開生面，起一善堂，建棲流所，流離苦庶，得有以安，水府魚蝦，復完生命。厥志已圓，余爲引禮於輕雲沈師像前，授以三戒。事在嘉慶×年，爲授戒於滸關文昌宫芝田，年×十有×歲。即於是歲寂然長逝。【評】朝聞道矣。是爲姑蘇護生總領徐芝田，又爲龍門正宗第十二代律嗣，墓葬光福。

人本天然純粹，文亦明淨無塵。

陳歸雲律嗣傳

歸雲陳生，舜湖人。原名克佳，字毓祥；改名陽德，號歸雲。性秉慈祥，不蔓不支。余得交於嘉慶乙丑歲（一八〇五），余之畏友也。歸雲能於不勝人處安其勝，余故樂與交。壯歲從兄某宦遊粤東歸。〔兄某〕家素饒，兩子尚幼，某卒。卒，歸雲以曾受知於某，遂舍己業往撫二孤，捍侮燭欺，兩孤得以甯，學俱成名，歸雲之力也。兩孤既長，全以其業付之掌，退理家事有年。業稍裕，即付子某，飄然來金蓋，年已六十矣。

初第溷諸庶衆，似無所長。余適他出，歸雲主之。十數年來，遠近之善者次者，咸欽佩之；山事覺日裕，而未聞有所作爲。氣宇閒如，能以逆境爲樂，日惟蔬食菜羹，若素如然。朝夕一經一斗，寒暑不之間。客至如蜂，情性不一，歸雲與之平于水，無不若醉飽歸。歸雲自有以其誠意動之，歸雲亦初無有成見也。或謂歸雲禮斗功圓所致，竊謂不然。方其壯歲撫孤，竭力者志，無怨者德也，否則焉能裕如順遂乎？其時歸雲未知有斗也，其知有經斗，還自乙卯歲（一七九五）始。居山共若干載，而趨靜如刻許，豈非其天性已然？今則更藉神力以襄將此，其所以知死知生而長逝，若作客去也歟？

歸雲生於乾隆乙丑年（一七四五），卒於嘉慶己卯（一八一九）十一月初五日辰時，享年七十有五。嗚呼！若歸雲者，余竊有愧焉。歸雲精修未久，而聞道更晚。去秋初，始得見泥丸氏書，身體力行，未匝五月，乃有「七十五年顛倒，錯把行屍覺照；那知身外有身，一切惟心所造」一偈，示余而去。歸雲不得道，烏知此？爰爲小傳以誌之。

江傅合傳

江生陽清，徽州人。字默齋。自蘇來皈，於嘉慶三年（一七九八）來山。居山五載，竭盡辛勤，無得而逝，八年癸亥（一八〇三）卒於山，懶雲子爲葬於下菰城之東北。余之過也夫！前而遡之，又有烏程傅復興者，字玉林，樵雲之孫，按傅復興爲楊來逸之徒，楊師樵雲陳律師，故稱樵雲之孫。入傳者，樵雲律師之後故。之山勉守二十餘秋，於樵雲律師主講席時，乾隆四十一年（一七七六）來山。院興身死，按傅玉林於乾隆六十年乙卯（一七九五）卒于山，計其守山凡二十九載。於乾隆戊申、壬子五年間（一七八八—一七九二），朱公春陽重興院宇，傳亦竭盡心力，故云院與身死。未有寸得，何其然哉？懶雲子於庚子年（一七八〇）後居山四載，傳玉林早在山，故下文並言之。之二子者，能以身命布施，謂皆竭盡辛勤，以力助山事者。而未明動靜一貫，有昧正宗。【評】可見未明動靜一貫者，不得爲運水擔柴是這箇也。學者其可不先明心性乎？余不棒喝，罪有攸歸，是以合傳以告來者。

胸中切切，言外森森，合傳告來，心良苦矣。然江傅二子，自是留名不朽。孰謂勞力者無益身後耶？

高薌雲小傳

薌雲姓高，名陽桂，庠名桂，字丹林，秀水諸生也。慕陳歸雲之學，時往來于金蓋。己卯（一八一九）冬，抱病來山，不負歸雲之約。主持山事，備歷辛苦，居山一載，病革乃歸。嘗聞創建高氏宗祠，乃積十數載精力，始得築室若干楹，積資幾踰萬。蓋其心性忠信，能以孝友爲宗者。使其知所修養得以永年，則于世出世法必更有可觀者焉。歸未幾而卒，惜哉。筆此數行，持以誌其入山始末，未可以爲傳也。

王白石嗣生傳

白石姓王，名沼，字涵碧，太倉諸生。昔受記於吕祖，又爲太虚主人援引弟子。歲戊辰（一八〇八），始至金蓋，嗣龍門一十二代，玄名陽昭，婁東鶴梅館開山師也。館爲繡雪堂餘址，明太師諱錫爵公暮年遊咏之所，州誌所載王氏南園，並詳《南園詩稿》。中遺有植梅一本，枝幹翩躚，宛如飛鶴，故有鶴梅之名。久屬他姓，宇亦毁壞，白石起而贖葺一新，中奉孚佑帝君於堂，泥丸李祖於室，門廡堂室、臺榭池塘，居然一静居矣。泥丸爲太虚翁傳道師，然則白石之兼奉泥丸，與得至金蓋入玄派，太虚使之歟？太虚生時未嘗至太倉，白石自謂嘗夢謁太虚，歷受玄秘，李祖之應奉於斯館者，亦遵夢囑。蓋李爲駐世金仙，考諸典籍，六朝迄今，亦未聞曾臨太倉。而近著靈應，爲州鄉人共仰，是皆白石生篤誠歲久所致。及歲癸酉（一八一三），白石復飄然來，慨然以鶴梅爲金蓋古梅下院。其中妙因玄遇，殆有默運神工，要皆因白石緣深，篤信玄學之所致也。

白石性豪俠，喜歌詩，爛漫天真，目空人世。州之賢士，如楊叔温、彭甘亭、蕭子山、畢静山諸君子，咸喜與遊，詩集若干種，悉刊傳世。余則嘉其不茹柔，不吐剛，至性貞白，蓋與古之自好者不侔自合焉。白石生於乾隆甲戌（一七五四），卒於道光壬午（一八二二），住世六十有九歲。及門碩士不少，嗣守鶴梅者，商琯章來清也。

潘六陽嗣生傳補

六陽潘生，名陽因，世居湖城北關外。父母皆奉佛，六陽獨慕玄學，誓不婚娶。父母憐而允之，乃送入山，時年十六也。余屢試之，克不移志者年餘，乃爲命名加冠，見者無不嘖嘖稱賞。六陽無他好，性嗜吟詠，從事九還，有所得即寄諸篇章。乃令出遊，至武林登雲觀，錢師陽璈契留之。錢師精戒律，志興常住，未免有香火習。余喜六陽氣質飄然，不爲方外濡染。已而返，叩何以歸，對曰：「某有四方之志，登雲非究竟地。」余曰：「然，曷行乎？」對曰：「行，曾問何囑。」余曰：「至道無文，幸勿仍事吟詠。」遂復出。越年，其甥徐厚充自武林歸，謂舅六陽盡焚其著述而他之。忽忽於今又幾十九載矣。其兄陽然亦余門下，一日來曰：「尚玄不尚文，往古丹經何因而著？」余曰：「善哉問。學問不到精澈，摸索而出之，非吐遺即糟粕，徒長識神伎倆。吾故不汝弟取。」陽然欣然會曰：「此吾弟所以不復吟詠也。」相與撫掌笑而別。嗚呼！質美若六陽，吾門下蓋無幾人。

甲申（一八二四）孟秋，厚充至，謂舅自某歲迄今歲有音問，天下名山蓋朝遍矣。今閏朔，有朝海僧雨岩來自峨嵋，賫書一函、《參同契》一册，係舅親筆，乃戒某曰：「汝毋效余。

余有兄徐氏一脉，汝無分任者，必待黄金入匱，種子得人，庶可作世外想。況大道自有並行不悖者在，汝細味寄册中，斯理自能備悉。善覆我兄，珍重珍重，我自此往矣。」孰知其舅已於去歲七月朔無疾而逝。余乃撫然曰：「存殁自有數，惜無逝偈一二三章以示信，然正六陽之不忘余訓也。」昔我石菴陶祖以通儒而皈道，著述如林，嘗戒其嗣師徐紫垣曰：「筆墨濡染，有損性靈，當以我爲戒。」若六陽，真能善承善守者。其逝地曰蒼厓，稽諸《峨眉志》，蒼厓有四：一在南椒，一在雲窩，一在西北麓，一在摘星岩。惜厚充未之問。噫，總一逝耳，奚考爲？

六陽生於乾隆丙申（一七六六）七月廿九日，示化於道光癸未（一八二三）七月朔日。於余門下年最少，而入道最早。遷善如轉圜，飄然出，脱然逝，六陽非再來，曷克若此？

戴北莊律師〔一〕傳

北莊律師，姓戴，名來〔昌〕，字××，湖廣人。少壯時遊幕山東、西，膂力過人，精騎射，嘗從事《易筋經》。年四十一，慕金鼓洞蔡天一之名，始來浙。蔡師心許而面讓者三，北莊

〔一〕整理者按：「師」，原作「嗣」，據文意及底本原目改。

心愈堅，遂盡釋其華服，乃得今名，而未許其居停。久之始招入，操作飲食悉隨衆，夜則禮斗，晝乃知賓。蔡没，始敢納己資於常住，而獨居雲水閣。晝夜翻閱《黄庭經》百過，如是三十餘年，年逾古稀，而貌如四十許人。

心性湛如，動静如一，與人交接，和若春風。其謙遜如初學，【評】身抱兼人之學者，難得謙遜如是。與談《參同》《悟真》，則證以《道德》《南華》《學》《庸》《論》《孟》，與論《周易》，則證以《華嚴》《圓覺》等經。【評】可謂貫通三教者也。飄然而興，嫣然而笑，宛如天雨妙華，清芬澹豔，真神仙中之逸品也。其於常住，巨細典文，均出手裁。觀有經懺，亦嘗隨衆唪禮。客至，常出酬應。冬季托鉢，師每率衆周募，已數十年矣。平等視人，無有親疏、道俗、高下、貧富、人我之別。觀衆亦欽敬之，無或失禮者。雖曰鶴林道氣，亦師有以感之也。晚年嘗手録《大戒書》三册，【評】其有國初諸大律師風度。懸歷〔代〕祖像，焚香燃燭，拜而自佩之。

歲××××月××日，示疾而逝。逝之日，有黄巖某生自杭渡江而歸，北莊神與其同舟，伴之登岸，遂與同行。過西興，越蒿壩，穿新城，至班竹，某因抵黄巖，始分路，北莊云將抵桐柏。黄巖某與趙名來洲者善，趙來洲，亦龍門十二代律師，居黄岩山。趙與北莊，昆季也，同師蔡師而莫逆者。〔某生〕聞其至桐柏，遣人邀之。至訪無蹤，復遣問金鼓洞。適鶴林訃至，始知北莊已仙去，而鶴林亦始信其非泯滅也。余與師交久矣，知師此舉非自顯其神化也。

慨夫宗律之衰，而信奉者鮮矣，特假己身爲修道者勸勉焉而已。【評】此真北莊知己之言乎？

嗚呼！若北莊者，輕雲子後一人也，不可以無傳。爰述其略，以備採述者。北莊生於乾隆××年×月××日，卒於嘉慶××年×月××日，住世×十有×歲。是爲龍門第十三代律師〔一〕。

一生平澹，殁後神奇。神通耶？道德耶？是真能效法輕雲子者。傳亦情文相生，具見宗律規格。

王嶧陽宗師傳

嶧陽宗師，姓王，名來真，字孟生，姑蘇人。滄洲顧子之弟子，鎔陽方師之嗣孫也。嘗開雲水棲於姑蘇裝嫁橋，建有斗姥閣。四海皆知之。

乾隆乙巳（一七八五），五十年。安南貢使踵訪之，事詳下文。時嶧陽化已三載。〔貢使〕留有《三丰語録》，浩歎無緣而去。然其當年購基築室，成非容易。日禮先天主將，兼持百字

〔一〕整理者按：本篇中戴北莊名字及生卒年月，原本均空缺，可參見《金鼓洞志》及《道統源流》。又按趙來洲事蹟，亦見於《金鼓洞志》。

真言，至感火球晝現，車輦聲臨，里鄰咸悟，捨地作公，得以興建樓閣，上奉天尊，下棲十方雲水。已則雪雨暑寒，而禮募之街，糧乃充。【評】較之卷三邱寅陽之開長春宮爲尤難。夜則趺坐，兼行禮誦。積修既久，輕雲律師鑒其真，授以虛空粉碎要旨，奉持有年。乃曰：「我遊安南去也。」三日復蘇，曰「無緣」，惟許口授。出其身藏書本一卷，手付雪峰。又曰「去矣」，遂逝。雪峰姓潘，名復圓，傳列卷末。謂有蘇人而賈於外洋者，曾遇王師於安南王府，【評】苟非大成，安得出入隱現如此神化？贈以紫晶香盒。賈姓楊，名天禄，居太王衖，寶佩以歸。及貢使來訪，因楊而見雪峰，蓋欲識其居，或將以《三丰語録》求證，未可知也。

嶧陽初名來坤，繼以輕雲子讚其真，顧師嘉之，乃改今名。其生卒未之詳，墓在姑蘇道士山。

阮楊錢鮑四律嗣合傳

阮名來宗，楊名來逸，錢名來玉，鮑名來金。此四生者，餘杭人，樵雲真人弟子也。負笈相從，日不滿百，而玄妙心傳，各有領悟。按阮來宗於乾隆四十四年己亥（一七七九）來山，皈陳律師，居一月，仍返餘杭。楊來逸於四十五年庚子（一七八〇）來山皈陳律師，居月餘，律師即以烏程傅復興使録爲徒，律師即出山雲遊。越六年乙巳（一七八五），楊始返餘杭。適律師已返浙，主餘杭南湖東堤三元宮，楊、阮復隨侍。錢、鮑二子亦於是年皈陳律師云。阮甘苦守，楊抱真誠，皆屬志士。鮑則精雷法，明地理，兀坐多秋，尤稱傑出。錢則自謂有慚，矢心奉斗，雖未澈悟，究稱與道有緣者。

方阮之未皈也，經營菜圃，氣量褊淺而志在貪閒，每以食無肉、衣無綢爲耻。若楊也，泥作而已，好習拳棒，以不逐人爲有志，終日營作，而身備鐵尺以隨，糾糾如也。鮑乃世家子，自恃有才，目空一切，以傲慢爲都。錢則性尚滑稽，不務本業，交接多非志士。歲乙巳（一七八五），天大旱，真人禱之乃有收。事詳陳樵雲律師傳文。四生以爲神，先後就之禮。既皈出，各謂所親曰：「今而後知道不遠人，信矣。」阮曰：「無苦不成道，【評】志不在閒矣。華其服、肥其口，適以折福。」【評】不敢以惡衣食爲耻矣。楊曰：「禮義是護身符，仁信是修身藥，好勇鬬很，適以取禍。」【評】將以能遜人爲有志矣。鮑曰：「上善若水，此海之所以爲海也。人我山高，是非日富，此心何日得甯？以之煉法，不猶南行而北走也乎？」【評】不敢恃才傲物矣。錢則憮然歎曰：「以友輔仁，【評】能友以輔仁，而友善士矣。奈何惟友其卑我者。行藏日用，不外忠恕，【評】知滑稽之不可尚，而反務本業矣。忘本爲達，此吾之所以日趨污下也。」噫！四生者出身不一，趨向亦異，能各於言下立醒，真人之教人善，可謂至矣。然使言者諄諄，聽者藐藐，亦無可如何也。若四生者，何可多得哉！

已而阮卒於鶴林，楊没於俗；鮑之終也，若將他之，錢之故未之考，想亦脱然逝於家也。爰爲合傳，以表其能自得師云爾。

此篇傳其能改過，即以見其進功。撰者之心正，不徒爲四子傳名耳。四子未嘗受戒，而目爲律嗣，蓋取其能近於律真，足爲律師之嗣者歟？觀過知仁，信矣！善莫大也。

潘雪峰律師傳

雪峰子姓潘，名復圓，姑蘇陸墓人。鎔陽方師玄裔，滄洲顧子之孫，嶧陽王生之弟子也。童真慕道，爲晉代玉真真人後身。按晉代玉真爲許旌陽真君弟子，與靈真、隱真輩同佐旌陽許真君治蛟者。玆稱雪峰爲其後身者，懶雲子謂金懷懷之言也。與余爲莫逆友，又爲錢師名陽璈授經弟子，錢亦龍門十二代，嘗居杭州天真山，開登雲觀支派。王師名一誠自號活死人傳道嗣也。卷六上有活死人傳。嘗侍輕雲律師於無錫，授以戒律者也。【評】鄭重叙之，以見雪峰身承宗律，當此律門式微之際，有不勝慨慕之思。向道心堅，故年十五即捨俗精修，雲遊海內，勝境名山，無不踵至。事師百有三人，而度師不與焉。凡其從事諸師，雖不出乎宗律教法四科，而四科之中千門萬户，互有瑕瑜，子竟兼而求之，【評】能自得師者無常師。其勇於精進，勤於參考，爲何如哉？然非具有〔智〕慧法眼，鮮不遺其精而得其粗者。

余與子叙久矣，親見其休休焉、得得焉，和如春風，明如秋月，高若峰，平若水，亟亟遲遲，無不合度。【評】蓋全得輕雲子教人十義之旨者也。世之羽客如牛毛，罕有得而及之。人第稱其舍己從人，仁柔忍辱，焉知其懷純乎天，喜怒詈笑有不得而見之？余之幸，得而侍之；【評】慨嘆淋漓，筆筆圓轉。余不幸，子中棄我而夭之。天乎天乎，子何棄我而夭之？

昔余之入金蓋也，嘉慶元年丙辰之歲（一七九六）。豈爲逸己而已哉？亦豈逃名而然哉？計欲擴我不二室，廣我不二門，聚我不二糧，以致天下不二士。延子爲師，振興宗教，上承不二法，完我不二心。豈期不半載，而子已登不二天。【評】悲壯淋漓，音同寡鵠。嘉慶二年丁巳（一七九七），雪峰卒於姑蘇，金蓋諸公未之知也。一日昧爽，忽聞扣門聲，時有徐君德暉啓門，則雪峰潘師也。仍閉門，翼以入，衆人皆起，均望見之。及登呂祖殿庭，遂入，忽不見。天乎天乎，子何棄我而登乎？壽夭人可主，興廢有天存，子有同心，神常惠臨。其卒之日，神來金蓋，望其神常惠臨也。言念及此，難作太上之忘情。子兮子兮，我不傳子之行，特以傳子之心，以告我同門，是以略傳。【評】音節纏綿，文情悽惋，謂撰潘雪峰傳也可，謂祭潘雪峰文也可，謂爲弔龍門律師之哀也可，謂爲重興律宗榜諭也可。

此篇爲龍門正宗前後凡十四代之殿，而難得雪峰其人，遂寫出其一腔心事。此《心燈》之作所由來也，即以見期望後人之至意。以上五卷，每多平澹傳神，正其工夫到處。此篇則一片神機，轆轤千轉，傷宗律之就衰，痛斯人之早逝。老成慨嘆，有如是也，後之人尚其振振自奮哉？

金蓋心燈卷六上

新安鮑廷博淥飲注
武林鮑錕薇菴評

龍門心宗第八代至十二代，凡傳十三篇。

雞足道者黄律師傳

雞足道者來自月支，雞足，滇南山名。月支，西方國名，即古之氐國。懶雲子謂滇南土人相傳，元初已有此道者，不知其來自何代也。休於雞足。自稱野怛婆闍，而無姓名字號。野怛婆闍，華言求道士。所精惟斗法。順治庚子（一六六〇）十六（七）年。始至京師，觀光演鉢。崑陽王祖贈姓曰黄，命名守中，且曰：「汝但住世，越百三十秋，大戒自得。」【評】道者自夷來夏，力能創開法門，廣傳宗派。其一切時節因緣，崑陽固早已見及之，故當年即有住世一百三十秋之囑。蓋此百三十年内，傳出許多法科。道者固奇人，崑陽亦有意，故遲至一百三十年後，乃使大戒自得耳。遂促返，仍持斗秘，按《鉢鑑》亦載：有雞足道者自稱野怛婆闍。與上文所記大略相同。精勤不怠。管天仙聞蹟而師之，命名太清。【評】爲下篇作領。管天仙傳列次篇。

歲庚戌，乾隆五十五年（一七九〇），距順治庚子正一百三十年。余往謁，【評】爲崑陽往耶？爲求斗法往耶？當其往時，固未嘗有此意也。攜有《大戒書》，道者見而喜曰：「交易之，謂以其西竺斗法傳懶雲子，以易《大戒書》也。則兩得也。」〔余〕遂止宿三月，梵音得。道者則手録《大戒書》，懸崑陽王祖像，泣拜而祝，轉顧余曰：「西竺至寶，【評】可見道者一生純粹，不恃法力，不尚神通，自是律門長者。汝已易得，善護正宗，戒虧則力薄。王祖靈在，【評】崑陽在天之靈，自當陟降爲之證明。悉知悉見也。」余亦泣拜而受之。此道者之所以稱黄律師也。愚按懶雲得其斗法，奉爲西竺心宗，歸纂《大梵先天梵音斗咒》，凡十部，計十二卷，刊傳於世。○按《斗法》所稱嚁哆律師，即黄律師也。起，促余返。時懶雲子服官滇南，蓋仍返至滇省也。至半途，總制富公名綱。遣使往迎，及使返，述子已逝。余曰：「不然，子蓋行五假法耳。」歲戊午，嘉慶三年（一七九八）。果有見子於四川青羊宮者。

此西竺心宗開派祖師也，實爲龍門正宗八代律師。則其從前之神奇靈顯，種種異跡，自無足據以爲重者。且撰者（閔懶雲）曾親炙之，而不詳其來休雞足始於何代，但據崑陽《鉢鑑》中語，即續以往謁一節事實，極簡淨，極明亮。神人傳文，體裁宜如是也。

管天仙傳

管天仙者，名太清，國初大興人。生於明季，初無聞見者。【評】可見天仙未必姓管。順治間，始遇仙得道，想即遇雞足道者于京師。雲遊天下。然善韜晦，蹟無多著。嘗率子王子遊勞山。愚按子王子者，即金懷懷，名清楚者，爲懶雲子之師，故稱子王子。勞山在山東登州府境上。雲大辯、李赤脚輩，均叨指示。雲大辯、李赤脚，皆金懷懷王宗師弟子，後有傳。卒成大道，名顯一時，則其學問道德，自有不可測者。【評】借徑推崇，烘托得法，自不必更作想像可。

乾隆戊申歲五十三年（一七八八），相傳至京師，休於李鐵拐斜街。白馬李識之，次日即遁。白馬李者，亦異人，年將軍名羹堯。嘗師之，胸羅今古，雲大辯所傾倒，每思北面事之者。後有白馬李宗師傳。乃謂衆曰：「管天仙混蹟清虛，無痕得見，我不及天仙遠矣。」豈有白馬李者而黨譽人哉？蓋必具實德以動人者。樵雲子亦云如是。樵雲陳律師傳列卷五。愚聞陳樵雲於乾隆四十六年辛丑（一七八一），曾遇管天仙於湖北岳州城外。其時管天仙在一農家，課讀童子六七人，身服儒衣冠云。計壽高矣，或云已逝，或云猶存。殁殁存存，仙家常事。【評】既無確據，亦無從考據，即以仙家常事爲據，以爲結意。爰爲傳。

人自混跡清虛，文亦無從下一實語，全在虛中寫生，故得「返照入江翻石壁」之趣。

大脚仙傳

大脚仙者，姓王，名太原，字晉人。幼隱雞足，長至勞山，道成，遊楚湘間。問其住世，已忘歲月。【評】只此數語，全體已具。我鄉張金琯嘗任襄陽太守，謂曾見之於襄陽東郭。身長而趾巨，頷下懸物如球。詢之土人，云：「其髯也長約二丈，有時繞腰作帶者。」【評】以下皆襄陽土人所述之語。是土人者，亦有心人哉。居無常所，或岩谷，或江濱，風雨雪霜不室休，居常數月不見。遇有緣則微笑，無緣則瞠視。食惟石栗，人饋以物，置而去。衣一千針衣，敝垢無完色。傳積數十年，不聞與人接洽，話言不可得。

惟乾隆初年，襄陽前太守姪某，年僅十六七，平居好道，聞而跡訪。見即大笑，疾攜他去，日暮放返，約期來度。〔姪某〕略述蹤蹟，太守誌之，謂師姓朱，故明唐王少子侍姬江鈿鈿出。師孕方七月，唐王遇害，鈿鈿毀容，雜處難女中。有吉王故師伍沖虛者，伍沖虛傳列卷二之首篇。神導〔鈿鈿〕入滇，寄休雞足深處。〔師〕生七歲，母鈿鈿歿。龍樹山人即雞足道者黃律師是也。入滇居久，知而收之。長則命名太原，字曰晉人，以其本王孫，故姓王。後十年，前太守姪某不知所之。以上均據張太守傳述土人之言。人咸疑其〔爲師〕度去，張蓬頭曰非。張蓬頭傳列後。承其妙旨者，惟張蓬頭。【評】領出張蓬頭傳，即爲張蓬頭傳。蓬頭楚人，明忠臣瞿式耜之子，與師同患難者，年少長於師云。此説懶雲子謂得之張蓬頭之徒李蓬頭之言也。

此但據張太守之説以成文，而運筆卻逆而有致。故如水遇春風，波紋瀠若；山盛皓月，夜氣清如。惟首尾略點數筆，便覺明淨瑩澈也。

王袖虎傳

王袖虎者，四川人，名字未之詳。早歲從軍，屢捷不賞，遁隱牢山，【評】情志不除，故屢遭抑。或云勞山。管天仙度之滇南。雞足道者爲其性躁，屢抑之。大脚仙來，引至襄陽，又大抑之。今日登峰越嶺爲功，食以冬青、石栗。初頗苦，既而安，久而神寂，不有動靜。乃遣訪李蓬頭，出西北口外十有三年，李蓬頭傳列後。始大悟，深自抑。又年餘，李蓬頭授以茅山祈禱法。歸雞足煉有年，將出道者，始爲命名。管天仙又至，曰：「可以出度善緣矣。」於是雲遊閩廣間，大顯神異，藉以度人。

嘗納二虎於袖，呼以斑斑、阿雜，則躍出就食。其初出也，形如小猫，其已出也，便成巨虎；喝曰攝收，一躍入着袖立，小如初。故閩廣人咸信之，從而遷善者甚衆，【評】緊筆要筆，神虎原爲此耳。袖虎之名所由著也。乾隆戊子，三十三年（一七六八）。至金蓋，樵雲子問之。曰：「是幻術，非道也。然得變化如心者，幻中亦有真我。譬如行軍，一準帥令，【評】天然映射篇首

「從軍」兩語。故曰心法。法從外至，道更左矣。」【評】此話足以勘折天下多少迷人之但求外法者。越日遂去，此説見《樵雲紀事録》。又載其出山至水口，覓渡對岸，鄉人駕舟渡之，見其袖中兩猫甚麗。鄉人索一不可，再三要之不得。將抵岸，鄉人執其袖强奪之，及師登岸，已成巨虎矣，一躍登岸。鄉人大驚，師乃出一丸俾服之，半晌方甯，數日始安云。不知所之。

筆端錯落，詞旨真純，是爲文律。

金懷懷王宗師傳

金懷懷者，子王子也，名清楚，雲南阿㴱人。生於故明洪武九年（一三七六）八月望日。三歲喪父，九齡母亦亡。子隨姊氏以長，勇力過人。

阿㴱民變，子持短刃，挾姊（從）軍沖出，俱無恙。歸官，官嘉其勇，令任先鋒，一戰殲其魁，擒其僞帥阿虎香，阿㴱安。歸知姊病，聞五老山有異人，之訪失路，旁徑紆迴，跡入不知返，乃登山望。失足墮極下，【評】金懷懷無心之失，正洞中人有意之招。不損，起覓徑，上得一洞，望之，有似可得緣上者，遂入行里許，側有大洞，微聞笑語聲。【評】此笑語聲尚在四五里之内，洞外人先得聞之，豈非洞中人有意之招耶？日已西墜，腹極飢，遂又入跡約四五里，有二老者方對酌，見子俱起，命坐下，飲以酒。即出一橘，大如拳，分剖食之，飢渴頓止。洞中無他物，中安一爐，碧焰閃閃，一老者顧曰：「汝欲出乎，焰滅我送子出。」子頷之，遂坐以守。【評】故明二百七十年運祚，洞中只越一宿。越日焰滅，又一老者取一盂水至，波紋瀠如，謂曰：「水定即偕行。」【評】十五年間只在俄頃。俄而水定，清若鏡，老者喜曰：「可矣。」入取一杖出，横跨其上，招子亦如法跨，令閉目，聞聲擾耳，勿顧問。已而颯颯風生，愈聞愈響，不敢開視。頃又忽止，【評】頃刻間已行萬里。及啓視，老者已失，四顧皆竹徑，細而紆。尋步里許，得一菴曰雲巢，進叩周行，始知非故土也。主席者，靖菴先生，時則順治十五年（一六五八）矣。子至是乃悟，遂止雲巢，任樵採者十七年。以上云云，按之《金蓋雲箋》所載相同。

靖菴殁，始返雲南。按靖菴先生於康熙十二年癸丑（一六七三）辭世，金懷懷於明年甲寅（一六七四）出山回滇。至阿嵠，家已不可考也。遂上雞足，無所遇。返之楚，遇管天仙，與談洽，成師弟，安居武當真武宫二十九年。轉之金蓋，主席者已姓徐矣。紫垣留之住三載，復返雲南。按《揚氏逸林》載：金懷懷，明永樂間人，入山修道二百餘載。康熙初年飛步來湖州，止於金蓋山，奉陶浩然爲師，居處十四年，絶無神異。後歸雲南，至康熙四十二年癸未（一七〇三）復至金蓋。所食惟桐花竹實，飲則清泉。居三載，亦無他異，忽不見云。聞雞足道者名，造謁合，因得斗法。【評】前上雞足無所遇。此番造謁，殆有因緣時節乎？旋出遊蜀，李泥丸居青羊宫，授以黄白等術。於是足跡遍天下，而可無困也。

乾隆戊子歲，三十三年（一七六八）。姑蘇潘雪峰遇子於勞山。【評】爲下文作引綫。當時之從者，雲大辯、李赤脚也。以上懶雲子均據潘雪峰所述。乙卯（一七九五）秋，余始與雪峰率梅谷，梅谷姓徐，名陽仁，原名德暉，金華浦江人。自歸安射村起程，作雲遊天下計。發舟至菱湖文昌閣，一道士衣破衲，荷七寶，年約四十許，面圓而赤，兩目星星，無多鬚，飄飄過。雪峰望見大喜，【評】潘雲峰無心之見，金懷懷有意而來。登岸拜叩，語良久，同下登舟，謂余曰：「我師祖也。」王宗師有徒雲大辯者，爲雪峰之師，故稱師祖。余亦喜而拜，舟乃行。次早將達平望，子顧余曰：「兩緣洽，莫虛過。十洲三島，不出一心。不悟遠遊，徒招磨折。太虛大道，輕雲律師蛻號太虛主人，爲懶雲子傳道師，故曰太虛大道。聞莫忽撩。」余再拜，願皈投，子曰可，【評】一「可」字，訂師生之誼。此篇首之所以稱子王子也。遂登岸去。余尚不知其爲子也，且未知子之即去我也。良久不見返，雪峰又述其始末，始知金懷懷者，即子也。悔未肅恭，致遭子棄。遂偕雪峰、梅谷分道周尋，人無得而見之者。廢然返，不復出遊，迄今不復見。

人本仙家，文准史筆，均可謂平正通達而無敝矣。

白馬李宗師傳

白馬李者，我朝之神人也。生忘歲月，爲人述明季事，歷歷皆親見者。謂曾受知於喻布衣、喻布衣，不知其名。按之《綏寇紀略》，常（嘗）爲左良玉記室，良玉敬之，稱爲喻大哥者。管天仙二人。其得休閒百七十載，布衣全之於前，天仙成之於後者。

住住生曰：住住生姓郭，後有傳。師少精奇壬，長通佛乘，生於萬曆四十三年（一六一五），明末隱於雞足。康熙戊辰，二十七年（一六八八）。始至京師，性脱略，不事規矩，人罕識之。初休西山摘星崖，越七月一入城，如是數十寒暑。所乘惟一白馬，顔面時蒼時少。人始見有奇之者，訪其名號不可得，咸以白馬李呼之。湖廣范青雲述之甚詳，亦闕其名字。按《鉢鑑續》中《寓遊集》載稱：白馬李者，江夏人，其先世業醫。生而愚魯，膂力過人。年二十三，遇異人於黄鵠磯頭，遂通術數。越九載，蜀有異僧曰破山，奉蜀藩命來訪，因同至蜀，遂通佛乘。時蜀大亂，蜀藩已被難薨。有喻布衣者，善隱形之術，相遇於梓潼山，護送至滇，遂休雞足。順治丙申（一六五六），有自稱野怛婆闍者，復歸自西域，相遇于龍樹山房，心性相洽，益精内典三昧。越四年庚子（一六六〇），野怛婆闍出遊京師返，始稱姓黄，名守中。從有弟子一人，是爲管天仙，與談洽，成師弟。天仙名曰太清，李名未之詳，然亦龍門一派也。其居雞足時，日誦密蹟（籍）神咒萬餘遍。至歲戊（庚）辰（一七〇〇），乃由西藏折之燕山。時而冠冕，居然處士，忽而髡頭跣足，儼然困丐，由是西山瘋子之名大振。時或策馬周遊，千里百里，頃刻而至。人始疑之，有同侶識之者，謂其所乘不由胎牧，喻布衣之所贈者。當時有少年姓年者，知而要於路。斯時李已隱現無常，凡人有不得而見之，年以竭誠且慧，得遇之野。一見大喜，引至僻處，盡以所學授之，並括《禮記》成句以示曰：「富貴而知好禮，則不驕不淫；貧賤而知好禮，則志不攝。」年拜而受之。即大將軍年名羹堯也，後嘗述以示人。江蘇徐鶴嶺爲余言之。自此以後，未嘗復見，年將軍以爲遇仙云。然李嗣是遁隱江湖，混蹟於困丐之流，迄今三十餘年，不復入京師。或有見化於江南採石磯。有六安州人某，李之弟子也，得其棺，爲葬於太白樓後。事在雍正十三年（一七三五）正月云。

輕雲子謂師姓李，名清純，原名馴，江夏人。管天仙弟子。初崇西教（密教），管天仙知而俯導，始得大成。今則混蹟清虛，待時上試者。輕雲子之言止此。乾隆戊申（一七八八），余入京師，見其休於李鐵拐斜街，身不滿五尺，而心通三教，信也。是年冬，飄然至金蓋，轉至金筑。師謂自北南來，爲謁故人遺蜕，且以訂後緣。時輕雲子逝已兩載，墓葬金筑坪。其謂且訂後緣，未審何指。師蓋知我有《心燈》之作歟？今歲戊寅（一八一八）秋季，四川徐某自京回袁浦，謂師於仲秋某日辭世於李鐵拐斜街，七日封龕，兩目星如，顔色如生。成親王爲葬於西山之麓。師真辭世歟？抑出而大定於名山深處歟？憶師於戊申南來之日，正我兄雅山中書諱思毅。會師於粉坊琉璃街之天。師以壬水丸寄我叔峙庭中丞，諱鶚元。且有湯引數則，爲師手書。夫南北相距三千五百餘里，苟無瞬息萬里之能，不得一日並見於世者。今之辭世也，蓋特表夫宗旨而自隱其神異耳。爰爲述傳以補之。

張蓬頭傳

張蓬頭者，楚之江夏人。【評】亦非張姓，亦非江夏人，觀前大脚仙傳末可見。本姓瞿，名未詳，並不審其何以稱張蓬頭也。性仁柔，精吐納，學養有年。嘗行苦行於嘉善長春宮，人亦不之識。事見卷三邱寅陽律師傳。又嘗至金蓋，與樵雲子爲莫逆交。按《樵雲紀事録》載：乾隆四十一年丙申（一七七六），江夏張蓬頭來山，年百有五十餘歲，居山兼任樵採。越四年乙（己）亥（一七七九），出山至湖北云。龍門道士，姓郭，有傳列後。其弟子也。乾隆甲辰歲（一七八四）四十九年。至湖北長春觀，忽廣募菸，得貯一室，人莫之解。積既多，遍告道俗，謂將飛昇，擇期重九日，遂取菸生啖若菜然。已而之上龜山頂，俯而吐煙，騰騰自口出，濃聚若雲，微風徐來，乃揖衆上騰，立煙際曰：「去矣。」當是時，觀者若狂，群見其飄飄馭煙，漸昇入漢，形小如粟，竟泯。古未有藉煙得仙者，張蓬頭獨創之，豈蘊有深意歟？

樵雲子謂：其昔處金蓋時，默默閒閒，惟崇寔行，不以作客廢樵採。【評】依然苦行，如嘉善長春觀中。行承宗律之傳者，而竟以法化，非去宗律也。人群好奇而厭濟。蓬頭此舉，是亦騎鯨拔宅之意耳。傳以質之有識者。

從容恬淡之中，而特揭其苦行。撰者於此，亦蘊有深意歟？

活死人傳

雲大辯，王其姓者，普洱人也，自號活死人。早歲從軍，曾邀録職。年五十，職落無依，計步至京，痾作幾死，【評】此其後來所以稱活死人也。悔思出俗。寓去飛雲洞里許，有管天仙者，異人也，隱現無常。向與〔之有〕一面〔之交〕，聞駐飛雲，因匍匐往。垂至，天忽大雨，山水漲。自問必死，【評】前日幾死，此云必死，俱爲點題之筆。而管已前至，負之趨，不數武，已終南也。痢遂止，〔管〕忽不見。【評】此寫管天仙與金懷懷之神異，正以見活死人之仙緣深厚也。王方驚悸間，又一飄飄者來，呼「且休」。越三日，就寢未醒，忽聞大呼醒，云「又至矣」，起識爲崑明太和宫。其時身驟强，始知飄飄者即金懷懷，姓王名清楚者也。活死人至是心益堅，跪泣求度，許之。與偕混俗年許，法訣玄微，蓋俱受授。

五十二，至武定，力行苦行有年。【評】俱受法訣玄微，復大行苦行，此精修者之功用也。管天仙又至，始知管名太清，得道於雞足道者，爲崑陽王祖嗣孫。遂偕之雞足龍樹山房，不復作法，十日始至。道者喜之，授以怛那印，斗法名。令習竺斗。又年餘，出遊天台、終南，三十餘載，乃至江南冠山，休於來鶴道院。樵雲子誠訪之，而無所授。按《樵雲紀事録》載：乾隆三十八年癸巳（一七七三），往訪雲大辯王宗師於姑蘇之冠山，一見如故知，而無所授云。得其訣者，雪峰潘子。【評】此雪峰所以稱金懷懷爲師祖也。雪峰謂其狀貌脩偉，髮長丈外。【評】故有雲大辯之稱。其休冠山，惟事吐納，法術神通末之一露。既於院側自築活死人墓，生入而逝。住世百十有一歲。

此篇蓋全據雪峰所述，而文筆錯落，字句精嚴，係《心燈》中本分筆墨。

李赤脚傳

李赤脚者，川陝高士，子王子即金懷懷。弟子也。忘其名字，或云姓吕，名一炁。初聞道於管天仙，既休勞山，乃得大妙旨於子王子。及返川陝，不知幾多歲月矣。乾隆間，畢制軍名沅。大重之，謂其胸藏萬卷，道德淵如，莫能測其底藴。當時大員如撫使汪、名新。總制福，名甯。無不師事，爭相供養。赤脚視如塊，屏捨不一取。冬夏一敝衣，不澣不脱，氣之臭翻如蘭，異哉。直隸道士王陽琪嘗言之。

又謂師於國壽時，川陝大員擬送之京，力辭不可。乃生穴土岸，處之寂然，諸大員以爲已逝也。厚殯之，堅砌深藏，寶諸殉物。未幾，有縣尹某來自關東，猝遇師於天津，與書十有七封，返其猩尼大斗襉於撫使某，杏尼幔於觀察某，玉如意於總制某，明珠手串於川督某，黄金香盒於方伯某，冠裳衣履、拄杖拂塵等於諸庶員。囑曰：「是皆民脂民膏釀以成者，【評】人之不可拘縻如此。敢奉璧（返還）。」遂别。及賫至，一一分投，皆相向吁唏，不勝驚感。王陽琪謂是嘉慶初年事。

王乃一炁吕師弟子。李耶？吕耶？其一人耶？其兩人耶？石照山人曰：「然，是嘗一而二，二而一者也。」

通體無痕可見，真莫測其底藴，誠哉高士也。文不加點，而其道已光。

石照山人傳

石照山人者，姓章名大亨，字以正，一字敬齋。績溪增廣生，精於數術，抱負非常。卒年四十有五，惜哉。我師金懷懷之佳弟子也。其父麓山，尚玄學，德行精純，壬奇通澈，天文地理，三教九流，問無不知，而平等視人，無有貴賤窮達之别。績溪有山曰石照，緬平如鏡，誌載有異人生則放光。乾隆丁亥（一七六七），光輒放而敬齋適生，故又號曰石照山人。七歲受書，志承父業，然兀兀於舉業者有年，乃入泮。家貧，因遊藝於江浙間。余始得與交，見惟孳孳於《朱子綱目》，印證以六經四書，謂曰：「奇壬韜略，用而已矣。法有五遁，更非其體，難保究竟。」年十五即遇金懷懷，二十七復遇成師弟，嗣是奇蹤異跡，在在有之。常於冬夜衣單衣，或危坐，或隱几卧，向晨則重裘而出。與人交接，若無能者。

庚午（一八一〇）仲秋，特訪余於虎阜。時方正午，適有問日甲子者，余指十七，山人指十八。余方疑之，山人曰：「浙江大潮可證也。夫子不信，請往觀。」遂攜余手，令閉目。余知其技，遂如囑。但覺足履空際，兩耳風生，愈行愈響。俄而若有萬馬奔騰之勢，儔人喧闐之聲，猝然身止，曰「開」。遥見雪濤萬丈，如山如雲，果已〔至〕江干矣。觀畢，返步入城，訪徐梅谷於武林巷，相視而笑，啜茗食果而散。復如前約歸蘇，而夕陽半山，天香馥郁。山人因謂余曰：「此末技耳，能挽劫運乃爲法。我師金懷懷能之，能而不行，故名有道。願夫子集大成，毋以某爲都也。」談次，山人握管書一偈。偈曰：「茫茫天漢，重三啓行；日維草戴，墓木而神；雲錦素書，桂落文門；淩霄敷用，鎮之南庭；庚寅大昌，一鴻乃鳴。」書畢，謂余曰：「明年今日，夫子驗之。」

嗚呼，山人竟於次年辛未（一八一一）閏三月十八日未時辭世。聞其於十七日晚，尚大飯不已。時僑寓姑蘇蔣家衖，娶妾生子。方其大飯時，妾殷勸之罷，山人笑而止箸曰：「從此不食矣。」次日未時，遍揖友人，端坐而逝，異香三日達於衖。山人其仙去歟？抑行五假法而他之歟？山人上有母兄，下有妻子。其謂數學得夕陽道人傳而始精。嘗佐浙撫清名安泰。籌平洋匪，凡出兵之遲速，海風之向背，但從山人謀而行者，莫不應驗如指掌，江浙當道咸信慕之。有饋以貲若干，攜省太夫人，寢食不刻離者五月，出之曠野，向家而號終日，失聲乃止。辛未（一八一一）二月，復之蘇寓，視其妾生子而悲。既逝數月，妾生之子發痘殤。時方夜半，妾殷慟絕，假寐忽醒，而幼骸已失，衣褌具存，異哉。豈山人攝以同歸歟？是年四月，山人長子某來扶其柩，歸葬於績溪大油坑先塋之側。八月，其僕某以其手批《金口訣》三册、《枕中秘》一卷來投，往年此日之偈果驗。余謹録其副而藏其原本，以待二十年後庚寅之歲云。

山人於龍門爲十一代，名曰一鴻。梅谷徐生，山人之弟子也。

事多補筆，參錯相生，得去煩就簡之法。

李蓬頭傳

李蓬頭者，奉天富家子，名字未之詳。潘雪峰以兄事之，謂亦活死人弟子，而嗣張蓬頭者。少喜三丰新宗，學無得而家破，出遊江浙間，遇李赤脚於弁山之碧巖，授以飲水辟穀法。返棲牢山，轉之金蓋。《樵雲紀事録》載：乾隆四十三年戊戌（一七七八），川陝高士李赤脚，偕奉天李蓬頭來山，旬日去之牢山。余嘗親承色笑，見其鶴立身輕，不聞寢食，信矣。戊午（一七九八）以前，金蓋常至。按自戊戌一至後，丙辰（一七九六）以前，無可考據。於丙辰八月曾復來山，至丁巳（一七九七）正月出山。秋復來居山五日，與懶雲子極相契洽者。戊午以後，未見有聞。訪之雲水，有謂其仙逝滇南太和宫。

尹閣學名壯圖。曾作詩以賀云。

不蔓不支，亦虚亦實，善繪事者，數筆入神。

龍門道士傳

龍門道士，姓郭字來澄。爲張蓬頭之徒，係龍門十一代，其名未詳。向休終南，幾忘歲月。相傳其入〔山〕時，年已百有二十也。【評】一句包羅多少工夫。以下但即其貌述其語，而全神活現矣。其於何年入終南，何年出山，俱不可考。嘉慶丁巳歲（一七九七），飄飄適金蓋，爲訪太虛來。即輕雲沈律師也。鬢髮墨黑，一食斗米不稱飽，停餐月餘不鳴饑，聲洪若鐘，目光若電。與談明季事，歷歷若親見者。

嘗謂李泥丸、有傳列卷八神仙傳。金懷懷、白馬李、楚大脚、即大脚仙。雲大辯、即活死人。赤脚李、袖虎王輩以上六人俱有傳列于前。俱不死，三載前猶同會於王屋山，【評】觀人者以其友，可以想其位置之高矣。今則散居名山。是皆駐世神仙，往來六合，待時上試者。蓋天上人間，事同一律，人間狀元三年一試，天上狀元五百年一考。其例起於唐，故呂祖爲天上開科狀元。繼呂而元者，我龍門邱祖。由今逆計，數將近也。竊彙元、明以來先後證果玄裔，不下萬計，思得繼邱而元者，擬惟南宗白祖，即南宋時紫清真人，姓白名玉蟾者。以其嗣南宗派，故稱南宗白祖。其次則太虛（沈輕雲），今俱溷俗和光，人無識之者，刻欲一見，擴我心目。東西南北，走已四年矣。修道如牛毛，成道如兔角，不泥神通，便滯功業，幾不知太上宗旨爲何物矣。【評】真正時下宗門流弊。遂登金峰絶巔，南向再拜而去，不知所之。

通體烘托，其人位置自爾不凡，是得左史心法者。

住住生傳

郭名陽曉者，自號住住生，陝西西安諸生。得吐納於雲大辯，向休武當山中。畢制軍名沅。慕而迎之，館於武昌長春觀。汪方伯名新。刻伺之，果賢，遂皆師事。住住生不尚奇異，但導以性理書，兩湖大員皆傾倒。【評】只此二語，見其學問。下文乃以神化見其道力耳。一日，群以大兕觥進汾酒，多至七百餘觥，惟見其熱氣頂騰，有如金蓋之出雲者，衆益歡（歎）服。至歲壬子（一七九二），忽他適，四訪之，始知就養於崇明祝氏也。招不返。嘉慶戊午（一七九八）夏至日，忽至金蓋，一無所攜。休三日，飄然去，謂駐冠山。余就訪無蹤。崇明祝氏，余戚也。余返，遇祝虎邸，因叩其蹤，曰：「已於去秋病逝，墓之北郭九月矣。」相與詫異而散。蓋余嚮慕已久，住住生來慰余念歟？抑以顯其神歟？將以堅畢、祝諸君之意歟？未可知也。傳以體其志。

一生不尚神異，没後特顯奇蹤。斯爲宗門有數之人，其道德神通烏可量？

金蓋心燈卷六下

新安鮑廷博淥飲注
武林鮑錕薇菴評

女　貞北宋一人，本朝四人，凡傳五篇。

胡采采傳

采采姓胡，名江一，字采蘋。《逸林》誤作翠蘋。宋吴興教授安定夫子少女也。安定夫子傳，列卷七名宦部。母夢採蘋於江，覺而生者。性幽閒，不事女紅，愛月愛梅愛荷花，尤愛蘭菊。父母鍾愛之，終朝吟咏以寄志。年十五，字烏程嚴氏子。十七，嚴卒，母欲別字，死諫以進，志乃守。年二十，無疾坐蜕，葬於何山。在金蓋西北麓。○以上出《金蓋雲箋》所載江南女道士王霞棲《脩胡貞女塔碑》文内。好事者謂其昇證飛鸞仙使云。《逸林》等書均載是説甚詳。

江上清風，山間明月。無心妙境，神遊於化。

江雲城大師傳

女道士江雲城者，名正合，雲隱律師之妻也。律師姓呂，傳列卷二。江南吴江人。年十七歸律師，律師志在修真，端坐不卧。江叩以故，律師告以情，請從此别。江笑曰：「子有志，余獨無志？」遂亦起坐不復卧，而相敬如賓焉。已而律師尋父外出，事詳呂律師傳。江惟日誦《黄庭》，曉夜不之間，頗有心得，魏夫人爲之夢降者三。按南嶽夫人姓魏，名華〔存〕，出《道紀》。及呂奉父返，父已得道，喜江之有志也，乃命今名，加授《靈飛經》。精而鍊之者有年，喪葬事竣，出開女貞觀於木瀆，規矩森密，五尺童子不得獨入。數載道成，得王霞棲而授以道，遂白日沖舉，隱隱見有南嶽夫人前導云。按此篇悉採自江蘇呂徵所撰原傳。

愚按此篇與金蓋絶不相涉，何以亦列傳於此？蓋以其爲呂雲隱律師之妻。稽律師之開冠山一宗，實與金蓋相峙闡揚。且〔律師〕嘗至金蓋，其門下亦多有居金蓋者，爲列傳於《心燈》，宜矣。若江大師，雖未聞其至山，實爲近時女貞班首。且其門下有來山脩胡貞女塔院一事，其徒得傳其師，若江大師，烏可不列傳哉？況紀善不限以格，君子用心正，不必以其曾否至山而妄議删減也。不然，《道藏》所載金蓋爲古梅華島，天下隱男真居之，原不聞有女貞一流也。而近時既有數人，則因時制宜，自應列類矣。或有議此篇與金蓋無涉，似應删去者，余故論及之。廷博識。

鮑薇菴曰：爲雲隱之妻，遂從雲隱之志。爲貞九翁之婦，乃得貞九翁之傳。其後道成沖舉，固所宜矣。即如冠山木瀆，相峙闡揚，竟開男女兩宗，亦足徵孝其翁、順其夫之大者也。合之金蓋心傳，本自一貫，可有男女之異論耶？又何有蘇湖之異地耶？

王霞棲大師傳

王霞棲者，江南望族女。父兄皆尚玄學，家有不繫舟壇。不繫舟三字，蓋乩壇名也。余聞有仙女紫姑者，能降神。霞棲有眷於紫姑仙，嘗受心印，志在精脩。以幼字錢姓，礙於律義，終歸函陽子，函陽子亦有傳列卷三。而常獨宿。中歲函陽亦悟，出之冠山，皈雲隱律師門下，事詳函陽子傳。王始皈投女貞，爲雲城後。成其志者，紫姑之力居多。

霞棲既淨處，亦事靈飛法，卒得六通。兼持《梵網》《楞嚴》等訣，屏除神異。【評】事神飛法而屏其神異，雲城之立教可知矣。又有年，遠近閨貞節孝，咸皈附之，女貞宗益振。出脩胡貞女塔於浙湖何山，置田十畝而返。今其田已無主掌者，貞女塔亦莫能辨之者。傳謂貞女即胡采采，傳列前。嘗降不繫舟，霞棲奉爲師者，故有是舉。以上悉採吕徵所撰原傳。《逸林》載：霞棲於康熙辛卯（一七一一）五十年。上昇，紫姑奏授東華瓊館牙籤内史，以其三閲《道藏》云。【評】良不盡誣。人本仙質降生，文亦清超拔俗。

胡剛剛仙子傳

胡剛剛者，名滿月，字海生，松江青浦人，楊君鶴家義女也。【評】但稱義女，固不知其所從來者。幼遇異人授以丹訣，九歲功靈，十二暫蜕，法爲入定。其家昧，乃殮之。固常夜現，繼則晝出，楊氏患之。輕雲律師至，楊未之告。夜既半，聞有呼「還我室」者，聲漸近。律師異之，爲歛神以視，形果彰。召之前，娉娉婷婷，不類鬼。定睛以矚，不慄不退，知非妖。乃詰之，得其情，知殼已敗。心憐之而未可即度，叱而退去，則淚盈盈，狀不勝悲者。復招入，戒以青律。〔剛剛〕跪而聆之，曰：「苟得殼居，道成必報。」律師爲爇紅炭一盆，置之左，注水一盂置之右。曰：「汝殼在水，曷入尋？」剛剛入，久之出曰：「不在。」曰：「然則在火，曷入之？」【評】真正水火煉度矣。剛剛何緣而得此？剛剛又入，良久，泣出曰：「又不在。我道難成矣。」【評】神情悽惋。律師喝曰：「癡女子，神仙之妙，亦不過入水不濡，入火不熱耳。【評】此時不濡不熱，剛剛之力歟？輕雲子之道妙歟？汝今出入兩無一礙，不已志遂乎？何戀殘軀？剛剛此時水火無礙，全賴律師之功煉。且愚聞，神仙之妙豈專在此？律師之喝不過爲解釋法耳，下文乃真正宗旨。汝今而後，但堅爾念，一爾神，隱現從經，護持正教，三千功滿，八百行圓，仙職有日也。」剛剛大悟，九拜稱師。師則授以玄偈曰：「有誦此者，汝其即至，違不成道。」剛剛泣拜曰：「謹受教。」起，雲自足生，冉冉昇滅。楊氏從此室安。按之《樵雲紀事録》載：律師於乾隆四十年乙未（一七七五），自桐柏來金蓋，陽復始得皈，嗣龍門十二代。又載：是年秋律師出山至松江，度胡剛剛仙子。師以偈言附之册，誦之無不應如響，亦金蓋之護法仙也。按《至真經》稱曰「太虚玉女剛剛胡真人」，蓋已受仙職也。爰爲傳其始末云。

神情兼到，理法俱清，足爲女真中了當公案。

繆妙真傳

繆妙真者，海甯陳氏女，未婚守志而成真者。生無兄弟姊妹，父母珍愛之。術者謂壽不永，乃寄姓於大士。大士爲繆莊王公主，故凡寄大士座下者，咸以繆爲氏。此亦無稽之説，爲愚夫愚婦之所宗。

妙真父源，母葉，皆務農，居城西北隅。父以妙真字姚氏，未幾母歿。七歲，父又卒。姚氏爲之殯殮。妙真悲不欲生，翁姑聞而憐之，告諸媒，攜以歸。時方盛暑，未嘗露體。翁嘗讀書者，見而喜之，愛以女如。年十二，姚氏子暴卒於野，妙真聞，匍匐往，慟幾絶者三。憐媪勸之再，乃曰：「爹姆年已五十三，其〔子〕死，爹姆無依，故不覺其悲之慟。我慟，爹姆愈不堪，當謹奉教。」遂噤不之哭。姚翁母聞而益憐之，愛勝己出。

年餘，有爲姚翁母計者：硤石張氏子薄有資財，年二十未婚，父母俱歿，有兄三人，隱慕妙真賢，願作姚氏螟蛉。已而姚、張既面，各相許訂期，結成父子緣。妙真曰：「張氏子似有才者，攜資産以賈父事，且素無一面而願來，爹姆盍遽許之？」翁深以爲然。母亦悟曰「我知之」，目視妙真而入，現有喜色，入曰：「如是如是，豈非子假媳真，我與翁無後患矣。」翁出，亦喜形於色。妙真見而竊歎曰：「我志訣矣。」無何，張至，〔與翁母〕歡若骨肉，而〔妙真與之〕避嫌若陌路。相處年餘，審有成説之期將至，乃夜逸，投身鄰井。不意井適涸，不得死。姚、張遍覓無蹤，竊幸陳無伯叔兄弟云。越三月，鄰有雞飛墮於井，因得妙真尸。鄰大懼，撫之尸有微温，灌以湯，頃聞尸腹嘈嘈有聲，瞬息復蘇，起而泣拜，告以故。鄰者憐而敬之，以告姚家。姚至攜歸。〔妙真〕自是不櫛不洗，行止若瘋甚。姚因爲張訪一配施氏女，較之妙真美十倍。張亦欣然矣。

〔姚翁〕乃送妙真〔出家〕，依其妻娣之出爲蕭山凖提庵道姑者。妙真竊感翁慈，得全其志，而庵鄰有二惡少，懼爲污。於作菜時，以面面鍋，油沸，點水以爆之，立時腫潰。既愈，貌極陋矣，乃保以淨修。逮姆娣歿，妙真年已四十有七。喪葬竣，乃至練市大士庵。居有年，從其侶謁吕祖像於雲巢，得有清淨不二宗旨爲元初清淨正宗孫不二元君傳本。而去。既則天耳、天目咸開，乃計作朝山舉，日於其室密習負擔。年餘，肩能擔至百觔，遂負笈而出。男其裝，人亦不能辨也。逮返，已閲五載矣。復來金蓋，歷述所至。蓋由富春達廬山，遥至武當，轉峨嵋，入雞足，歸踰百越，達桃源，泛武陵溪，升大孤、小孤，至黄山謁軒轅墓。折之天台、鴈蕩，落普陀，浮海達〔鎮江〕金、焦〔山〕而返。出示兩足，繭厚三錢矣。袒其肩井，高聳如拳矣。噫，一女子而壯遊若是，可愧殺天下行脚僧也。據各有所見見聞聞，不勝述。時維嘉慶丙子（一八一六）四月也，歸練市數月，無疾逝。

聞其平時所持，惟《妙法蓮華經》，而内煉丹工，或謂其大士夢授。自謂爲金蓋女貞胡剛剛第七弟子云。懶雲子曰：「否。妙真以貞女苦脩，明且誠，自成至道，本無須授受也。其或大士侍香女，夙曾受教於胡貞者，未可知耳。」

蕭蓮石傳 附陸芳卿傳

蓮石，姓蕭氏，江南鎮江人。生而貞靜，不同凡女。既長，從事玄功，父母有疾，衣不解帶，以奉湯藥，惟喃喃持咒以禱之。平時偶拂人意，横逆加之，恬不爲動。已而示疾欲逝，父母留之，答曰：「死猶生也，順數而殁，焉知不愈于生？」語畢，寂然逝。父母哭之哀，良久復蘇，曰：「兒去處頗安樂，神留金蓋，中皇夫人命掌女貞玉册。頃聞親哭甚哀，特來告慰。亂兒心曲，辜負天恩矣，幸勿復哭。」親然，乃復逝，異香繞室，經日始散。父母因而入道。〔蓮石〕殁後，屢憑乩降善言傳世，無非勸孝勸弟，勉人作福，而以清静無欲爲宗者。嘗謂神自北上金蓋來，北上金蓋，稽之道典爲北斗靈開宫。核諸蓮石棄世時語，其爲昇證金蓋女貞也，又何疑乎？爰爲列傳于右。

陸芳卿傳附

陸芳卿者，吴門人，金蓋嗣生薛心香之妻。父早喪，母孀居，芳卿性孝而慧，能得母氏歡心。家無隔宿粮，恬然共處。惟勤女工，以斵薪水用。年十四時，遊戲後園，見一籃褸乞婦睡草莽中，向陸乞錢。陸憐而入，取錢予之。婦曰：「曷不隨我去？」曰：「有母在，兒何去爲？」婦嘆曰：「塵緣未了。」倏不之見，但覺異香盈園。年二十，將字薛氏。是日清晨，鵲啣一側柏枝，綴子三粒，兩大一小。母以爲奇，取壓吉庚，付薛氏。二十三歸薛。薛精持密蹟神咒有年，陸染疾危甚，薛爲之禱。陸見一珠如月墜下，疾遽全愈。隱隱見一女子頸挂絲絛，貌熟甚。已而寐，夢前乞婦曰：「此汝表戚某，汝命亦當如渠而卒者，欲脱此，計惟朝斗乃可。」陸于是誠奉西竺法有年，頗著靈應。又有年，復夢〔乞婦〕如初，告曰：「某日當染疾逝。」已而果然。薛念之切，有某地設乩卜，陸忽憑示數千言。薛因篤信因果，不復有續娶想。〔陸〕生子女三，兩大一小，悉如鵲柏所綴。

歲辛巳（一八二一），薛寄其降示來山，自謂北斗散花使者降生，而昇證靈開宫，籍隸玉女。豈其向遇之婦即屬斗府女仙歟？芳卿名曇，薛名桂。桂因進慕玄學，嘗入金蓋，殆亦降自北斗宫歟？乞婦所謂塵緣未了，殆指與薛生歟？有緣不了，仙佛不能奪之而斷。今而後，甯結道緣，毋結塵緣也。可爰爲列傳，附于女貞之末，所以示戒也。

金蓋心燈卷七上

新安鮑廷博淥飲注
武林鮑錕薇菴評

名賢自東晉至今，凡傳六篇。

何太守克正先生傳

何太守，晉代奇人也，嘗爲吴興太守，名楷，字克正。尚孝友，學教不倦，天下宗之，惜未幾而世革，王衍輩有以誤之耳。方太守之開讀書堂於金蓋也，按何楷讀書堂在金蓋山西北麓，因名曰何山。宋蘇軾有《登何山詩》，蘇舜卿有《何山讀書堂詩》，均載府縣志。○又按《金蓋志略》載：楷開讀書堂，四方從之學者衆，堂上設大鐘，從者各設小鐘。每晨起自撞大鐘，其四山小鐘皆應，有不應者必呵責。亦可想見其教鐸之嚴云。夫豈化育一隅而已哉？將以上承孔子，明《春秋》大義於天下，使亂臣賊子知有所懼，庶幾朝廷安而草野新。詎期旋令小試，復又厄於岨峿。有材莫之展，世運然乎？太守無愧也。然余不能不爲太守惜，生不逢時，感慨係之；又不能不爲太守幸，迄今千百年矣，不乏心心向往，幾有欲罷不能之慕者。人心不死，太守猶生，則太守直教千古矣，又何憾？

太守之傳，想湖郡志乘彰然。此特爲達其志，吐其氣耳。焚香展讀，可起太守於九泉，況其靈不泯，殆亦慨然於千百年後之來者。

胡太常安定先生傳

先生姓胡，名瑗，字翼之，謚文昭。世居長安。少有氣節，通音律，專意經學，嘗爲我湖教授，世稱安定先生，宋代大儒也。先君子艮甫公，謂先生受知於范文正公，且見可於仁宗皇帝，而官止太常博士，何哉？按先生於仁宗景祐中，范仲淹薦之朝，始入秘書省。仲淹言先生知古樂，召見論樂，拜校書郎。及元昊寇邊，出爲陝西丹州推官，旋移密州，復遷保甯軍，乃命教授湖州、蘇州州學。又召入，官太學直講，教授諸王宮，以病辭。復召會秘閣議樂，除大理評事，兼大理主薄。尋授光禄寺丞、國子監直講。樂成，改大理寺丞。嘉祐元年（一〇五六）遷太子中允，充天章侍講。既而疾不能朝，拜太常博士，還官政，從其子志康杭州節度推官以就養。稽其身任教授也，學徒數千，咸敦實行。按先生教授蘇、湖二州，爲嚴條約，以身先之，寒暑必公服終日以見諸生，解經至要義必懇懇言，其治己而後治乎人者。學徒數千皆信師説，敦尚實行。刮劘爲文章，必傳經義，務期理勝。後人以謂先生學啓朱程云。而其議樂也，不避時毀，用於郊廟。按先生作《皇祐新樂圖記》，布之天下。其間貴官老儒相詆議者，非一非二，而先生未始恤之也。其在丹州也，日預建議，邊賴以靖。按先生在丹州，日與府事建議，更陳法治、兵器，開廢地爲營田以濟軍食，募土人爲兵，漸以代東兵之不任戰者，給之錢，始自市勁馬，邊備始充。軍校、番酋、亭長、廝役以事按見，輒飲之酒，訪備邊利害以資帥府。故府多材人，而邊陲得以靖。其遺書也，一十六種，發明周孔心傳。先生之學，學啓程朱者。設使先生得秉國鈞，安在禮樂兵刑，不在文正諸公之右。先生之不大用，非先生之不遇也，蒼蒼者正欲其乘閒著作，以爲千古儒宗計耳。按先生所著，有《易傳》《周易口義》《易繫辭》《説卦》《尚書會解》《洪範解》《春秋要義》《春秋口義》《論語説》《中庸傳》《吉凶書儀》《樂府奏議》《樂圖》《武學規矩》《資聖集》《言行録》百餘卷。又弟子中記其五經異論，目之曰《胡氏口義》，均傳於世。

先生生於太宗十八年，淳化四年（九九三）。卒於仁宗三十七年。嘉祐四年（一〇五九）。墓葬我湖何山之原。按先生墓誌載：嘉祐四年卒於杭州，詔賻其家，賜謚易名。明年十月五日，長子志康一遵遺命，葬於湖州何山之原。其季子志正攜衣冠，歸葬如皋祖墓之側。於明嘉靖間，〔詔以先生〕從祀孔子廟廷，國朝因之。乾隆間，太守李公名堂。來修其墓，復興安定遺規於府署西北。

先太保孺山老人傳

先太保孺山老人，余之十世祖，謚莊懿，諱珪，字朝瑛。少讀書孺山，故有孺山老人之號。年二十四領鄉薦，三十五登廷試，由工部觀政仕至刑部尚書，勳柱國，加少保，贈太保。列官四十餘年，出入三朝。謂明憲宗、孝宗、武宗。其敭歷中外，卓著勳烈。按大學士王鏊撰《墓誌》載：公自天順甲申（一四六四）登進士，選授山東道監察御史，屢劾大臣之不法者罷之。成化丙戌（一四六六）巡按河南，多所平反。戊子（一四六八），巡按江西。庚寅（一四七〇）復命，陞江西按察副使。甲午（一四七四），除廣東按察使。適南雄、南安二境爭田不決，公方會勘庾嶺，衆人忽嗷呼爲變，或勸公少避之。公不動，徐爲處決。令下，兩境胥悦，衆散去。又新會民衆嘯聚山谷爲亂，公出喻以大義，貰其逋負，遂安堵如故。乙巳（一四八五），陞右僉都御史，巡撫江西。舉廉黜貪，勸分薄賦，且疏盗賊之作皆由巨室，欲連坐之，仍革豪右横取之弊。次年（一四八六），以忤妖人李孜省，左遷廣西按察使。明年丁未（一四八七），復官都御史，巡撫畿甸，經理儲備，修理城濠。尋進刑部侍郎，以都御史總督兩廣軍務，討平番禺、瀧水、柳慶、平樂猺獞諸亂。旋討古田，公設重賞，購緝首惡。已而賊果自縛以歸，公奏功於其下。甲寅（一四九四）考績，晉階資政大夫。南安使臣奏，入貢道經憑祥，龍州輒爲所梗，詔下公處分。公曰：「是亦自有罪焉。」乃行安南毋得挾私貨行，憑祥無得阻貢物，二夷爭遂息。更通行鹽之地以濟軍儲，立定、順長官司而蠻人不變。乙卯（一四九五），陞南京刑部尚書。丁巳（一四九七）二考，加授資德大夫，正治上卿。戊午（一四九八），加太子少保。庚申（一五〇〇）改刑部尚書，屢治大獄，皆會切情法，加以仁恕。樂工袁琳以罪瘐死於獄，邏人以刑部郎中丁哲濫〔刑〕致之死也。事連御史陳玉，〔詔〕下廷議。以事由中貴，〔有司〕相顧莫敢發。公獨擬如律。及吏徐某以死辨哲冤，并下獄深治，公又執〔擬〕如初，竟俱從末減。又遼東都指揮張天祥襲殺虜爲功，大理少卿吴一貫〔擬其〕當具死罪。會天祥死獄中，孝宗大怒，親鞫於廷，欲置一貫重辟。公與都御史戴珊進曰：「一貫推按不實，罪當徒。」上不允。公又力諍曰「法如是足也」，一貫乃罪止貶官。又宣撫逮妖人李道明，蔓延百餘人，巡撫者欲張大以爲功也。公審罪止道明，餘皆縱之。癸亥（一五〇三），一品考績，授階光禄大夫、太子太保，勳柱國，奏取歷歲所行條格會議，著爲定式，法司遵行之。凡議大政，决大疑，不棘不隨，從容處之，而天下已受其賜矣。史謂宅心宏裕，議法寬平，敦長厚之風，恃恒久之操，故得雍容廊廟，不見運動而天下陰受其賜。公於正德二年丁卯（一五〇七）閏正月，再疏請老。武宗皇宗錫宴，制謂云云。王少傅謂爲韓魏公之流亞，少傅名鏊，仕至光禄大夫，柱國，少傅兼太子太傅，户部尚書，武英殿大學士，知制誥，國史總裁，同知經筵事。後爲公撰墓誌，亦稱之。李相國謂有先進之風；相國名東陽，長沙人，與公同登廷試。後爲公撰神道碑，謂當時表立朝宁，議論政令，有先進之風焉。陸御史稱爲一朝柱石；御史名崑，後嘗爲公述行狀。均非虚譽也。

正德初，劉瑾輩議紊政，太保及諸大臣伏闕，疏屢上不聽。太保復有所感，遂請老歸，年已七十八矣。按公外祖嚴司空震直，於明太祖時，以醇德懿行見重太祖。時嚴氏子孫修治廢垣，得銅章一紐，寄問於都。公見識之，曰：「是『既明且哲以保其身』八字，我外祖晚年所製也。今出以示我，其外祖之靈耶？」次日，疏復上乞歸。武宗知其賢，有爲而去，命有司月給食米五石，歲撥輿隸六名，時復遣官存問。朝中士夫心稍安焉。蓋其時太保以朝廷柱石，諸大夫賴依以立，故瑾黨未之肆。越四年辛未（一五一一）十月望日，太保薨。訃聞，贈錫叠加，詔崇祀名宦鄉賢（祠），而御史陸公聞而流涕者累日。劉瑾輩遂大興羅織，不一載而朝野咸受奇禍。君子謂太保嘗寄言在朝士夫，謂立朝貴於成天下之事，基後世之利，勿徒以口舌爭，激怒，致國家有潰敗之憂，身受徒然之讜。惜乎！當時在朝者，未盡克遵也。寄都中書見《行狀》，御史陸公嘗述之。

余按家乘，太保讀書孺山時，方倚東楹坐，霆震其楹，碎其礎，大保處如故，色不稍變。其外王父嚴大司空聞而誌其事，曰「是爲一朝砥柱」。即此以量，太保之致仕非有所畏也，將有以格君心也。太保生於宣德庚戌（一四三〇），薨於正德辛未（一五一一），賜葬於金蓋山之鳳凰原。山爲公高祖牧齋公隱居之所，太保致仕後常往來其間，爲緝齋假龕，築雲香橋。時或錦袍玉帶，佇俟人於松竹林中，望之童顔鶴髮，真天人也。迄今金蓋父老猶傳述之。

嚴宗伯存菴先生傳

嚴存菴先生，名我斯，字就思，號存菴。康熙甲辰（一六六四）狀元，官至禮部左侍郎。浙江歸安人。經濟文章自多傳世，不之述，述其逸事以傳之。

先生少年性落拓。一夕酒酣，卧於浮星橋，忽忽有聞明晨東門有仙進。一人曰：「我有客，奈何？」客蓋謂先生也。一人曰：「汝守之，晨擔河海來〔者〕，即此同客迎，亦可。」先生覺起，一無所見，知爲神告，遂坐以守。及晨，果有叟擔二桶至，先生即起禮。擔叟乃告曰：「檢束身心，自可及第。【評】非凡之材不可無非凡之遇，得非凡之遇，方成其非凡之材。放蕩非儒門種子，【評】持躬正論。仙教亦豈容若輩耶？」先生頷之，曰：「所擔河海，願一觀。」叟笑而揭之，望，果汪洋無際，轉瞬失〔其所〕在。先生遂自愛，以上見《逸林·名士録》。又載：嚴微時常宿浮星橋，一夕見迎新婦者，輿服甚麗，後緊隨一披麻人。嚴異之，因躡跡往。及至，新婦入，披麻者亦入。嚴疑爲迎新者仇也，急追入，將撾之。披麻人忽不見，四座皆驚。嚴問其故，皆不知。適日者在傍，曰：「今日本犯披麻煞，因遇天月德合，且有文昌解神，是以用〔作迎新日〕。子所見者，殆是也。」嚴遂以文昌自命，從翁先生入山讀書。後果大魁天下。

又嘗聞其讀書金蓋，其師翁太益，號朝陽子，嘗居金蓋之朝陽菴。先生往從事舉業。〇朝陽子有傳，列卷三。文光頂現。人染瘟疫，入視即瘳。及既發〔達〕，事事如常人，反無他異。蓋未發則志一而神充，已發則氣舒而神散，鬼神之懼否，即此可悟。至其作詩長逝，一若得道僧道，然其來有自。聞其辭世時作詩，有曰：「誤落人間七十年，今朝仍返舊林泉。嵩山道侶如相訪，笑指黃花白鶴前。」爲其孫名傑者，所述如此。況經受戒於擔河海叟，其生平之自愛，諒無異於葆真之士也。飄然辭世，不亦宜乎？

敘事參錯，議論精純，處處風華，筆筆嚴厲。

朱相國磐陀居士傳

磐陀居士姓朱，謚文正，諱珪，字石君，順天大興人。嘗奉命視浙江學政。先君子謂其早歲多病，涵養始瘳。學問文章，從修始妙。歲己酉乾隆五十四年（一七八九），公方視學湖州。至雲巢，徘徊達旦，爲題額，額曰「白雲深處」。復題聯。有「雲將問道鴻濛躍，巢父臨源犢飲清」之句。睠睠幽懷，見於紙表。即此可見其學養有年，心清若水，已如性成者矣。謂其膏粱在前，翻欣藜藿，是不知公者也。公蓋無可無不可者，養之有素，精義入神，其公之謂歟？至其澤世功勳，當事君子自能詳傳，山野病夫奚敢擅述？是以闕。

此爲磐陀居士之傳，而不得謂作文正公傳也。筆筆切實，字字悠閒，洵稱體制。

雷觀察蘭皋先生傳

雷觀察蘭皋先生，四川井研人，諱輪，字紹堂。由翰林出守吴興十年，擢巡江西吉、南、贛、甯，旋轉糧道。先生爲家太史裕仲讀山同領鄉荐者。吾湖賢守，向推勞、李二君，政績遺風，載諸誌乘。先生去湖，迄今三十載矣。憶其紀綱整飭，豈亞二君？且嘗爲民禳災，三至金蓋，屢禱金井，感得鐵牌于署，後雨乃如注，民呼太守雨。不具慈忱，焉克至此？余稽其轉任督糧也，又嘗爲國求雨，三至逍遥山，瘁而辭世。噫，即此而論，古之名宦，其忠愛心真未爲多讓。庚辰（一八二〇），先生孫孝廉均會余于吴，會性淳而澈，厥弟堃温文而雅。詢于七年之間，〔其家〕喪有七人，〔至今〕形影相依〔者〕，惟二子與堃耳。因攜均等入金蓋，冀邀祖蔭，或得重振家聲。詎期是歲九月，均、堃相繼而歿。天之報施循吏，豈别有在歟？然已不勝有甘棠拜翦之慨矣。爰爲略述終始，以誌不忘云。

高　人 自北宋至今，凡傳十五篇。

子春先生傳

子春先生者，自號無涯生，宋之宗室，會難出奔，指梅爲姓，曰籍松江，托詞也。此據《菰城拾遺》辨正。早歲皈玄，得黄白法，出遊名山，單瓢隻履，人莫得而測之。晚歲生女，適衛氏。爲華亭衛正節先生之母。聞金蓋爲尹無我故居，尹無我姓屈，爲蓬萊長史。卷八神仙部有長史傳。遂至金蓋。未幾，購基遍四周，十餘里内，人無尺土。已而構屋一藏，計三百六十所，所皆三間兩廂，前置一門。悉以奉佛，安僧以守。曰他日志士若來，得所居矣。遂去不復見。按《金蓋志略》載：梅塢爲宋梅子春别墅，塢多梅樹，子春曾構屋一藏，招天下高僧志士修養其中云。又考沈輕雲律師《咏梅塢晴雪》絶句云：「當年梅子春，此地創書院。立雪更何人，梅花空倚遍。」則子春購基築屋，正爲衛正節之來山也。越八十餘年，果有衛夫子者，即正節先生，後有傳。擕從如雲，來休金蓋。先生其先知而豫事者歟？《逸林》譏其晚歲佞佛，蓋未識先生者也。

人澹如菊，文逸如梅。有月自愛，無人亦香。此天然韻致也。

沈東老先生傳

先生姓沈，名思，自號東老，宋時浙江烏程人。東林山亦其別業也。按《菰城拾遺》載：沈東老有兩别業，一在金蓋，一在東林山，自稱爲南北二巢。少時好著作，馳騁於文社吟壇間，二十有餘年。壯歲嗜酒。年五十，夢至一境，修篁夾道，水曲山幽，折而入，古桐盈隖，仰而視，幺鳳百千，群相飛鳴，一若有呼「東老來，東老來，我師待汝來」，向之祝。俄而一仙自天降，修髯碧眼，俯視而告曰：「我呂某，别子久矣，曷即此止我。」旋爲迅雷驚覺，起而誌之。出訪有年，會子春子於何山，得黄白術，乃至東林，構屋於山北。後稱南巢。久之，始至桐鳳隖，境符昔夢，築齊音齋。假音格。龕而退。金蓋之奉呂祖，蓋自此始。【評】金蓋特筆，《心燈》特筆，不徒爲東老傳文特筆。

先生既家東林，歲唯釀酒，得資以煉丹，【評】東老得黄白而不爲，自是學力識力。家益困苦，先生不悔也。年七十，呂祖親臨。〔先生〕丹道全，遂捨宅作觀而去。以上悉本《菰城拾遺》《楊氏逸林》等書。即今考之，榴皮題詩，誌乘〔所載〕彰然。仙緣之妙，得如先生者，世有幾人？相傳爲孫太白後身，即孫真人，名思邈者。《楊氏逸林》所載有此説。似也。

先生之於吕祖，固非衆流仙緣可比。傳者爲之歷序，亦不厭煩，而如此清簡，亦不厭少。蓋略南巢而詳北巢，自是《心燈》中一定文法。至其煉丹家困之言，藴有深意，亦未經前人所道破者也。向使吕祖不臨，則丹道未必全也。可見文字精嚴，有不能污私所好者。

衞正節先生傳

先生姓衞，名富益，松江華亭人。子春子之外孫。志存忠孝，以明性理爲己任。【評】此一十三字爲正節一生本領。著作頗多，理參《周易》，義準《春秋》。宋衰不仕，設教石涇塘，開白社書院，當時從學者三千餘人。宋亡，隱金蓋，負笈相從者猶千計。爲築書隱樓、雲根、雲窩、雪心等居。按書隱樓址，即今所建古書隱樓是也。至雲根、雲窩、雪心等基，今已無存。

有僧某説入釋。【評】蓋欲得先生以光叢林耳。此僧殊爲有心人。先生曰：「佛字何解？」曰「西方聖人之稱」。「何謂牟尼」？曰「華言寶珠」。「何謂比丘」？曰「善男子」。「何謂僧」？曰「志士」。「如何修法」？曰「修心」。「心何必修」？曰「不淨不純不本來，故當修」。先生笑曰：「然則與儒無二，吾早皈佛矣。」已而僧起，先生曰：「坐。我爲汝説法。【評】先生品行學問，縱使得而詳述之，亦仍挂一漏萬，故篇首特領幾句，爲詳其大體。此處述其爲僧説法一節，其生平之精藴存焉。斯可爲調度筆墨者法。佛也者，拂去人欲之謂也。尼，尼山；牟，並也，言其道德並我夫子，讚辭也。丘，夫子諱也；比，同也，言當德行如孔子也。僧也者，完其人之義也。完人之義不外乎修心，何分夷夏？且不二法門之謂何？」僧不能答，唯唯而退。

先生坐如尸，立如齋，卒年九十有六，而止敬純一如一日。將卒，盡焚著作，謂門弟子曰：「汝曹〔學道〕已熟，我身得隱，焉用文章？」焚畢遂逝。葬於金蓋之陽，地曰菡萏山。門人私謚曰「正節先生」。按《烏程縣志》載稱：衛正節先生，字學敏，名富益。而《金蓋雲箋》等書均稱靖節先生，故《金蓋志略》亦誤書靖節。自當本志乘爲是。〇《雲箋》稱先生著作宏富，傳世甚少，精研性理，爲宋名儒。宋亡，元當事咸慕之，交薦于朝，不應，逃隱至山。後人讀其《祭文丞相文》，慷慨激烈，詞動鬼神，亦可想見其人矣，云云。考《志略》所載亦同。愚按：此篇序與僧説法一節，本於《揚氏逸林》。

筆如反舌，典若家珍。但序一説以傳之，首尾點明數句。其志其學，倍見精神。宋代名儒，焯然昭著。

牧齋公傳 苕雩自注

牧齋公諱遜，字子謙，余家遷浙〔後之〕四世祖。爲余十四世祖。〇謹按，公本生祖諱德源，贅黃氏，生父，諱衍，繼黃氏。公上有四兄，皆仍黃姓。公以堂叔諱天福無子，歸繼宗嗣，復閔姓。凡今吴興閔，皆公後。性豪邁，重然諾，精通六韜，博雅能文，不同流俗，爲世師表。生當元末，而聲名籍盛，傾家貲以報國，復佯狂以潔身。元季賦稅倍徵，民不堪命，而張〔士誠〕、陳〔友諒〕諸僭號，咸慕異人甚急。公知不免，遂傾家承納湖州路國課三年，公遂佯狂，冀得免禍。而張士誠猶以僞檄，加號國賓先生，徵公。公之子以疾辭，而公仍自往。及至，士誠大喜。公則寢食不避，穢語言，雜怪誕四月，士誠乃浩歎而捨之。公遂入山。與呂徽之、有傳列次篇。趙仲穆名雍，爲趙子昂次子。輩爲友。嘗購靜室於桐鳳隖，額曰「雲巢」。先輩謂雲巢之名，實始於此。愚按宋僧參寮子詩集中，已有雲巢詩題，則其名非始於此，蓋公亦述古也。復齋假龜而葺之，龜爲宋代沈東老所建者。仲穆爲之篆額。題曰「古齊假龜」。跋語有「一夜不成寐，欣聞谷隱君，幾生脩到此，直按衛華亭」之句。居有年，一日晨起，知世革，遂白衣冠而出。後常往來於苕水滌山間，三十餘年而歿。墓葬餘杭朱葛里，邑侯林公名源，閩人，永樂間任餘杭縣令，崇祀名宦祠。爲之銘。公墓以舊本家，譜故闕載，後遂無可考。嘉慶二十二年丁丑（一八一七），苕旉於餘杭董氏得見林公所撰墓誌銘，爲邑人閔良隸書碑本。乃得按碑文遍訪於朱葛里，得黃家坂所在。乃勉董君等購復之，并公之本生祖、本生父兩墓咸復。睢陽蔣元庭先生爲撰《閔氏復得祖墓記》。

呂徽之先生傳

呂徽之先生，台郡仙居人，元季高士也。博雅能文，問無不知，而安貧樂道。嘗逃其名，耕漁於苕、霅間，往來惟我牧齋公。他如趙仲穆輩深慕之，牧齋公之不泄〔其所在〕也。

《菰城拾遺》載：先生於元末傍山前小溪漾，結廬以居，往來溪上，無人知其所者。

一日，攜楮帛詣何山趙莊即趙仲穆家。易穀種。值大雪，立門下，人弗之顧。徐至庭，聞東閣中有人分韻作雪詩。一人得「滕」字，苦吟勿就。先生不覺失笑。閣中諸貴介聞得，遣左右詰之，不答。衆益疑，親自出，見先生露頂短褐，布襪草屨，輒〔輕〕侮之，詢其見笑之由。乃曰：「我意舉滕王蛺蝶事耳。」衆驚服，始邀入座。先生曰：「我如此形狀，安可廁諸君子之間。」請之益堅，遂入閣。衆以「藤」、「滕」二韻請先生足之。即援筆書曰：「天上九龍施法水，【評】開口陡然驚人之作，一句一典，不離「雪」字，真博雅能文者也。人間二鼠嚙枯藤。鶩鵝聲亂功收蔡，蝴蝶飛來妙過滕。」復請和「曇」字韻詩。又隨筆書曰：「萬里關河凍欲含，渾如天地尚函三。橋邊驢子詩何惡，帳底羔兒酒正酣。竹委長身寒郭索，松埋短髮老瞿曇。不如乘此擒元濟，【評】時當元季，此詩何等慨懷。一洗江南草木慙。」寫就便出門，留之不得，問姓氏亦不答。衆益驚訝，曰：「嘗聞呂處士名，家君欲一見而不可得，先生豈其人耶？」先生曰：「我農家，安知呂處士爲何如人？」惠之穀，怒曰：「我豈取不義之財？」必易之，刺船而去。遺人遙尾其後，路甚僻遠，識其所而返。雪晴往訪，惟草屋一間，家徒壁立。忽聞米桶中有人，先生之妻也，因天寒故坐其中。試問之，答曰：「在溪上捕魚。」始知真爲先生矣。至彼果見之，隔溪語曰：「諸公先到舍下，【評】所謂高人者，其平易原若此。我得魚，當換酒飲諸公也。」少頃，攜漁與酒至，盡歡而散。〔衆人〕回至中途，夜黑不良於行，暫憩於露棚下。適主人自外歸，乃我牧齋公也。問所從來，語以故。〔牧齋公〕曰：「是固某所常見者，若翁欲見，不可得。今爲諸君過訪，明日必然遷去，累我少一知己也。」浩歎久之，既曰「且至宿」。翼日，諸少者復往訪，人廬俱失，不知所之矣。【評】牧齋公或仍知其所之。

明永樂間，陳治中剛中，遇先生於仙居萬山中。治中策蹇驢，衣布衣。先生固未之識，而向其微笑。治中一見先生，呀其風神高簡，問曰：「得非呂徽之先生乎？」曰：「然。足下非陳剛中乎？」〔陳亦〕曰「然」。握手若平生歡，共論驢故事。先生言一事，治中答一事，互至四十餘條，治中止矣。先生曰：「我向記得某出某書，某出某傳。」又言十餘事。治中深敬之，【評】應篇首「問無不知」一語。欲訪其蹤，已遁去矣。〔嗣後〕三至吴興，亦不復遇。按陳治中相遇節，見《菰城拾遺》。國初，我山陶靖菴先生謂見之於滇南雞足山，狀貌如四五十許云。此篇悉本於《湖海蠡言》與《輟耕録》兩書。

高簡風神，令人慨慕，文亦有之。

洪洞明先生傳

先生姓洪，名元照，字洞明，明季諸生也。《逸林》謂新安洪洞明者，故明之遺老，隱於釋道間，與陶靖菴、黄隱真、盛青厓盛青厓即金筑老人。以上三人均有傳列卷二。輩爲莫逆交。性善飲，落拓不拘。崇禎壬午歲，明莊烈帝之十五年（一六四二）。牧牛於常熟僧舍。適巡按某過常熟，遇之途。巡按本先生故舊子，素仰高風，未敢冒昧，乃按輿熟視，遣人詢之。先生叱曰：「能有幾日榮乃爾。」【評】當時世事，了然胸中。遂由僻徑趨避之。巡按知其諷己也，益信其爲先生矣。乃遣人賫金尋訪，得先生於牛舍中。先生卧而揮曰：「道不同，莫相爲謀。」塊然却之，遂遁。

歲乙酉，順治二年（一六四五）。新安金聲有義舉。江天一遇先生於黄山。江乃金公門下士。先生曰：「爾大事盧，爲山姓者陷，不如獨盡心力焉。」江不解，尋散去。已而，金事果敗於御史黄澍。先生蓋精於數學者也。乙未，順治十二年。有崑陽王律師者，奉敕説戒於京師白雲觀。或勸律師招之，授以戒律。律師笑曰：「士各有志，以完其天。彼何召爲？」先生聞之，亦笑曰：「此老的是解人。」乃即日披緇作頭陀狀，【評】此《逸林》所謂隱於釋道間也。北會文覺禪師於京城，南訪客子僧於湖州青螺菴，在金蓋山南之下昂村。遂遊金蓋見靖菴，考之《金蓋雲箋》，事在順治十六年（一六五九）。入大滌遇金筑老人，即盛青厓。復歷天台、雁蕩等境，返休姑蘇之虎阜。越一年而他之，曰：「我爲後來者作影耳。」遂去不復見。以上事實悉本潘牧心《湖海紀聞録》。越十餘載，果有新安洪頭陀住持虎阜，方丈名號與先生同，惟形軀較先生去時爲反壯。異哉！此説見《揚氏逸林》。

陡作兩截，以前爲高人，後爲高僧，非文字之故分界限也。所以體其志者，當如此耳。

雪簑翁傳

雪簑翁者，余族祖也。名聲，子毅甫。崇禎壬午（一六四二）舉人，嘗不應召，老休金蓋。心純貌慈，博洽能文，精詩善書，與靖菴先生爲忘形交。赤陽黄子大重之，稱翁爲「人中鳳」。嘗語石菴子曰：「凡人能似雪簑翁品行學問，可告無愧也。」語見《金蓋雲箋》黄隱真與陶石菴書。翁性至潔，然酬應問和若春風。居山無他好，惟執筆録三教經文，間與靖菴、石菴等剖釋經解。家赤貧，饔飧不繼，晏如也。其與遊者，前有藕益禪師，爲晟舍古慧明寺方丈，嘗居金蓋之邃雲菴，自稱靈峰老人。有傳列卷五。後有堅密禪師。爲藕益大弟子，於順治十六年（一六五九）偕翁入山，訪靖菴先生，亦榻邃雲菴。著有《周易注疏》《楞嚴經咒注》，並《傳燈録》等書。至康熙八年（一六六九）出山之徽州，住仰山。有傳，列卷八高僧部。堅密亦儒家子，悟澈三乘，戒律精嚴。翁善飲，至則必備旨酒以奉之，相視而笑，有淵明、遠公之趣。晚歲尤能澄寂，三月後事能知之。享年八十有六，墓在金蓋山鳳凰原。

爲靖菴友，爲石菴師。以明孝廉而不應召，晚歲能知未來，肫肫其仁者也。文從虛裏寫生，全神活現，編中每多此筆法。

韓三山先生傳

先生姓韓，名昌箕，號三山，吴興隱君子。智深勇沉，一代之偉人也。蘇柳塘謂其著有《三館雜録》，據載：先生别業有三，一在黄鶴山，一在陶灣，一在金蓋山龍礄，即後爲陶石菴先生改築龍巢道院者。稱爲東漢韓珊珊五十四世孫。按韓珊珊有傳，列卷八神仙部。爲人英略而胸藏萬卷，當世奇男子也。以上出蘇柳塘《蝶夢齋筆談》。考諸郡邑誌乘、【評】此節爲考核其著作，似非傳之正文，然即此見其爲博雅士而爲人英略處。《三山問答》、《韓氏日記》俱不載〔其事〕。蓋誌乘闕其巨行，而存其餘事。郡邑誌載事未詳，俟查。《三館雜録》一書未之見。《韓氏日記》爲先生長孫孝先字小軒。所纂，成卷三十六。《問答》一書，先生所手輯者，厥卷惟九，厥文一十二萬三千餘言。陶浩然、即靖菴先生。朱九還太湖洞庭西山人，亦故明之遺老也。有序。隱真子跋語爲最初，石菴子亦有後跋。按隱真所訂《淨明真詮》，三山先生亦有序文。先生一生精藴，蓋備此矣。

《金蓋雲箋》載：先生嘗爲九還翁邀，叙於西山石宫。先生爲解《中庸》，至素位章，當時與聞者環若堵。先生精義妙發，直摧群心。九還翁立時蟬蜕去，群賢亦四散。【評】此其英略兼人，足以化諸遺老，咸使矜平躁釋，英志盡消，誠仁人也。金筑老人大喜之曰：「若三山者，可以立，亦可以權矣。」靖菴先生曰：「昔長春真君一言止殺，今三山一言弭亂，是皆至德，民無德而稱也。」蓋先生生於明季，少尚氣節，長事博學，晚安天命，【評】此十二字，具見生平學問逐境進功，真可師可法者也。與交皆天下士，明之遺老居其半。先生周旋其間，於江淮湖海之濱，實有撥亂甯民之隱德焉。晚年往來於金蓋、金筑間，皆志同道合者矣。及其逝也，在康熙三十年（一六九一）後。群見巨星隕於南，轟然若雷聲，城内外牛馬皆奔逸。事見《菰城拾遺》。

少尚氣節，晚安天命，此非智勇深沉者不能，蓋得力於讀書養氣者也。

朱春陽先生傳

先生姓朱，名晅，字春陽，一字通道，歸安世家子。幼嘗受記於吕祖，故有小神仙之稱。此説春陽嘗自言，未詳其何時何地也。年十四至金蓋，嶐巖子姓徐，有傳列卷四。戲試以乩，上手即飛舞出詩文七千餘言，宿學老儒咸奉爲選體。其天機之敏妙，仙緣之深厚，概可知矣。嶐巖子乃授以琅函數種，即茅山顯異法秘各種。居山習之一載，大靈，遂出。越四十年始歸金蓋，振興宗風，購基築室。按春陽建有呂祖殿、神將殿，及崇德堂。嘉慶初年山水大發，牆垣傾圮。適懶雲子入山，乃重建焉。嘗出除妖於桐鄉，道緣雲集。至歲壬子，乾隆五十七年（一七九二）。工甫竣，五月五日無疾而逝。逝年五十九歲。檢其囊，虛如也。

先生幼已好學，不求聞達，惟信奉呂祖。三十五，始開雲怡堂於荻崗，二十年間規模楚楚。乃返金蓋，居山凡五載，出納不自主，一任司事者理之。【評】處造疑之地者，正須如此，方能成事。嗣子來視，澹若水，不問家事。友人或告曰：「嗣子姿妙，曷不培之？」曰：「讀書有書在，衣食在其中，我之不顧，正顧之也。雖君之誼，愛我惠我，俾姑息之，適以害之，非顧也。飢驅學始勤耳。」【評】教子一經之説，蓋如此。其自潔又如此，此山之所以得重振也歟？

方先生之入山也，樵雲子已仙逝，樵雲子於乾隆四十五年庚子（一七八〇）出山，五十年乙巳（一七八五）逝於餘杭南威湖之三元宮。余方奉檄於滇南。懶雲子於五十五年丁未（一七八七），服官之滇南。次年戊申（一七八八），春陽子始入山。〔山中〕群魔擾攘，橫逆頻加，舊椽數楹，不蔽風雨。先生處之若廣廈，和諸敗類如春風，【評】自非天懷淡定，物我兩忘者，不能如此。利則與之，勞獨任之，若分宜然。已而諸君子，如淥飲鮑君、西峰王君西峰本姓錢，繼王姓，名煜，石門人。輩，絡繹前至，魔始自退。先生始得行其志，朝而步虛，暮而梵音，開壇演化，降真致靈。有時而晤言一室，有時而放浪雲林，侶也常樂，獨也常清，混古今而成趣，消物我以兩忘。於是人始服其純真，而信其受記於吕祖，【評】一應。非虚語也。然猶有竊非其後者，迨夫湛然辭世，説偈而歸，春陽子臨逝，有遺句留囑懶雲子。其言曰：「冒昧山中客，逍遥世外人；生平未了事，留待後賢行。」時懶雲子在滇，是年冬始歸里。始群信其人盡見天，非惟天機敏妙也。【評】又一應。吁！先生之功其有矣，先生之心其苦矣。【評】結語真摯誠切。爰爲列傳於高人之列。春陽之爲崦巖子法嗣，而未有正宗派名，故不列龍門十二代，而列傳於此。

即事寫心，知己之作。春陽之靈，可喜可慰。

家端甫茂才小傳

茂才名玉駒，字端甫，湖郡庠生，余之族姪，爲家硯渠檢討高足。至性孝友，品學端醇，平生不苟言笑，無書不讀，而尤長經解。年十四，父没，茂才學已具，即出代父課諸生，諸生敬服如其父，蓋非惟文章句讀焉而已。年二十二，始入泮，嘗與裕仲、訥言、捷三、蕚洙、香岑諸同族，先後讀書於金蓋。既復攜其姪芑豐、及門徐志堅輩來山，一秉何克正之遺風、衛正節之志趣。故如族姪大壯、吕君光佐、徐君玉章，若而人爲碩士，爲循吏，率由茂才訓迪焉。茂才居鄉，與長者敘則恂恂如，與少者、平等者則侃侃如。言及心術名義，與夫進德修業，則尤詳慎精嚴，温厲兼至。故鄉族有事，咨之而行者，莫不當理，子弟之藉以鼓勵者尤多。

家素貧，茂才以館爲業。胞弟章甫例爲大宗，後茂才，俾先娶婦。不一載，弟蚤卒，遺腹姪男，即芑豐。茂才教育之，成童即入泮，弱冠食廩餼，旋爲聘娶，漸成經學名士。惜及壯亦卒。茂才年三十四，始自聘娶張氏。成室三年，生子一。又五年，茂才遽逝。其著作不多得見，要皆以經術勝人者。

余聞之樵雲子曰：茂才山居時，有顯者聳其從權以拾名，茂才喟然嘆曰：「得名，將以榮親也。掠人貲以與予名，不義而無耻，辱親甚矣。」是歲秋，因不與試。其生平高潔，概可見矣。茂才生於乾隆乙亥（一七五五）三月二十二日，卒於嘉慶丙辰（一七九六）十一月二十四日，享年四十有二。厥配張氏，苦節撫孤，教育兼盡，亦賢婦也，至歲庚辰（一八二〇）卒。其子琳已長，并扶其柩來，合葬於金蓋山之仙池潭。

張雲客先生傳

雲客先生姓張，名鶴，歸安下昂人。性剛毅，腹有七星誌，嘗割股以療親病。少好吟咏，善飲酒，數石不醉。尤精寫山水，氣象瀟灑，不類凡筆，郡人頗珍之。年二十餘，出遊粤蜀間，著有《粵蜀雜記》。余嘗得而讀之。四十餘，入金蓋，愛山水之清幽，倣煙雲於揮灑間，覽道典，得悟清虛秘旨。居數月歸，著《文昌孝經》疏，遍輯古今事實，得數萬言。暇即默坐，居塵出塵，歲時往來於金蓋。至歲××某月某日，集子若孫告曰：「金蓋是我澈根地，歲必一至。」遂逝。香達四鄰，逾日始散。

懶雲子曰：經有之，大孝者必使仙。若先生之孝，出於至性，其殆爲玉局之神歟？明德惟馨，有足徵也。

剛毅爲近仁之質，清虛爲澈道之根，而孝又其全德也。正不必刻意鳴高，其高風已足垂後。

知不足齋主人傳

知不足齋主人，姓鮑，名廷博，字以文，一字通純，世稱渌飲先生。原籍新安，兹因奏居烏程，可謂浙之淵博士矣。其學問文章，膾炙人口，所刊叢書，華夷並布，以無魯豕之訛耳。又號夕陽者，非其自命，以有「破樓僧打夕陽鐘」句，爲選詩人豔取，故不足爲先生生色。先生以休休爲宗，恬淡爲懷，不求考據，而或過目自如銘泐。又以別無嗜好，而家富典籍，積數十載，藉書消遣，遂以博學名。先生初無意于聞達也，已而偉人先生納交于前，雲臺先生踵崇于後，遂令海内名士咸以不見先主（生）爲悵。先生自視益加韜晦，此知不足齋之所以名也。

余與先生交有年矣。憶自壬子（一七九二）仲冬，先生在金蓋爲營御書樓計。書爲純廟所賜，書曰《圖書集成》。是緣住宅被災，故先生氣宇閒雅，未嘗亟亟也，事遂中止。歲丙子（一八一六），特沐今上欽賜舉人，例得一體會試。大吏聳踴北上，先生第感激涕零而已。促之再，先生諾諾而退，然後竟從其志。此其中非具大高曠之學，鮮克不從此境遷者也。是歲秋，余以《金蓋心燈》質諸先生。先生見而許之，縷爲注正引援，並以序言曰：「姑以俟諸博雅君子。」未幾，先生竟長逝矣。夫以先生之學，而自不足乃爾。述其概略，余亦所以自警警人云。

周處士傳

處士周君，諱農，字西疇，一字七橋，烏程人。《嚴誌》謂其先世代有隱德。君則植根孤逸，讀書不習舉子業。愛哦詩，又愛畫梅，間嘗自比孫太初一流。故其胸次無點塵味，其筆墨幽逸之氣沁人肺腑。君其太初後身歟？

太初姓朱，名一元，自號太白山人。曰孫者，明之王孫耳。嘉靖間流寓吴興，與吾九世祖琴軒公交最密。往來道、峴諸山，詩酒酬酢，兩人狀貌偉特，而動止閒雅，長鬚風雋，人望之若神仙然。九世祖享大壽，太初蚤殁。祖爲營葬於道場山麓，梓其漫稿若干卷行于世。周君私淑焉，殆亦冀有遇如吾祖也歟？其詩其梅，亦自足壽世者。稽其往來友人，皆一時君子。

癸酉（一八一三），〔處士〕來山，榻于書隱樓。〔其題詩〕有「半間雲讓道人眠」句。時余他出，未得與處士共起居。逮返，處士已没于家。處士性恂謹，不以能自多，群居粥粥，若無能者。生不之娶，微疾即化。沈生虚舟謂其預知逝日，而貧無以殮，洵如孫太初。周君中孚、王君獻、奚君疑，亦爲營葬其遺蜕于太初墓側。陳君焯訂其遺稿，周、奚諸君壽諸梓。嚴君元照復譔墓銘壽諸石。噫，遥遥數百載，情跡之適相符也，若此，不亦異哉？周君可無憾也矣。君生於乾隆癸未（一七六三），卒於嘉慶甲戌（一八一四），享年五十有二。

杜十八小傳

杜君世勛，自謂杜十八再世者，今爲濮院人。入山修養無多載，頓悟正宗。飄然返，市隱十有七年，示疾而逝。

杜君，異人也。憶其山居時，晨昏惟默坐，客來談笑，酬應如常人。第每夜潛登菡萏山，向北默禮，良久始下，風雨未嘗間。年許，人始有見之者。歲辛酉（一八〇一）五月朔，杜君問曰：「此山初名梅島耶？」〔余〕曰「然」。曰：「其時瓊宇接天，下臨若海中峙出，別成一世界，信否？」余曰：「然。《楊氏逸林》《林屋洞天記》所述，彷彿如君說。君豈得見自夢歟？」曰：「否。某于朝斗時見之。初見甚遠，繼則近在咫尺。日昨竟得進其欞星門，徬徨間一人持令出，裝束雄甚。喝曰：『止，此地爲靈開宮，無根本者誤入，立化灰塵。汝自梅島來耶？杜十八者爾耶？所居勝地，此則北上金蓋也。速返塵隱。』某若夢覺而墜，微有所悟，因以印證先生。」詰朝遂歸。歸仍行若常人而飲酒食肉。山則歲或一至。其嗣湘，亦克承其業，德配某氏，因亦崇道，歲一至山。

杜君生於乾隆己巳（一七四九），卒於嘉慶戊寅（一八一八），享年七十歲。有道不之顯，高隱終其身。其卒也，其尸解歟？「杜十八」三字，未荷示其來，殆亦向休金蓋者。爰述其略，而題其目曰《杜十八小傳》云。

蕉散人傳

吴君蕉散人，諱玉樹，字靈圃，一字臨甫，前溪世家子，余之中表弟也。博學多聞，器宇如春山雨霽。有觸於中，則假詩畫以自鳴。冠年慕道，東林回仙觀之興，君爲之創始者。

性蕭灑而敦友弟。壯歲，族輯家乘，君獨任其難，一遵祖訓，甯詳莫簡。纂成，遂爲浙西世家譜冠。

憶自乙卯歲，訂交于南巢陳氏散人，年僅三十許，骨珊珊臨風而立，宛如其名。爲繪《東林山圖》惠余。已而余守金蓋，君駐東林，每月朔望一相敘，情緻而蹟踈。心心相照有年，志不在巍焕室宇而已。無如世風不古，同志者少，散人乃出遊江淮間，返，輯其《東林山誌》。余則浪遊名勝，訪輯《金蓋心燈》。既歸，始得復與散人晤。散人慨然有入山惟深之志，現于談吐。余曰：「胡然混俗和光，此其時矣。」散人曰：「否否，不然。老子曰：人之患以有身存。今而後，我直致遊于萬有之初，永與世決也。」遂起執筆，和以墨汁，爲繪竹石于蓬萊方丈兩壁。繪已，復相笑而别。未幾，散人竟以疾逝。雖然，散人逝不虚逝也。溯其生平，居塵出塵，志淡如雲，古未有達士而沈滯三途者。莊子有言曰：「子已返其真，吾獨猶爲人。」其余與散人之謂歟？

金蓋心燈卷七下

新安鮑廷博淥飲注
武林鮑錕薇菴評

善士凡傳十七篇。

蔣雨蒼先生傳

先生姓蔣，名通祥，字雨蒼，洞庭東山人。世業賈於楚地，積有資，爲洞庭富室，至先生已中落。其祖母王，楚人也，好施予，善符術，九十餘歲，超然辭世，顔色如嬰，鄉里皆樂道之。維時先生鋭於謀利，乃賈楚，相繼之浙江，皆不利，且頻失戒於火，妻子相繼殂。憤恨之際，聞其居之西鄰韓姓家奉吕祖，頗著靈異。乃齋沐叩之，賜一偈曰：「有潭曰吕，止彼流泉，惠而好我，如龍之淵。」未幾，續娶又故，家益落。按《樵雲紀事録》載：蔣公傳云：先生初賈楚湘間，不利。開染坊於湖州荻岡村，頗有得，將終焉。已而失戒，所積屋宇盡成灰燼，長子殂。次年妻殁。及秋，次子亦死。

然其志未灰，更於姑蘇閶門創開紅坊，旋續娶。遂留蘇，荻岡店業托之友。不意閶門災，其坊與焉。遂大虧負，欲止不得，更起而振之。是秋又災及，僅以身免，始憤恨有悔志。聞其居之左韓姓家奉吕祖，頗著靈異，乃齋沐叩之，指回湖業，且賜偈云云。乃返荻岡。然時尚未悟，未嘗有皈玄安命之心也。

歲癸亥乾隆八年（一七四三），雨蒼年已六十四矣。端午日，來遊金蓋。嗣師徐嶐巖飲以茶，嶐巖有傳，列卷四。從容諭曰：「不出世而成仙者，汝祖母王氏也。以好神通，故未大成。我師紫垣子姓徐，傳列卷四首篇。嘗言之，汝有來歷者，災難疊臨，正蒼蒼之眷顧。莫錯認不悟，大難又至，子何理焉。且速歸不昧，來此是安樂窩，我爲汝部署之。」先生聞，猶猶豫未深信。歸而所遭拂逆，愈出愈奇，家資蕩盡。《紀事録》載：先生歸至半途，而報遭不測者又來前也。湖俗，端節匠工皆息作，任暢飲。其坊染工某，醉而溺於靛缸死。事以愈出而愈奇，財以日生而日蹙，無何而家資竟告竭矣。乃大悔，毅然入山，見嶐巖而大哭。嶐巖笑曰：「悟者不哭，哭者不悟，不悟而來，特怨命耳。汝非道器也，不之納。」先生哭益哀，若孺子之喪母然。嶐巖乃笑而撫曰：「此哭近矣，不哭不汝收。今而後常守是哭，則常樂可得。要之，災厄頻臨，性靈昧故；山水徜徉，明性理故。昔日勞勞，爲利獲戾，今後得得，爲道不俗。若求逸而出世者，凡夫也，不可以議此也。」先生大悦，若夢初覺，嗣是樵採身任，夜則朝斗，倦則以杖自責，奮起乃已。

嗣師頗憐之，授以《天仙金華宗旨》，相傳爲吕祖口述，方凝陽所授嶐巖子者。令精研焉。一歲而體强，三歲能不寐。嘗自恨修晚，前孽難消。嗣師慰之曰：「毋，天不加悔罪之人。昔我失身緑林中，凝陽子度我至浙，事見卷四凝陽傳中。紫垣子招我守山，迄今三十餘年，覺心地浩如，與日月並呈。人世無惴無慕，以與道洽，混跡於無無有有間，何昔何今，何罪何福之可得而辨之哉？惟自淨靜其心而已。」遂盡以山事付之，時在乾隆十三年戊辰（一七四八）之秋。而自出居於下昂之三元宫。爲引陳樵雲、有傳列卷五。史常哉、亦荻岡人，壯年常至山，後同朱春陽創開荻岡雲怡堂者。朱春陽輩，先後至山，繼輔山守。

先生居山凡二十餘年，操持山政，勤儉不惜身。早晚課功，雖客擾不之間。爲人祈禱應如響。吕潭之南舊有古松十數圍，乾隆初年嘗枯死。及蔣居山，日誦《高上玉皇經》於其下，逾月復活，枝幹蘢然。爲乾隆二十三年（一七五八）事，余猶及見之。至乾隆末年春陽子殁後，山無人守，竟爲鄰僧盜伐無存，惜哉。遠近居民深信之，多所資助。議復雲巢故址，及齊假龕與所處撥雲精舍，未果而逝。按雨蒼於乾隆三十年乙酉（一七六五）出山歸洞庭，遂卒於其家。然如費山、周山，皆先生手置者，亦可謂善承善創者矣。

先生生於康熙庚申（一六八〇），卒於乾隆乙酉（一七六五），享年八十有六。當時相繼來助者，郡城潘某、即潘逸仙翁父子，後有潘秀峰傳。趙某、葉某，荻岡沈某、倪某、史某即史常哉等。三十餘家。繼蔣而山守者，律師陳樵雲也。

貧賤憂戚，玉汝於成，非㟙巖不能拔之火坑，非雨蒼亦難承其山守，是亦一代嗣師也。惜未有派名，不得列龍門派。爲置善士之首，宜哉！

陳天行先生傳

先生姓陳，名體健，字天行，一字通誠，烏鎮人，少嘗受知於㟙巖師者。《樵雲紀事録》載：乾隆庚申（一七四〇），陳體健以疾來山，㟙巖子授以《易筋經》，居數月，疾愈去。

余年十三入金蓋，先生年四十五，遇於撥雲巢，先生正酣飲，去非陳公邀余侍。去非即樵雲律師。○其時㟙巖已出山，蔣雨蒼居守。愚按樵雲子已于乾隆十九年（一七五四）至山，居數年矣。先生浮一大白，來辭不許，曰：「半壺生白酒，能對即已。」余應聲曰：「一枕熟黃粱。」【評】屬對無心，即可觀志，爲下文天行居山時伏筆。先生大悦，笑而散。歲壬子（一七九二），余自滇歸，訪之不遇。癸丑（一七九三）先生來訪，亦不遇。甲寅冬，爲乾隆五十九年（一七九四）。始復會於撥雲。時守山者爲吴竹巢，石門人，名峙，邑諸生。先於乾隆五十四年己酉（一七八九），始往來山中。及五十七年（一七九二）朱春陽卒，竹巢因觀察鄭公名澐者助以資，入山居守，至是二年。將應聘北遊。先生因留休旬日。年已八十矣，鬚髮浩然，而聲似洪鐘，猶健飯而善飲。告余曰：「竹巢之去，勢使之耳。〔此山道〕院自樵雲出遊八載後，春陽來守，五年之間，復址購室，宗壇略振。不意前年五月春陽遽逝，院事有不可問者。竹巢以一介寒儒，受鄭觀察名澐，常州人，時任浙江糧道。托付，勉居支守。又不幸而觀察之甥羅愚樵者，卒於院。今觀察久不復至，外侮群來，竹巢之行，其勢有不能止者。此吾之所以暫居此也。然吾老矣，子若孫未必能以此爲念者。」余曰：「然則院將誰托？」曰：「我待箇『一枕熟黄粱』者。」【評】蓋其時黄粱正垂熟也。余肅承而起，曰「諾」。先生即跪曰：「天知地知，祖師知之。」余亦隨跪曰：「不敢有悔。」復相再拜而起。

余之入〔守此〕山也，樵雲引之於前，蓋謂乾隆四十五年庚子（一七八〇），樵雲出山時以山事交懶雲子代理，懶雲子嘗居山四年也。春陽招之於後，春陽臨殁時，有遺偈一首招懶雲子。渌飲翁與竹巢等勸之，實先生決之也。余嗣是一歲三至山。先生又謂余曰：「雲巢故址，春陽已復。撥雲與齊假龕址尚隸苓山，子其留意焉。」歲丙辰（一七九六），先生長逝於家。余於是年冬遂止山，勿他出。【評】是爲不敢有悔。

聞其少時性尚豪俠，【評】應篇首素行不得而詳句。壯歲慕道，擯嗜好，常休金蓋。然偶見不平事，猶有勃然現於詞色者。每謂人曰：「財色一關，我少壯時業經勘破，近來於財翻嫌不足。因見普濟需財，不忍有親疎遠近之别，故益覺所入無幾。安得財如妙月，【評】安得天下之坐擁厚資者，皆如陳天行之用心耶？取以濟我見見聞聞乎？」妙月僧取財法，見佛藏。遂撫掌大笑。常攜友登金蓋之巔披雲，長嘯以爲樂。晨起則禮誦炷香，退則閉目危坐，亦炷香，起始飯。飯畢，摩腹旋走久之。午如晨，戌如午，無間日，曰「我家居如是，四十餘年矣。故生平不識病苦」云。先生亦人傑也哉。

文但述其決留一節，其生平護持之熱腸具見。後再寫其剛正慈祥，則一切居心應物，可知其人與言，已足不朽。

潘秀峰先生傳

潘秀峰先生者，余之忘年友也。行三，其名未之詳。其太翁號逸仙者，暮年好道，喜施捨，勤禮誦，宗壇之不廢，太翁大有力焉。蔣雨蒼守山時，入山贊助者逸仙翁爲首。先生嗣其志，歷護雨蒼、樵雲、春陽、竹巢諸君子五十餘年。迨余入山時，先生年已六十餘矣。山有事，先生必至。嘗謂余曰：「徐、蔣氏之得承紫垣氏也，謂巙岩、雨蒼二人。以慎以勤。樵雲之得仙果也，以無我、春陽之振也。難矣哉。斯時也，山事百廢，而外侮頻興。春陽以赤貧如洗之身寄居撥雲，時撥雲精舍基址尚隸苓山，故曰寄居。而屢遭苓山僧逐。卒能感諸同善雲擁前來，或捐金，或助力，後先奔走，乃得復雲巢故址，鳩工庀材，三載殿成。我於其時，惟任怨而摘奸指弊，故群爲我危。我惟恃一呂祖佑我於不見不聞之地，以邀倖免以仇，不及避之險者屢矣。

【評】安得天下之爲國爲民者，皆如潘秀峰之護持此山耶？今竹巢書生耳，而維持者，一鄭觀察則患不及告，石桐諸友則急不及來。石門、桐鄉兩地離山皆有百里而遥。○以上諸人姓名，略見陳天行傳中。欲不出奔，得乎？其病在撥雲與齊假龕址未復。按雲巢故址於國初時已屬錢氏，名錢家庵。至撥雲與齊假龕址，則徐嶐岩守山時爲鄰僧霸佔而失者。蔣雨蒼時不能復，霸佔者又屢易其手，至朱春陽始復雲巢。懶雲子入山，始得故址咸復焉。所謂釋道不相能，一也；君子之用心也常疎，二也。子來，須先購撥雲。我聞之，撥雲於前明爲子家故有物。愚按撥雲之名起於明，亦古之齊假龕址。龕爲宋代沈東老所建，元末閔牧齋先生重修之。及明，則閔太保莊懿公復重建之，旁連小築，爲撥雲精舍。故秀峰謂是閔家故有物。施之僧而不能守，明末山中諸靜室共二十餘所，悉爲僧居，後遭焚廢者半。歸之俗而無常主。子須設法以復之，毋吝也。」余然其說，居二年，購以歸。先生撫掌喜曰：「今而後，宗壇安矣。」即此以觀先生之心心向護，不可概見耶。

先生性至孝，於兄弟間怡怡如也，於友則切切偲偲。人群憚其真正，而喜其扶持，故有識者咸敬之。晚歲更勤禮誦，寒暑疾病不之間。家奉吕祖像，囑子若孫曰：「聖賢仙佛，咸從敬始，人能居敬存誠，則邪念自滅。我家事吕祖非一世矣。我之奉承祖志，以導爾等於戒警恐懼之鄉，庶冀爲正人君子云爾。」

先生於嘉慶××歲晏然長逝，異香繞室，鄰里咸聞之。長嗣××，庠生。孫××，學問淵如，大器也。語曰「善人之後必昌」，潘氏其有後矣。余日望之也。

能任怨而弗污，私所好奉神像，以導子居敬存誠，直諒平生，周而不比。足以興起後人觀感，於善文以傳之者，正不第念其心心向護也。

夏老翁傳

夏老翁者，石門善士也。其名字未之詳。雲巢之工，老翁與有力焉。老翁以身厕刑書，而子若孫皆承其真純之訓，以奉正道。不有實德，曷克臻此？當春陽朱君興復雲巢時，石門諸同善捐資以襄。老翁爲之審工治材於其家，命其嗣尚忠字質先。來山經事，一載工圓。老翁之心勞矣，而不自伐也。曰：「勝地宜舉，善事宜勸，我分内事也。況我業刑科，過失諒復不少，【評】安得天下之身當書吏者，皆如此老翁之修者耶？藉以稍懺積愆，或吾孫輩，有得入黌門者，幸矣。」老翁之自道如此。其生平於因果報應，問詳細護持必富也，其爲善甯止此哉？越十餘載，長孫某果入石門庠，【評】天視昭昭，善無不報。名列諸生首，青雲連步，拾級以登，正未可量也。老翁壽七十餘，其事跡不得詳。爰述其力護山事之勞以傳之。

事可以傳，言可以訓，惟德是立者，言功在其中矣。

邵秋漪先生傳

先生姓邵，名志琳，字儒佩，號秋漪，玄名通善，籍隸甯波，家於杭城枝頭巷。精舉業，屢薦不售，命也歟？生有異徵。六歲時，太夫人鞠之而卧，忽一叢毛金睛，狀如獅奪幃入，遂驚覺。及長，聰慧過人，喜趺坐。年十五六，禮金陵蔡師名來鶴者爲師，蔡來鶴，亦龍門十三代律師。〇愚按蔡師於乾隆四十七年壬寅（一七八二），曾偕杭郡關槐，同秋漪至金蓋。蔡師輯《文帝全書》及《吕祖全書》，秋漪爲之參較，關公訂以付梓者。遂精定觀法。中年至雲巢，純陽道祖爲之神降，錫之名，并授記。〔先生〕時尚乏嗣，〔蔡師〕爲斡旋一載，果得男，今已二十餘，入泮有年。愚按秋漪晚年猶每歲至金蓋，不第得名，受記一次也。其受記於吕祖時，在朱春陽居山時五年間。

先生嗣是進參佛乘，持大悲咒。未幾，得其三昧，益精進勿衰。如是者二十餘年，刻無或間，藉以累行。善緣宏開，設錢塘義渡，兼置牛車三十餘乘，頻施荳粥姜湯，迄今不廢。又廣開施棺、掩埋、施衣、施藥、惜字、放生、普濟、恤嫠、育嬰等局，十有餘地。又嘗呈請賑濟者數次。是皆先生一力募，一身任，出入往來，嚴寒酷暑，風雨雪霜，未之或避，任怨任謗，不敢或偷。而更能於百忙中，誠持大悲神咒，竟能一日多至數十萬遍。自古高僧，未聞有能此者，而先生竟能之。人聞無不誹笑，豈知三昧一得，自有此效？所謂法輪自轉，不藉推移，是神誦，非氣轉也。殷玉陽武林人，名未詳，亦嘗來金蓋者。謂先生持咒之妙，不在音聲，在能精觀其法。還自蔡金陵即名來鶴者。心授，而能入三昧者，功用純熟耳。先生蓋嘗謂殷曰：「我之三昧持法，先從身神化現一淨境，境中佛像莊嚴。我在其中對佛誠持，漸至無像無我，轉瞬化一成十，十化百，百化千，千化萬億境，境境佛我兩現，不一不二。佛所云億億恒沙世界，咸藏一粒粟中是也。然此可與道中道，難與道外言也。」

先生尤精演小施食科。殷玉陽謂其會登金陵之臺城，初則燈焰燭空，既而腥羶氣襲，燭光細若豆，淒風慘霧，不可言狀。見先生于寂定時，光有座中出，明如月，冉冉上沖，幾穿雲漢。忽而海潮音湧，脱自口，琳琳琅琅，如雷如濤，高下不一。燈盡明，腥滅風無，霧消臺清，隱隱見冕者冠者，億億萬數。大如人者，如指者，如臂者，亦有如豆、如粟者，濟濟拜跪於其間，頃之乃泯。不圖先生咒力，已神至此也。

先生生於乾隆戊辰（一七四八），卒於嘉慶庚午（一八一〇），享年六十三歲。其諸善舉，相繼而竭力維持者，杭人郭星橋。

因至金蓋而得受記，因受記而遂廣行諸善，已宜列於金蓋善士之列，況其歲至金蓋者耶！〇秋漪爲吾郡佳士，其文章膾炙人口，其功德銘佩人心。行固真純，文亦確實，足可信今傳後者矣。薇菴老人又識。

童老翁傳

童老翁者，嘉郡善人也，寄姓沈氏，名宏毅，字通緣，家於郡城西郭外。性好善樂施，與接引後賢，亹亹不倦，八十有餘年。晚歲常遇仙。蓋即指下文得丹及桑椹數次。其於金蓋也，得丹數次，事已奇矣。又疊得鮮桑椹於臘月者二次。《金蓋志略》載：嘉慶七年壬戌（一八〇二）秋，樵李童翁年幾八秩，感夢來山，誠求丹藥，一服病愈而身強。乃倡砌石路，復建雲香橋於尋真溪上。往來行客，得免蹇裳。九年甲子（一八〇四）冬十二月，翁攜其甥張某來山，復得丹於朱橘中。將歸，又於水次吳沈埠，得桑椹十五枚，紅紫相間，纍若貫珠，以非時所有爲異。持歸，與病者服之，皆立愈。越五年戊辰（一八〇八）夏，山水暴漲，橋梁傾圮，潭亦衝塞，尋真溪上幾作迷津，翁復捐銀補葺之。是年冬，翁復來，仍於前（水次吳沈埠處）得桑椹一握。翁見之大喜，遂以和入濟世丸內，普利無算云。雖因山地之靈，亦翁有以感之也。

凡翁奇遇，緣分不深，焉能希冀，德業不宏，難期感應。否則，金蓋一山往來人衆，孰非善士，具有根因。自古迄今，未聞得邀神鑒如翁者。稽翁生平，建橋三十六，脩寶塔，戢瓊宮，築塘砌路，兩省三州之內，鮮不與名者。其勸善也廣，其積功也深，聞無不舉，舉無不成。即舉金蓋一地而論，路工三里，其費何如？兩建雲香，功用大矣，而翁不計也，不惜也。壬戌至今，蓋自嘉慶七年至十四年（一八〇二—一八〇九）也。功竟告成。若翁者，可謂克始克終者矣。稱之善人，不亦可乎？神仙疊遇，不亦宜乎？

翁生於雍正丁未（一七二七）八月二十九日，卒於嘉慶己巳（一八〇九）正月二十九日，住世八十有三歲。

全神籠絡，大氣盤旋。

蔣善人傳

蔣善人，諱通神，浙禾桐鄉人，我山春陽先生門下士，魏生珩之師也。設教有方，歿爲金蓋山神。癸亥（一八〇三）秋日，魏生輩送主（靈位）入山。〔余〕叩其生平，以止敬爲宗，事神如在。

性休休，不苟同流俗。聞人疾苦，匍匐往治，若勿及。貧不能藥者，典衣以資之。不能殮葬者，多方募給之。後生不肖者，披隙導款以針砭之，辱之者若勿聞，得改則歡喜以嘉獎。是以邑無長幼賢不肖，咸欽佩其真摯焉。既有疾，出告諸生曰：「我其已夫。昨宵三更時，有客二三奪門入，謂從金蓋來，橫山聖母有敕。接視之，曰：『陳氏天行，將奉孚佑帝君命，往守武彝山止止宮。咨爾通神，速往守金蓋毋遲。』若然，我死也必矣。」翼日果卒，隱隱若聞有鼓樂聲。

魏生亦嘗從余學，其所述如此。余惜未嘗親炙其人，兹列爲傳，見者勿以多漏見罪爲幸云。

錢沈二老翁合傳

錢、沈二老翁者，皆明玄學，以諸生終者也。其學問文章，咸爲時俊所尚，不復述。述其終身行之不稍倦者，以爲宗壇諸後學矜式焉而已。

錢老翁，字飛雲，世居湖城之北門，所嗜惟文昌化筆。沈老翁，字霞飛，世居湖城之南門，所嗜惟降真請訓。二翁皆山中髦士，所嗜似近而大異。錢之志在明心性，沈之志在立功行。錢以爲心性不明，功行必左。沈以爲功行不立，口頭禪無益事理。是以二翁相值，必大諍辨。後學聞之，均得趨向，兩聽之而兩行之，皆是焉。已而錢翁精於易，沈翁精於醫。錢則以安分爲宗，沈則以守身爲要。其門弟子則竟有兩事之者，迄今聚若一家焉。然當時之不明道者，以爲二老翁年相若，沈則皤然翁矣，而錢則如四十許人。不心崇玄學者，亦每是錢而非沈。及沈翁之子得領鄉薦，即不心崇功行者，亦沸然是沈而非錢。吁，豈是非之無一定哉？學者貴自得其趨向，毋偏執焉而已。要之，二老翁者，皆一心明道，卒克内外咸融，其進道雖殊，其造詣則同，歸於極也。是以合傳。

徐西堂先生傳

先生姓徐，字天一，號曰西堂，姑蘇人氏，善人也。溯其平生，識人仗義，有北宫黝之勇，能以理自檢者。晚歲樂放生。余嘗會先生於虎阜大德庵。庵爲先生放生樂施地，時有放生局。

司領徐芝田導以奉佛奉道，先生笑而不答。已曰：「我但從浩瀚處着想，無人處自問，無愧則行，有慚則去。吾子所謂佛與道，别有所趨向耶？持誦喃喃，禮拜僕僕者，無非止敬之一端，謂是佛仙究竟路，我未之信。」先生蓋知自性即佛，不欲入夫假修一隊，故發議如此。

先生少時任俠，里有不平事，先生挺而出，頑者畏其勇，智者服其才，疾呼一聲，鬭者止，諍者息。先生從而調御之，不數言，涣如冰化。里人頗德之，每曰：「甯忍西堂一喝，莫向三縣伸冤。」或謂先生純以氣燄懾伏人，是不知先生者。先生蓋惟公而明，能不庇其所私，故非惟言簡而澈也。

芝田精《周易》，通三教，貧而好善，晚歲亦從事放生而無力。先生舉之衆，授以放生總司領。于是七里山塘日增生趣，姑蘇好善者入局如雲。不數月間，鳶飛魚躍，非復昔時之有名無實矣。

先生有志遊金蓋而未能。臨逝三日前，神遊金蓋，返述所見境。謂循小山麓折而入，竹徑迂徊，四山如抱拱，塢之深廣約二三百畝，宇殿背倚北麓，金碧燦然，映日而羅。恍惚遇有神告，謂汝越三日當重來，又曰此即金蓋山，古名梅花島，與海外桃華島匹，隱男子居之。聞竟遂覺。若然，先生其證仙金蓋歟？先生卒未幾，芝田徐君相繼歿，山塘放生事遂息。

余感先生之不忘金蓋，爰率筆以述之。

王卧雲先生傳

先生本錢姓，自曾祖某贅王氏，嗣王姓。先生名煜，字酉峰，世居石門，卧雲其號也。孩提喪父，幼得太夫人教，屹然有古人風。性至孝，臨喪幾至殞命，鄉人咸敬之。既壯，懼母清節湮殁，籲請題旌建坊。孝廉沈春田公車北上，以其先人窀穸相委，孝廉殁於京，先生卒爲安妥。其於友誼類如此。

壬子（一七九二）夏，以非罪陷于縲絏，横罹酷刑際，恍惚見一羽客，遂覺身有物蔽，痛楚立釋，而帖然若寐。大吏亦若有見者，乃知其冤，遂釋歸。其時胥吏用事，漕政病民，桐邑有毁倉一案，官民者群以先發制人爲能。石〔門〕爲桐邑分縣，計惟首陷巨户望人事乃濟。故當時二邑之被勒誣而死杖、死獄、死於煅煉，而軍而徒者人衆。先生苟無神佑，雖百先生，勢難或脱然。先生世業儒，而入道之由，實於此始。嗣是嘗至金蓋，蓋以向之荷佑者，疑爲吕祖耳。既至，果符昔所顯現者。余之得交於先生，亦於此歲始。

先生志在立德，故凡邑之善舉，有如留嬰、恤嫠、掩埋、捨藥、義社、放生，先生無不與行。其嗣子二，皆石門諸生。孫男五人，皆業儒。計其家資田不過三四百畝，所進若此，所出若彼，而先生一無悔吝焉。其孜孜爲善，爲可企及也哉？先生素精倒杖法，善點穴。晚歲大行其道而不受值，惟稱其家業，囑行善事，或千功、百功，五百、七百功不等。能從爲出視，登山溯流，必極當意，始爲取之。故所得地亦不甚多，然諸巨室因而種善者廣矣，是皆先生之功也。

先生生於乾隆辛未（一七五一），卒於嘉慶乙亥（一八一五），享年六十有五歲。

張建高先生傳

建高先生者，姓張名玉麒，號耕硯，玄號通善子，浙禾秀水人，世之直諒士也。性孝而義，生平不二色，善飲而節，教子嚴，事長敬，行年六十餘，精彩燦然，菲衣惡食，安如貧者。

童翁宏毅，先生舅氏也，好布施。先生不以爲癡，卒承童志，爲山砌路，築亭于尋真溪畔，名曰止止。仙人宫無上特跋其由所，以表其非徒自好也。

余居山久，往來多人，求如先生之真摯，又能儉而好施者，鮮矣。聞之人，先生初無入山志，從事釋氏有年。某歲秋，先生夢至一境，涉嶺踰山，入一塢，修竹萬竿，中隱多屋，倒掛萬千，飛鳴上下。瞻顧間，忽現梧桐盈塢，茅屋數楹，躡而入，豁然朗，古梅盈庭，回視茅屋，忽又杳然。但見碧宇瓊臺，高插雲漢，非復人世矣。蘧然覺，燈影横床，披衣起。于是入山。既至，先生喟然曰：「余之因緣在是歟。」彷彿曾記遊於此，遂止，勿歸者三載餘。先生止山，日惟誦《金剛經》，間禮大悲懺，切切思成勝境，一如所夢。未成而返者，以嘗隨舅氏至會稽，羡其宗祠有度，存之心久，既有所感，乃歸謀諸妻，購地治材。興工于嘉慶丙子（一八一六），竭心盡志，成于戊寅（一八一八），規模宏廠，彷彿童氏宗祠矣。甫竣而没，享年七十歲。先生有子二，長曰汝坤，次曰汝埏，皆克肯堂構，豐儉得宜。先生可無遺憾矣。

先生於山有功，且居久，爰述其略，以示後之居山者。

馬善人傳

馬君通宗，青鎮人，爲鮑夕陽所親信者。家貧而好善，聞得見收於孚佑帝君，故常往來於雲怡、雲巢。

歲戊午（一七九八），余始與君會。未幾，夕陽至，果謂予曰：「此吾老友。三年不至此，今從粤東來。撫使雲臺公，取其精考據。某與交，取其潔廉而行善。昔者嘗居山，樵雲子取其真誠，春陽先生高弟也。貧，不能爲善舉創，屢踵至富有家，與高明者暢談性理，中下者歷引古今事實，喇喇不休，聞之者無不色飛眉舞。已，必問曰：『翁來，必有善緣見賜也。邇來有所見聞耶？』互相睨視良久，始以情告曰：某橋圮矣，某路殘矣，某死貧無以殮，某室人以夫債逼，將哭而離矣。告已，潸然淚下。聞者感之，或慨然獨任，或設法朋儕〔以濟之〕，而吾友乃歸。鎮之某橋某路，皆其德感而興之者。今青鎮書院，又將告興矣。噫，事事之濟者，募則自承，行則不與事，人故益重其勸焉。」歲甲子，余自蘇適杭，道經其宅，造訪留三日，悉其生平一如夕陽言。馬君年已望八，鬚髮雲如，而步履如飛。不意夕陽殁後不三載，而君亦殁。

余感其義，樂其勸善之多，乃述夕陽之説，以徵信夫後人。若馬君者，舉世何可多得。所竊幸者，戊午（一七九八）以來，歲常〔與馬君〕一叙，善感善應，迄無虚歲，聊堪自慰耳。

君生於雍正某歲，卒於嘉慶某歲，享年八十有幾。

陶善人傳

陶善人某，不知何許人，聞於金蓋有功者。司事陳生歸雲得其助，謂其年約七十餘。其配陳氏尤信道，南海、九華，歲常一至。金蓋亦時來，有所施捨，囑勿記。曰：「我夫某之志，我家得康甯，生有兩子，祖宗之遺德。我二人之稍盡心者，非求福也，所以報我先世也。」其妻言如此，不可以卜夫善人歟？

近遇其常侍來叟，謂善人已辭世，厥配猶存，二子已皆娶。善人得子遲，其家素行善，貧而賴食者，百有餘口。我所深悉叟亦異人，叩其姓氏，不告而去。或謂善人居嘉、秀間，亦有謂張家田人。嗚呼！若陶善人者，可謂能隱其德。厥配陳氏，可謂難夫難婦也歟？歸雲所述如此。歸雲，君子人也，其言不謬。爰爲小傳，以誌異云。

王秋槎居士傳

王居士，名雲從，號秋槎，舜湖人。性剛毅，不爲翕翕合，亦不作崖岸矯，排難解紛，屈身處之，恬如也。貧乏者有求無不應，卒未聞有負其值者，家故日益裕。

中歲崇道，孚佑帝君感其誠，神降其室，得名妙香，是夢非夢，告爲圓明寺僧慈元再世，慈元壽百有餘歲。既醒，訪之，信有是僧，圓明之興，是僧之力居多。於是轉篤奉佛，誠持《金剛經》、大悲咒有年，極獲靈異，筆有不勝述者。

至歲丙子（一八一六），復又應夢入四明山，果得異僧雲光，見如故知，曰：「汝非圓明寺僧某，今爲妙香居士王某耶？」居士聞，涕泣求度者再。異僧乃首允，錫名道性。且誡曰：「一切佛法，不離世法，捨世求佛，徒增口實。汝今兩子四孫，循循繞膝，夫婦齊肩，金盈箱，穀滿倉，福人也。更知虔持金剛陀羅尼，參知大乘、道法、儒書，慧人也。施捨不吝，有功不伐，達士也。若知百尺竿頭，重加精進，便可了事。」居士如夢方覺，拜受而返。

越五歲，來〔金蓋〕山，正遇吕祖誕辰。居士時已有疾，而參拜僕僕，不敢少退，見者無不欽服。既返未幾，六月初十日，童君來泰出之南巢，路經小溪，目擊居士乘扁舟，鬚髮飄然，羽衣中坐，如飛而來。童君呼之再，居士應亦三四。已而訃至，居士竟于是日歿於家。居士豈證果金蓋歟？

居士生平不苟得，敬長慈幼，重然諾，不輕許可。鄉人咸敬如師，值厄者咸戴如父。居士人傑也哉。生於乾隆庚午（一七五〇）五月初十日卯時，卒於嘉慶己卯（一八一九）六月初十日未時，享年七十歲。配張氏，子二，長曰和鐘，次曰大鎔。孫四，曰宗海，曰天漢，曰志沂，曰學淵。葬於本邑蓮子兜住宅之西北隅。

茂才李清如傳

李茂才，名有原，字清如，號問庵，長興人。早失怙恃，長於外祖家。父諱鰲，母閔氏，余之嫡甥也。少嘗從學于余，性純孝，讀書自好，不克伸志而殁。及嘗從學於金蓋律師碧雲李生。卒年僅四十，道俗咸惜之。

昔余宦遊滇南，胞兄嗣出别居，二子尚孩提，侍吾親者，惟問庵爲最得親心。吾親常染疾，問庵侍之，衣不解帶者，每纍逾月。平時頤使，無不立就，問庵不自伐也。余歸，竊感其德，授屋一所，水田二十畝，爲娶室金氏，家事即委之掌，兼課吾二子。余時偏信二氏小學，以散財山處爲宗，問庵屢諷，不之聽。家大落，田園去有十之九。問庵處置，惟慎惟儉。吾子既長且娶，問庵猶勉爲支持，且出課諸生，盡以其修脯歸之公。已而其室金殁，問庵并盡以余授之屋之産歸吾兩子。其生子女三人，攜歸其兄素行，飄然從其叔碧雲來山。輔理山政有年，沙山崗産數十畝恢復，問庵之力也。時余避秏於禹航、武林等地，既歸，山事已復振，碧雲退居長興磨盤山，問庵就課於湖城沈氏，復理舊業。又三載，始得游庠于長邑，年已三十有幾矣。

問庵天資明敏，又加學力，中式材也。且精鸞法，山有叩問者，召之問庵立至，所求無不神驗。遠近善信，咸篤愛如骨肉。山事復常，問庵不以爲功。嘗幕游粵東，余遣出也，困極而返，無有怨言，且孝順踰於昔，曰：「此舅氏所以煉我材也。」貧困異常，曰：「此我命運使然。」厥室金氏，亦克明大義，是得問庵型于之化。天佑善人，問庵當發祥。不意于嘉慶十六年（一八一一）四月日卒于晟舍，遺囑與金氏歸附厝父母塋側。嗚呼，年壯若問庵且棄世，況余也乎？

余時又適避靜書隱樓，問庵之殁未之知也。樓後爲（我家）祖堂，亦在封閉之内。（一日）忽有喧嘩聲，既且有疾呼返者，曰：「汝有功人，當常舍此。」余入而視之，見有數十人濟濟一堂，中有鄒常戒昆季，盛川人，殁入祖堂者，相扶問庵，一哄升入祠中而滅。余訪之山中友，乃即問庵神回之三日也。悲悼不自勝，已而自慰曰：「生不食報，而殁登祖堂，問庵亦可藉不輪迴，殁而猶存也。」計此而後，又十年矣。問庵有靈，安居毋躁也可。

吴竹巢傳

竹巢吴先生，名峙，石門增廣生，雲怡開山春陽朱君大弟子。性倜儻，多材藝，少嘗往來于金蓋，頗見重于鄭觀察澐。與余交未久，而心相莫逆。朱君之得中興雲巢也，竹巢之力居多。

竹巢精鸞學，武林趙近蓬嘗稱之，謂其晉代神仙何竹巢再世。吴竹巢亦謂余曰：「某年十八，即慕金蓋之名。」斯時樵雲已仙去，主持山政者楊來逸、傅復興。有沈名仁備者，居吴沈埠，善乩卜。竹巢有感來山，適與沈會。旌陽許祖降〔乩壇〕，爲述往因今果：竹巢于晉永康姓何名竹巢，于宋嘗佐陸簡寂纂修道藏，三至金蓋，且賜有「惟竹與巢原有約，竹巢因應悟前生」句。竹巢之往來金蓋，蓋始于此。

余與竹巢初會，歲在壬子（一七九二）之冬。其年朱君已逝，竹巢應鄭觀察命留守金蓋。夫以一介寒士，承此遺緒，助者不來，擾者不散，四頭八臂，支之猶難。善人陳天行，每爲竹巢憂。竹巢毅然居守幾二載，是陽承觀察之命，而陰以踐乩約也。歲甲寅（一七九四），余入山，竹巢始北遊京師。蓋應戴太史某召，而志在勸余振興金蓋耳。戊午（一七九八），余避魔北行，會竹巢于都城虎坊橋，遂偕謁文正中堂于内城，歷述余北行之故，互相籌劃護山之策而散。金蓋之安如磐石，竹巢與有力焉。庚申（一八〇〇）秋，竹巢南回，誓止金蓋，不他出。余時避靜一室，山事議還付竹巢掌，竹巢意亦欣然。豈其歸取奚囊不十日，竟以長逝之音來訃。

嗚呼，捨竹巢，我誰與共？山神有靈，當令竹巢神來金蓋。爰爲筆其略于《金蓋心燈》，而注其字諱于金蓋祖堂，以成其志。竹巢來否，望風泣叙，字字真情，敢以録告。春陽朱君曰：「生同事，殁同享。」雖曰杳冥文章，人心不死，于此可見。竹巢竹巢，毋忘昔日之乩卜，幸甚望甚云。

家鐵山大夫傳

家大夫，諱思堅，號鐵山，蘇撫使峙庭公第五子，浙江烏程人。汪少詹潤之己酉同榜，沈太虚弟子也。往來金蓋二十有五年，古梅之安，其力居多，以能不畏人侮，而休休若不勝任者，群魔見之，咸立退。是其受教於太虚有年，事神接物，一以至誠，不期效於目前，不暴功於日後，知我罪我聽諸人。噫，若鐵山者，真今之古人歟？心慈而毅，行純而藏，故善無不積，而名無得著。

稽其歷任山長，如笠澤，如玉峰。接見諸生，溽暑不釋衣冠，均惟訓以敦品，毋徒呫嗶。每自嘆曰：「真事業從五倫做起，大文章自六經得來。人能味此兩語，庶幾得有日就月將之妙。蓋六經四書，皆吾心之注解，孔子所爲(謂)道不遠人是也。世之三教，固殊途而同歸，然足徵人心之不古。儒衰而後道興，道衰而後佛來。我師太虚氏有言曰：三教之祖，無非聖賢，三教之書，無非心學，能從心上加功，則頭頭是道。」即此論以律鐵山，鐵山是得太虚心傳也，無疑矣。

鐵山本孝廉，截取知縣，以胞姪受昌貤贈奉政大夫、刑部主事，加二級。生子一，名受薰，烏程諸生。孫二，如曾、法曾，俱聰慧。善人有後，此其徵兆也歟？爰立小傳，以俟之。

節婦 凡傳二篇。

費貞貞傳

貞貞費氏，歸倪室，原名真，又名節。幽閒貞靜，克孝克勤。倪世居歸安菱湖之鄉。翁名龍光，精外科，稱小康，幼聘貞貞以爲媳。

及貞貞歸，年十八。越二年而倪〔氏子〕亡。貞貞遂持齋以守，禮佛而師之，確遵孀制。龍光亦好道，遠近僧道來，貞貞必潔誠齋供，曰「是我佛現身説法來者。」已而三教善人踵至，龍光間令出見，曰：「大道忘男女，客來都是仙。」貞貞曰：「道雖如是，不可以不自閑。」乃又自名節，字曰貞貞。龍光知而大悦，盡以家事付之掌。其姒婦忌之，思有以奪之者。貞貞爲婉言於翁，乃歸姒婦掌。其母費氏本富室，貞貞之奩亦甚華。至是盡呈其所有，以半歸之姑以爲公，以半乞於翁爲己有。五十三，父卒，姑亦殂。五十五，母亡，翁亦逝。皆克成禮盡哀。五十九歲，喪葬畢，遂擯棄家事，居塵出塵焉。

貞貞之爲人也，寡言笑，信因果，勤持誦，通佛乘，而未嘗識字。自五十三四而後，常混跡於優婆塞、優婆夷、比丘、比丘尼中，故晚歲大不利於人口。一日，有潘若溪者，宜興人，通《南華經》，善奕，爲天下白碁國手，聞而難之曰：「子之道高矣美矣，而行忘男女，心無親疎，得無偏乎？」〔貞貞〕曰：「我一承夫翁訓也。翁明理者，貫通三教，決不以非禮教子媳。」〔潘又難〕曰：「然則〔世人〕何譏訕子者之衆也？」〔答〕曰：「我之擁有者，父母翁姑之所賜也。父母翁姑，天也；夫亦天也。以其資，培其福，非以爲德報，敢據私樹耶？我聞之，培福之道有六：經力、法力、布施力、身力、心力、一視同仁力。六力無高下，〔擇其〕能者從之。我昔從事於經、法、身、心，及布施五者，知力不濟。今乃從事於一視同仁，而知者益寡。蓋我心惟真，而行多背俗，凡今之譏我訕我者，皆憐我愛我者也。惟其愛則生憐，憐則思勸，勸之不改則譏，譏之自若則訕。彼烏知夫四大皆空，一靈之外何物是我？六親眷屬，三教同人，以及蠢動含靈，無非一氣以結之，一靈以主之，何有親疎？何有人我？此靈同者此氣同，氣同譬之身，大則四肢，小則毫髮，自當兼愛，詎容厚薄於其間哉？彼垂教者，一聽自盡其力而已矣。」潘退，筆其説於撥雲精舍，曰：「是合夫《南華》精義也。」其徒史超超曰：「金蓋女貞胡剛剛常臨其居，頗多説法。」又曰：「射村東聖堂，師常居之。」

卒年六十有七。卒之日，燃香焚燭，禮佛及翁姑父母像。已而端坐，忽索筆書一偈。

偈曰：「彈指現成八萬門，刹那滅去三千劫。不須世界浸琉璃，性海波澄成佛國。」書畢，以示超超。又口道曰「了達歸源見本真」，遂合掌逝。貞貞又嘗題潘若溪蒼茫獨立小照曰：「彼何人斯，德立不孤，我儀圖之，保合太和。」噫，苟不至大澈悟、大神智，亦難臻此。傳以告夫遠近之未識貞貞者。

陶孺人傳

孺人陳氏，名普誠，秀水陶四生之妻，愉田之母。愉田生八月而四生亡，孺人年未二十，姑陳年已邁，而遭家多難。孺人以弱質寡軀，上下周全，内外防護於其間。卒能甘旨親嘗，井臼親檢，教子成立，門户爲之振，親族咸欣仰。且上承姑志，持齋戒殺，精持《十六觀經》，三十餘年如一日。夫豈尋常節婦哉？

愉田曰：母性貞而純，儉而義，明而仁，和而嚴，立教有方。某得不爲外魔摇惑者，親君子，遠小人，睦族和鄰，接親以禮，操事以勤。故雖外侮蝟如，而家業恬然者，母之教也。俊僕美婢不敢有，大秤小斗不敢設，散財濟貧，歲歉捐租，母力主之。每謂人曰：「青年守志，戒在貪逸，温飽之家，尤宜謹省。何則？無衣食之謀，操作之勤，則心易縱肆。我昔日會計必周，檢照必密，暇則紡織以勞其身，或時率婢子灌花芟草，而心持經咒。于動静相交之際，如見鬼神森嚴羅列於其間，常存寬恕心，恪守精嚴志，三四十年來，幸得璧完天賦而已。外人謂我佞佛，則我豈敢。」

孺人於嘉慶××年×月××日無疾長逝，距生於乾隆××歲，享年六十。有子一，孫三。孺人嘗三至金蓋，爲禱愈愉田病，捐資助山亦及千金云。

善　女凡傳三篇。

鍾孺人傳

鍾孺人方氏，名佛心，桐鄉人。年五十後，常至金蓋。余於乾隆六十年（一七九五）始見之，態度幽閒，而見事明澈。子名彦生，弟方某，皆桐邑諸生，常偕從孺人休金蓋。【評】爲下文「姊之爲人」一節伏筆。學問均淵如，方更長於詩，有名士風。孺人嘗謂余曰：「金蓋宗風，振於陶靖菴、石菴、徐紫垣三宗師。徐隆巖、蔣通祥，承事而已。繼蔣而興者陳樵雲，能以無我爲宗，而一循夫王道焉。朱春陽精於符籙，能格真仙，藉致善信，亦一代之師也。」聽其所議論，【評】以婦人而才識如此明决，可愧煞多少鬚眉人也。澈乎明哉。按其時孺人年逾七十，故於山中人獨知之詳。

方曰：「姊之爲人，性慈而毅，相夫有才識，教子有義方。信神佛，喜施捨，嘗三朝南海，七至九華，於天竺、金蓋則歲至。嘗親受記於孚佑帝君，即吕祖之封號。許其壽至九九加一。自壯迄今，處置家政外，香一爐，珠一掛，和和持大悲咒，有若蚤朝蜂、浙江潮、夜半松風。然亦常背誦《華嚴》《楞嚴》《金剛》《圓覺》《涅槃》《彌陀》諸經，故每多心悟。」云。後果享年八十二歲乃卒。聞其初所藉引以來山者，則有烏鎮王孺人也。【評】蟬聯體。

王孺人傳

王孺人者，善士陳天行先生之姊，天行有傳列善士部。鍾孺人方之同參友，名佛性，烏鎮人也。其子若夫名號，與其家政行持，均未之詳，無從述。述其於金蓋一事傳之。

嘗聞之鍾孺人曰：「巖子住雲巢時，王孺人已間至。其後導鍾入山，蓋在蔣師時也。王長鍾一十有五歲，故王以妹視鍾，鍾極敬其仁。乾隆乙巳歲，五十年（一七八五）。偕鍾來山。時山中蓋惟傳玉林居守。適大雨雪，路河冰，不得歸。一日晨起，有客步至，鶉衣百結。孺人急以衣衣之。頃又有至者，老而病，齒相擊，傴僂簷下。孺人見，即趨入室，急褫其襖，出以衣之。時雪初霽，鍾皆給銀與飯而遣之，以爲可矣。孺人知而責之曰：『嚴寒若此，而必欲驅納之冰風中，仁者如是耶？』鍾曰：『二人面有死氣，留之必有礙於院。姊乃小不忍耳。』孺人曰：「然否，姊見及此，更不宜。宜預鳴之保，即里正也。止其人。生則善，死則殮，我與汝不能行耶？而必欲嫁禍於道場之居人耶？山前臨河，無路可行，惟山後毗聯道場，山南浜始有村落，故云。不仁甚矣。」拂然入室。翼日，果有報二客死於道場金剛殿，僧已報官。官將來驗，僧費已不支矣。孺人聞之，遽遣人致慰方丈，而在所用費，曰「是補我過也」。由是觀之，孺人之識見未必亞於鍾，而孺人之慈義，殆有過於鍾也。是不可不傳示後來者。

統觀兩孺人傳，皆賢婦而有才德者也。第鍾之德，不如其才，王之才足以行其德。蓋鍾之見，猶有人我高下彼此利害之分，而德反爲才阻，才亦有時而絀。王則惟求其心之所安，而惟恐人之未能即安，更不計人我高下之分，彼此利害之見，深恐才不足以行德，而才復因德而彌長。推而極之，可見天下之有德者必有才，而有才者不必皆有德也。若鍾孺人者，固足稱賢德者矣，其去王孺人者一間耳，此王長於鍾一十五歲之進業歟？

洪宜人傳

洪母吴氏，金閶世家女。聞訓有素，性聰慧，詩書過目輒能解義。其子鏡口述如此。

嘉慶戊午（一七九八）秋，〔洪母〕病篤，醫禱罔效，鏡乃就訪於余。梅谷徐生名德輝，浦江人，精治異症，適從余休於金蓋。余命治之。徐曰：「禱之神，卜之筶，筶許我有藥，一服病可去，再服起，三服還元。」乃禱之〔稍〕許，遂出紅丹大如豆者三，與〔鏡〕歸〔家〕投之，竟如徐言。母大喜悅，越旬日來謝於山。徐生曰「是神力也」，不受謝。返，乃命鏡等鳩工賫料，至〔山〕起建彌羅閣、斗閣。凡五百日，於嘉慶四年（一七九九）春季告成。約費萬餘金，曰聊以報天恩耳。復願大開放生河於吳會，遂延蘇郡諸善士董其事，於山塘日事放生。余亦力助其成，爲呈明蘇省大吏。並遣芝田徐生，爲之往來於河中，日夜巡護。不數月，鳶飛魚躍，春滿胥江矣。計費又倍於金蓋〔之役矣〕。

繼聞余言曰：「洪氏母近行善矣，而名著四方。然恩足施於魚鳥，而澤不逮夫貧黎，歉也。且名能折福，故智者每密設〔善事〕於不見不聞之地。」於是〔洪母〕遂一意以濟人爲務，密施爲宗。凡夫救貧放生，養生送死之類，歲費萬餘金。人無得而計議宣揚者，其福利可謂溥矣。母於嘉慶十×年×月××日，無疾而逝，享年六十有×。

懶雲子曰：經有之，度五百阿羅漢，不若度一辟支佛，以其不徒自了也。梅谷徐生，偉矣哉。

通篇具寫神力，而宜人之勇於爲善，亦本於從前之聞訓有素。故君子之揚善也，不誇善人之修行也，在學誰謂婦人而可不明道義乎？

金蓋心燈卷八上

新安鮑廷博淥飲注

武林鮑錕薇菴評

高　僧 自北宋至今，凡傳十篇。

慧覺禪師傳

慧覺禪師者，宋神宗熙甯時生於霅川，莫姓。早歲出家，法名齊玉，日記數千言。其師號慈辨，授以一心三觀之旨。居苕溪寶藏寺，得松江梅子春先生爲契友。梅子春傳卷七高人首篇。每歲終，子春必至，大興淨業社。及子春居金蓋，往來益便。遂徧購山基，築室一藏。師遂遷錫仙潭，立丈六像，率道俗脩行，戒行精嚴。嘗中夜告衆曰：「我輩未念佛時，作諸不善，其罪無量。犯一吉羅，尚受九百年地獄之苦，況犯篇具重罪乎？惟有一心念佛，則念念中能滅八十一劫生死之罪，庶得出離地獄，成就莊嚴。況父母生我，令我出家，惟望度脱，以報親恩。若破戒墮陷，何以爲人？何以爲子？」【評】非庸衆僧流所能追及。大衆聞之，無不傾誠懺悔，舉身自撲，或至損額失聲者。

及至宣和六年，宣和爲宋徽宗第六改元年號，宣和六年（一一二四）者，實徽宗即位之二十四年也。子春出山，不復至。師亦盡以鉢衣、戒法、拂塵、禪杖等物，付其徒如湛主之，而自出居於杭之上竺。越三載，建炎元年高宗即位之元年（一一二七）。秋八月，自謂見阿彌陀佛來，遂端坐合掌而逝。以上出《湖墅紀聞》，並見《佛祖統紀》。

姑蘇彭際清彭二林進士也。其晚年皈佛，名際清。謂師嘗中夜頂像行道，有僧失規，責之曰：「汝無知，乃畜生耳。」已而悔，曰：「彼雖不肖，訶以畜生，有玷三寶。」自是對佛悔過者三年。由是觀之，禪師亦克己復禮，爲仁由己之學也。何東方聖、西方佛之異論乎？彭氏之説，並見《淨土聖賢録》。

其徒如湛，是爲湛然禪師。【評】爲此篇結讚，即以引起下篇。

良知良能，人所固有。愛親敬長，莫不知之。觀其告衆數語，自悔三年，孝慈之心，能不油然而生耶？此文章之發明性道者。

湛然禪師傳

湛然禪師者，永嘉焦氏子。母夢寶塔而生。幼試《法華》，受度於車溪壽聖寺，法名如湛。日持佛號二萬聲，所課惟《法華經》。中年至湖州横山受戒法於仙潭寺慧覺禪師，晝夜體究，盡通法乘。越二十餘年，慧覺出山，師繼主方丈。有求爲知事者，不見用，其人懷恨，中夜挾刃入，但見達官滿座，惶恐而退。次夜復入，則昏暗無路，自傷其足。又一夕復入，則見師分身十餘，環而坐之，皆同一狀，遂駭走。其後私以告人，人亦以是神之。晚歲謝事，適其法弟牧庵師來訪，讓主之。牧庵爲車溪壽聖寺僧。按《佛祖統紀》載：有朋字牧庵，金華人，性强記，謁車溪卿法師，晝夜叩請，盡得其道。後主湖州横山之仙潭寺，講止觀。時天衣持師分衛至湖州，入寺就聽，竦然曰「我所未聞」，設禮而去。湖城薛氏婦早歿，時見形於室，其家爲齋千僧，誦《金剛經》，請牧庵説經旨。婦憑語曰：「謝翁婆一卷經，今得解脱矣。」翁問：「千僧同誦，何言一卷？」答曰：「有朋法師所誦者是。」後遷主能仁寺方丈，晚主延慶寺，開講日盛。及至孝宗乾道四年（一一六八）十二月三日，自坐青泥龕，集衆環侍，唱偈數首，合掌而逝。師則閒居小庵，日熏淨業。著有《淨業記》《釋觀經疏》等書。夏月常坐草莽中，口誦《法華》，袒身施蚊。門人謂師年高，宜少息。師曰：「翾飛之類，安得妙乘，所冀啖我血，聞我經，以結靜緣耳。」至紹興庚申宋高宗改元紹興之十年（一一四〇），實高宗即位之十有四年也。七月，念佛如常，端坐而逝。以上悉本《湖墅紀聞》。考之《佛祖統記》，所載稍異。元時有待詔章九齡者，得其庵址，爲築餧蚊臺。見《湖墅紀聞》載有章待詔《餧蚊臺記》。愚按，此臺當即在章嶺左右，今其址不可考矣。

妙法威嚴，慈心廣被，不必詳其修行而功行自顯。

藕益禪師傳

藕益禪師者，吴縣鍾氏子。父持白衣大士咒，母夢大士送子而生。三歲喪母，少長，天資敏妙，風度端凝。年十三，無書不讀，以聖學自任，著書闢佛，【評】儼然以韓昌黎、王新建合爲一人。凡數千言。父見而責之，示以《雲棲竹窗隨筆》，乃焚所著論。

年二十，父卒，延僧作福，見《地藏本願經》，讀之，始發出世志，【評】即此可見其孝。日誦佛名於先靈之側。越三載爲天啓元年（一六二一），師年二十四，喪葬事畢，復見帝星失度，朝事日非，世亂已萌，遂決志出俗。【評】即此可見其學力識力之精深。使其生逢明盛，當不爲僧自潔者也，是不得不歸過於當時之君相。有弟一人，爲之娶，【評】可謂曲成不遺者矣。而身入湖州金蓋山爲僧，【評】古來世變之後，必有高僧高道數十輩，鮮不由此。法名智旭，菴曰蘧雲。往來於諸方僧流間，忽聽一法師講經，疑情叢發，歸而用心參究，一月豁然。尋出，掩關於吴江，遇疾且殆，惟一意求生淨土。而病少閒，乃起結壇，持往生咒七日，說偈【評】此偈深沉切摯，樸實古雅。使其生逢明盛，意必易爲明良喜起之歌。即世可挽迴，亦當發爲蒼生請命之作。徒使其結壇持咒，力疾拯人，宣之佛偈，良可慨也。曰：「稽道無量壽，拔孽障根本。觀世音勢至，海衆菩薩僧。我迷本智光，妄墮輪回苦，曠劫不暫停，無救無歸趣。劣得此人身，仍遭劫濁亂。雖復預僧倫，未入法流水。目擊法輪壞，欲挽力未能。良由無始世，不植勝善根。今以決定心，求生極樂土。乘我本誓船，廣度沉淪衆。【評】已飢思人飢，已溺思人溺，慈悲度世之苦心已可概見。我若不往生，不能滿所願。是故於娑婆，畢定應捨離。猶如被溺人，先求疾到岸。【評】古來賢人君子，莫非爲天下後世而愛恤其身。乃以方便力，悉拯暴流人。我以至誠心，深心回向心。然臂香三炷，結一切淨壇。專持往生咒，惟除食睡時。以此功德力，求決生安養。我若退初心，不向西方者。甯即墮泥犁，令疾生改悔。誓不戀人天，及以無爲處。仰願大威神，力無爲不共。三寶無邊德，加被智旭等。折伏使不退，攝令受增長。」時疾已愈，遂破關出。

復至湖州，止於晟舍實成樓三載，惟一心念佛，遂大澈悟。歷主温陵、漳州、石城、長水、新安等處方丈，廣宏台教，又有年。時諸方禪士，多以淨土爲權教，遇念佛人必令參究誰字。師獨謂持名一法，即是圓頓心宗。有卓左車者，嘗設問曰：「如何是念佛門宗向上一路？如何得離四句絶百非？如何是念佛人最後極則？如何是淆譌處腦後一鎚？望和尚將向來自性彌陀、唯心淨土等語撇向一邊，就親見如來境界快説一番，震動大千世界。」師曰：「向上一著，非禪非淨，即禪即淨，【評】天性未漓之際，喜怒哀樂未發之時。才言參究，已是曲爲下根。【評】不是念佛門中向上一路矣。果大丈夫，自應諦信是心作佛，【評】與龍門宗教無異，與《大學》正心章又何異？是心是佛，設一念與佛有隔，不名念佛三昧。若念念與佛無間，何勞更問阿誰。淨土極則事，無念外之佛，爲念所念；無佛外之念，能念於佛。【評】可見念佛之法須得如是方爲念佛，不徒在手持數珠口轉名號而已。正下手時，便不落四句百非，通身拶入。但見阿彌陀佛一毛孔光，即是十方無量諸佛；但生西方一佛國土，即生十方諸佛淨土，此是向上一路。若捨現前彌陀，別言自性彌陀；捨西方淨土，別言惟心淨土，此是淆譌公案。言若捨現前彌陀，則無可別言自性彌陀矣。若捨西方淨土，則無可別言唯心淨土矣。人有捨此而別言者，試問所言自性何在，所言惟心亦何在，此道之所謂枯兀昏沉即是頑空，儒之所謂不得於氣弗求于心，不可者也。故謂是譌淆公案。經云：『三賢十聖住果報，惟佛一人居淨土。』此是腦後一鎚。但能深信此門，依信起願，依願起行，則念念流出無量如來，徧坐十方微塵國土，轉大法輪，照古照今，非爲分外，何止震動大千世界？」晟溪雪簑翁聞之曰：「此天下之至誠，【評】讚語確當。爲能盡其性者也。」翁姓閔，有傳列卷七高人部。乃遍告鄉耆，延主慧明寺方丈。即今晟舍利濟禪寺。師復還錫至湖。時金蓋遯雲僧衆已散，庵就荒頽。師主慧明，復招其法弟智果居守。智果僧不見於諸書，無可考。暇時與雪簑翁往來於其間，【評】此其篤於親而不遺故舊之道。得妙喜黄隱真輩爲契友。【評】觀人者於其友。黄隱真後皈龍門，爲八代律師，傳列卷二。○按《金蓋雲箋》，雪簑翁所撰《黄隱真〔先〕生傳》，謂黄與禪師交，在甲申（一六四四）出天目山以後，己丑（一六四九）至茅山以前，往來五載。嘗述示人《宗論》一篇。雪簑翁書之，載在《金蓋雲箋》。按藕益法師《念佛宗論》曰：夫念佛法門，别無奇特，只是深信力行爲要耳。佛云：若人但念彌陀佛，是名無上深妙禪。天台云：四種三昧，同名念佛，念佛三昧，名爲三昧中王。雲棲云：一句阿彌陀佛，該羅八教，圓攝五宗。可惜如今人，將念佛看做淺近勾當，謂是愚夫愚婦工夫，所以信既不深，行亦不力，終日悠悠，淨功莫剋。或有巧設方便，欲深明此念佛三昧者，動以參究誰字爲向上。殊不知一念現前之心，本自離句絶非，不消好意離絶。即現前一句所念之佛，亦本超情離計，何勞説妙説玄。只貴信得及，守得穩，直下念去，或晝夜十萬，或五萬三萬，以決定不缺爲準，畢此一生，誓無改變。而不得往生者，三世諸佛，便爲誑語，一得往生，則永無退轉，種種法門，悉得現前。切忌今日張三，明日李四，遇著教下人，又思尋章摘句；遇著宗門人，又思參究問答；遇著持律人，又思搭衣用鉢。此則頭不了，帳不清。豈知念得阿彌陀佛熟，三藏十二部極則教理，都在裏許；千七百公案，向上機關，亦在裏許；三千威儀，八萬細行，三聚淨戒，亦在裏許。真能念佛，放下身心世界，即大布施；真能念佛，不復起貪嗔癡，即大持戒；真能念佛，不計是非人我，即大忍辱；真能念佛，不稍間斷夾雜，即大精進；真能念佛，不妄想馳逐，即大禪定；真能念佛，不爲他岐所惑，即大智慧。試自檢點，若於身心世界，猶未放下貪嗔癡念，猶自現起是非人我，猶自挂懷間斷夾雜，猶未除盡妄想馳逐，猶未永滅種種他岐，猶能惑志，便不名爲真念佛也。要到一心不亂境界，亦無他術，最初下手須用數珠，記得分明，刻定課程，決定無缺。久久純熟，不念自念，然後記數亦得，不記數亦得。若初心便要説好看話，要不著相，要學圓融自在，總是信不深，行不力。饒你講得十二分教，下得千七百公案，皆是生死岸邊事，臨命終時，決然用不著。○按，此篇查靈峰《宗論》《淨土聖賢録》兩書均採載。

越三載，順治己丑（一六四九），師年五十二，命其徒成時繼主方丈，退休於靈峰，選定

《淨土十要》等書。成時即堅密禪師，傳列次篇。其選定諸書，後爲堅密師刊傳者。旋出雲遊江浙間，自號靈峰老人，廣度故明諸老。【評】此亦前偈中所謂「廣度沉淪衆」之本願也。蓋天之生斯人也，正使先知覺後知，使先覺覺後覺者歟？凡得遇師者，莫不言下立悟，英志盡消。至歲甲午順治十一年（一六五四）。正月二十一日，端坐而逝。遺命闍維，既逝之二年，將如法啓龕，則髮長覆耳，面如生。【評】可見藕益生平並非枯寂之禪。門人不忍從遺命，收其龕塔於靈峰。此篇大段悉本《金蓋雲箋》所載原傳。

以聖賢之資，證佛仙之果。較之黄隱真、韓三山、洪洞明輩，更勝一籌。惟其見機而作，决然舍俗之早也。篇中述其誓願説法，行道種種，莫非爲世道人心發明心學，即以闡揚佛教真正宗論，無偏無弊者也。

堅密禪師傳

堅密禪師者，靈峰老人弟子也。姓吴氏，爲徽州歙縣諸生。年二十八，遭世變出家，【評】亦莫非靈峰老人誓願廣度之從來也。適靈峰老人駐錫仰山，遂皈投，法名成時。越二年，從師來湖，勤脩淨業，日有定課，雖甚寒暑，不敢稍懈。至歲己丑（一六四九），遂主慧明寺方丈，相契有雪簑翁。【評】可參觀雪簑翁傳。越十載謝事，退休金蓋之蘧雲。按《金蓋雲箋》載：順治十六年己亥（一六五九），晟溪雪簑翁始偕堅密成時禪師入山，遂榻蘧雲庵。著有《傳燈録》《周易注》《楞嚴經咒注疏》，刊有靈峰老人《淨土十要》等書，自以《觀經初門》《彌陀行儀》二種附之。與靖菴、石菴、凝素、華陽諸道者相契洽。靖菴、石菴俱姓陶，凝素姓謝，華陽姓程。靖菴、華陽傳列卷二，石菴、凝素傳列卷三。歲己酉，康熙八年（一六六九）。歙人來延，主仰山方丈。及至山中，猛獸皆馴伏。自撰齋天法儀，感天神現身，人多見者。歙人以其事聞於金蓋，石菴子爲之序。載《金蓋雲箋》中。後往江甯，駐天界半峰。

師嘗告人曰：淨土持名之法，大要有三。一者六字洪名，念念之間，欣厭具足，如出幽獄，奔託王家，步步之間，欣厭具足，是故萬緣之唾不食，衆苦之忍莫回，高置身於蓮華，便訂盟於芬利，蛆蠅糞壤，可殺驚慚。二者參禪必不可無淨土，爲防退墮，甯不寒心。淨土必不可入禪機，意見稍乖，二門俱破。果能專脩淨業，不須更涉餘宗，冷煖自知，何用强辨。三者一句彌陀，非大澈不能全提，而最愚亦無少欠，倘有些子分别，便成大法魔殃。只貴一心受持，甯羨依稀解悟，乞兒若見小利，急須吐棄無餘，棒打石人頭爆，爆論實事。已上三要，頗切今時。倘能真實指迷，我願捨身供養。但恐法門之戲論難忘，生死之天懷不切，或執摩尼而視同瓦礫，或以指爪而撮摩虚空，或抉翳而與眼以明，或傳經而苦舌之鴂。如此則揚之與抑，總莫暢乎本懷。而信之與疑，皆不成乎三昧。間有大智，知進知退，知存知亡，而未遘至人，未獲圓悟，未窮極致，未學要詮，欲升永明之堂，入楚石之室，居五濁之世，闡難信之宗，殊非聊爾。故淨土法門，至簡至妙，唯以現前一念無明業識之心專稱佛號，無閒一心，未有不親證親到者。此説具見《餘學齋集》載，有二千餘言。兹本《金蓋雲箋》，所載原傳中如此。按原傳，師居江甯凡五年。

至歲戊午（一六七八）十月十五日，合掌趺坐，逝於半峰，年六十有二。得其傳者爲霞標法師。霞標，名超城，【評】引起下篇，以結篇中遺意。亦徽郡人。霞標法師傳列後。〇此篇悉本《金蓋雲箋》載《堅密子傳》。

遭變出世，以修淨業，卒致猛獸馴伏，天神現身，地位其禪學之凝定，性功之恬澹可知。師藕益、徒霞標，相契有陶、閔諸公，當日靄雲何其盛耶？文亦極見契洽，足以傳神。

霞標法師傳

霞標法師者，徽郡汪氏子。其父晴嵐，爲靈峰老人〔剃〕髮弟子。師年九歲時，即從父至仰山，受記於堅密禪師。天資穎發，【評】儼如藕益少年。妙相端嚴。年十三，【評】此節傳其少年穎悟。剃染於常州南岳寺，禮僧一寶爲師。居二載，出之杭州南澗，受具於天竺珍公。名曰超城。參父母未生前話，忽聞擊板聲有省，作偈呈珍，【評】其偈何言。珍頷之。遣之江甯，復謁堅密禪師於天界半峰。自是信口説法，都成章句，而機鋒迅利。【評】此節傳其專脩淨業之由。禪師告之曰：「昔靈峰老人宏開淨土一門，惟教人以現前一念無明業識之心專稱阿彌陀佛名號，不必精研藏教，備考群宗。惟能無間一心，未有不親證者。蓋惟心淨土，境界難思，非十地等覺所能測；自性彌陀，神力迅速，非三祇百劫所可倫。要之，阿彌〔陀〕非有加於吾心也。吾心一念離絶，故聖凡無在；吾心萬法頓融，故四土無在；吾心不屬時劫，故十世刹那無在；吾心不屬方隅，故微塵刹海無在。法本無增，吾更何歉，特仗增上因緣，一顯發之耳。」師遂潛脩淨業，一心精進，不數月而萬法皆如，無有二相。

禪師乃遣至金蓋，與山僧悟澈同居古齊假龕之東偏菴，曰春曙藪。【評】想其時蘆雲已遭衝决而廢，故居春曙藪。悟澈因亦得念佛三昧。悟澈長老有傳列後。時嗣師石菴子，【評】此節傳其建立功業，爲下篇悟澈、超然二傳引綫。以師爲藕益、堅密之後也，析山二十畝、田十畝歸師。師歸悟澈，以供齋飯。

越三年己未，康熙十八年（一六七九）。師年十九，有感入華頂，誓開深雲菴故址。有總兵藍公者，感異夢，輸金助之。既成，以授僧廣潤，返之金蓋。以道出南澗，順訪雲林寺碩揆禪師。一見契合，攜其徒名聞言者至〔金蓋〕，使依悟澈，居春曙藪。聞言字超然，傳列後。

越四年乙丑，康熙二十四年（一六八五）。悟澈返杭。又二年丁卯（一六八七），師留聞言居山，自歸徽州。尋客於金壇東禪寺。東禪主僧名超格，【評】此節傳其開金壇淨土寺法門。師之法兄，亦事淨土者，素與邑居士李肖巖友善。及師至三月，肖巖請開淨土寺。師乃具疏倡募，緇白咸來。始事於辛未之春，康熙三十年(一六九一)。告成於乙亥之秋(一六八五)，即請虞山僧葉萃繼其席。十月六日，【評】以下傳其焚身説法。萃至，師設茶作别。〔萃〕與諸外護激勸深切。〔法師未允。〕爰積薪爲座，謂將焚身供佛。師遂詣大雄殿拈香説偈，偈曰：「漱口佛不喜聞，總是乞兒伎倆。直須念兹在兹，方爲現大人相。」據坐示衆曰：「昔世尊於涅槃會上以手摩胸，告衆曰：『汝等善觀吾紫磨金色之身，瞻仰具足，無令後悔。若謂吾滅度，非吾弟子；若謂吾不滅度，亦非吾弟子。』時百萬億衆，悉皆契悟。諸仁者，看這一隊隨邪遂惡漢，萬劫無有解脱之期。殊不知黄面老人，四十九年説得天華亂墜，終是一場虚設。直到臨末稍頭，抵死命根不斷。城上座此三字自稱，以告衆之詞也。今且别資一格，使現前大衆，箇箇如龍得水去也。」遂展兩手云：「汝等善觀，吾四大本空，五蘊非有，離這壳漏子，畢竟恁處與諸人相見。若謂我滅度，是我同流；若謂我不滅度，亦是我同流。何以故？大海若不納百川，應倒流。」起，引衆繞佛。至積薪所升座，復問衆曰：「高峰妙禪師道：『盡大地是箇火阬，得何三昧不被燒却？』大衆試下一轉語。」東禪主僧超格曰：「正是老弟受用處。」師舉手笑曰：「謝和尚證明。」遂拊掌説長偈一首，【評】其偈又何言。以雙手擎兩燭臺，云：「這箇是金臺耶？銀臺耶？直下搆得，便知自性彌陀，共證藥王三昧。」遂合掌，三唱「南無蓮池海會佛菩薩」，舉燭然薪。須臾，火大熾，衆爲環誦《彌陀經》。至「今現在説法」句，法師高聲喝曰「住！」頃之，復展兩手劈開薪焰，出示全身，端坐而化。年三十有五。

東禪主僧爲書所見，告於金蓋嗣師徐紫垣，爲之傳云。按是年乙亥，爲康熙三十四年（一六九五）。陶石菴先生故已三載，金蓋主席爲徐紫垣嗣師。○此篇悉本《樵雲紀事録》，並見金壇東禪寺《霞標禪師傳·焚身説法記》及《淨土聖賢録》。

讀此傳文，令人想見其天資穎發，妙相端嚴，危坐積薪，擎臺説法。陶石菴、李肖巖、藍總兵等原爲檀越，碩揆、超格同爲列座，悟澈、廣潤、聞言、葉萃總是僧僚，堅密、珍公、一寶儼然本師。其爲汪晴嵐之子，而靈峰老人之法孫也。得此千言大傳，何惜二偈無聞？南澗板聲，清越千古，東龕春曙，佛日增輝矣。

悟澈長老傳

悟澈長老者，仁和郭氏子，不詳其名。少出家於永慶寺，年二十，受具於雲棲。歷遊講肆，習天台教觀。康熙癸丑，十二年（一六七三）。長老年三十，始來金蓋。靖菴先生留之。是年十月，靖菴殁。明年春，石菴子析其齊假龕之東偏，長老居之。日持佛名，慨慕靈峰遺教。【評】觀其慨慕靈峰遺教，而靈峰法孫即來所謂「勤而不遇，必遇至人」，故所慕不可不發於正也。

越三載丁巳（一六七七），霞標法師來，同居二年，遂得念佛三昧。及霞標入華頂，按霞標法師於康熙十八年己未（一六七九）入華頂，開深雲菴。越三載壬戌（一六八二），同超然師歸山。長老日與三教道俗究參圓頓之旨。【評】其時山居高人不少，自更有兩相啓發者矣。歲壬戌（一六八二），霞標歸。長老遂掩關三年，晝閱藏文，夜課佛號。【評】其學力增長如此。其願力堅果如此。乙丑（一六八五）八月，將返雲棲，先期出〔關〕，頂禮佛前，發四十八大願。道俗雲集，霞標乃延長老登座而問曰：「《華嚴經》云：『忘失菩提心，脩諸善法，是名魔業。』故欲學如來乘，必先具發菩提願。今和尚既發心已，既立願已，心發則佛道可成，願立則衆生可度。然大衆心願，尚有差別，一有差別，當何審察？當何去取？今諸善根尚在輪迴，以何因緣，方得發起真正菩提心，立大堅固願？望和尚普爲大衆開說，使箇箇趣向有門，同登淨土。」長老曰：「我輩由俗出家，發心爲要，求禪得淨，立願爲先，苟不立廣大心，發精進願，則縱經塵劫，還在輪迴，雖有脩行，徒勞辛苦。城上座以現前大衆心願，無從發起，慨發真正菩提心，要我開釋。蓋大衆心願有有無差別，由其相之有無差別。【評】相者向也，謂其心之所趣向也，愚謂作「想」字解亦可。相有邪正，有真僞，有大小，有偏圓。我今爲大衆一一開說。若世有行人，一向修行，不究自心，但知外務，或求利養，或好名聞，或貪現世逸樂，或望未來果報，如是發心，名之爲邪相。【評】即上文所謂魔業是也。既不求利養名聞，又不貪逸樂果報，惟爲生死，爲菩提，如是發心，方名正相。【評】所謂毫無私欲，渾然天理者也。乃念念上求佛道，心心下化衆生。聞佛道長遠，不生退轉；觀衆生難度，不生厭倦。如登萬仞之山，必窮其頂；如上九層之塔，必造其巔。如是發心，名爲真相。【評】所謂信而好古以敏求者是也。若有罪不懺，有過不悛，內濁外清，始勤終怠，雖有好心，爲名利之所夾雜；雖有善法，爲罪業之所染污。如是發心，終名爲僞相。【評】所謂閣浮公案屋漏誅心者是也。若至衆生界盡，我願方盡，菩提道成，我願方成，如是發心，方名爲大。【評】所謂包羅天地，渾合古今是也。即觀三界如牢獄，視生死如冤家，但期自度，不欲度人，如是發心，名爲小相。【評】所謂自了漢是也。若於心外見有衆生，及以佛道願度願成，功勳不忘，知見不泯。如是發心，便名偏相。【評】所謂小忠信顧彼失此者亦是也。須知自性是衆生，故願度脱；自性是佛道，故願成就，不見一法離心別有，以虛空之心，發虛空之願，行虛空之行，證虛空之果，却無虛空之相可得，【評】聖人所謂民無得而稱者謂之至德是也。乃名爲圓。大衆既知此八種差別，便知審察，當吾所發心，爲邪爲正，爲真爲僞，爲大爲小，爲偏爲圓。人不及知，己得知之，【評】莫見乎隱，莫顯乎微。審察既精，便知去取，【評】擇善而從。去取既定，方得名爲真正發菩提心也。夫菩提心爲諸善中王，苟無因緣，何從發起？我今闡明十大因緣，爲大衆激發菩提心，立大堅固願。城上座普爲大衆證明，使箇箇仗此良緣，同見阿彌陀佛。所謂十大因緣者，一者念佛重恩。我釋迦如來，自初發心，爲我等故，行菩薩道，經無量劫，備受諸苦。我造業時，佛則哀憐，方便教化，而我愚癡，不知信受。我墮地獄，佛復悲痛，欲代我苦，而我業重，不能救拔。我生人道，佛以方便，令種善根，世世生生，隨逐於我，心無暫舍。佛初出世，我尚沉淪，今得人身，佛已滅度。何罪而生末法？【評】不知已經蹉跎了幾千萬劫。何福而預出家？何障而不見金身？何幸而躬逢舍利？【評】難得有此人身。如是思惟，向使不種善根，何以得聞佛法？不聞佛法，焉知常受佛恩？此恩此德，丘山難喻。自非發廣大心，行菩薩道，建立佛法，救度種（衆）生，縱使粉骨碎身，豈能酬答？【評】自然真正大圓，四相俱得。此不得不發菩提心第一因緣也。【評】亦安得不立堅固願？二者念父母恩。哀哀父母，生我劬勞，十月三年，懷胎乳哺，纔得成人，指望紹繼門風，供承祭祀。今我既已出家，濫稱釋子，甘旨不供，祭埽不給，生不能養其口體，没不能導其神靈，於世間則爲大損，於出世又無實益，【評】在家者修不到家，則刻鵠不成尚類鶩。出家者修不到家，是畫虎不成反類狗矣。兩塗既失，重罪甯逃？如是思維，惟有百劫千生，常行佛道，十方三世，普度衆生，則不惟一生父母，生生父母，俱蒙拔濟。不惟一人父母，人人父母，盡可超昇。此不得不發菩提心第二因緣也。三者念師長恩。父母雖生育我身，若無世間師長，則不知禮義，若無出世師長，則不解佛法。不知禮義，則同於異類，不解佛法，則何異俗人。【評】吾儒讀書而不體行王道聖學者，謂之何物？今我等粗知禮義，略解佛法，袈裟被體，戒品沾身，【評】吾儒筮仕而心不在君民者，當得何罪？如此重恩，從師長得。若求小果，僅能自利，今爲大乘，普願利人，則世、出世間二種師長俱蒙利益。此不得不發菩提心第三因緣也。四者念施主恩。我等今者日用之資，並非已有，三時粥飯，四季衣裳，疾病所須，身口所費，皆出自他，將爲我用。彼則竭力躬耕，尚難餬口，我則安坐受食，猶不稱心；彼則紡織不已，猶自艱難，我則衣服有餘，寗知愛惜；彼則蓽門蓬户，擾攘終身，我則廣厦閒庭，優遊卒歲。以彼勞而供我逸，將他利而潤己身，自非悲智雙運，福慧兩嚴，檀信沾恩，衆生受賜，則粒米寸絲，酬償有分，泥犁餓鬼，惡報難逃。【評】我輩儒衣冠安然坐食而不念誠正修齊治平者，寗酬償無分而可逃惡報者乎？此不得不發菩提心第四因緣也。五者念衆生恩。我與衆生，從曠劫來，世世生生，互爲父母，彼此有恩。今雖隔世昏迷，互不相識，以理推之，寗無報效？今之披毛帶角，安知非昔爲其子？今之蠉動蜎飛，安〔知〕往不曾爲我父？【評】此亦天地間循環至理，安得不發真正大圓心願？其邪僞偏小之願，斷斷不可稍有者也。至其號呼於地獄之下，宛轉於餓鬼之中，苦痛誰知，飢虚莫訴。我雖不見不聞，彼必求拯求濟。故菩薩觀於螻蟻，皆是過去父母、未來諸佛，常思利益，念報其恩。此不得不發菩提心第五因緣也。六者念生死苦。我與衆生，從曠劫來，常在生死，未得解脱，人間天上，此界他方，出没萬端，升沉片刻。黑門朝出暮還，鐵窟暫離又入。登刀山則舉體無完膚，攀劍樹則方寸皆割裂。熱鐵除飢，肝腸盡爛，烊銅止渴，骨肉都糜。利鋸解斷而復續，孽風吹死已還生。猛火城中，叫嘷慘聽，煎熬盤裏，痛苦難聞。冰凍始凝，狀似青蓮蕊結；血肉既裂，身如紅藕華開。一夜死生，地下每經萬遍；萬般苦楚，人間纔了一生。【評】人生在世，不建善功業，不修真德行，已無以自立於天地之間，猶可以惡小而且爲之乎？此時雖悔何追，過後作業如故。大千塵點，難窮往返之身；四海波濤，頻灑別離之淚。向使不聞佛語，此事誰見誰聞；未覩佛經，此理甯知甯覺。若再依前貪戀，仍舊癡迷，祇恐萬劫千生，一錯百錯。人生難得，良時難追，道路冥冥，別離長久。三塗惡報，還自受之，痛不可言，誰當相代？故急斷生死流，【評】無然畔援。疾出愛慾海，【評】無然欣羡。人我兼濟，彼岸同登，【評】誕先登於岸。曠劫殊勳，【評】三教中皆有曠劫殊勳。只此一舉。此不得不發菩提心第六因緣也。七者尊重己靈。我現前一心直下，與釋迦世尊無二無別。【評】舜何人也，予何人也，有爲者亦若是。云何世尊無量劫來，早成正覺，我等昏迷顛倒，猶是凡夫？我世尊具有無量神通智慧，功德莊嚴；我等但有無量業累煩惱，生死纏縛。心性是一，迷悟天淵，正如無價寶珠，没在泥塗，不加珍惜。急宜以無量善法對治煩惱，【評】蓋必有以盡夫天理之極而後無一毫人欲之私。則性功淵朗，如珠既濯，懸在高幢，洞達光明，映蔽一切，【評】自新新民，皆欲止於至善也。乃爲不孤佛化，不負己靈。此不得不發菩提心第七因緣也。第八懺悔業障。慧覺禪師云，犯一吉羅，尚受九百年地獄之苦，何況重罪？其報難言。今我等日用之中，一舉一動，恒違戒律，一飧一水，頻犯尸羅，一日所犯，【評】吾日三省吾身。亦應無量，何況終身歷劫，更不可言？若非自愍愍他，自傷傷他，身口併切，【評】克、伐、怨、欲不行焉，可以爲仁矣。聲淚俱下，普與衆生求哀懺悔，則千生萬劫，惡報難逃。此不得不發菩提心第八因緣也。第九求生淨土。淨土法門，往聖前賢，人人趣向，千經萬論，處處指歸，【評】孟子道性善，言必稱堯舜。末法行修，本無越此。然經稱少善不生，多福乃致，【評】困而不學，民斯爲下矣。民之秉彝，好是懿德。言多福莫若立精進願，【評】日就月將，學有緝熙於光明。言多善莫若發廣大心，【評】生知，學知，困知，及其致知，一也。勿因愚鈍而一向無心，【評】自暴者，弗可與有言也。勿以根淺而自鄙無分。【評】自棄者，弗可與有爲也。但使心真事實，願廣行深，下菩提種，耕以念佛之犁，乘大願船，入於淨土之海，道果自然增長，【評】君子遵道而行，烏可半途而廢？西方決定往生。此不得不發菩提心第九因緣也。第十要令正法久住。我世尊無量劫來，爲我等故，修菩薩道，難行能行，難忍能忍，因圓果滿，遂致成佛。既成佛已，化緣周訖，入於涅槃。正法象法，皆已滅盡，僅存末法，有教無人。仰蒙歷代帝皇，敕護正宗，與儒道並列東土，其間邪正不分，【評】君子反經而已矣，經正則庶民興，庶民興，斯無邪慝矣。是非混雜，競爭人我，盡逐利名，不知三寶是何名義，衰殘至此，殆不忍言，每一念及，不覺淚下。我既出家，不能振作，內無益於己，外無益於人，生無益於時，死無益於後，極重罪人，非我而誰？惟有鍊此一靈，誓歸安養，既登九品，回入娑婆，【評】此長老之所以再來東土，再闡正宗也。庶俾佛日重輝，法門再闡，僧海澄清於此界，人民被化於東方，劫運爲之更延，正法得以久住。此不得不發菩提心十大因緣也。城上座、此長老復呼霞標而啓大衆。諸佛衆等，既已十緣略識，八相周知，惟願大衆愍我愚誠，憐我苦志。今日頓忘鄙陋，忽發大心，偕我善友，同到道場，述爲懺摩，成玆法會。感發四十八大願，願願度生；惟期千百劫深心，心心作佛。與諸善衆，同立此願，同發此心，未發者今發，已發者增長，已增長者精進勿懈。可知虚空非大，心王爲大；金剛非堅，願力最堅。從此同生淨土，同見彌陀，還須同化衆生，同成正覺。」時道俗聞之，皆爲感泣，至有以頭搶地者。【評】聞此説法而不感泣者，非人也。越日，長老遂出山，之杭州仙林寺。明年正月，遣其徒澹然持偈來山，泊然而逝。以上悉本《金蓋雲箋》。

聞之仙林上人曰：長老逝之日，先自課佛名，炷香，乃告衆曰：「我暫往西方，見阿彌陀佛，證明誓願，部署九品妙法蓮華。四十九日後再來東土，【評】此即其第十因緣之菩提心也。托生常熟時姓，重輝佛法，再闡正宗。四十年後仍來此寺，爲諸善根廣結蓮社。諸公好住，勿謂一念輕微，虚願無益。」遂合掌西向而逝。姑蘇彭際清曰：長老再世，是爲思齊大師。按思齊名實賢，常熟時氏子，常作《勸發菩提心文》，激厲大衆，與此篇大同小異。年四十後，亦住杭州仙林寺。見《淨土聖賢録》。

篇中説法，言言痛切，字字含悲，苦口婆心，勸人立志。僧流讀之而不激發菩提心，道家讀之而不感發精進願，士人閲之而尚不自强以進行修業，服賈牽牛者聞之而尚不自愛以孝養厥父母者，是皆失其本心，不可爲人者也。至其首尾文字，無非爲長老述其來源去路。我願普天下學者，但日誦此百過，必可以證菩薩果。

中乘大師傳

中乘大師者，其法名人莫得而知之，所稱龍山寺活佛者也。相傳康熙間來自武康報恩寺，邑人朱楓山詣請以來者。楓山無他長，惟一生信佛，内外貞白而已。大師住龍山有年，人第見其氣宇淵如，【評】此即悟澈長老所謂圓相是也。而穿衣喫飯一如常人。

寺中有三元大帝像，楓山所懸奉者，大師經過必疾趨。一日，有洛舍道士某將至，大師先耳語於朱，朱允道士來，乃奉像去。人叩之，朱曰：「帝避大師，大師願避帝也。蓋像鄰大師卧室，平時兩不相安。道士之來，乃應夢耳。」【評】大師身分可想見矣。已而道士亦以夢告人，大師之名大震。白業爛如，殆有不得而韜隱者矣。

乃預期囑朱積薪寺前，高廣俱一丈許。時某年六月二十六日，大師於尺許竹筒中，探取藕絲袈裟搭身，禮佛辭衆，梯達積薪之巔，合掌炷香，口喃喃念佛。【評】我想其時大師必有所説法，惜當場或無人記述耳。頃之，白氣兩縷出自鼻，如龍旋繞於香頭。大師以香直下一指，積薪盡熾，焰繞法身。維時觀者萬人，大師忽以兩手劈開薪焰，周顧而呼曰：「緣深信久者來。」群惟環跪拜禱，呼號震天，乞留遺澤。大師乃揮臂笑曰：「十里之内，永無瘟疫，永無命案，永於今日，甘霖一霔。」忽一猫突入，大師抱之，烈焰遂合，但見白氣如虹，直沖霄漢，移時薪盡火滅。是日也，里人某歸自九江，見師行舟，次肩一猫，寄其雙履以還朱。及至，始知爲楓山之妻製，以供師火化者。

龍山寺僧謂大師有手植牡丹一叢，迄今百餘年來，花開必數百朵。傳謂花數盈千時，師將復至。瘟疫命案，迄今無之。甘雨斯鄉，應期必至。余先大父蘭坡公，諱正色。謂嘗〔與大師〕相遇於金蓋，時與徐紫垣榻於雲巢。紫垣謂大師天人也，極恭敬之。大父亦有讚曰：「輕清者天，重濁者地，師寄其中，湛然常住。」又讚曰：「師大隱者，不留名字，號曰中乘，晦言其自。」

遺澤長留天地間，大師氣宇淵如在。其生平之修行，可想見矣。

洞明禪師傳

洞明禪師者，即卷七上高人洪洞明先生。平陽聖種子。此句出《虎阜志·洞明和尚本傳》。康熙間神僧也，我山祠其像以奉之者。祠奉之由詳見下文。聞之虎阜方丈，謂師俗姓洪，新安人，法名元照，爲文覺國師同參兄。以頭陀相而主席虎阜，重輝山宇。蓋道高德重，顯密圓通，江浙間僧無其匹，行詳虎阜新舊志。墓葬上山濱，院曰大德菴，蘇人重其德行，爲建樓以崇法像，妙相莊嚴，凜凜若生人。

然稽師居虎阜時，【評】其未居虎阜以前，嘗至金蓋，猶爲洪洞明先生。見高人洪洞明傳文。未嘗一至金蓋。按其未居虎阜以前，固嘗至金蓋者。具見高人洪洞明傳。今何像以奉之，傳以表之哉？金蓋之奉禪師也，始自嘉慶四年（一七九九）之秋。苕旉修事放生於姑蘇虎阜之河，假大德菴作辦善局，恍忽遇師於樓。苕旉感之，歸乃祠奉其像於山。竊慮夫後之居山者，或未審其從來，以爲釋道不相能，因而忽視焉。是以略述其由，爲傳於高僧之列。

是可作金蓋山洞明祠碑，立以昭示後人。

超然大師傳

超然大師者，桐鄉費氏子。幼不茹葷，好趺座。七歲即入靈隱山祇園庵出家，法名聞言，爲人淳樸。年二十，受具於雲林碩揆禪師，朝夕提策，頗知精進。

適霞標法師至，顧而讚之。師曰：「某自慚鈍根，不善參究，惟知念佛耳，師何取焉？」

碩揆曰：「念佛即可了生死，願城公霞標名超城，故稱城公。啓以自性彌陀之旨。」霞標遂攜師至金蓋。悟澈長老掩關時，師爲守護，日持佛名二萬言。霞標師授以靈峰遺旨，師遂依教奉行，於一切法更無繫戀。居四年，悟澈返杭州。明年正月，悟澈遣其徒澹然來山。師與同居，日惟激勸念佛，恪守戒律，以期共體長老之願。又明年，霞標師復出之徽郡。師乃盡以山事交付澹然，掩關一載。出遇虎，遂爲説法，虎伏以聽。遠近居人俱來信禮，普爲開釋，藉以見性者甚衆。又數年，仍返雲林。雍正初，猶嘗往來於金蓋。嶐巖子請演瑜珈燄口，大著靈異者。

於乾隆二年（一七三七）六月二日，召集法衆而説偈曰：「吾年七十七，世緣俱已畢，坐斷兩頭關，得箇真消息。」且道「如何是真消息聻」。音你。遂合掌端坐而逝。此篇本於《樵雲紀事録》，其偈見《雲林寺志》。

爲人淳樸，正其夙根，歷侍碩揆、霞標、悟澈三師，乃其夙緣。卒得真消息而去，宜哉。

德峰上人傳

德峰上人者，我山雲壑菴主僧也。法名慧，不詳其所出。七歲出家，十三披剃，出受戒於靈隱。志在山水，不樂應赴。嘗構室於湖濱，從事詩畫，精修淨土有年。【評】修功在此。歲丁亥，乾隆三十二年（一七六七）。始入金蓋，居雲壑，在雲巢西南，相去不百步。與樵雲子爲契友。樵雲子姓陳，有傳列卷五。曉起必持佛名三千言乃出，步山時許，歸坐雲香壩即今雲香橋，蓋其時築垻禦水者。聽泉，閒吟香山佛偈數首，豁然長嘯，山鳴谷應。則樵雲子亦出，同登菡萏之巔，【評】一僧一道，興味翛然。東日方昇，相對趺坐，復時許乃下。如是者十餘年。人問之，笑而不答。

或問以淨土修法。上人曰：「淨土之道，豈有一法可得？但於修中不見一法，【評】是即悟澈傳中所謂圓相者是也。不見一法，離心別有。則寂光上品無證而證。云何修中不見一法？我心妄覺潛生，故與彌陀忽二。但既埽淨空塵，正覺圓明自在，【評】所謂以虛空之心，發虛空之願，行虛空之行，證虛空之果。華嚴世界洞澈湛明，甚適我懷，【評】却無虛空之相可得。初無難事。」

上人於其庭嘗手植梅數枝，外栽修竹萬竿，猗猗繞舍。置有筭山六十畝，茶地十數弓，菜圃數十弓，田九畝零，終歲資粮，毋勞外募。農樵沙彌一，侍香沙彌二。上人閒則撇墨竹數竿，風姿瀟灑。或撫桐琴一曲，玲琅悉瑟而已。客有笑之者，上人亦自若。有時怡然歌，侍香茶熟以進，則悠然吸，嗒然默。余與上人鄰而處數年，亦未嘗見其翻閱經典，與談佛藏，無不知者。

於乾隆丙午五十一年（一七八六）。翛然而逝，年五十有四。其徒粹初爲塔於菴之右山。

嗚呼，若上人者，亦烏可多得哉？爰爲傳述之，以附於高僧之末。

一生明淨，性體湛然。上人遐矣，誰其嗣之耶？

金蓋心燈卷八下

新安鮑廷博渌飲注
武林鮑錕薇菴評

神　仙自東漢至今，凡傳十一篇。

金蓋山神傳

金蓋山神韓珊珊者，或謂男真，按《江湖樞要集》《金蓋雲箋》《牧齋筆談》《楊氏逸林》等書，均謂男真。或謂女真。惟蘇柳塘《蝶夢齋筆談》稱謂女真。蓋誤以横山聖母田玉册當之也。其説不一，烏可無考。昔我赤陽黄律師赤陽有傳列卷二。學博而精，嘗告靖菴先生，亦謂神姓韓，諱珊珊，字夫音扶。人，東漢時人，爲淮陰後裔。明韜略，知未來，隱於弁陰深處。巨盗孫赤脚據南山，爲邑害。韓爲設法除之，民感其德，即祠金蓋，爲金蓋山神。像鬚五縷，【評】即此可見爲男真實據。冠服皆漢制。按現在金蓋山神祠神像，猶遵舊制。○此説具載《江湖樞要集》及《金蓋雲箋》，並見卷三靖菴先生傳。

考之《楊氏逸林》則更詳。謂神名珊，字珊珊，號夫人，洞庭君山人。時烏程巨盜某據方山，邑侯聞珊名，聘之來。誘盜至鏡湖，珊以五雷擊之，魁斃，衆遂伏。後居金蓋有年，不知所終。事出《牧齋筆談》。然則神之爲男真也，明矣。又何疑焉？傳聞之誤，蓋自蘇柳堂（塘）《蝶夢齋筆談》始。其誤傳之説，具見七笠洞真使傳。

疏别分晰，足以傳信。

横山聖母傳

横山聖母者，金蓋山神韓珊珊之德配，我湖賴以甯者。後之人感其神力，與山神並祠以祀之。常顯神異，明時所稱田元君者是也。按《江湖樞要集》載：明景泰間，洛陽縣知縣陳銑撰《横山聖母田元君傳》，其文曰：元君姓田氏，諱玉册。生而神異，嘗夢侍玉清神母，母授以丁甲大法。未幾，父母以字巨室，遂遁至華山有年。道既成，知緣有在，乃歸。母已亡，始從父命適韓氏。韓亦神人，偕隱洞庭君山。吴赤烏間，夫婦同膺上帝命，至烏程之金蓋治水妖。元君鑄鐵牛十二，沉具區，吴越乃泰。上帝嘉之，遂召昇，敕封慧德慈順元君，普著靈應於世。景泰初，太乙宫住持尹長春善飛鸞，元君叠降詩詞，能令人有出塵想，誦之風格淩霄。嘗自録其生平如此，因述以壽石云。

考之《菰城拾遺》，謂元君生於漢桓帝〔延熹〕五年（一六二），父名母氏莫之考。《世説舊語》載：按《世説舊語》一書未知所據，《菰城拾遺》採載頗多，謂是國初人所編輯者，此節亦據《菰城拾遺》所採述云。漢桓帝五年，汨羅江濱之田氏，夜感風雷震破庭樹，既泰，呱呱有聲出自裂樹中。就視之，得一嬰女，遍體赤如血。取而育之。既長，美豔弗若常人，人爭娶之。一日晨起，忽失女在，遍訪無蹤。群以爲妖，勸其父母勿追尋。父然之，母曰：「否。焉有妖也，而出自震雷者乎？女避塵纏，故遁去耳。因緣未斷，當自歸也。」父亦然之，咸各靜俟而已。未幾，有君山韓姓而珊名者，年已七十許，而貌若童真，女父母延之居。韓曰：「翁有女失幾月矣。」父垂涕泣曰：「月餘矣。」韓曰：「毋悲，越九年，當自至。」母曰：「果如君言，願以女侍巾櫛。」韓起曰諾，遂辭去。至期女歸，韓亦至。韓遂出黄金百鎰、白璧十雙以饋二老，攜女而出，不知所之。以上《菰城拾遺》採《世説舊語》之文。

鉛山氏《子不語》載：謂元君姓田氏，名玉册，歸韓室，居君山。嘗應吴大帝召，出治具區水怪，乃止烏程之横山，山爲金蓋山東麓。山爲戰國春申君伐吴屯兵之故寨也。即今之菰城是。○按《金蓋志略》載：菰城有二，乃春申君伐吴時所築屯兵之地。上菰城在金蓋東北，下菰城在金蓋西南云。時有巨盜孫赤脚，據方山爲民害。韓夫婦誘出至鏡湖，田氏使丁甲神圍之，殲其魁，烏程乃安。民感其德，爲立生祠以報之。二人忽他往，不知所之。民呼韓曰聖父，田曰聖母。以上亦本《菰城拾遺》採述鉛山《子不語》之文。

據是説也，我湖父老奉像建祠，非無因者。爰採爲横山聖母傳，【評】結意切近，且可爲韓珊珊傳辨正。以告我鄉之奉事者。祠曰潮音菴，在金蓋山南水口吳沈埠上。文不採洛陽令之傳，而採《菰城拾遺》之言，可見神靈之傳信後人者，在民感不在神異也。筆墨精嚴之至矣。

蓬萊長史傳

蓬萊長史者，世號尹無我，楚屈大夫平二十四世孫也。世居江東，名楨，於漢桓帝朝爲會稽郡鹽鐵尹，未幾隱去。黃隱真謂其受業於韓珊珊，曾爲會稽郡鹽鐵尹，以無我爲學，故曰尹無我。能興雲致雨，咒水成潮，遺跡在在有之，志乘所敘尹公潮是也。知未來，精吐納，嘗拄日於金蓋者，說見《楊氏逸林》，並卷二靖菴先生傳文。嘗宴客金蓋，尹以杖拄日，及客歸舟，夜已過半。《金蓋志略》載：尹無我嘗宴客山中，約以日暮散。至期，晚鐘四起，而日不移晷，客力告辭，及出門已夜半矣。並見《逸林》。赤烏二年，赤烏爲吳大帝第三改元年號。赤烏二年者，乃吳稱帝之十一年，實蜀漢後帝改元延熙二年，歲在己未（二三九）。歲大旱，尹爲致雨，色黑如墨，苗乃蘇。吳大帝聞其賢，欲强起之，遂遁，不知所之。並見《楊氏逸林》《菰城拾遺》等書。

晉太和時，按太和爲東晉帝奕年號。金蓋土人掘得石，大如盂承，古器用也，上有篆，摹得十二字，曰「金蓋矗，生民樂，稚川來，可駐足」。考之《道藏》，爲無我手制。此說亦並見《菰城拾遺》。又載：笠澤妖氛，氣接豫壤，帝遣蓬萊長史屈楨鎮金蓋。金蓋之名始此。此說亦載《道藏》

經文。然則「蓬萊長史」者，謂金蓋之一山神也可，謂浙東西之一省神也亦可。稽考詳明，足爲金蓋紀事。

七笠洞真使傳

漢金仙屈東生者，楚之世家子。黄隱真謂東生爲尹無我之姪，説見卷二靖菴先生傳。精導引，善吐納。蘇柳塘謂爲欒巴後身，【評】亦不知其何據。能吐氣成虹，吸回昃日，左放翁之高弟。遁跡三山，出没隱現於浙東西，奇蹤異跡在在有之。漢獻帝時，年踰九十三，狀貌若三十許人，三國徐庶師之。【評】此説與黄隱真有異。吴赤烏間，休烏程之金蓋。從遊者，男則長史屈楨，女則韓夫人。【評】此説訛傳。夫人具大法力，能驅雷役電，嘗佐烏程侯平除巨盜者。楨亦能拄日不夜法，皆授於東生。【評】此説更異。東生，其號也，名申，字申申。僻嗜薺，日食千枚不厭。以上悉本蘇柳塘《蝶夢齋筆談》。【評】更悮以傳訛矣。○按，黄隱真謂東生與尹無我隱金蓋，嘗受業於左慈，亦知變幻，尤精吐納，故壽最長，許（真君）、葛（仙翁）除蛟時，東生亦與事者。與《蝶夢齋筆談》略同。至稱東生，謂徐庶嘗師之；黄隱真則謂韓珊珊知兵法，諳遁甲，三國徐庶嘗師之。是彼此紀述互異也。至稱從遊者，謂男則長史屈楨；黄隱真謂屈楨乃東生之叔，卒與東生隱金蓋者。則屈楨其人，不當以東生之從遊者稱之。至謂女則韓夫人，則更屬誤傳。然推其故，亦屬有因。蓋以韓珊珊之妻田氏亦具大法力者，蘇柳塘誤將二而一之，遂以韓珊珊之號「夫人」，不知其爲號，以謂女人之稱也，故亦誤傳之。惟所稱「法皆授於東生」，則不知其何所據述。愚謂蘇柳塘多訛傳，自當以黄隱真之説爲确。

嘗斬赤白蛟於笠澤湖。迨唐貞觀間，貞觀爲唐太宗年號。始白日上沖。法籙稱申申子又爲七笠洞真使云。此説具見《江湖樞要集》，與黄隱真所謂「許、葛除蛟時，東生亦與事」之説相符。

蘇柳塘所述，雖多訛傳，而東生本身事實卻與諸書所載相符，自足據以傳信者。至稱韓夫人一節，亦連類而引之，正是以訛訂信。訛者現，則信者顯矣。淥飲辨注更爲清晰。

鰲亭隱者傳

隱者姓郭，名文，字文舉，洛陽人。《菰城拾遺》謂生於漢末，左放翁之高弟。初隱烏程之横山，與七笠洞真使爲友。亦善導引，精吐納。晉興，遷隱餘杭天柱山，與許遠遊輩相契。許遠遊，名邁，爲許旌陽祖師名遜者之弟。説見林靈素《古真考》〔一〕。未幾仙去，遺蜕薄如紙。《晉書》本傳謂其嘗居大壁巖，棲一石室中。太和真人姓尹名軌，文始先生關尹喜之弟。曾降其室，授以中真之道。晦跡潛修。

〔一〕整理者按：許邁乃東晉江東名士，嘗託魏夫人降受《上清經》。事具見陶弘景《真誥》。其與江西洪州斬蛟之許遜真君並非同族弟兄。此注所引林靈素之説，誤極。

一日，有虎至石室前，若有所告。隱者以手探其喉，得骨，爲去之。明日，虎啣一死鹿置石室外，隱者出受而戒之。自是虎常馴擾於左右，亦可撫而牽之。隱者出山，虎必隨焉。雖在城市稠人之中，虎必俯首隨行，不敢肆暴。或以書策置其背，亦負而行。常採木實竹葉，以貨鹽米，置於篋中，虎負而隨之。時或不令入市，則繫於鼇亭。或歸晚，虎踞而嘷。按即今之嘷亭是也，【評】插筆天然成章。地在南威湖東。在餘杭南湖東堤之東。

晉帝聞其名，徵詣闕下，問曰：「先生馴虎有術耶？」對曰：「自然耳。人無害虎心，虎無傷人意。撫我則後，虎猶民也；虐我則讐，民猶虎也。理民馴虎，亦何異哉？」帝高其言。拜官不就，歸隱鼇亭山，得道沖舉而去。因有鼇亭隱者之稱。按其山，即今之鳳凰山也。【評】一落千丈强。

隱者去後，居人於其卧牀席下，得一蒻葉，書有金雄詩、金雌記，皆當時讖語。迄今千五百年，天柱山民猶能歷歷述之，謂康熙間其虎猶常出世。潘牧心居天柱觀時，虎常來伏其厨下，投飯鉢許，亦吞之去。其毛色純黑，其聲呼哮而已。其即此虎也耶？【評】結法翛然。此説並見卷三潘牧心傳。其非也耶？

金蓋、天柱兩境，現屬一家。傳者於此篇因其人而先後採述，足徵從此適彼者，不徒國初時金筑老人始也。

葛仙翁傳

抱朴子葛仙翁者，名洪，晉代人，爲老葛仙翁名玄之從孫。自號抱朴子，著有《抱朴子》書。出身行事，了道成真，世傳炳據。所至遺蹤，無不昭著册籍，幾無逸事得言者矣。然亦有僅傳不傳之功績在。

聞之赤陽子，即黄隱真，説載《江湖樞要集》，甚詳。謂晉有葛仙翁，丹成道就，來休金蓋，膺帝命也。當是時，孽蛟滋，將沉豫楚吴越成中海。帝命許遜治豫楚，葛洪治吴越，蛟乃殄。豫楚樞紐在鞋山，吴越要害在金蓋。《樞要集》載如此。《樞要集》所載江湖治水要害甚悉。論吴越間，有萬七千餘言。又謂許感諶母，葛會尹真，璇璣君山、金蓋十有餘年。蛟之殄，諶母佐之。諶母者，孝悌王之母也。事載《太平廣記》。尹真者，蓬萊長史也。見前《蓬萊長史傳》。記有之：「金蓋轟，生民樂，稚川來，可駐足。」【評】可見仙翁之制水也，未生時已有定命。此其〔治水之〕先徵也。葛翁字稚川，故云。稽之《楊氏逸林》，載亦同。自古神仙，鮮不有爲而遐臨者。合之葛翁來休，則尤信。

删繁就簡，以爲金蓋之葛仙翁傳，自是文例。而篇首該以數言，仍覺全神具領，不漏不遺。

簡寂先生傳

先生姓陸，名修靜，烏程東遷人。事母至孝，晉衰不仕，遂奉母入金蓋山。山故多梅，先生增植之，歲足代耕，怡然自得，榜其居曰「梅華館」。今所稱古梅華館，以此。溯晉以前，未聞植梅。自晉以後豔稱者，惟宋時林逋。故我鄉淩忠介公名義渠。謂和靖植梅有祖。祖，其先生也歟？【評】忽據此節泛論植梅，似屬無謂，非也。先生爲金蓋山之道祖，始開梅華館，今懶雲子居山，榜爲古梅華館，即以符道藏所稱梅華島之意。則先生植梅一事，自當詳敘。其義以爲，篇中當行文字即爲金蓋之特典。

一日母病，思食鱸魚不得，〔先生〕出而釣之溪，即今漁隱亭畔。按漁隱亭爲沈東老所築。其先名回瀾亭，梅子春所建者。至東老修築之，改名漁隱。今懶雲子重建之，改名止止亭，地在内尋真溪南。特獲二尾，喜極攜歸，烹其一以進，味異常。次早一翁至，曰：「昨所得，我子也。已殺其一，能留一以奉我老，我必有報。」先生曰：「翁非龍耶？何能人形？父既龍而子魚形，何也？」曰：「我子有罪，律當誅，故變〔魚形〕。上帝憫我老，命以情告，得宥君之恩。」翁遂跪。先生扶而起曰：「我知奉母，豈忍翁無子奉？」遂取以與之去。母病亦瘳。已而先生過鏡湖，舟覆，一少年負而出，及岸忽不見。先生默感之，謂龍德報，得終事母。

吴興太守何克正名楷，有傳列卷七名宦部。聞其賢孝，徵之仕。知事不濟，曰：「不食禄，可苟生以奉母。」遂〔以〕情覆聘，偕母他適。及母歿，晉亡，遂作道士裝，周遊湓浦廬山間。先生後與陶淵明，同僧慧遠結蓮社於廬山東林寺。爲劉宋客而不臣。先生嘗修道藏，後世稱劉宋天師陸簡寂，即先生也。法籙所稱靈寶天師者也。及卒，詔謚簡寂云。

先生學問文章，見重朝宁，具載《宋書》與《道藏》中。此篇但摘叙其晉季事跡，正足爲金蓋道祖陸簡寂先生之傳。

玄真先生傳

先生姓張，名志和，會稽山陰人也。博學能文，嘗擢進士第，善書，飲酒三斗不醉。守真養氣，卧雪不寒，入水不濡。天下山水，遊覽殆遍。晚年寄居何山讀書堂，時往來於苕霅間，青笠緑蓑，斜風細雨，吟咏自如，未嘗懈興。與刺史顔魯公名真卿，嘗爲湖州刺史。友善，魯公讌飲賓客，必以先生爲首座，陸鴻漸、徐士衡、李成矩等遞次之。會必有詩，亦必列先生爲首。先生嘗命丹青剪素，寫景天詞，須臾成五本，花木禽魚，山水景象，奇蹤絶跡，今古無倫。魯公與諸客，皆傳玩嘆服而已。

一日，有司命君者，造會於梅華館，按《湖墅紀聞》載：何楷讀書堂之南，爲陸修靜梅華館，即宋沈東老所築齊假龕之地。席談三日，遂攜遊海上三山。月餘，適魯公來訪不遇，魯公遂東遊平望驛。

先生歸，跡追至，陸鴻漸亦自蘇回。魯公喜，復爲治觴唱咏。已而先生酒酣，作水嬉，鋪席於水面，揖魯公，揖客，揖鴻漸，咸逡巡勿登。遂獨坐，舉觴自酌高咏，呼雲〔鶴〕席之，去來遲速，復如刺舟聲，依音而和。旋有雲鶴飛隨其上，觀者正相驚訝，先生忽揮手作謝，跨鶴沖霄而去，後亦不復見。

詔賜謚曰玄真先生。此篇悉本《湖墅紀聞》。

約略述來，自具全體，更不必録其餘事也。

宮無上傳

宮無上者，自稱洛陽人。唐同光間同光爲後唐莊宗年號。雲遊至金蓋，狀貌修偉，衣處士服，徜徉弗去。嘗植梧桐盈塢，既長，幺鳳百千，群集飛鳴，顧而樂之。即今之桐鳳塢，其幺鳳尚有出見者。喜吟咏，脱藁即焚之，不得傳。山深水遠，從者病，乃手鑿池於塢，形如「吕」字。即今之吕潭是也。已而蜥蜴叢生，翁歌曰：「龍聚兮，鳳可歸，九百秋，人鳳來。」拂袖出山，不知所之。按《菰城拾遺》載：唐同光間，洛人宮無上雲遊至金蓋之春谷，喟然歎曰：「春谷春谷，植梅不録，我其已乎，植桐棲族。」爰植梧桐盈塢，遂有幺鳳千百集其上，人莫得而網取之。既又手鑿雙池，池成而子龍聚，嘆曰：「龍聚兮，鳳可歸，九百秋，人鳳來。」拂袖出山去。又載：梅子春曾著陸簡寂、宮無上合傳，讚詞有曰：「吕陸一靈，先後峰生，植桐植梅，手自紛更。」云云。似以宮無上即爲陸簡寂之後身。《金蓋志略》採述之，以爲神仙變現，固有可知，有不可知者。其即吕祖歟？吕祖，名巖，字洞賓，自號純陽子。洛人也。「宮」而無上，「吕」字也。神仙變現，每如此。

如龍隱現，莫可端倪。文亦如之。

李泥丸真人傳

李泥丸真人者，名字不之詳。諸書所載，皆但稱李泥丸，並無名字，殆不可考。或謂李八百，李八百事實，詳見《太平廣記》，其說見《楊氏逸林》。或謂小童君。按小童君即東華青童君，又爲少陽帝君，並見《道譜》及《道祖源流》，其說《白漾漁人聞見録》。按之書，初現於宋，《楊氏逸林》載：宋熙甯二年（一〇六九），蜀人李八百遊至蘇州，有士人吴姓，家貧事母至孝，母死，士人哭極哀，而音雜忿激。八百過而問之，吴曰：「我以茂才，母遽死，無以殮。族有公祭祖田，明年應納，我今以明年租抵貸於族，無應者。鄰有憐我者，將謀捨棺以殮母，故悲忿。」八百曰：「毋，我爲留爾母。」遂撮泥，手摩刻許，命熟水以灌屍口，遂甦，病亦愈。及明年，公祭畢，田租盡入，其母忽卒。士人復訪之無蹤，人稱之爲泥丸仙。再顯於明，卜孟文《白漾漁人聞見録》載：明萬曆末年，松江一丐者奉母至孝，得錢具酒肴以供母，復自唱小曲，擊板爲調，以樂母，無虚日。一日得神像於路，長尺許，不識，以問道士，謂是小童君，能令人壽，能令人富。丐者聞之喜極，奉以歸，朝夕必炷香拜禱，求母長壽，自家多得錢。由是每日必進數百文，不半年有存錢十千，置母卧所。一日，有道者自稱能煉汞成銀，囑丐者以錢十千，買水銀爲煉之。丐者不肯，道者曰：「然則以百文買而試之，不成，我償爾錢。」丐者買之盛碗中，道者將取以吞，丐力持，驚極不可奪，將號其鄰，則已吞矣。移時，命取盆盛水，道者嘔之，皆白紋也。丐者乃大喜，請以十千盡市之。道者曰：「無庸，我尚有碗許，爲爾煉之。」復如前法，遂得銀盈盆。丐者呼曰：「活小童君富我。」道者欲出，丐持之曰：「活小童君住我。」道者告曰：「我來自蜀，今日往城外尋人去，明早再煉。」丐不捨，道者曰：「我非小童君，我爲爾尋活小童君來，爲爾母求壽。」曰：「然則師何名？」道者曰：「我李泥丸。」遂走。丐隨行久之，至稠人中，忽不見。丐憶銀盆，遽歸。及晚炷香，則神像亦失矣。人咸謂小童君變化云。要非與世忘情者。【評】考明末尚有伍沖虛相遇一事，見卷二，乃金蓋山事實也。康熙間又有金懷懷相遇一事，見卷六金懷懷傳。於我國朝則七至南土，意在一儒道，明宗旨，毋滯色相。非若顯宋顯明，崇感應，眩黄白，引人入道而已。稽其七至之由，特以度我輕雲子。姓沈，有傳列卷四。故其初遇也，囑修潔性。事詳卷四沈輕雲律師傳，爲雍正元年（一七二三）遇真人於金蓋者。其再遇也，勉以承宗。事詳卷四姚秋農所撰《真陽子沈先生傳》。厥後玄會，無非受授心傳，莫可殫述者也。按之《樵雲紀事録》載：輕雲律師居無錫時，真人曾三至其居，授以消劫運化之旨，飛神謁聖之儀云云。餘俱不可考。謂曰蜀人，其太上之化身歟？然近聞有見於王屋山者，說見卷六龍門道士傳。殆駐世神仙也。

筆機流轉，文自虛靈，寫出神仙身分，有如寥陽數點，令人目想長天。

何山老人傳

何山老人者，不知何代人，亦不詳其姓氏。乾隆間，陳樵雲住金蓋。金蓋北麓青山隖，爲進城通衢，往來絡繹，夾道惟松竹。歲壬辰秋，乾隆三十七年（一七七二）之秋。樵雲經之，冥見上多瓊宇，踵尋失徑，退而下，廊榭歷歷。乃復上上下下，山草爲之踐縻，卒無得跡。倦坐其下，仰而視之，忽聞軋然聲，門啓，一翁出，鶴髮蕭蕭，羽衣而下。樵雲起迎之，會於麓，相揖而問曰：「宇故有也，隔世久矣。我閲子骨格嶙峋，心田肥美，惜乎樹藥長生，獨聰明目。」【評】句法甚奥，殊不可解。樵雲聞之，跪而請，願一入室。老人曰：「尚早尚早，不敢瀆。」因叩姓氏。老人若弗聞，起而朗吟曰：「空谷有遺老，花開不計年。撥雲尋舊壑，枕石漱清泉。」飄然没於松竹，宇亦移時而泯。【評】只此一節爲何山老人傳文。事爲樵雲所述，並載《樵雲紀事録》。

稽之志，地曰何山。山固金蓋西北麓，晉何楷嘗居之，何楷字克正，有傳列卷七名宦部。故名。樵雲由是道進，卒以忍辱成真。具見卷五陳樵雲律師傳。其殆受教於何山老人而未之泄歟？不可以無志。老人者，其簡寂先生歟？【評】此處即爲全卷結意，即爲全部結意。倏然神往於千七百年之上，令人慨想其心心相印，燈燈相續，以傳於無窮也。抑韓珊珊、尹無我、屈東生歟？傳此以俟考。

筆意閒閒，精神凜凜。統觀全部，極如周、漢文章。

金蓋山純陽宫古今蹟略

金蓋文獻，散垂册乘，純陽宫記，碑泐余手。其文爲穀人吴祭酒撰，字則山舟梁侍講書，足續兹山文獻矣，余何贅述焉。然而源流已遠，經界須清，經界一淆，溯源無據，雖有文獻，無徵不信。余處兹山久矣，偶一稽古論今，有不勝其慨者。

兹山古志乘曰横山，山有南北二塢。北塢曰春谷，即今桐鳳。南塢曰白雲，即今何山。歷隱高賢，指不勝屈。東漢吴赤烏間，鹽鐵尹屈楨居之，有叔東生，有友韓珊珊、田玉册偕焉。稽山上應北斗靈開宫，【評】見《雲笈七籤》。宫北上金蓋有屈〔楨所〕著銘〔文，刻〕於石盂承，藏之山塢。漢末土人掘得之〔一〕，銘曰：「金蓋矗，生民樂，稚川來，可駐足。」斯時南北二塢統名横山。

晉衰，烏程陸修静隱山北塢，即今純陽宫址，植梅代耕，清淨自娱。仙翁葛洪訪至，備述兹山得名巔末。始知三代以前山曰梅島，東周及漢名曰横山，漢末始名金蓋。余謂我北

〔一〕整理者按：據本書卷八蓬萊長史傳載，此石銘乃東晉太和間金蓋土人掘得。此處作「漢末土人掘得之」，恐誤。

塢名春谷，雖始自晉陸之植梅，未必不心契鴻荒也。其南塢曰何山，晉太守何楷居之，大興儒學，山因以名。核今胡太常瑗墓，是何讀書堂址。胡乃一代名儒，學行之淳，載諸國史，見諸經傳。南塢稱勝，何創於前，胡踪於後耳。

我塢自陸而後，直至唐同光間，始得洛人宮無上居之。宮無好尚，日惟吟咏，閒則手植梧桐。林成，幺鳳來集。復手鑿池，池形如「吕」字。未幾，子龍叢生，宮乃歌曰：「龍集兮，鳳可歸，九百秋，人鳳來。」拂袖出山，不知所之。此塢之所以今名桐鳳歟！

宋慶曆間，烏程沈思，號東老，應夢入山，爲築齊假龕，【評】仝「齋」仝「格」。模鎔銅像，以奉吕祖。訪得異人主是龕，溯非遇仙題詩，捨宅作觀以後事，事載《揚氏逸林》。異人者，宋宗室子春梅氏也。子春精黃白，爲築淨居一藏。既竣，出謂人曰：「留此藏居，以俟後之隱居者。」元初，果有華亭衛富益，殁謚正節先生，率徒千餘人來。衛乃梅出，《菰城拾遺》作靖節先生，謚乃門人私謚。嘗開白社書院於石涇塘，宋亡乃隱此，年九十六而卒，卒葬金蓋之菡萏山。其學謂崇陸、何氏者。

昔我祖牧齋先生，爲明高士，於元順帝至正間隱此。已而諸僭號搜徵異人甚急，佯狂出山。山友惟吕徽之。初爲趙王孫雍契重。〔趙〕題祖居曰「古齊假龕」，〔吕〕附跋於後，跋有「一夜不成寐，欣聞谷隱君。幾生修到此，直接衛華亭」句。祖之高潔，元時已著，可想見矣。嘗築讀書堂於居後，額爲徽之手書，今無存矣。其趙額，乾隆間余猶獲覩，額題鐵線篆字，跋乃草。元明文獻足徵者惟此。此唐陶山方伯惠書吕額懸山之因，爲續夫元明文獻也。

稽祖舊居菴，曰淨心堂，屬淨塵山。明時山屬歸安陶氏，其堂址經余購復，居則復而未復，源流中易，文獻幸存，復須契証耳。稽之《金蓋雲箋》，宋元古蹟，萬曆間惟陶塢淨居有十，即古春谷。餘若趙莊、章嶺、金粟、梅岑諸勝境，悉爲望族祖塋矣。崇禎間，陶氏淨居半屬權貴。國初一屬僧有，尋各散去。蜀人陶浩然名然者，歸安陶祥從姪，自蜀來隱。同居者震澤黄珏，字隱真。皆故明遺老，稽其學儒而入道者也。大學士黄機心重之，屢擬薦召，不果行。陶殁，機爲手撰墓門表，杭通判許天榮泐諸石，事在康熙癸丑（一六七三）。核之《鉢鑑續》，陶、黄曾受三大戒於常月王律師。王號崑陽子，歷主京師白雲觀，殁，沐欽題木主，曰「大清高士崑陽王先生」。不有令德，焉能感動至尊？

我山之有龍門一派，稽惟開自陶、黄。其昔居山者，則有田、韓崇法，二屈崇玄，陸之學博而務本，宫之道高而無上，梅所事近而無涯。若衛與何，志維綱常而明哲者也。是皆足以參天育化，别開生面者。山稱玄圃，信矣。

夫龍門一派，學窮性命，不事神奇，窮則獨善而有餘，達則兼善無不足。宗蓋道而儒，儒而道者也。其啓派祖師爲長春邱祖，名處機。元太祖師事之，呼曰儒仙，褒封五代。卒定天下，一言止殺之功也。吕祖之得加帝號，世祖、武宗遞褒之。邱師王，名嚞，號重陽，吕祖弟子，得邱一振而宗風丕著。此陶、黄之所以皈律，而余纂《心燈》之由。守此山，承此風，考源流，清經界，事詎得已哉？

稽之《雲笈》，陶、黄故居，宋曰雲巢，明曰淨衆。居之陽曰錢祠，址出淨衆中黄堂，即今錢家山，中奉故明吏部尚書錢澹菴像，蓋在崇禎間。其西南曰雲根，正節先生故址，即今沈家山，國初高僧藕益寓焉。東曰淨心，仍宋額也，即古齋假龕，康熙間，高僧悟澈居之。東北即宋淨塵。康熙初，我九世從祖雪簑翁居之，意承四世祖牧齋先生高志歟？翁爲金蓋嗣師陶名思萱授業師。思萱，歸安陶祥孫浩然先生從姪，道號石菴。亦爲大學士黄機契重，〔陶然〕墓表之作，重其請也。其東南曰淨聖，明時顯貴吴氏居之，國初居歸僧守。雲根之南，元曰雪心，即今雲壑，明時曰淨雲，仍宋額也。淨聖之北曰蘧雲，詩僧文藻居之，著有《蘧雲詩草》。悟澈善其材，病其不信因果。其東南曰白雲，即宋之雲岑，元仍其額。正節先生書隱樓築其址北，今無纖跡得稽矣。宋元古跡，大率類此，非獨我塢然也。經界淆於屢易主，源流迷於不心承。況經年遠，世道滄桑，燹火流離，文獻幸存，應無幾也矣。

我山淨衆，陶、黄殁後，未幾春秋，山非陶有，存惟虚名。蓋我石菴嗣師性曠而仁，胸無人我。承師守者紫垣徐師，貴介而隱，不事生業，居之存否不之問。師歿，陶氏起哉在。斯時居已屬諸人。歷傳至余，居皆寓守，不無客主心分。物來觀望，幸而若主若賓，人無由識。然傳已遠，山界隱淆，有難人問矣。蓋間因得擄失守，得守失擄，相仍遞傳，勢必經界愈淆，舉世類此。匿真獻僞，造僞敵真，種種鬼蜮，莫可言狀。幸山昔無若輩，余故得而安復淨衆。

淨衆之復，始自嘉慶二年（一七九七）。孰知種種鬼蜮，已潛踪於專殿址復時矣。專殿址復，由于朱君之寓守，歲在乾隆己酉（一七八九）也。朱君名暄，歸安人，溯與蔣、陳諸君，師事嗣師徐嶐岩者。嶐岩，東昌人，先哲律師隱真子裔，來自杭。稽其時，山主起哉以山授僧。紫垣歿，僧葬其師於居後，出不之守。嶐岩知而惜之，以山葬有先哲陶高士靖菴先生墓，而殿奉北宋呂祖銅像，歷顯靈異，乃止守。起哉與焉。已而蔣君通祥入，徐遂出，隱下昂三元宮，避暴僧也。費山、周山竹字圩田，蔣君手置者。蔣君洞庭人，性柔而遜，不爲暴僧忌。斯時山居頗不易，非僅一暴僧也。陶歿，蔣以陶爲靖菴先生從孫，爲葬於山麓，地曰下泉埠，迄今春冬必祭掃。而嗣師石菴、紫垣墓山，紀皆失載。或謂祖堂後壙是，然無文獻得徵，謂徐謂陶，終古傳疑而已矣。

朱君暄，幼有小神仙號，謂曾受記於紫垣嗣師，陳君翼庭爲余言之。陳亦歸安人，年少於蔣，而長於朱。謂朱出不入山，已周三十寒暑，過也。然克創開雲怡，究非薄根人。余憶其慨然復入山，卒興金蓋，專殿得建，願力非虚，陳言信也。陳乃非常人，嘗遇神仙於何山，慨築三楹於淨衆東，額曰「瑶島」，更能不以寓山視山者。以此觀之，紫垣嗣師而後，誠僅見者也。嗣師蓋能不以己山視山者，其跡異，其情同，惟夫朱也。蔣嗣而出，蔣殁不嗣，逮陳殁久，乃始議守，朱蓋安於數運歟。之數君子，守山遺績有如此。

稽之《樵雲紀事録》，錢氏故址，乾隆甲午（一七七四），其裔有去志。尋爲山麓沙氏有，祠宇完固，未幾毁於沙手。不三年，修竹萬竿，屏映淨衆，淨衆幽勝，趣倍曩昔，此爲蔣君寓守時事。沙乃售錢宇材，得資若干，購得沈氏菴山。尋亦毁沈氏遺宇，道場爲之若失。歲乙未（一七七五），蔣歸逝，陳君翼庭留守之。陳嗣朝山出，余攝守焉。陳返，自以學養不效，太虚翁至，遂師之，得名陽復，號樵雲。太虚姓沈，名一炳，又名真揚，號谷音。道德世無匹，是爲龍門第十一代律師。陳於次年復出遊，駐禹航三元宫。丙午（一七八六）九月二十五日無疾逝，肉香三日，顔色如生。余爲卜葬於天柱山金筑坪北。次年冬，復葬太虚翁蜕於其右。歸輯射村開化院。三地之得爲兹山下院者，職是之由。而我山淨衆錢祠，余嘗議復而不果。蓋斯時朱未入山，而山運未通也。已而朱入、朱殁。又四載，余入山守。

朱之徒有某郡某邑居者，來謂余曰：「朱君暄素與蔣、陳不相契，出演玄化，創開雲怡，是於錢山、沈山讓歸沙氏。迄今人猶慨之。」余以爲彼不達夫數運。蓋天將抑之，孰能揚之？況山興廢，不在壇場廓落，惟驗道味薄淳。使天欲擴其基，蔣、陳豈不才者？然朱山入錢址，立復其半，不四載而呂祖專殿圓成。朱師之功，亦偉矣哉。而彼猶病其逝早，謂其忘泐呂祖神功於金石，坐失後緣，以爲朱罪。余乃勃然曰：「惡，是何言？乃師興工未竣而逝，命也，亦山運也。味其逝偈，乃太上忘情者。若又不能善爲之後，謂其坐失後緣。殊不悟庚申歲事，金蓋得之不加興，雲怡得之乃不廢，此事有今古，而隱顯惟時者。我山呂祖道場，北宋已著，雲怡演化，盛惟卌年。舉世如之不下千計，以無天眷，一耀即熄，徒增心慨。況斯雲怡分自兹山，理同子母，所謂惟其源貞，是以流正。然則雲怡得之，即山得也。若何存此人我山高之見耶？」彼唯而退。余尚不知彼懷鬼蜮，心存煽惑，雖不韙其説，然卒墮其術，心鄙吳君峙，贖真而得僞矣。今癸未（一八二三）夏，石門黄翁宗海至，始悉巔末。嗚呼，鬼蜮技倆，竟若此可畏哉？然山，公山也；契，公據也。昔聳贖僞計，毁其故友。吳君峙之行得利而歸，亦可已矣。柰何復以其真授廣仁乎？其意何居？是天奪其魄耳。後舉不著，前過可文，後舉亦著，是自呈其鬼蜮也，亦可哀也矣。吳君峙，石門人，承朱山守者，君子人也。遭匪嫉亂，遜遊京師，從此仙踪莫振，逸緒無承，千載壇場，將失之頹垣荒草。莫有過而問之者三載，而余始入山。

夫余之入山也，初由廬墓，繼以律身，志在遥承邱、趙，近續王、陶，本不願與近代演化家爭耀於一時。大則瓊宫霞閣，臺榭亭池，小則一邱一壑，祠壇經舍，惟供人我徜徉心目者，但求振吕祖之仙風，嗣龍門之宗派。故山不必金蓋也，而金蓋爲吕祖之宗壇，且爲陶、黄之舊席，兼念沈、陳遺韻，何、陸前徽，牧齋、雪簑之高躅，可考而復焉。慨而居守，願與二三子潔己自薰，陶鎔情性，大而仙佛聖賢，次亦不失爲有志上士。尚有古人，接引後學，志存無我，毁譽不摇。詎期宗教未行，徒以廬舍山基因心議復，欲罷不能，忽忽于今，又三十載。計所事者，惟此北塢名勝，勉事表揚，身未足爲兹山光，山幾爲此身縛，德凉材薄，不惟有愧先哲，未免貽譏近代。山隱鬼蜮，入彀罔知，不遇宗海黄翁，貽悮後賢，且無盡矣。可勝嘆哉！述此跡略，敢云垂戒後昆，將以誌我志承未逮，願與二三子其勉之云。

道光三年歲次癸未民歲臘日，金蓋山純陽宫總司事，晟溪閔苕旉，派名一得，謹述於古書隱樓。

閔懶雲先生傳

先生姓閔，名苕旉，字補之，一字小艮，懶雲其道號也。世爲吴興望族。父大夏，舉於鄉，授河南息縣令，尋改教諭餘杭。先生生而體弱，九歲猶艱於行，依高東籬翁於桐柏山，習導引術，遂皈龍門派，名一得。未幾疾愈，歸讀書，研究性理，不爲科舉學。及壯，以父命入貲爲州司馬，服官滇南。尋奉諱歸，絶意仕進，出訪名勝，數遇異人相印證。有沈子輕雲者，東籬首座弟子也，學綜三教，得東籬翁真傳。翁將示化，時先生年逾弱冠，親往送别。嗣後遂從輕雲學，以師禮事之，遵翁命也。其及門諸子，皆卓犖一時，先生獨得其大，常守輕雲十義之訓，數十年不敢少懈。

邑南金蓋山，爲陶靖菴修真之所。沈師羽化，先生遂居是山，閉關修道。憫其法嗣陵替，屋宇傾頹，慨然思振其緒。於是修葺增壯，拓其規模，並修近山衛正節高士墓，植梅百餘株。時或往來江浙間，隨緣啓迪。自縉紳之士，至胥吏僕輿，欽其道範，納交受業者，實繁有徒。入室者雖不多覯，而誘掖奬勸之下，因其言而自新者，亦復不少。

先生朗若秋月，和若春風，定則如山，虚則如谷。中年學已貫徹，晚境更臻純粹，語默無非至道，起居純是天機。至於樂善好施，精神强固，猶其小焉者也。其教人也，有體有用，有本有末，篤於實行，不事神奇，大旨以修身寡過爲入門，窮理盡性至命爲究竟，省察涵養爲徹始徹終功夫。

嘗憫丹經邪正混淆，流弊滋多，爰取平日聞於師友，及四方好道之人，持其所藏之本，過訪就正者，讎校勘訂，剖其真僞。凡陰陽採補，訛傳邪説，悉皆屏斥，歸於中正。所著《金蓋心燈》八卷，沿流溯源，發潛闡幽。又《書隱樓藏書》二十八種，及《還源篇闡微》，以儒釋之精華，詮道家之玄妙，言言口訣，字字心傳，俾有志者循序漸進，自有爲以造無爲，不至昧厥旨歸。石照山人謂其能集玄學之大成，周梯霞謂爲篤實輝光，清虚恢漠，足以承先啓後者，洵不誣矣。

歲乙未（一八三五），年七十八，其嗣迎養於家。逾年冬，偶感微疾，儵然而逝。自擬身後楹聯曰：「修道祇爲求己志，著書未盡度人心。」又集《孟子》書曰：「不失其赤子之心，善養吾浩然之氣。」即此數言，其生平可概見矣。先生生於乾隆戊寅（一七五八）十二月初二日，卒於道光丙申（一八三六）十一月初十日，住世七十有九年。葬金蓋山之東麓，門人祠之弗替焉。

賜進士出身翰林院編修，知浙江湖州府事晏端書頓首拜譔。

閔懶雲先生傳

後學楊維崑撰

先生名苕旉，字補之，吴興世家子。生時，其父艮甫公夢羽服者至，自稱貝懶雲，故又自號懶雲子。幼穎異，從群兒戲，墮井中，若有掖之出者。素羸弱，謁東籬高子於桐柏山，留數載，體始充。資性絶人，讀書窮理，不爲應舉業。比壯，有經世志，援例入選，以州司馬官雲南。尋丁父憂，不復仕。會東籬卒，從其高弟沈子輕雲遊，甚器之。沈卒，出訪名勝，歷吴楚燕趙，足跡半天下。先後遇金懷懷、白馬李、李鬔頭、龍門道士輩，與往復講論，多所契合。所至，名公賢士爭相推重。晚隱邑之金蓋山，山故有道棲息之所，拓地居之，學者日進，誘掖獎勸不少倦。爲人儁爽沖和，超然物表，年七十餘精力不衰，如四五十人。嘗冬月遇一故人寒甚，即解身上裘衣之。族中停柩十數，貧不能舉，爲經理葬焉。時艮甫公在任所，夢衣冠者數輩來謝，疑之，後始知其故，蓋即葬柩之夕也。其慷慨任事類如此。尤勤著述，採摭群書，參以舊聞，成《金蓋心燈》八卷，並輯《書隱樓藏書》二十餘種行世。年七十九卒，門人爲祠祀之。

懶雲先生傳

後學沈秉成譔

先生姓閔氏，名苕旉，歸安人。父大夏，某科舉人，官息縣知縣。生先生日，息縣君夢羽服者至，曰「余貝懶雲也」，故別署懶雲子。幼聰穎，從群兒嬉，墮井中，若有掖之出者。體素弱，謁高東籬於桐柏山，受服食、撟引法，氣漸充。資性過人，讀書千數百卷，洞極理要。不爲應舉業，承息縣君命，入貲選雲南州同。以父喪歸，不復仕。東籬既羽化，從東籬高弟沈輕雲問業。輕雲卒，出遊吳楚燕趙，先後遇金懷懷、白馬李、李鬈頭、龍門道者，相與往復講論，多所契合，當代名公卿爭推重焉。晚隱縣之金蓋山，山故有道棲息之所，拓地立樓觀堂廡，學者日聚，誘掖獎勸弗少倦。年七十時，精力完固，睟然有壯容。嘗冬月遇一故人，衣薄見寒色，解身上裘衣之。族中停柩十數，貧不能舉，爲擇地營葬。息縣君方官河南，夢衣冠者數輩躇階肅謝。後得先生書，夢夕即葬日也。生平勤於著述，輯《書隱樓叢書》二十餘種，别撰《金蓋心燈》八卷，發明本師宗旨，於丹家邪説闢之尤力。篤實純靜，平易近人，論者以爲有儒者氣象。道光十六年（一八三六）卒，年七十九。未卒前一夕，集《孟子》作連句曰「善養吾浩然之氣，不失其赤子之心」，以示門人。門人立祠山上，揭二語於楹。

贊曰：梅福爲尉，張楷作儒。委化金蓋，歸根玉樞。訣悟九丹，遊遍五嶽。掩骼知仁，崇玄講學。著書百卷，聞道一經。不失赤子，可讀黄庭。

附録一

金蓋山志

目録

金蓋山志序

粵稽蘅薇降位，鳴鵠開山，希夷葆光，賴（瀨）鄉著記。閬風玄圃搜奇，悉載圖經；赤斧山圖稽古，亦詳史乘。後之覽者，可得而徵焉。

吾湖金蓋山者，上應北斗，近接東林，天開仙道之區，地出塵埃之表。白雲春谷，鴻爪常新，老帶莊襟，鶯求自遠。陸簡寂書臺草長，千載彌芳；葛稚川丹竈花開，四時不落。或試謝公蠟屐，或闢申屠墨莊，或返青山，重主耆英之會；或開白社，長留著作之身。靡不戢翼陰崖，踞石談虎，潛輝幽澗，斠泉呪龍。余遠祖北宋沈東老先生，因夢遇仙，蟬蛻塵滓，緣崖築室，寢饋丹經。蓋其山之鍾育也廣，而所蘊藏者亦深矣哉。

昔懶雲閔先生譔《金蓋心鐙》八卷，余嘗序之。溯道學之淵源，樹名流之壇坫，前徽不泯，私淑有由。然而命儔嘯侶，選勝探幽，陳迹漸湮，迷津莫導。於是李君少青，功深焠掌，獨任仔肩，綜瓊笈之綈緗，纂珠林之丹槧。松雲拂紙，桐露承毫，雲壑相鮮，自成馨逸，湖山並壽，無忝隱居。且琳宮紺宇，瑶草琪花，羽客潛形，諮白鹿爲前導；金仙坐嘯，與丹鳳相唱酬。類貫條編，徵文考獻。奇奇怪怪，薄彼黄蓋童子之圖；本本原原，如讀青黎老人之牒。譬若赤城霞起，聚蓬閬以成章；碧海瀾迴，入尾閭而競納也。余見同槃扣問，忝鐘撞思，〔欲〕求真誥於華陽，共守玄珠之清淨。雲巢夢遠，塵海緣深，雖至道不忘，而修名未立，展斯山志，愈觸鄉情。爰附弁言，敢爲喤引。

嗟乎，山泉薦緑，潔伴梅花，岫雲干青，閒埶猿鶴。翦鐙三復，重有感焉。一品集成，誰主洞天福地；三都序就，詎同皇甫士安。

光緒十七年（一八九一）歲在重光單閼陽月龍聚日，歸安沈秉成拜序。

序

山志最古者，宋惠遠《廬山紀略》，唐李沖昭《南嶽小録》。自是而後，侈陳靈異，詮説仙真，類皆緇流黄冠，自張其教。惟元鄧牧所作《洞霄圖志》，詳略有法。蓋牧本遺民，文章高曠，故無神怪不經之説厠乎其間。

吴興之山，以渾厚博大言，則數蒼弁，以雄秀多雲物言，則有金蓋。然金蓋之掌故寥寥焉，弗詳於前籍。自嘉慶初，閔懶雲創建純陽宫於山之北隖，地曰雲巢，於是空谷之中，跫然始聞足音。至今春秋佳日，遂爲遊屐所必經處。懶雲曾作《金蓋志略》一編，述玄教源流，非兹山專志，且無徵不信，閲者病之。同治壬申、癸酉間（一八七二—一八七三），同人有重建純陽宫之舉，懶雲後人小譜司馬從臾爲志。予因疏輯群籍，褈録聞見，有待詮次。謝城汪先生時修《烏程縣志》，聞之以書來徵。因加整比，郵稟就正，不鄙蹇言，頗加采録。自惟學十年以來，復有曾（增）益，浸淫成帙，約分四録：曰靈境，曰名蹟，曰先獻，曰叢文。自惟學識簡陋，書無足觀，而草創記録之勤，不忍棄置，迺重寫一通，藏諸書笥。

若夫金丹大旨，非下士所得聞，神怪之説，又儒者所不道。是志也，於模山範水，豈曰能賢。惟不敢附會荒唐，爲山靈所騰誚，將使後之覽者一展卷而可抵卧遊此，則予志金蓋之志也。

光緒癸未（一八八三）初夏，小浮玉山人李宗蓮少青氏書於懷岷精舍。

〔校刻記〕

吴興山水清遠，夫人而知之，若其窈窕而幽深，爲神仙所窟宅，厥維金蓋首屈一指焉。劉文房云：「山不在高，有仙則名。」顧名山必有志，所以述奥區，表靈蹤也，而金蓋闕如，使山靈有知，甯無遺憾？

故友李少青廣文，篤學不券（倦），有心人也。怦然有動於中，爰於剛經柔史之餘，苦心孤詣，纂成斯志，分爲四卷。于是乎足爲此山增重矣。惜尚未授梓，而廣文遽下世，良可嘆。妹倩潘小泉大令，慮此稾之久而就湮也，迺慨解囊金，獨任剞劂之役，豈不誠盛舉哉？不甯惟是，山中自兵燹後，雖殿宇重新，而署榜尚多未備，其中如「澹泊齋」、「挹翠樓」、「山雨欲來風滿樓」諸扁額，皆君出貲補懸，而屬霞爲之書者。又嘗績爲《金蓋山圖卷》，廣徵題詠，臧弆山中，以爲千秋掌故。是皆有功于兹山，其用意良足多矣。

韓昌黎有言曰：「莫爲之前，雖美弗彰；莫爲之後，雖盛弗傳。」今此志自廣文創之，得〔潘〕君而幸成之，於《心燈》《志略》二書外，别樹一幟，庶可補雲山之闕陷，且以慰廣文之夙願也夫。

光緒丙申（一八九六）冬十一月，淩霞謹記。

金蓋山志例言

一、志山與志郡邑不同，無事多分門目，兹編祇分四録：曰靈境，志山水也；曰名蹟，志古蹟也；曰先獻，志遊寓也；曰叢文，志之餘也。津梁通山水往來，不可謂之名蹟。動植皆山水所産，允宜以類相從，故附於靈境，勿誚爲創格焉。

一、金蓋隸烏程七都三碑鄉，南北兩山跨一區三十九莊，二區四十莊。東至東横山，以西塘河爲界；南至窯頭村，以普甯菴爲界；西至道場，以馬瑶隖爲界；北至烏雀嶺，以小珠山爲界；東南到下鈕村，以羅田圩爲界；東北到陶灣，以廟前圩爲界；西南到何山，以青山隖爲界；西北到道場，以南山爲界。南北袤九里，東西廣十里，高可十五里，周圍二十四里，面水背山，水陸皆通。

一、金蓋、何山，前人多混爲一，汪藻《讀書堂記》辨之詳矣。蓋〔何〕楷以前，何山原屬金蓋；楷以後，則何山、金蓋各不相蒙。閔輯《志略》不無牽引。兹編則一以金蓋爲斷，不至有爭墩之誚。

一、西横山接金蓋之麓。考成化《府志》，即以此爲古之衡山，而别出東衡山，云在衡山東。然橫山漾既在東橫山下，以山形論，亦東崇而西卑，衡山之名自當以東爲主。唐閻士和詩「橫山渡口花如霰」，固據兩山對渡而言。若明鄭明選之橫山別業，亦當在東而不在西。今但著西橫山於志，一切關涉衡山詩文從略。

一、新修《府志・古蹟一》，有「漢司隸校尉治」一條，本之〔浙省〕《通志》，云春申君於吴墟立菰城縣，青樓連延十里，後漢司隸校尉黄向於此築陂溉田。考之成化《府志》，則此條在杼山黄浦下。疑向乃土人，曾官司隸者耳。置治於此，恐《通志》誤會。今不取。

一、蔣瑶墓，《府志》云在金蓋山下，注引《德清志》云在洛安村。今考曹曾《上金寺碑》，則知先奪寺基，權厝移時遷去，則在洛安者是也。今從删削。

一、金蓋名蹟，菰城爲最古。至衞正節隱居教授，則又鵝湖、鹿洞，理學名區。然於師友淵源，澗盤高致，已無從尋究。舊輯《志略》，或稱簡寂所居，或曰東老所築，傳聞之詞，無所佐證。是編不敢妄事附會，凡有徵引，必注明出處。

一、地志以人物爲重。金蓋苦無土著見之前籍，惟菰城夏媪一人，一作鄭媪。《吴興統記》：吾粲生數歲，媪謂其母曰「是兒有卿相之骨」，後粲名顯。爲吴興八絶之一。然巾幗之流，難與鬚眉同列。附著於此，不復别出。

一、遊寓所載，類惟名賢講學，逸士棲遲，地以人傳，並足千古。若夫方外養真了道，畸行可稱，載筆之餘，不矜怪誕。如欲抉異搜奇，有《金蓋心燈》一書在。

一、金蓋爲城南佳勝，韻士文人，登高能賦。其吟咏在一丘一壑者，隨類附入。至無類可歸，及遊寓諸賢殘篇斷簡，悉入《叢文》。惟古今名作，聞見未周，博雅君子，惠而好我，隨時輯入。

一、詩文間録近人之作，姜虬緑《金井志》可例。然人非論定，概入《叢文》，較姜例仍從嚴焉。

湖州金蓋山全圖

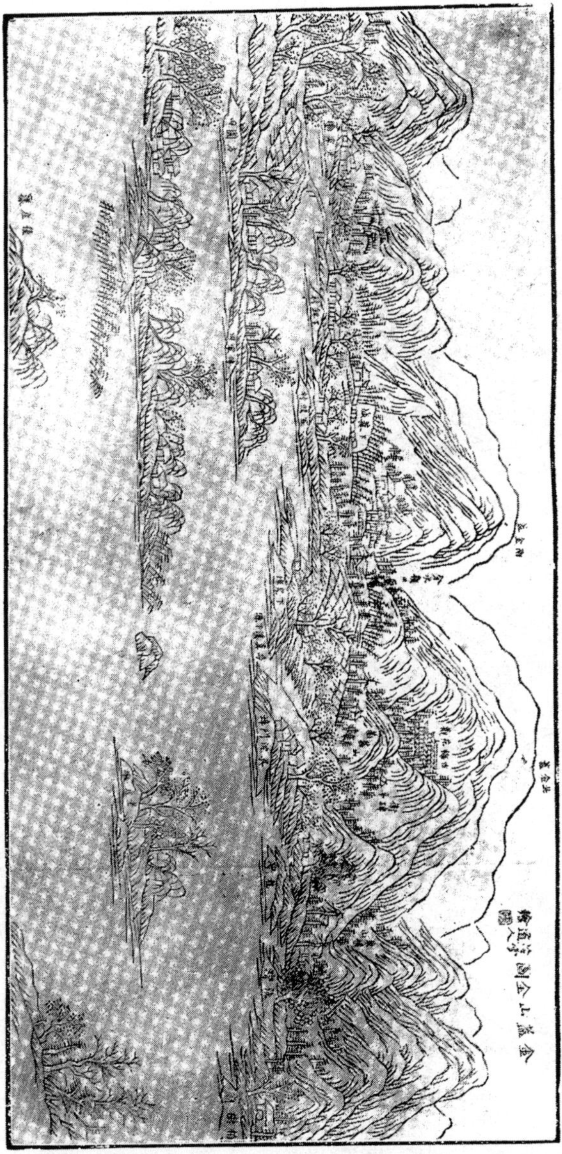

东横
山
龍

灣張

柏樹廟

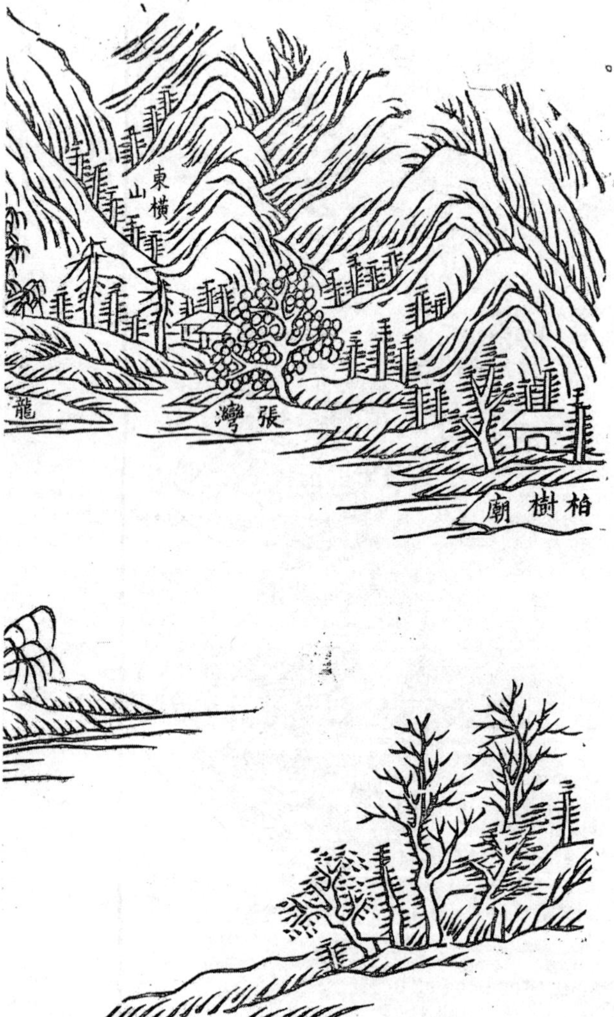

（局部一）

（局部二）

（局部三）

（局部四）

湖州金蓋山古槑花觀全圖

(局部一)

（局部二）

（局部三）

（局部四）

金蓋山圖記

歸安沈秉成

余家竹墩之北，有山巍然曰金蓋，烏程諸山之特著者也。山故有何楷讀書堂，又名何山。子瞻氏詩云「道場山頂何山麓，上徹雲峰下幽谷」，蓋指此也。

余少隨先大夫遊宦四方，未嘗一日耕釣其間。會釋褐登朝，歷仕京外數十年間，雖偶歸山中，亦信宿即去。歲時娛遊之樂，豈得長與鄉人士俱？永叔有言曰：「彼富貴者之能致物矣，而其不可兼者，惟山林之樂爾。」旨哉斯言。然形役於富貴，而志結於山水，朝拄笏而夕臥遊者，亦豈無是儔乎？同治甲戌（一八七四），余自江海關任引疾歸田，與吾妻嚴夫人結廬吴下，十年暇，或泛舟鄉里，飲茗霅之淪漪，踞巖磴而酬倡，徜徉其間，顧而樂之。夫人周覽山勝，慨名迹之就湮，醵金修葺，俾復舊觀。余與夫人約，他日當卜築於兹山之麓，而偕隱焉。嗟乎，曾幾何時，夫人先我而逝。余仍不免爲簡書所縛，青山無恙，白首難諧。今展斯圖，不禁潸然涕下也。尚何言哉！尚何言哉！

若夫山水之勝勢，神仙隱佚之藏修，與泉石臺榭，珍禽異木，可以備詩人登高而賦者，或詳於志，或自爲記，俱可不復道也。是圖爲顧君雲壺所作。雲壺，吴人。昔隱居吴下時，結爲煙霞之契。畫稱神品，山中人願得而藏之。爰識數語，以詒今之居是山者。

長沙徐樹銘　題金蓋山圖詩

苕水照湖山，空泠杳藹間。故人棲隱處，時有白雲還。沈記詳之。八百輩瓊仙，閻浮幾播遷。名王郵翰墨，福地此真傳。成邸曾題「古梅福地」額。林屋屋青林，高風何處尋。石逕逕上月，夜夜照人心。宋遺民衞先生富益，開白社授學，從者數千人。雨洗烽煙淨，天開圖畫新。它年尋舊夢，重看古梅春。往視浙學，約楊太守往訪雲巢故址，以雨未果。

善化瞿鴻禨　題金蓋山圖，用東坡《遊道場山何山》韻

我家湘水邀嶽麓，長傍煙霞飽林谷。一從放眼浙東西，未信平生幽賞足。苕溪春雨緑波漫，金蓋飛空起百盤。吴興清絶非虚語，坡老詩筆迴奔湍。雲巢時有白雲出，月轉松陰映琴席。重跗菡萏本天成，萬樹梅花定誰植。悄悵前遊隔翠鬟，浮雲一别十年間。予兩試湖州不果遊。祇今猶夢天涯路，何意欣逢畫裏山。時事滄桑變昏旦，茫茫地軸横流半。空輸猨鶴遠埃氛，坐對茲圖發長歎。

番禺梁鼎芬　題金蓋山圖詩

看山忽見新題句，玉局詞仙絶代嬌。鳳隝鶴墳各千載，莫將金蓋厭金焦。時寓於焦山海西庵。

江生別我豊湖住，夢惹棲禪寺裏花。八百神仙梅萬樹，此間巖壑是誰家。

河陽使者更番至，定有題名洗石苔。世上已無王彥約，好山真恨不同來。潘學士衍桐兩登茲山。

惠州江逢辰　題金蓋山圖詩

梅花金蓋千株好，卻憶羅浮夢往還。頗喜平生滋眼福，又緣題畫得看山。

北海鄭文焯　題金蓋山圖詩

卅年足跡半天下，少日題名在嵩華。朅來吴越雲盪胸，縹緲浮嵐虛鶴駕。忽披山經見洞天，梅花一笑三千年。東風歛雪連春谷，《道藏》謂茲山舊名梅島，山之陽曰春谷。八百真靈栖上仙。卻憶故人隱游處，謂耦園中丞。峨峨寒玉層厓暮。白雲在山猶可呼，茲圖真爲濟勝具。夢遊我亦營魂醒，坐令合眼參虛冥。問誰有力負山走，一掬石芝餐玉經。

漢川張祥齡　題金蓋山圖，次玉田《掃花遊》韻

雲煙滿眼，正柳熱抛緜，燕昏鶯曉。古松曲窕，又欹崖築屋，就泉開沼。甚處落花睡嬾，青猨不掃。更幾簇人家，簾外斜照。　翠嵐波渺渺。比陶令仙源，應更逋峭。秦時樹老。自高賢去後，問誰重到。一幅斜川，詩句欲題未好。探幽峭，訪蒼苔，舊遊人少。

丹徒戴　恒　題金蓋山圖詩

柔祇孕神秀，哲匠圖崚峥。躡勝悵修阻，卧遊抵遐征。導脉溯黄山，宅基蟠烏程。闢窾洞林屋，臨湖宫水晶。岡巒奉朝揖，風月涵高清。明媚朝靄淨，突兀晴空撐。漠漠煙夕霏，淙淙泉宵鳴。蒼蒼嶂屏匝，齒齒石磴横。仰霄隔松檜，俯徑緣蘭蘅。峰以菡萏狀，路與篔簹爭。連駢互翠个，高下抽青萌。爽洌候失暑，幽森時無晴。碧琉璃冪冪，鐵鉤鎖琤琤。媿無文蘇筆，寫此風雨聲。銜芝走麕麚，窟松藏鼯鼪。潭龍自荇藻，桐鳳相竽笙。最勝雪洗霽，來探梅萼英。纖冰蜨魂鍊，瘦鐵虬枝振。全舒萼玉緑，微坼櫻珠赬。嚼之齒牙冽，鯁乃腸胃瑩。香海溢萬頃，塵目增雙明。愧無和靖詩，寫此孤高情。其中有古觀，自昔臨仙旌。榴皮或書壁，松子時墮枰。流馥散檀蔗，步虚雜韶韺。惝怳託玄圃，瓌譎夸瑶京。春谷竦傑構，雲巢崇嘉名。瓊章出賢邸，錦翰輝穹閎。所嗟毁兵燹，無復窺蓬瀛。卓哉休文賢，慨然建章營。高懷鸞曜合，遠識嚴梅并。前規復紫闥，清帑輸金籯。鳩工來于于，搜材

伐丁丁。舊穢榛礫除，新構松楝生。闤闠方二軌，榱櫨接千甍。丹青左右堵，金碧東西榮。綺疏屬芝房，修廊連桂楹。倚梁濶蜺下，反宇飛翬驚。旋室隱花木，崇檐棲琴箏。叫窱以幽邃，灌濩而縱衡。一自斤鏝施，十見冰鑪更。夫豈侈宏願，持用傾寸誠。真容獲妥侑，靈駕將逢迎。石壇駐絳節，天漿斟瑶觥。降真乞遐宰，請福蘇群氓。繡壤絶螟螣，琱戈驅鯢鯨。肸蠁若暘雨，於昭格豊盈。乃知抱痌瘝，匪以驚聾盲。緊余駑駘姿，久負猿鶴盟。感兹畫筆好，頓悟塵緣輕。結廬山中住，負耒山下耕。長鑱劚黄獨，矮銼炊青精。初服謁孚佑，盡室從向平。亦一隱男子，旦暮歌行行。

閩縣王仁堪　題金蓋山圖詩

輪囷山嶽炎雲殷，嘯風無地容疏頑。那能撥雲出世界，置身十萬松杉間。何來青翠照眼底，栴檀一霎清塵顔。洞天第四定無熱，道是金蓋栖真山。琅玕戛風緑玉佩，菡萏迴日朱砂斑。煙嵐亦復重雕繢，猶記玉翰平臺頒。琳宮興廢本平等，居士幾見巢雲還。有仙則名亦傳語，山好豈借松喬班。此中可居會其適，少微位業天所慳。宗生高卧具縣解，枝峰蔓壑生荆關。六合爲窟苦炎熱，清涼便是仙人寰。

德清俞　樾　題金蓋山圖詩

記昔曾爲記，而今對此圖。神仙有幽窟，山水足清娛。祇惜休文逝，應憐勝引孤。世途方觥廳，誰共隱菰蒲。

秀水沈景修　題金蓋山圖詩

縹緲何山麓，巢雲古洞天。黄粱誰夢覺，到此挾飛仙。花雨霏壇潤，藤陰覆架圓。明年定幽討，心境已飄然。

老友中丞客，謂若波。丹青法巨然。筧通泉脉遠，峰抱磬聲圓。幽谷傳虚籟，靈臺集衆仙。梅花千萬樹，香滿大羅天。〔第一首〕用楊藐叟韻，第二首倒步原韻。

桐廬袁　昶　題金蓋山圖詩，用蘇文忠公《遊道場山何山》詩韻

芒鞋未蹋何山麓，忽見垂蘿雲一谷。幾曲青林到此間，但看畫圖幽意足。莘老題名應未漫，蘇仙傑句霜鶻盤。朱欄碧瓦幾塵劫，惟見白漚浮遠湍。山如紫蓋撑空出，松吹四圍風掃席。中丞重構此精廬，插槿編籬椶親植。歸安撫部公重葺杜治，有卜築兹山之意，親濡筆作記，以爲他日遂初之券。喚取畫師撫碧鬟，裴徊持節轂黄間。乞身猶滯三刀夢，敕賜先求一角山。作記琅然奏飈旦，卧遊割取濃青半。荆公詩「割我鍾山一半青」。落筆天機精者誰，似是吴中顧元歎。圖爲顧若波處士作。

又

澄暉亭中風雨竹一枝，東坡老人留畫壁。何山歸興遇耘老，官奴把燭意滂魄。肝肺槎

牙出倔奇，主客神清兩忘適。爾來韻事近千年，吴興中丞抱奇癖。古樹霜龕補種梅，仙壇歷劫揞金碧。東山琴筑寄清娱，心在一丘高百辟。胸中自具幾洞天，雅繼眉山共標格。我雖未到赤華舍，欣然欲訪栖真宅。奔泉穿筧注齋厨，燒笋饞筵勝肥炙。雲巢道士留丹訣，劚朮爲糧煮白石。役使風雷俄頃間，蜕履歸真了無迹。亡友施均甫，爲説乾隆末年道士沈谷音祈雨，事殊奇，乃金蓋山中得道人也。空棺惟瘞一竹杖，潤飾儒書歸老釋。沈道士之高弟子曰閔禕，箋解《大戴禮》中曾子十篇，教人與人言必依於孝悌。此與蜀嚴、抱樸何異？非尋常修鍊家可比也。濟時龕暴要有人，度世沉冥亦佳策。欲往從之泛霅溪，人生定著幾緉屐。

歸安楊　峴　題金蓋山圖詩

誰向梅花觀，重開紺碧天。中丞愛山水，勝地接神仙。樹秃殿閣出，風高鐘磬圓。舊時讀書處，回首欲茫然。道光戊戌（一八三八），偕先兄抱山故友曹煙波，借山寺過夏，閱今五十六年矣。

烏程馮文蔚　題金蓋山圖詩

境與塵囂隔，仙靈此往還。湖流通碧浪，地脉接黄山。古觀寒梅發，書堂緑竹環。芒鞵曾未踏，想像畫圖間。

耆舊今彫謝，傷心入詠樓。祇餘題句在，彷彿墨痕浮。知己千秋感，名山一卷留。不堪回首憶，泛棹泊揚州。甲午（一八九四）之夏，耦園師皖江解節，小住吴門，秋初遂歸道山。時余典試江南，舟過揚州，猝聞噩耗。

仁和徐　琪　題金蓋山圖詩

鄉里名山愧未登，真仙八百此飛昇。白雲深處君須記，一樹梅花上一層。

葺勝題名與詠詩，三賢鼎足盡吾師。葑門橋下春來水，可似苕溪綠漲時。圖中之勝，爲沈仲復師所葺。俞蔭甫師有記，有詩家壽蘅師近又題詠，皆余所受知也。仲復師在日，卜居蘇之葑門内，前臨長河。

勝迹雲煙過眼尋，嶺南廿八處登臨。何當更借長康筆，爲寫羅浮萬古心。余視學粵東，修葺名賢祠隴及諸勝迹，凡二十八處。又於羅浮、庾嶺各補梅千株，頗思乞若波爲作一圖也。

雲詔短詠韻珊珊，梵譜偏容下界看。頓覺蓬山春色好，玉笙吹徹不知寒。壽蘅師五絶四首，純乎仙籟，真不食人間煙火作也。

歸安淩　霞　題金蓋山圖詩

吴興清遠山水窟，撥雲巢是神仙宅。煙霞萬古抱空山，遺韻流風未銷歇。山外嵐光不斷青，山頭雲氣依然白。雲白山青無盡期，古梅亦解迎仙客。洞天福地闢精廬，藥爐丹竈留靈迹。玉翰遥頒賜品題，賢王鄭重親書額。誰知浩劫遇紅羊，蓬壺亦復成滄桑。清泉白石尚無恙，雲山未免愁荒凉。耦園中丞真好道，比肩人亦同懷抱。醵金架木藉興修，傑構重看出林表。我昔曾向山中行，秋壇夜静聞仙經。惜少金丹换凡骨，未能長作林泉民。一别山靈卅年久，月舊煙新幾回首。却從江北望江南，令我憶山如憶友。于今讀畫疑舊游，此圖此記皆千秋。記者爲誰畫者某，老輩龍頭謂沈仲復中丞。與虎頭。謂顧君若波。

歸安朱祖謀　題金蓋山圖詩

蓬萊夜失山左股，龍鹿雙蹻迷處所。焉知三十六峰雲，林屋洞天誰敢侮。一擲直下三天都，棲息容成鴹玉女。篔簹夾煙學鸞嘯，桐花被逕迎鳳舞。道人絶粒今幾年，斷爛琅書滿巖户。中丞洞觀三淵靜，縹緲高真憑攝取。當時卷裏梅花島，臂彈尻輪一逆旅。灑然真面出栴檀，乃是天機精者故。我無金丹换塵骨，揮手神君不復語。黄芽玉訣叩何日，上下赤松空步武。秋懷浩浩張閶浮，决拾神臯趨贏土。□□碣石海東頭，保有兹圖固吾圉。

懷甯洪思亮　題金蓋山圖詩

神仙眷屬聚雲間，不似林逋獨占閒。亦有梅花三百本，道場山色勝孤山。

一般北燕更南鴻，闊久鄉園負皖公。江鳥山花應識我，不勝悵惘畫圖中。余莅斯郡忽已逾歲，將赴衢州，案頭留此卷，因題二絶歸之。

金蓋山志卷第一

烏程李宗蓮編輯
烏程潘錫春參訂

靈境録

金蓋山

在烏程縣南十五里。羅憹《烏程縣志》

晉何楷居此修儒業。楷後爲吴興太守，改金蓋爲何山。《括地志》

何山亦曰金蓋山。《方輿勝覽》

金蓋之麓，蘭若標其足。趙孟頫《吴興賦》

峰勢盤旋宛同華蓋，故名。《烏程縣志》

金蓋故多雲氣，四山繚繞如垣。少焉日出，雲氣漸散，惟金蓋獨遲。陸羽《水品》

金蓋戴帽，要雨就到。農家以此爲驗。《府志》

環苕陽之諸山，蔚金蓋兮深秀。宇文公諒《吴興賦》

金蓋諸峰峙其陽。宇文公諒《湖州府署記》

遠一十五里，何山之南，山獨危峻，常出雲氣。《菰城文獻》

明

楊　復　金蓋山詩

朵朵芙蓉撑碧空，吐成雲氣如游龍。參調元化乾坤中，潤澤萬物將無窮。巍巍有濟蒼生功，豈但樵牧欣兒童，含和元與丹霄通。《菰城文獻》

張　羽　金蓋出雲按金蓋出雲爲吴興八景之一。**詩**

峨峨金蓋苕之南，中天削出青瑶簪。白雲無心出巖岫，頃刻變化隨浮嵐。四海蒼生苦炎暑，從龍飛渡平湖去。閒卻山中屋半間，一洗乾坤作甘雨。《静居集》

邱　吉　金蓋出雲詩

天上飛來金一蓋，浮雲不住起巖阿。白衣蒼狗參差見，玉葉金柯變化多。冷透秋陰迷鶴夢，暖將春雨出龍窠。明朝捧日青霄上，不向山中宿薜蘿。《縣志》

杜　庠　金蓋出雲詩

忽然成狗又成衣，道是無心似有機。薜荔幾重迷翠影，瓊瑶一片散青輝。天風變化從

龍去，夜月分明載鶴歸。金蓋太行千里隔，一般翹首望親闈。《峴山志》

國朝　茅　麐　金蓋出雲詩

城南富丘壑，金蓋竦至尊。曉來翠欲滴，縷縷出微雲。日色相摩盪，漸與衆壑分。卷舒倏萬變，穠纖如成文。似非無心者，悠然而離群。同上

閔　聲　金蓋山居詩

只合居山好，幽棲夢亦狂。掬泉聊當酒，煮石以爲糧。衣薄朝曦暖，寒深草簟香。開扉無客到，落葉滿藤牀。《泌庵集》

奚　疑　登金蓋山頂詩

絶頂扳藤到，層雲手可捫。臨憑飛鳥上，始覺此山尊。亂石無人逕，荒烟何處村。遥看蒼弁外，湖水接天昏。《榆蔭樓稿》

孫　枚　金蓋山詩

秋來意頗閒，泉石增幽興。言登金蓋山，一領層巒勝。疎林縱遐矚，流泉挹清聽。俯仰鬱蒼茫，雲烟渺無定。憑高發長嘯，空谷遥聲應。迴風響蕭蕭，落葉滿樵徑。古寺不知名，隔澗時聞磬。夕陽催歸途，倚杖情如賸。

吴　錦　金蓋出雲詩

山頭忽戴帽，冉冉布遥空。野老言將雨，歸來好趁風。

金鑾坡　金蓋山詩

蓬蓬如絮亂雲迷，金蓋峰高帽影低。十里畫橈烟靄裏，横山門外落帆齊。

西横山

東對東横山，北接金蓋。

國朝　慎元持　遊横山詩

生性耽林泉，有山即登眺。振策陟危嵐，探奇信所到。宿雨喜新晴，桃花迎目笑。山鳥驚飛鳴，松風響石竅。俯視萬家烟，春波送歸棹。披荆見疏籬，柴門懸夕照。居人採樵還，峰頂聞長嘯。清境亦句留，誰識天機妙。安得有佳處，亭前坐垂釣。

金斗山

在柏樹廟東北。

對塘山

南接金斗，北達前軻。

軻　山

金蓋北出小支，金蓋如車，而軻附其旁也。《縣志》東對泉科橋，西對南山，南對西横山，北對道場。

南　山

東對軻山，北對道場，西南接北金蓋。

佛燈山

在張灣東北，舊有佛燈院，故名。

小饅頭山

其麓即張灣。

孫芥山

俗名孫家山，其下即龍灣。

占脉山

在章嶺下。

章　嶺

元待詔章九齡居此。多大松，爲閔莊懿墓道，方廣六百餘畝。沈真揚《金蓋名勝記》

鳳　山

在張灣西上。

沙岡

在章嶺西南沙氏地，多竹。同上。

中黄嶺

北金蓋中絡曰中黄，元明時多古柏，望之蒼翠欲滴。同上。

東黄嶺

在沙山西。

徐家山

在東黄嶺東。

潘家山

在東黄嶺下。

菡萏山

在雲巢南，衞正節墓據其巔。

山之南東折而下，有小山曰菡萏。修竹萬竿，臨風摇曳，若菡萏之出水然。《金蓋志略》

風篠嶺

一名划船嶺，在章嶺北。通道場，爲張灣、羅灣等村入郡城要道。

下金峰

在章嶺西南一帶。

上金峰

在中黄嶺絶頂。

桐鳳隖

一名春谷，今雲巢是也。相傳唐同光間，有洛人宮無上，雲遊至此，植梧桐盈隖，遂有幺鳳千百集其上，因名。《金蓋志略》

梅　隖

一曰梅花島，雲巢東偏，相傳宋梅子春所居。同上。

錢家山

在雲巢南。

蔣　山

舊上金寺基，爲寺僧獻於蔣恭靖家。

沙山岡

在蔣山西南。

史　隖

在雲壑西。

大珠山

在朝陽庵下。

小珠山

在大珠山麓。

分水嶺

在尋真谿上，南北兩金蓋分界，爲下泉埠等村入郡城要道。

鴉雀嶺

與道場合界。

淨塵峰

在雲巢東北。

古隕星石

在淨塵峰頂，有三處。

馬瑶隖

在山後。以上北金蓋支。

元龍山

在尋真谿南，姚讓墓北，俗名庫山。

虎尾岡

在分水嶺南。

堂子山

在上金寺後。

石愁山

在堂子山東。

香林山

在下菰城。

師古山

在香林西南。

陸家山

在香林山下。

楊家嶺

在窯頭村直上。

塔山岡

獅子隝

長老隝

窯缸隝

王墳隖

在尋真谿西南。

楊柳隖

光　隖

大　隖

在虎尾岡南。

溝水隖

青山隖

在山後。以上南金蓋支。

尋真谿

谿之源有二，一發於分水嶺，一發於春谷，東北會合於雲香橋，繞漁隱亭，經慶園，屈曲出口，南注蓮花漾，會苕水，瀉笠澤，紆迴數里，極幽秀之致。《金蓋名勝記》

尋真谿，相傳尹無我所開。閔聲《金蓋雲箋》

西澗

在北山之陰，常有紅蘭生其間。《金蓋志略》

前軻浜

亦稱前科，合金蓋諸山之水，出會四水而北流。《縣志》

元　**黄玠**　**同深甫萬户前科賞櫻桃詩**

將軍黄金作佩符，霹靂古篆雕天書。上有赫赫三明珠，卧護千里堅無虞。重爲王孫開酒壺，溪鯽銀絲膾新魚。蓴黿青小滑可呼，櫻桃結子紅珊瑚。吴姬能歌花不如，坐擁翠袖飛瓊觚，人生百歲多歡娯。《弁山小隱吟録》

白雲泉

在金蓋北麓。《湖録》

亦乳泉也。《吴興掌故集》

金蓋故多雲氣。乙未三月，攜伴曉入山觀望，四山繚繞如垣，中間田段平衍，環視如在甑中，受蒸潤也。少焉日出，雲氣漸散，惟金蓋獨遲，越不易解。予謂氣盛必有佳泉，乃南陟坡陀，見大楊樹下汩汩有聲，清泠可愛。急移茶具就之，茶不能變其色。土人言十里内蠶絲，俱汲此煮之，輒光白大售。下注田段可百畝，名曰雲泉。陸羽《水品》

國朝　**端木國瑚　白雲泉詩**

昔聞白雲泉，來訪白雲客。白雲滿山中，澄泉淡幽石。青林青轉空，石上無行迹。落葉貯山瓢，時聽秋風滴。谷猿飲及朝，蘿月照將夕。時有煮茶人，蒼蘚布瑶席。一解匣中琴，孤心弄寒碧。《太鶴山人集》

奚　疑　金蓋山樵以白雲泉水見遺，報之以詩

故人分得山中水，遠寄城南桑苧家。松火竹爐明月夜，可來同煮社前茶。

白雲深處幾曾經，共汲寒泉手自烹。一語寄君君記否，出山何似在山清。《榆蔭樓稿》

北流水

武康餘英溪水，自侯射塘合埭溪、東林諸水，經茅山，過吴昇門，入衡山門，而會於碧浪湖。《浙西水利備考》

明　**鄭明選　谿望詩**

金蓋山前緑水横，下菰城北碧雲生。酒船亂逐晴沙集，漁網徐牽細浪行。盡日盤桓從性懶，百年蕭散覺身輕。已將杖屨遊方外，婚嫁何須學向平。《吴興藝文補》

董斯張　苕上晚眺詩

水光浩渺孤棹横，蒹葭蒼蒼秋色清。輕烟初起漸成晚，白日徐落似有情。社鼓忽驚沙鳥散，漁燈倒影空江明。挽船之子點去路，西南卻抵下菰城。

國朝　**趙　遴　詩**

風恬浪靜拓篷窗，紅日三竿映繡幢。忽見雲生金蓋頂，預尋古渡繫船樁。

珠　泉

在春谷之上，石澗中有泉，涓滴如珠，晝夜不絶。剖竹導流，引至雲巢香積厨中，甘美

無比。如杭之靈隱，城北之白雀然。《新纂》

吕潭

在桐鳳隖雲巢東偏，一清一濁，冬夏不涸，形如「吕」字，故名。今呼子龍潭。《新纂》

傳爲洛人宫無上所築。潭多蜥蜴，取以禱雨，極驗。《金蓋名勝記》

洗心泉

在雲壑庵側。

仙池潭

在雲壑庵側，大旱不涸，深而清，可蓄魚。《六榆稿》

紫清潭

在雲壑庵中。

半月潭

在閔福世墓前。

陶灣

張灣

龍灣

閔家浜

均北金蓋南麓，上接山澗，下注大谿。民居數十家，極山窮水盡、柳暗花明之致。以上北金蓋。

洗鉢泉

在上金寺前橋下。

甘　泉

在南金蓋，有巨人跡，中有泉，味頗甘。《金蓋志略》

源自金蓋，流入道場一派。《縣志》

雲州荆公治烏程之三年，政洽人和，百廢具舉。乃因諸士講藝之暇，南出勸農，省其勞乏。抵菰城，入金蓋，見流泉湛渌，出自何山之岐者。清瀾蔚然，沃野作溉，東經道場之麓，下注廣畒。構亭而名之曰甘泉。明徐獻忠《甘泉亭記》

半月池

在姚讓墓前。

姚舜牧　先贈君狀略

取土，開半月池於墓前。兩腋出泉，即有半池水，至今不竭，不可謂不得地之利。《承庵

洗馬灣

在下菰城。以上南金蓋諸水。

村落附

下鈕村

窯頭村

南莊

今無人烟。

下泉埠

北莊

今無人烟。

羅田圩

在下泉埠對岸，隸三十九莊，屬金蓋。

吴沈門

舊名包坑村，北金蓋水口。一作吴昇門。

國朝　**端木國瑚　贈金蓋山農家詩**

早課芸田晚樹籬，野人情味古鬚眉。山坡竹笋牢相憶，門巷桃花慣不知。

飯後兒童三尺箠，燈前婦女一絇絲。太平好比無懷氏，谷口鳴騶笑有誰。

又　金蓋山樵歌贈沈山人詩

山樵山樵月中起，斧聲早落空山裏。青林日暖松花香，樵罷白雲新睡美。唱歌不入市，負擔不糶米。溪頭換與釣魚篷，然桂炊鱸對鄉里。前邨桑柘冷朝扉，山風吹動槲葉衣。青苔滑却呼猿路，金蓋山寒雨自歸。

龍灣村

閔家莊

張灣村

汪家村

今無人烟。

横山塘

永福村

舊名陶灣，道光丁未（一八四七）程縣令德成改今名。

前軻村

白莊

在下泉埠北，姚墳左右。今無人烟。

津　梁附

雲香橋

在尋真溪上，明閔尚書珪建。國朝嘉慶中，童宏毅重建。

國朝　**鮑　鯤　雲香橋記** 佚。按刻石於止止亭，兵火後存斷石一片。後重建純陽宫時失去。

施補華　雲香橋詩

山橋斷行跡，涓涓聞寒泉。如揮太古琴，衆壑俱蒼然。疏林生空香，礀草含夕鮮。何時聽流水，孤坐淡忘年。

尋真橋

在尋真溪上，亦曰澗橋。

外澗橋

在吴沈門水口。

柏樹橋

在柏樹廟西跨塘。平石一棋。

永福橋

南跨西横山，北跨廟前圩。平石三棋。

泉科橋

即前軻橋，南跨財字圩，北接軻山。

在金蓋北麓。《府志》

滕家橋

在泉科橋内，南跨北金蓋，北跨軻山。平石一棋。

上官橋

下官橋

均在吴沈門。均平石一棋。

葉家橋

在吴沈門西北。平石一栱。

仙橋

在上金寺前。環石一栱。

物産附

草之屬

茅。薜荔。倒鉤藤。茭。《吴興志》：郡有菰城，即茭也。葛茗。葦花蘭心曰茗。芭蕉。老少年。蒲。龍鬚草。茶。峰頂最勝，純陽宫西有數樹，香味逾龍井。虎刺。

花之屬

梅花大殿前。梅實分二種，一種味甜，一種味酢。山中昔多古梅，有圍二三尺者，兵燹後多被斬伐。其殘幹剩根，削取一片能療疾，肝患更效。人競取之，近亦不可多得。桃花。碧桃。紅白二種，花瓣繁，不結實。海棠。有草本、木本。秋海棠。山茶。純陽宫大殿前有二株，最繁盛。紫薇花。木槿。淩霄。薔薇。萱。木香。蘭。《金蓋名勝記》：金蓋之陰多蘭草，其最異者有朱蘭，牧童樵子往往得於巉巖幽谷中。其花朱裹而素心，得聞其香，一歲無疾，殆仙品也。菊。杜鵑。即映山紅也。玉簪。朱藤。如意花。講堂前有之，開時以千計。紅蓼。《金蓋志略》：生尋真溪畔者，入麯釀酒能消痕，三吴有疾者咸來采取。月季。優鉢曇花。普陀山僧人所送，現植在巢鸞閣前。

木之屬

松。羅漢松。柏。楓。冬青。皂莢。榆。柳。《金蓋名勝記》：山中有神柳，其葉能愈瘧疾。梧桐。《金蓋志略》：宫無上雲遊至此，植梧桐盈隖。桑。《金蓋志略》：山中桑椹有冬實者，嘉慶童老人嘗得，服之驟强健。其友莫達誠患血瘤，以椹酒一杯飲之，立平伏。《醫世説述》：嘉慶十六七年，吴沈門桑椹重實於小春者七載。野花椒。即蓽澄茄。香椿。

竹之屬

篠竹。簜竹。猫竹。一作毛竹。徑尺竹。《〔浙江〕通志》：可爲甑，出湖州。《金蓋志略》：子龍潭之上多徑尺竹，山中取以盛粥飯。紫竹。色紫。慈竹。方竹。《湖録》：方竹圍而稜也，斗閣前有之。筍。《湖録》：今郡城南，如道場、金蓋、妙喜一帶，皆開熟出筍，名曰熟筍。竹實。即竹米。仙人杖。即退瘽竹。觀音竹。出大悲閣後，剖見節，似大士形，故名。

藥之屬

朮。生峰頂者名雲氣朮，特佳。何首烏。西澗之上有藤數十丈，蔓延於山谷中者，土人不敢掘，以爲有神物護持。黄精。人蓡三七。天名精。一名鹿活草。芝。道光五年（一八二五），有紅芝一本生於梅樹下。天仙藤。其根即名青木香，止止亭邊最多。青蒿。艾。小青。一名淡竹葉。蒼耳。草决明。蒲公英。菖蒲。金脊涼繖。治咳血，惟金蓋有之。龍膽草。虎耳草。即天荷葉，紫清潭最多。南燭。山中最盛，其實纍纍，異於他處産。枸杞子。沙崗一帶最勝。白毛夏枯草。桑寄生。金櫻子。沙岡最多。松脂。茯苓。野薔薇。查。仙鶴草。治咳血，他處不恒有。

禽之屬

么鳳。綠色，尾青，頂有白絨勝。每至春時，集梧桐上。見《金蓋志略》。鶴。《金蓋志略》：沈谷音真人誦《心印經》，鶴降於庭。今山中夜半，往往聞清唳聲。白鷴。一名綬帶。竹雞。竹林中最多。黄雀。惟止止亭外有之，相傳沈真人呪之，不敢過亭以上。伏翼。即蝙蝠，有素翼赤腹者，時倒挂於巖間。啄木。鵲。俗名喜鵲。擣藥禽。聲曰克丁當，相傳仙翁所遺。燕。讀書堂燕巢最多。

獸之屬

虎。道光初，山中有虎，居民驅之至水口，虎遂鳧水至陳家墩上，四面皆水，遂就擒。今呼爲老虎墩。咸豐六年（一八五六），有虎入吴沈門。田豕。即野豬，山中兵後最多。每筍生時，黑夜鳴鑼驅之。大而多力，往往與人角。鹿。山頂有白鹿，樵人時一見之。猬。俗呼刺栗，蔀其皮治胃逆。松鼠。

鱗介之屬

龍。費南輝《野語》：嘉慶甲戌（一八一四），歲大旱，金蓋山樵者於澗中見一物，龍首龍身，長丈餘，四足五爪，金鱗遍體，儼然龍也。越數日，猶蜿蜒澗中，絶無飛騰之意。其鯹特甚，螘聚鱗際，入水則螘浮水面，就而食之。鄉人慮其變化，載之太湖棄去。蛟。《金蓋志略》：道光某年，有蛟發於山中。蜥蜴。《金蓋名勝記》：吕潭多蜥蜴，取以禱雨極驗。今呼子龍。蟶。烏程劉《志》：出横山港。無尾螺。見紫清潭。

蟲之屬

蜜蜂。讀書堂前有蜂筒，春暖時嚶嚶千百。蠮螉。即鐵胡蜂，能損屋宇，山中最夥。蟿螽。俗名剪刀娘。蚊。山中之蚊形似鶴，呼爲仙鶴蚊。蟬。蟋蟀。至山中静坐，讀書堂上涼蟬晚吟，蟋蟀〔鳴於〕四壁，雖夏初如深秋也。

古塼

文曰「□八月廿七日」。下斷，「八」上一字不可識。又文曰「年月十日徭少明作」。上斷。下端文曰「少明」。出雲巢。見《浙江塼録》。又文曰「永康元年八月十一日張右側。俞張菰下人」。《千甓亭塼録》。

金蓋山志卷第二

烏程李宗蓮編輯
烏程潘錫春參訂

名蹟録

下菰城

在金蓋南麓。《縣志》

《郡國志》云：春申君立菰城縣，在郡南二十五里。《談志》

楚春申君黄歇築，今基址猶存，四門遺迹略可辨。《府志》

《吴興記》云：春申君黄歇於吴墟西南立菰城縣，青樓連延十里。《太平寰宇記》

以澤多菰草，因名。《勞志》

内有子城，重城屹然，甚固。今故址猶存，蓋古菰城縣治也。《西吴里語》

下菰乃春申伐吴時築，營屯駐〔軍〕之處，其四壁門可證。《吴興掌故集》

以鳩兹爲菰城，誤。《歐餘漫鈔》

吴時鄭嫗善相，居此。《吴録》

距今千餘載，重城屹然，略不隤毁。則知當時工役之興不苟矣。《談志》

明

鄭明選　遊下菰城記

鄭子屏居横山之陽。時維暮春，據胡牀瞻西山，山之南麓樹木蓊鬱，狀若屯雲。鄰老曰此春申君下菰城也，去此不遠耳。按《史記》，楚王賜淮北十二縣與春申君，春申君以其地邊齊，請改封江東。春申君因城故吴墟，以自爲都邑。説者曰〔其城〕在姑蘇城内小城西北，則此安得有春申君故城乎？然《郡志》實載之，豈盡無據？或蘇與湖並有城，不可知。試往觀之，遂駕舟而西三里許，舟人曰至矣。鄭子病不能步，以兩僕肩板輿行。有土人前揖，醉矣，語半蹇，然猶能前爲導。城四面累土，周遭如山。其内松樹千章，或偃如車蓋，或攫拏如虬龍，如夜叉。山風乍起，聲如浙江之濤。地僅千畝，居人種麥，油油如雲。尋至一亭，曰長烟亭。亭之下有桃數株，花半開半謝，遊蜂匝之，往來相遞。土人曰此外小城也，其内有大城。因復爲導，委蛇而入。至所謂大城者，高山後擁，兩旁築土爲平岡，上與山接，闊倍外城，深三之。然草木荒翳，道路幾不可辨矣。

鄭子曰：昔太史公觀春申君故城，歎宮室之盛。今無論蘇、湖，皆化丘墟矣。夫孟嘗君、信陵君、平原君，皆貴介公子，其權力易以凴藉。春申君以布衣起爲楚相，食客三千人，與三公子爭名，豈不尤難矣哉？當其西説秦罷兵，歸楚太子，北伐魯滅之，蓋亦一時傑士焉。假令懷忠挾信，終事楚王，身名永保矣。而聽李園之説，欲以一婦人陰盜楚國，竟乃不免。故城彈丸之地且不能有，何望有楚國乎？凡物專之以爲己有者，倏得倏失。今夫仰而高山，俯而清谿，此吾與衆人所共樂也，可以長有而不失。乃歌《雍門之歌》，歌罷洗爵三酌。俄而白日西頹，暝色覆地，返而登舟。比至家門，星月在天矣。《吴興藝文補》

宋　**姜夔**　**下菰城詩**

人家多在竹籬中，楊柳疎疎尚帶風。記得下菰城下路，白雲依舊兩三峰。

元　**黄溍**　**登錢山望菰城詩**

吴興水爲州，諸山若浮萍。況此一培塿，瑣屑世未名。所欣漁樵居，乃與緇錫并。種竹有萬竿，結茅無十楹。老僧解人意，屣履能相迎。芳草被行徑，朱藤暗巖扃。蕭條空階暮，日照莓苔青。猶嫌所歷卑，未極游眺情。聳身白雲上，始見春申城。想當高會時，樓觀飛青冥。竭海薦罍酌，窮山羞鼎鉶。安知千載後，寂寞無人行。煌煌冠蓋區，攘攘狐兔塋。歸來朱門客，聽此松風聲。《縣志》

明

張羽　下菰城詩

迢迢下菰城，乃在衡山址。卜築自何人，云是楚公子。連峰負崇墉，重闉抱谿水。得非蒸土成，詎乃久不圮。衢路化爲田，睥睨猶可指。牛羊恣來牧，狐兔穴不起。想當豪貴時，賓客盛莫比。高門游俠窟，諸侯交贄禮。劍佩紛相摩，雜沓曳珠履。榮華不可常，零落今如此。豈徒雍門琴，獨下田文淚。《靜居集》

又　下菰長烟按下菰長烟亦爲吴興八景之一。詩

坡陀廢壘青山側，至今傳是春申宅。三千劍履化爲塵，蔓草蒼烟淡蕭瑟。停舟弔古望眼迷，平林漠漠斜陽低。荒涼茅屋樵徑小，惟有古木寒鴉啼。同上

邱吉　下菰長烟詩

千載春申有故城，城頭烟起日冥冥。遠連春霧千山紫，近合秋雲萬竈青。楊柳池塘迷翡翠，菰蒲洲渚困蜻蜓。英雄一去荒山在，珠履無踪草滿坰。《縣志》

杜庠　下菰長煙詩

古城無堞只荒邱，可是春申故宅不。幻態幾番興廢事，寒雲一抹古今愁。飛鴉隱隱長疑暮，蔓草茫茫總是秋。悵望英雄何處去，青山依舊在湖州。《峴山志》

宋鑑　下菰長烟詩

高臺已下曲池平，故壘曾聞戍楚兵。霸業恨隨流水盡，亂山愁與暮雲横。低迷楊柳橋邊路，冷落菰蒲岸上城。一代豪華惟草樹，連蜷紫翠望中生。《縣志》

施峻　下菰懷古詩

落日下菰城，寒雲草樹平。漁舟鷗共宿，樵徑虎爭行。霸業將軍第，殘碑京兆銘。停橈空悵望，今古一浮生。《菰城文獻》

朱長春　登下菰城詩

置酒登荒城，衆木生悲風。鳥獸行縱横，所見唯榛叢。昔者楚公子，壯圖忽已終。高臺與曲池，莽莽無遺踪。人生在天地，速如尊酒空。豪奢快得意，一旦皆蒿蓬。古迹遺後人，但使悲無窮。日暮望衡山，歌罷傷予衷。同上

國朝

閔聲　下菰城懷古詩

春申舊壘下菰城，霸業烟銷感慨生。木落無邊迷古道，笳吹何處動秋聲。傷心戰伐三吴地，浪語英雄六國兵。踞石傾尊忘歲晚，醉看月色滿柴荆。《泌庵集》

嚴允肇　菰城懷古詩

春申遺蹟下菰城，隱隱青山不辨名。斜日半篙流水碧，更無黄歇子孫耕。王漁洋《感舊

集》

嚴啓煜　菰城曲

菰城三月多遊人，羅綺燭路飛香塵。我騎疲驢緑莎坂，女牆日落懷春申。春申築城窊山土，萬載千旂纂闞虎。鉦鐃一震氣湧山，東壓岱宗西子午。李家小妹操心兵，英雄血染苔花苦。噫嘻悲乎！通霄閣，長煙亭，離離一片青草平。蛺蝶低飛過牛角，回頭不是春申城。《竹香山房詩稿》

沈樹槐　下菰城詩

下菰城下草如茵，日落烟濃不見人。欲覓遺鈿土花澀，殘碑磨滅是春申。《雙溪倡和集》

沈樹本　重九前一日遊金蓋菰城諸勝，同用香山《九日登西原宴望》韻詩

曈曨光乍開，欸乃聲不輟。相逢載酒人，正逼題糕節。游目得展舒，憂懷暫消豁。遠岫繡幔張，近嶂屏風列。松徑濤爭鳴，楓林紅間發。終朝肆登臨，無復慮煩熱。但覺愁思深，始見天宇闊。向晚雲依依，滿山翠活活。空堂喚何楷，荒城弔黄歇。村舍一縷烟，樹杪半規月。安用亟歸舟，暝色尚堪悦。《竹溪詩略》

沈炳謙　前題詩

端居誰與歡，當歌興已輟。伊余愁寂人，況乃逢佳節。招邀愜素心，懷抱得開豁。群峰欹起伏，怪石如羅列。獮猴迎人拜，野花傍澗發。愛此山中居，已忘塵世熱。樂天達者流，胸次何開闊。長吟惜年華，行樂及存活。百年苦難保，兩丸終不歇。亭亭夾道松，壽歷幾歲月。懷哉勿復戀，得酒且歡悦。同上

厲　鶚　下菰城詩

古城並青山，烏烏噪城上。蘿侵女牆平，竹惡樵路妨。緣岡陟險危，髣髴門有閌。其中復何見，飛藿隨風颺。涼雲墮層阿，林莽時一漲。我聞春申君，井邑此焉訪。絶秦思重閉，相楚取大壯。遺功猶堅完，故壘屹相向。千秋同屈指，事往祇惆悵。《樊榭山房詩集》

吴振麟　下菰城詩

十里横塘路，停橈訪故宫。人家黄葉裏，山色夕陽中。險磴遲行客，疎鐘約晚風。欲知興廢事，衰草滿烟叢。《晬盤詩鈔》

葉紹棻　下菰城詩

朝行南溪路，溪路修且長。旭日照空林，隱隱見危牆。斯城誰所築，云昔楚相黄。今日耕牧地，昔爲歌舞場。功成不善居，乃謀傾其邦。謂遂帝王楚，志滿身自殃。食客三千人，竟無一策良。我思信陵君，終不負魏王。《拳石軒詩鈔》

孫　燮　下菰城懷古詩

落日滿林皋，餘光明遠水。言尋下菰城，彷彿見遺址。戰國風斯下，兵爭尚譎詭。歇也實梟雄，奇謀全太子。相楚二十年，功名無與比。淮北獻爲郡，徙封邑於此。營造竭民膏，想見宮室美。前堂集賓從，對客耀珠履。後房多美人，香風生羅綺。成功難久居，達人貴知止。如何包禍心，直欲斬楚祀。計險慮實疎，適足自取死。是時陽翟賈，居貨失利市。設阱乃自陷，彼此同一軌。長嘯下城隅，曠野悲風起。人生無百年，幾見高臺圮。感彼速亡戒，深味持盈旨。薄暝欲歸舟，樵歌偏入耳。《愈愚集》

戴　芬　下菰城詩

葉葉菰蒲戰，青圍黃歇城。水流還似昔，心跡不堪明。阿柄偏輕授，菟裘枉自營。若逢陽翟賈，地下笑無成。《重蔭樓詩集》

鈕福疇　下菰城詩

不信朱英計，論交到李園。青山逃食客，紅粉誤侯門。鸛鵲鳴荒堞，菰蒲冷故村。女環琴不作，繞郭暮雲屯。《亦有秋齋詩鈔》

孫　枚　下菰城懷古詩

春申遺跡溯雄圖，十里風雲指下菰。霅水依然侵古壘，女牆何處聽啼烏。三千珠履豪華盡，一片寒烟落日孤。惟有溪山自清遠，客懷渺渺漫提壺。

吴　錦　下菰長烟詩

故壘蕭蕭荻，繁華不可尋。三千珠履客，都逐暮烟沉。

卞乃譝　春申城懷古詩

連岡封白雲，沿溪鞠茂草。中有春申城，寂寞遺荒堡。黄歇相荆楚，英名振八表。龍旂魯社陰，馬角秦關曉。南來一矢飛，東戲五湖小。排雲起桃夏，灼日絢金瑵。自言千萬秋，歌舞長美好。焉知女環琴，倏啓李園狡。一跌徇斧鑕，三千失牙爪。遥遥珠履塵，悵望夷門道。

金鑾坡　下菰城詩

菰城形勢壯山河，十里青樓豔冶歌。戰國四君同一感，雍門涙自入琴歌。

春申君故宅

在下菰城。《府志》

長烟亭

在下菰城内。《府志》

宋牧馬寨

秦改菰城爲烏程，至今有城因山，每歲爲牧馬所，殿司馬軍屯駐，牧馬數千匹。《談志》

下菰城一帶。《石柱記箋釋》

孫將軍林亭

在下菰城，俟考。

明　施　峻　**過下菰城希舜孫將軍林亭詩**

潭挹孤亭碧，烟蓁萬木青。捲簾山鳥下，吹笛水龍聽。報主看金甲，留賓倒玉瓶。夕陽淡容與，攜興上仙舲。《菰城文獻》

袁　袠　題孫秀才菰城別業詩

土城傳自春申築，山館今爲武子居。窗引溪雲飛白鳥，池通湖水浴紅蕖。桑洲隱隱菰蒲亂，樵路迢迢竹樹疏。羨爾投戈習文藝，閉門讀盡鄴侯書。《吴興藝文後集》

按明《成化府志》七：元趙子昂宅在甘棠橋南，今爲千户孫氏居之。則孫將軍當是明時官千户所者。秀才蓋將軍之子若孫也。

崇報寺

在金蓋。宋元嘉十四年（四三七），張邵、邱道祚建禪幽寺於何山。宋天聖中，改宣化禪院。乾道初，開府趙伯圭請爲秀安僖王功德院，賜額「移忠崇報」。元末仍改寺，明崇禎移此。《府志》

余考《禪幽寺碑》云：元嘉十四年，創立精舍於金蓋山。疑楷嘗讀書此山，其名蹟在人。後人慕之，即其處爲精舍。謂楷以其居爲寺者，非也。宋汪藻《何氏讀書堂記》

上金教寺

在縣南十八里下菰城。《縣志》

唐元和十四年（八一九）建，名淨衆院。會昌中廢。天復三年（九〇三），僧立菴重建，以金蓋道場名上金院。《談志》

宋崇甯中，改上金教寺。《菰城文獻》

明萬曆中，僧廣鎮移今處。《姚承庵文集》

寺中藏有宋徽宗遺像。趙關曉《蛛務集》

按寺舊在沙山，明萬曆中爲蔣恭靖家所奪，移今處。中有觀音殿，國初劫於火。天王殿嘉慶間圮，惟大殿尚存。又有淩雲、善來、怡白、雙桂、友慧、甯蕙六堂，咸豐辛酉（一八六一）均燬於兵。同治五年（一八六六）寺僧惠信、鹿洲、福昌、福元等重興。

明　曹　曾　重建上金寺記

吴興郡之南二十里許有金蓋，天孤特勝，可居仙釋，以爲山川鉅觀。自唐元和初建上金寺，其來遠矣。迨我世宗朝，有蔣恭靖公，佃之以爲壽藏。不數年竟遷去，其故址卒不得還，則此寺不絶如縷矣。

有僧廣鎮者，少落髮，服緇衣，不損戒行。迨壯年，爲鄉曲推重。值此播遷，無可棲息，輒於邑泪潸潸下眉睫間，籲天自矢曰：「鎮不能重建廟貌，整飭門廡，創橋鑿池，置田闢山，以復先業，當不遄死哉。」於時自萬曆三年（一五七五）孟春始事，買宦孟平野山場，内開五畝以立寺基。告官給帖，上承古誌，叢林遂立。〔請予撰〕疏，遍告十方賢豪長者助我善緣。遂有恭靖公夫人閔氏，隱心惻怛，喜捨石柱一十八座，樂成勝事。乃建正殿，塑佛像。踰數年，又建天王殿。外鑿池以蓄澗泉，池上建石梁數十武以通出入，開路百丈以便往來。恐饔飧不繼，而樵蘇者告匱也。又置稅田以資稼穡，山八畝以資薪火。輝煌一時，昭灼萬禩，光前裕後，信如夙昔之願。而其奉鎮爲釋家弟子者，恩以訓矣。予解綬歸，廣鎮持予昔年所撰疏文，欣欣然而相告曰：「向者結緣，今以竣事。弟子與公，良無負哉。」予一日泛楫金〔蓋〕山，躡蹬攬勝，殿宇聿新，佛天普照，松柏千章，森蔚增秀，澗道潺湲，橋呑日月，田藝香稻，可供諸天，薪桂蘇蘭，竹間煮茗，蓋與昔之所創者，不知孰爲軒輊。而據所目覩，蓋陶陶然有餘樂哉。嗚呼，鎮亦雄矣哉。夫先後異時，龜鑑一轍。予觀廣鎮修復之難，則知元和創建之不易，慎毋曰吾闢邪而謗此如來，慎毋曰吾毁僧而利其産業，則此寺有善知識者輩出，豈不增福壽於萬姓，導和氣於上國哉？是爲記。

時萬曆十七年歲在己丑（一五八九）季冬月，烏程邑人益府教授七十愚公宗孔甫曹曾謹撰，吏部尚書五臺陸光祖爲住持僧廣鎮立石。碑石存。

姚舜牧　重創上金教寺記

城南十八里曰金蓋山，唐元和間建上金寺其中，至今蓋千餘年所矣，鐘鼎殷殷，號稱名剎。迨嘉靖十七年（一五三八），有將此寺獻之顯貴者。顯貴者利其可爲穴，不加察輒併其業收之，而僧悉散去。千年故宫，一朝化爲瓦礫，可悼也。維時僧方桂、方松失故業，尚度弟子廣鎮，棲菰城之左墟，去故寺二里許。廣鎮日夜痛心，卧薪圖再創。度故基不可復得矣，相視元龍山一脉蜿蜿從金蓋出，其地鬱茂不減於故基也，乃積慮多年，市得此山。於今萬曆十一年（一五八三），斬榛蕪，庀材石，期必新創。十方善信士誠嘉之，輻輳捐助，建正殿、天王殿凡若干楹，併新廟貌，不數年而成。殿前鑿池駕梁，其上冠以門，後傍立僧舍數十間，周繚以垣，内樹松柏千餘章，前朝後障，左縈右抱。識者謂今所創過故寺址遠甚。且此一金蓋也，故寺山居下方，今創山居上方，則上金寺之建，當居此地無疑者。豈其先命名時，豫知此當一創而再創歟？寺落十餘年未有記。會余塋先贈君太孺人，此山之原往來寺中，久知其廢興故，頗悉特記之。且有慨於中。聞古賢達有捨己宅爲寺者，茲收寺址，併其業令改創，何心也？然不有獻者，誰爲收獻？亦寺僧也。廣鎮今茲之創，良艱已爾。弟子若干人，親見其拮据卒瘏，當思爲慎守，併示後來，延萬年香火，與天無極。毋謂此業已定，足恃無虞，自召外侮哉。是又余作記之至祝也。

作記時萬曆三十一年（一六〇三）秋八月，刻石在天啓元年（一六二一）之冬十一月。其重創之僧在廣鎮一人，而今之通義、通文、超乾皆其善修持者。例得書。《姚承菴文集》

按承菴先生此記碑石尚存，甲戌冬訪得之於大殿瓦礫中。其結銜云「敕授文林郎知廣東新興、江西廣昌二縣事，奉旨致仕恩封四川道監察御史姚舜牧撰文；文林郎知江西彭澤縣事鄒思明書丹；文林郎知湖廣竹溪縣事王德乾篆額」。

明　**閔　珪**　**游上金寺詩**

上金古名刹，臺殿半荒蕪。額在差徭重，年饑施舍無。貝函開孔雀，荆户畏於菟。祠牒恩雖廣，空勞縣吏呼。

國朝　**陳尚古**　**奉和家君同友金蓋山寺望道峰詩**

四望皆寒山，維舟入荒阪。林深路轉微，松門落日晚。青翠引孤光，巖庭竹低偃。坐久聞空香，窅然意俱遠。來往淡無期，復共幽人返。回首别孤雲，高情餘絶巘。《簪雲樓集》

厲　鶚　**八月四日同沈繹旃幼牧汎舟後莊漾，游上金寺詩**

西風卷天雲，水物覽澄霽。輕舟屢欹側，秋渚轉迢遰。菱絲罥波鏡，柳影出峰髻。漁情滿蒹葭，詩思落空翠。向來境已遷，弭楫到初地。寂寂蓮宫開，陰陰松子墜。静息僧椎喧，古見佛傘毀。尋澗咽復流，披篁亂無次。虚曠絶塵機，颯沓驚涼吹。將還重裴回，落日在巖際。《樊榭山房詩鈔》

茶竹軒

在寺中。

明　**姚舜牧　書東洋茶竹軒文**

余先人卜築上金山之原，時加展視。及宦，游粤、游江幾十載，歸來茫然一視即去。乃今九九，偶憩上金，閒步斯丘，望庵室幽致，躡蹬而上，見茶竹香浮，砌築禪居，超然塵境之外，自成一景，足舒心目，豈必天台、武夷，然後稱絶勝哉？坐定似不能去，因憶嘗得夢中語，有「露挹花陰重，林深夜氣清」句，斯庵足符吾夢矣。欲題此爲露林斗室，未識可否？

時萬曆己酉（一六〇九）九月，承菴牧書於茶竹軒中。《姚承菴文集》

又

九日過此訪海東洋禪師，不遇而反。十三日復來，東洋尚未回。然茶竹瀟灑之趣，固宛如昨也。復坐，依徊不能去，乃東洋忽步而來。是僧待客耶？抑客待僧耶？僧非無髮之客，客亦有髮之僧耶？來年余將築室於先人墓側，時可杖履來，當不復兩相待矣。東洋，故武康人，築居於此不七八年，已能招隱淨心之友。更益久之，景境當更舒豁。恐好事者結社相依，不止不肖一人而已也。同上

金蓋山神祠

在雲香橋畔，止止亭右偏。光緒癸未（一八八三）黎里徐梅江建。

純陽宫

在桐鳳隖，地曰雲巢，元閔牧齋舊隱地。乾隆中，歸安朱烜購基建崇德堂，供奉純陽帝君。閔苕敷旁拓徐庵、淨心庵地，與桐鄉鮑廷博，烏程閔鶚元，歸安陳陽復、史吉，姑蘇洪銑，浦江徐德暉等，創建（兹宫）。咸豐辛酉（一八六一）燬於兵，同治初元重建。湖州府知府楊榮緒、烏程縣知縣趙煦，詳請列入（本志）。

祀典 春秋致祭新纂

正殿

祀敕封爕元贊運孚佑帝君。嘉慶中閔苕敷建。同治庚午（一八七〇），郡人丁嗣瑶、顔連沅，桐鄉沈寶樾等重建。

崇德堂

祀邱長春真人。今呼雲巢廳。乾隆中朱烜首創。兵燹未燬，今仍舊構。光緒丙申（一

八九六），郡人潘錫春補懸堂額。增補

彌羅寶閣

祀昊天上帝。嘉慶戊午（一七九八）洪銑建。同治中，震澤徐澤之暨壇下善信等重建。閣下舊設谷音沈祖像，中懸嘉慶四年（一七九九）定親王所賜「太虚真境」額，並聯句云「在在尋聲扶妙道，心心相印錫通靈」。左右兩壁有前丘吴靈圃先生所寫墨竹。惜俱燬於兵。今爲建醮壇，係舊基也。郡人潘錫春恐後人之不復知也，於光緒丙申年（一八九六）補懸其額。增補

中天寶閣

祀斗姥。舊亦洪銑建，彭芝庭修撰書額，均遭兵燬。同治中郡人沈秉成重建。

神將殿

土穀、龍神二祠

同治中郡人邵玉峰建。

撥雲精舍

今稱講堂。道光戊戌（一八三八）竇常、薛陽桂建。同治乙丑（一八六五），郡人張維楨、丁紹芬、潘溶重建。其上爲山雨欲來風滿樓，郡人潘錫春補懸舊額。增補

古書隱樓

同治乙丑（一八六五）郡人張維楨、沈增重建。「書隱樓」，相傳衞正節先生舊額。乾隆時，梁太史同書題曰「古書隱樓」。〔樓内設〕龕，祀正節先生於上。

古齊假龕

在巢鸞閣下。光緒丙申（一八九六）郡人潘錫春補額，馮文蔚書，并題跋云：「齊假龕舊額，相傳爲元趙仲穆先生所篆，毁失久矣。嘉慶戊辰（一八〇八），梁山舟先生爲補書之，嗣又燬於兵火。同人近復重構，工既成，郵書於余，屬爲補額，因並識之。」案元趙仲穆跋曰：「丁亥（一三四七）仲春月，雍友閔牧齋先生，歸隱春谷中之齊假龕。龕爲宋沈東老所築，舊有額已不存。余因題『古齊假龕』四字爲贈，有詩曰『一夜不成寐，欣聞谷隱君，幾生修到此，直接衞華亭』。以牧齋理學淵深，爲世先覺，而退隱於此，其志其人，豈不當與春谷先哲共垂不朽歟？至正七年（一三四七），蓮莊居士趙雍題并跋。」見《金蓋志略》。增補

白雲深處

乾隆己酉（一七八九），朱文正公珪督學浙江，試湖州畢，至雲巢，題額曰「白雲深處」，聯曰「雲將問道鴻濛躍，巢父臨源犢飲清」。嚮懸山門之首，後遭兵燹。歸安沈秉成補書，今懸在書隱樓下。增補

金峰五師堂

同治中張維楨、沈增、趙復振建。樓上祀陶靖菴高士，沈谷音真人，閔懶雲、費養和、周抑凡三先生。下爲贊護祠，即今稱祖堂是也。

讀書堂

在中天寶閣下，以閔牧齋讀書處，舊額爲唐陶山先生所書。

澹泊齋

光緒丙申（一八九六）郡人潘錫春補額，淩瑕書，并有跋云：讀書堂西偏有精舍，爲游人所罕到，舊名澹泊齋。按《道德經》云「澹兮其若海，泊乎其未兆」。澹泊者，安靜無爲之須也。據沈祖師傳中，本有「金蓋澹泊境」語，其義自當取此云。增補　淩德謹案：澹泊齋，一在歸安南鄉射村開化院，爲谷音真人蛻化處。

挹翠樓

同治癸酉（一八七三），主山鍾來震建，郡人潘錫春補額。其下爲尋真小憇。

抱雲龕

在神將殿東。光緒元年（一八七五）建。即程符養靜處。

存希堂

在抱雲龕東。郡人邵玉峰建。光緒丙申（一八九六），郡人潘錫春補懸堂額，取子輿氏言「人之所以異於禽獸者幾希，庶民去之，君子存之」，因顔之曰「存希」。增補

巢鸞閣

在彌羅寶閣西。光緒己丑（一八八九）郡人徐翔建，歸安楊峴題額。

國朝 吴錫麒 金蓋山純陽宫碑記

夫天爲質闇，理絶言提，固已。然而九素流慶液之津，六淵起寒童之嶽。則知羽明車䡵，必選霞墟，玄上旛招，定遵雲術。豈有飛客匿奇之地，上真藏景之區，而不使霓引虹攄，接霄輝之上下，金浮玉映，凖弦氣之往來者乎？湖州金蓋山雲巢者，本晉陸簡寂故居，而純陽仙師降真之所也。松濤撲地，寒吹自生，菰雨壓城，漁歌間作。雪一林之梅樹，曉下青禽；烟半畝之桐花，春巢幺鳳。業據幽棲之勝，原無塵跡之留。而且樓近金婆，瓊蕊之餐斯授；菴隣東老，榴皮之蹟堪徵。固已集即墉城，會同蓬嶽，人群可濟，早傳龍蹻之經；仙國有梯，屢下鳳城之策者已。且夫元根胚結，仰契上靈，大道幽昇，直淩倒景。天不可測，神仙亦烏可測哉。然當十年磨鐵，一第慁人。吼寶劍於腰間，言之慷慨；候黄粱於爨下，夢亦迷離。初未嘗不悁結情勞，樊縈俗累，一自教傳鐸舌，理悟琴心，名乃注乎福連，身極游於霄度。於是宏開誓願，詭寄里廛，賣藥於毘陵，磨鏡於邵武。醉倚樓頭之笛，老樹皈

依；狂揮洞裏之毫，神虬頂禮。莫不邪袪吹霎，善引登清，永離紂絶之災，共證禹餘之樂。恢恢乎，廓廓乎，所謂洞有洞無，周徧一切者，殆如是乎？而斯地也，曾邀羽駕，辱降璣輪，林泉每借其華滋，草木尚留其光氣。在昔肩擔兩甕，共識玄機，矧兹手築雙池，可忘顯跡。答來歌歗，有蕭耘李甲之儔；寫入畫圖，想青巾布裘之狀。通諸寤寐，憬此神明，遺躅可尋，靈鑒斯在矣。惟是白雲松樹，久涴凡囂，流水桃花，時移風景。衛正節緇帷建講，簦笈爭隨；旭阿師白拂談禪，藤蒲淨設。此席未暖，彼突已黔，燕雁代飛，米鹽淩雜。徒使亭臺蕪没，榭宇苔淪。秋風颯而絡緯啼，夕照低而鼪鼯竄。星辰壇冷，虚騰袖裏之青蛇；芝朮田荒，悵望天邊之黃鶴。紳耆等徵陽勤雨，逆沴祈祥，竹宮莫企乎神光，桂路迴迷乎處所。爰有桐鄉鮑渌飲，烏程閔峙庭、閔譜芝，歸安陳樵雲、史常哉、朱春陽等，廼謀鳌剔，有事經營，漸生面之重開，冀宏規之大起。曖曖始輝之内，梁架虹鬌；曈曈上景之旁，桴張鳥革。亦既華堂洞敞，廣殿幽森，光碧回翔，靈芬儵忽。而譜芝復旁購齊假龕址，與姑蘇洪銑、浦江徐德暉創建彌羅、斗母二閣，及清和古蹟、撥雲精舍。九變復貫，收回壺裏之春；八風通吹，衍出苑中之祕。石鏡磨而更皎，林錦洗而益鮮。窗開則朱鳥晨窺，門啓則青猿夜守。加以賢王玉翰，頒出平臺，學士琳書，乞來藝圃。流珠落掌，妙炁凝毫，香爐自熏，琴薦無輟。此則上界官府，休誇碧落侍郎；平地仙宮，合奉玉虚上相者已。某吴興故籍，餐仰玄風，靈石遺壇，習聞寶誥。竊謂希夷者道，而拯患則彰；沖寂者仙，而濟時爲大。觀其利貽後世，不羡王陽之金；害靖下方，何止憤郎之孽。迷岸資其津逮，明威感其神通。當此廟貌式興，梓材有作，獨徵慚筆，取玷貞珉。業珠匱之窮探，尚璚徽之莫闡。惟願神依曲素，氣御圓珠，窈窈冥冥，離離蔚蔚，左流鈴兮右飛蓋，前歗鳳兮後吹鸞。豈徒風牖雲梁，方衡嶽九真之館；尚冀通阿連石，受華陽十賫之文。銘曰：

粵稽龍漢，道啓靈囊，中更赤明，逮乎開皇。衆聖迭興，炳炳琅琅，百四十六，仙跡綦詳。維師後起，傳自正陽，靈篆八會，劍氣十芒。朝遊閬嶠，夕渡湖湘，鼓其元枻，周乎八荒。迢迢金蓋，峙雲中央，竹通泉曲，花圍隖長。緑霞洗豔，靈風散香，潛停羽駕，密搆丹房。鶴留一夢，鳧去千霜，琴書積案，瓶錫登場。風烟緜邈，人代蒼茫，藤陰落架，苔氣侵牀。玄關久閉，仁者愍傷，爰拓其宇，爰闢其堂。鳳文鏤拱，龍氣中梁，三素合彩，七晨聚光。星輿止頓，霧節迴翔，環山千仞，在水一方。烏氏程氏，鳥勸酒嘗，苕溪霅溪，泉送詩忙。童看犢跨，書待魚將，屏開紫翠，樹擁丹黃。壽之金石，播之文章，禪黎有劫，福蔭無疆。碑石存錢塘，梁同書書。

俞樾　金蓋山重建純陽宮記

壬午（一八八二）初秋，余方養疴吳下，而故鄉諸君子以重建金蓋山純陽宮落成，介沈仲復廉訪求余文以記之。嗟乎，余早衰多病，曾不能含精養神，自固靈株，其無與於斯道也，審矣。又何以肸飾斯文哉？且金蓋山之源流宗派，則有閔嬾雲先生之《金蓋心燈》在。而純陽宫之創建本末，則又有吴穀人先生之記在。又何以余文爲哉？雖然，余竊有感於子思子《中庸》之言曰：「大哉，聖人之道，待其人而後行。」

余頻年主講杭州詁經精舍，歲必再至西湖。見湖上梵刹相望，而兵火以來，無不鞠爲茂草。一二緇流謀興復之，築舍道邊，三年不成，何其僿也。夫僧廬道觀，其事豈不相等乎？當咸豐、同治間，吾湖兵禍，蓋視杭尤酷。金蓋山之純陽宫，亦在劫灰之中。皓壁丹柱，拉雜摧燒之，惟崇德堂巋然獨存。亂後，鍾君雪樵裹糧入山，蹢躅於兔葵燕麥之間。爰有聽泉張君、蓮青陳君、蓉坡龎君，就斗母閣故址，誅茅爲屋，以蔽風雨。未幾，張君復與曉芳丁君、春洲潘君，重建講堂。俄而子翔程君投簪解紱，以兹山爲畏壘，於是碧嶺丹厓，日有起色矣。其後漁舫丁君、曉五淩君、景虞顔君、茂庭沈君、玉峰邵君，咸以疢疾禱而獲瘳，乃建大殿及左右樓。邵君又創立山門，并龍神、土穀二祠。已而仲復廉訪以未有子，禱於山，果舉丈夫子，爰出銀二千餘兩，重建斗母閣。而聽泉又與雲門沈君，成古書隱樓及祖堂諸處。山中舊觀所未復者，惟彌羅閣矣。程君與諸同志集議於天醫院，則有玉峰邵君、漁舫丁君、守梅姚君、桐齋王君、錦江姚君、仰山朱君、伯銘徐君，咸出鉅資助成斯舉，未半載而閣成。凡山中舊有之勝蹟，於是乎大備。又就東偏築抱雲龕、龍嶠山房、挹翠樓、尋真小憩。此則曩之所未有，而今經始者也。嗟乎，溯吾湖之克復，歲在甲子（一八六四），至純陽宫之落成，歲在甲戌（一八七四）。十有一年耳。而重殿洞門，深堂邃宇，土事木事，次第畢工，何其速也。余乃歎子思子待人而行之説，爲不虚矣。夫純陽仙蹟，昭昭在人耳目，人固樂於趨事，然非諸君子之畢力經營，則西湖諸佛寺至今蕪廢，而何以金蓋之山，有此重栭累榭之新宫哉？

余因程君所譔紀事之文，而成斯記。不避繁複，備載諸君子之名，以明道不虚行之義。若夫金丹大旨，余未有聞，方士之言，又余所不欲道，故不贅也。

光緒壬午（一八八二）秋日。碑石存。烏程戴翊清書。

明

石有恒　歸自東林游金蓋齊假龕，仍叠前韻寄吴工部詩

吴興清遠世所知，平湖十里帆落遲。側聞梅隖更奇絶，邀遊須及行春時。青山識我笑相視，梅花我妻鶴我子。十年有約問山靈，白雲無心莫嵐紫。曾聞東老居此山，石壇餘跡傳回仙。長生碧宇渺難即，靈風寂寂春風顛。句漏丹訣鳥吐篆，神潭法液龍流涎。道旁折取蒼松髯，繞門修竹相鉤連。洞庭舊夢隱告我，天公有意非徒然。茫茫雲壑雲無邊，山中老翁抱雲眠。素書一卷授我讀，服膺不釋良拳拳。會當捨此五斗米，與子同住壺中天。清

潭三尺見明月，菖蒲茸茸細如髮。一瓢挹此滄海流，醉眼不知天地闊。《金蓋雲箋》

國朝　**姚五庸　泛舟碧湖游金蓋山憩雲巢仙館詩**

淼淼玉湖水，亭亭金蓋山。駐舟清遠地，振策翠微間。瀑響雜樵語，松風招鶴還。燒丹應有訣，我欲叩玄關。

結屋白雲裏，眠雲不厭深。都忘雲外事，但抱雲中琴。幽鳥知巖趣，名花證道心。風塵身世晚，卻愧鬢華侵。《篛峴山房詩鈔》

沈樹本　金蓋詩

金蓋雲深晝不開，藥爐棋局鎖蒼苔。守門一任青童睡，除卻三茅少客來。

徐志堅　感懷雲巢讀書處詩

苦憶雲巢寺，重遊竟渺然。扁舟通岸滏，十載渺雲天。風雨存亡感，河山聚散緣。硯田方寸水，那罄思綿綿。

山勢儼張拱，蒼屏四面開。亂雲扶棟起，叢翠撲簷來。松子落杯酒，杏花飛講臺。暫游猶咤絶，況與歲徘徊。

鼓篋後先集，琴書遐邇齎。盍簪羅玉樹，摇筆舞山雞。角酒沿花坐，徵詩削竹題。風光猶昨日，星散各東西。

顧渚沙泉白，尋溪雪水清。地皆隣梓里，人共證鷗盟。縞紵魚鴻渺，鬚眉歲月更。那堪春酒夢，復繞古菰城。

痛絶閔夫子，謂玉駒先生。人文高莫攀。三年曾立雪，一夢忽頽山。劉向青藜熄，馬融絳帳閒。何當率儕輩，洒淚竹痕斑。

人事滋新感，嵐光似舊濃。虎過沙印迹，龍躍石飛踪。子筍皆修竹，孫枝亦老松。鬱葱佳氣在，咫尺萬千峰。

猶憶下帷處，當軒一樹梅。衝寒飛玉蝶，映月幻瑶臺。果熟鳥偷墮，香清風送來。花枝今盛否，誰與醉冬醅。

見説烟霞境，頻年闢草萊，地誰鳩土木，仙本愛樓臺。圓嶠方壺出，文成五利來。翛然吾故榻，判棄白雲隈。

五岳游誰遍，十洲遠莫論。吾邦山水好，此地竹梧繁。有日鋤茅徑，從人縛柳樊。吹簫謝吴市，抱瑟去齊門。

雙屐平生蠟，扁舟尅日徂。磵泉驚面目，猿鳥認衣襦。往事銜杯論，名山待價沽。會登金蓋頂，繪作輞川圖。《湖州詩録》

端木國瑚　雲巢詩

撥雲山葉飛，晚照聞樵語。爲愛巢居人，獨訪雲中隝。竹光滿谷青，閒房響藥杵。漱石呂公泉，靈芽爲我煮。爲問古巖坳，梅花種幾許。下山金蓋陰，夜有西峰雨。《太鶴山人詩集》

閔　鸞　雲巢秋晚詩

石路通幽境，先經止止亭。泉飛魚肚白，山現佛頭青。猶憶梅花放，遥聞桂子馨。一聲清磬響，想是誦黄庭。

路轉峰回裹，巢深隱翠微。松聲疑細雨，竹影掠斜暉。到此心殊静，行來興欲飛。讀書堂上坐，信宿話忘歸。

周農寓　雲巢作寄淩泊齋鳴喈詩

借得雲巢屋一間，半間雲讓道人眠。夢中忽想仙家食，松子聲聲落枕邊。

不須采藥乞長生，小住名山氣亦清。一夜竹梢風瑟瑟，隔窗認作讀書聲。

山中春氣冷於秋，猶著兩重白布裘。六幅紙窗開不得，梨花亂打讀書樓。

一蒲團地一鑪香，半作儒裝半道裝。住在山中無幾日，門前新竹似人長。

山外森森竹萬竿，水晶簾底太高寒。白雲不肯邀明月，遮斷樓頭十二欄。

記取當年黄鶴樓，一瓢大醉亂雲頭。如今枯坐金峰頂，屈指人間十六秋。

一從塵土歸山後，只與青山結靜緣。讀罷南華防口渴，葫蘆盛滿白雲泉。

一聲鐵笛寒如水，響遏玉皇仙子家。天上無人種梅樹，香飄幾片碧桃花。

樓前一片斷雲飛，疑是仙真乘鶴歸。閒倚闌干招不得，夕陽紅上道人衣。

巖花片片風前墜，仙樂時時空際聞。偶向子龍潭上坐，看穿水底萬重雲。

我到山中纔十日，半肩行李送君還。到今老鶴猶相待，闖入先生茶竈間。

盤溪溪上釣魚人，不畏風波畏俗塵。若肯再來山裏住，梅花分作兩家春。《鐵笛樓詩集》

淩鳴喈　寓雲巢歸家留别周七橋農詩

山中小住幾蟾圓，消受清閒亦有緣。更得二三知己好，每思歸去且留連。

連朝秋雨又秋風，喜報新晴日影紅。收拾殘書三百卷，半肩行李累山童。

陳　焯　酬淩泊齋雲巢山中見懷詩

世味消融到色絲，衡門八載漫栖遲。謫官獨羡如公少，枉駕相存豈夢思。湘管餘香猶在座，盤溪歸釣强裁詩。新吟貺我雲巢遠，一朵仙雲墮玉巵。《湘管齋詩稿》

徐文心　春日雲巢即事詩

山寺尋幽遠俗塵，桃花竹隝各爭春。招來韻士常耽酒，駕得漁舟好問津。采藥巖前松子落，聽鶯谷口柳枝新。白雲處處添佳興，況是琴書早夜親。《甲六集》

李　棠　撥雲巢詩

金蓋山高多白雲，雲巢雲壑路難分。樵人不敢山深去，卻恐雲多失舊群。

張　澹　偕友游雲巢詩

老鶴飛何處，閒鷗結伴來。秋光猶未晚，寒菊向人開。青嶂身難隱，紅塵首莫回。明朝挂帆去，清夢落瑶臺。

張　墀　和前作詩

閒閒鷗數點，一棹逐波來。殘葉疎林顫，晴光夕照開。煙中清磬響，天際紫雲回。爲問尊前客，何如戲馬臺。

奚　疑　撥雲巢題壁詩

不到名山剛廿載，此來又值展重陽。當時遊侶皆星散，猶識仙人費長房。謂費雲圃。感舊難經又賦詩，相逢羽客結新知。謂費渭西、曹雲山、劉一鴻。梅花開後雲還岫，且與山靈訂後期。

出山回首任依依，止止亭邊好結廬。滿隝煙霞留不住，祇因塵俗未全除。

衰年策杖到花宮，萬竹叢中一徑通。留得壁間遺句在，至今慙愧碧紗籠。

奚　疑、張　澹、張　墀、戴銘金、戴　蒓　游雲巢作展重陽會聯句詩

十年重到撥雲巢，疑。翠蔭南門帶竹敲。墀。

茗證道心清有味，銘金。客來仙境俗應抛。澹。

尚餘殘菊酬良會，蒓。且向名山結素交。疑。

獨惜浮丘難把袂，銘金。丹經玉笈未容鈔。蒓。

又　道光庚寅(一八三〇)十月，與張春水、徵君，戴銅士、味秋，張瘦山同游撥雲巢聯句。越四年春水補圖。咸豐甲寅(一八五四)重過雲巢，因題詩。

人生聚散似雲萍，圖畫重看山更青。二十五年真一夢，祇憐一戴不曾醒。

白雲深處有樓臺，八十衰翁不再來。縱使重陽好風日，滿籬辜負菊花開。

陳長孺　游雲巢詩

泉聲竹色自高寒，留得秋光夢裏看。欲喚霞衣張伯雨，掃花伴我話仙壇。

施補華　撥雲巢詩

白雲與道心，淡然自太古。淨緑掩竹房，餘暉在澗户。幽禽多驚飛，林翠落如雨。不見採樵人，時聞雲外語。

又　寄程符子祥金蓋山詩

城居坐卧苦炎暑，十日五日無雷雨。悄然獨憶金蓋山，中有幽人毛髮古。高齋六月含孤清，階除漲漲流泉鳴。朝來同起暮同宿，翁與白雲如弟兄。

又　寄凌鶴秋金蓋山詩

山中古梅樹，此時含孤芳。思君高樓居，日夕幽寄長。微風西澗來，夜靜聞空香。水流山寂然，林際烟蒼蒼。深竹隱禽語，虛潭延月光。黄庭更番誦，塵慮因之忘。

又　寄金蓋山道士詩

山中息群動，終日掩柴扉。竹響不驚夢，松花時上衣。清流宜自照，幽鳥獨高飛。笑我居城市，勞勞無靜機。《澤雅堂詩集》

寂照道院

在下菰城。《府志》

乾隆元年（一七三六），道士曹朗雲重葺。《羅縣志》

國朝　張道岸　訪陳馬兩鍊師菰城精舍詩

奔走歷盡下平田，回視西林夕照懸。叔夜交情徵此日，春申豪舉憶當年。城外春申君故

址。興亡灑遍英雄淚，成敗難回造化權。結伴幽居消世慮，蹁躚儼似地行仙。《兩浙輶軒録》

佛燈院

在山下金峰隖，宋佛燈禪師舊址。本朝順治己丑（一六四九），僧道驤重建，洪覺國師題額。《府志》

雲蘧庵

在山南麓，舊有淨衆院基，明萬曆中僧大聞重建。《烏程縣志》

詩僧文藻居之。《金蓋雲箋》

御佛閣

在雲蘧庵中。李太后賜御製佛相，因建御佛閣，并晚翠亭。《縣志》

按《彤史拾遺記》稱：神宗嘗於太后千秋節敕取内庫所藏吴道子畫觀音像臨撫之，易以慈容，使梵刹瞻仰。勒石刷千頁以布天下，梵刹皆供之。

快曝軒

美芹齋

晚翠堂疑即晚翠亭。

均在雲蘧庵中。《縣志》

雲壑庵

在菡萏山西。《金蓋名勝記》

明曰淨雲，高僧德峰居之。《金蓋心燈》

按雲壑基址，兵燹後爲張君聽泉購得，即孝節先生之故交也，名維楨。見後墓誌。張君在時，擬構精舍數楹，題曰「隮雲廬」，以爲晚年栖隱之所。後張君卒，事不果。旋有孝節先生門人周文桂等，商諸張君之子銘勳，乞助爲先生衣冠墓地，春秋祭産永歸純陽宫管業。增補　丁酉（一八九七）春，周君補築其廬，以酬張君未遂之志。門額曰「雲壑古址」。錫春謹識。

養雲軒

乾隆中閔裕仲太史讀書於此，構屋三間，題曰「養雲軒」。

國朝　**閔　惇　大雲壑庵讀書詩**

小住山中已半年，静心時飲洗心泉。老僧伴我清閒話，深味難參一指禪。

催人早起鳥爭鳴，秋日天高氣更清。小坐窗前讀周易，書聲似和誦經聲。

留雲庵

在春谷之右。《金蓋名勝記》

與衛正節墓近，舊爲湖趺正福寺香火院。兵燹後僧徒星散，其址於光緒間沈敦善行堂購歸純陽宫，重建佛閣，改名曰古留雲院。

春曙庵

亦曰春曙藪，古齊假龕之東偏。悟徹長老所居。《金蓋心燈》

朝陽庵

在金蓋北麓，翁朝陽律師讀書之所。《金蓋心燈》

國朝　**陳　焯　朝陽庵望金蓋山詩**

山中已信宿，薄遊南山南。開雲霽色新，積雪浮烟嵐。迴溪連崇岡，密竹隱茅庵。流泉瀦曲沼，古燈明佛龕。夕陽一峰隔，朝輝萬象涵。坐卧對金蓋，曉暮窺玉篸。攬秀意有餘，陟巘思窮探。願言躡輕風，高擬飛鸞驂。《湘管齋詩稿》

李　煊　朝陽庵詩

白雲關不住，寺破已無門。叢竹野烟碧，石潭秋雨昏。僧閒拾松子，佛古長苔痕。往歲題詩處，攲斜字半存。《溪上玉樓存稿》

白雲庵

在菡萏山東，沙山岡西，宋曰雲岑。《金蓋心燈》

舊爲下泉埠朱氏宗祠，道光中圮。旁有朱壽祺妻楊氏節孝坊。

國朝　沈裳錦　秋夜止白雲菴詩

禪房秋氣淡，佛火夜深明。夢入層巒迥，心隨孤磬清。涼風山葉落，疎雨砌蛩鳴。曉起當窗坐，煙雲一例平。《西巢吟稿》

陳　郕　白雲庵詩

縹緲經聲出院閒，珠林深閉一房山。煙嵐雨過晴如滴，石户雲歸夜不關。香送栴檀參妙旨，花垂薝蔔浣塵顏。暫來梵境觀心處，欲息蒲團未肯還。

雲根菴

在雲巢西南，藕益禪師曾居之，今圮。

國朝 閔江游 金蓋宿雲根菴詩

四望烟霞結比鄰，禪關小住淨無塵。行行好向雲根去，再與高僧作主賓。

山色環青夕照殷，天空飛鳥亦知還。夜來小榻明窗下，也占林泉一味閒。

淨聖庵

在菡萏山。明顯貴吴氏居之，國初歸僧守，久圮。

淨塵庵

在雲巢東北，宋時建。國朝閔雪蓑曾居之，今圮。

淨心庵

在桐鳳隝，明季屬歸安陶氏。

錢庵

在桐鳳隖，明吏部郎中錢鎮别墅。

徐庵

在桐鳳隖，即齊假龕。

按以上三庵即今雲巢舊址。錢庵爲錢澹庵祠，乾隆中朱春陽購基，建崇德堂，供奉純陽仙師。齊假龕、淨心庵爲閔懶雲續拓，因之建純陽宫。

增福庵

在張灣，俗呼南聖堂。咸豐辛酉（一八六一）燬於兵。同治丙寅（一八六六）僧空梵募建。

永福庵

在桃灣，俗呼土地廟。

普甯庵

在窯頭村，一名沈家庵。咸豐辛酉（一八六一）燬於兵。同治丁卯（一八六七）僧祥福重建。今復圮。

茅蓬庵

在上金寺西南朱家壩，朱氏家祠。庚辛（一八六〇—一八六一）之亂燬。

潮音庵

在金蓋南水口吴沈門，祀金蓋山神韓珊。《金蓋心燈》今呼土地廟，同治壬申（一八七二）里人重建。

柏樹廟

在西横山下，即永甯廟，從金斗山移此。咸豐末燬，同治丁卯（一八六七）僧空梵募建。廟有古柏數株，故名。

雲　窩

相傳衛正節先生築。《金蓋志略》

雪心亭

相傳陸簡寂建。《金蓋志略》

止止亭

在尋真溪上，雲香橋畔。相傳宋時構，曰迴瀾，後改曰漁隱，又曰鶴止。本朝嘉慶初，嘉興童宏毅、張玉麟、莫達誠重建，改曰止止。錢唐鮑鯤作記，梁太史同書書之。咸豐間燬於兵，歸安沈秉成補書，并跋云：「吉祥止止，蒙莊之言也。繇此亭而上躋崇峻，庶幾知所止而不遷乎？劫餘失舊額，因復題此。」

國朝　**施補華**　**止止亭詩**

小亭在松陰，時聞松花香。孤雲歛遠色，衆峰沉冷光。偶然此默坐，衣裳生夕涼。素懷契今古，歡言亦相忘。

淩丹陛　偕諸友過止止亭步月詩

茆亭帶山翠，清襟迎夕涼。素心二三子，可以同周行。流雲如人意，吐茲明月光。何必北窗下，浩然論羲皇。

知止亭

主山黄復基建。宗蓮爲跋數語，嵌石於亭壁。曰：「山之半葺亭憩足，經始于光緒乙酉（一八八五）秋七月，迄丁亥（一八八七）八月落成。題曰知止，由定入静之初階焉。」

慶園

多古桂，相傳趙氏慶源堂舊址，在尋真谿東。今廢。《金蓋名勝記》

國朝　**嚴啓煜　與友人山行訪桂詩**

出郭便清曠，到山心更幽。竹深沙路暝，雲細雁天秋。枳落埋軍壘，春申君築菰城於此，遺址猶在。嵐光滿佛樓。他時招隱約，先爲妙香留。

梅花館

相傳晉陸簡寂曾居此，又名春谷，今之桐鳳隖也。《金蓋名勝記》

白雲閣

在梅隖，北宋梅子春所築。《金蓋名勝記》

龍嶠山房

在山之東麓，地離雲巢二里許。黄隱真律師别墅。《金蓋心燈》

宋朝請大夫盛允升墓

在南金蓋。《府志》

宋 **沈與求 行狀略**

允升，字德常，其先餘杭人。父僑，直集賢院，知越州。集賢公宦遊吴興，樂其山水，因家焉。公資禀端亮，力學問道。長喜爲文，辭采瞻蔚。以集賢公蔭補太廟齋郎，調酸棗主簿，攝烏程尉，進官一等，丞蘇之崑山，改簽判杭州。修《九域圖志》，遷通判揚州。政和二年（一一一二），司開封府户曹。上所著樂書數萬言，上嘉用之。累遷朝請郎，晉朝奉大夫，知秀州。請休於家，理别圃於苕霅之上。幅巾藜杖，往來其間，淡乎若與世無營者。閲祕典，日數百紙，以了達生死，人亦初未之知也。居數月，感疾，命諸子具祕器，卜壽藏。即折簡素所從遊，告以逝日。至日，終於正寢，治命不亂。實政和六年（一一一六）閏正月十八日也。明年三月十四日，諸孤奉公之柩，葬於烏程縣九元鄉金蓋山之原，先所卜也。《吴興藝文補》

衛正節先生墓

在菡萏山。道光四年（一八二四），知府方士淦、知縣楊德恒重修。

國朝　**湯金釗　衛正節先生傳碑**

衛正節先生者，松江華亭人也。遭宋末造，殉道不仕，研經窮理，躬行深造。設教石涇塘，開白社書院，從學三千餘人。宋亡，隱居金蓋山，負笈從游者猶以千計。忠貞孤憤，時時見於篇什。卒年九十有六。主敬存誠，終身如一日。將卒，盡焚所著書，謂門弟子曰：「身既隱，焉用文。」爲葬於金蓋山之陽菡萏山。先生初名學敏，字益齋，後更名富益，門人私謚曰正節先生。

湯金釗曰：孤忠介節，天地之正氣也。出處隱見，均有益於世道。宋鼎革時，文、〔天祥。〕謝〔枋得。〕諸賢，忠烈震人心魄。先生雖潛德弗耀，而貞修忠悃，數百載下聞其風者，頑廉而懦立，況於親炙之者乎？金釗嘗登金蓋山，拜先生墓，低徊久之，不忍去云。道光六年丙戌（一八二六），蕭山後學湯金釗譔。越十月，七年癸卯（一八二七）書。

乙酉（一八二五）之冬，宿雲巢，夢見衞正節先生，懽若平生。云：「墓門尚少一碣，君肯作一小傳否？予豈好身後名。生平孤憤，欲後人效之，亦天地正氣所繫也。」則應曰諾。爰稽先生事跡，論譔梗概，蹉跎未書。今老矣，亟書一通，勒諸貞珉，以酬夙願。金釗并識。

碑石存。

國朝　**郭寅生　謁衞正節墓書感詩**

苔封殘碣不堪摹，毅魄長埋有綠蕪。正氣尚留南渡末，貞魂誰弔北邙孤。厓山亡國遺忠恨，霅水移居絶宦途。容我松楸陳一奠，還愁遺壠走樵芻。

按正節墓前又有二墓，一題沈夢麟墓，一題鄭忠墓。考夢麟先世葬金蓋，則夢麟墓或在茲山，而不必附於正節之旁。若鄭忠墓，則在福建甯德縣祖山林裏，更屬附會。今削之。

趙王墳

在南金蓋王墳隖，今呼王墳。相傳南宋諸王叢葬處，或謂即石柱記帝顓頊冢，非也。

國朝　**吴蘭庭**　**城南山中有趙王墳詩**

空山秋色渺無垠，衰草離離細路分。一樹冬青零落盡，此間留得趙王墳。《南雪草堂詩集》

明江西按察司僉事沈清墓

沈清，字廉夫，號一齋，其先歸安之花城人。國初沈夢麟者，其高祖也。先世嘗謫戍撫甯。至清，親歷戎行，弓馬之暇，誦習經史，以《春秋》領順天鄉試。明年登進士，授知山東樂安縣事，興革利病，大慰民望。陞刑部主事，轉員外郎，決獄南畿，號稱明允。詔特進階，敕封其所生。弘治中，擢僉江西按察司事。部使者表其賢能，復荷封誥。未幾，以不諧於世，遂解組歸。愛仙潭繁庶，因卜居焉。正德改元（一四三六），奉詔進階，榮養兩備。性喜草聖，臨池揮灑，竟日不倦。晚年筆法尤進，人爭重之。卒葬湖城南金蓋之先隴。

陳霆《仙潭志》

知府陸震墓

在軻山。《府志》

御史陸崑墓

在薌林鄉。《府志》

崑，字如玉，歸安人。舉進士，授清豐知縣，擢南京監察御史。適孝宗下詔求言，遂條陳十二事，皆關切時政，多見采納。正德間劉瑾恣横，崑上疏列其奸狀，逮獄加杖，放歸田里。瑾誅，詔復原職。致仕歸，卒。墓在下菰城薌林鄉。《兩浙防護録》

太平府知事陸岡墓

在軻山。

明　董份　**明故太平府知事陸肅齋先生墓誌銘**

今吴興言世家彬彬盛者，必稱陸氏。陸氏貴，自瀘州君始。瀘州名震，有厚德，以詩書起家，宦不終而訓子弟有法。有子四人：長，御史崑；次，學諭崙；次，南平令嵩；又次，爲肅齋君。而御史、南平令同舉進士。御史當武皇帝時，言閹瑾事，杖於闕下，有風節。而南平令於民有恩，犯毒暑禱雨死，民愛而祠之。當是時，陸氏名震天下。

肅齋君受學御史，痛父下世，所以事御史者如事父，學益日有聲。久不第，以例補太學，聲益起。又弗第，選授太平知事。知事於選爲下考。人言其篤，就第困疑字句有脱誤。而趨選宜入高等。且使馮依父兄，借稱譽諸公間，可計知拔。而方閉門卻交，謝游揚推挽之力，矯矯群衆中，以至此。而君拂髯曰「有命」。抵太平三年，故郡幕自念官下貧薄，皆樸遬含㚢行傴，與群吏趨走承事。太守前有牒事，蠅起群撲，鉤末櫛纖以求給。又趨走承事諸倅，以望太守顔色，傳詗而冀容。肅齋君家故贍，能數自給，耻與諸幕爭。纖持修朗，撟侶獨立，不能事諸倅諸行。如虞御史諸君，微察其能，異之。而倅不能平也，輒陰中以事去君。君又拂髯曰：「去，吾志也。」遂歸。

君故美髯，狀貌甚整，性高潔，所居自稱「肅齋」以明意。語琅然有聲，目不流視，行端步有矩，抗首肩立，襲衣簇裾，坐止進退秩秩，見者肅如也。嘗試入其家，無繁好雜翫，而朝夕按行掃治，自庭宇所置物，必有其處。治屋不務崇廣，而靚幽潔精，几席咸序，室無游塵。蓋君之心，靡所往而不欲其肅者。其素也，能治生處部，力作有次。嘗任人興著，不好專機利，而數誠信將之。其始非所以逐時，而其後可持久，用是不益饒，而業不易墜。與人言甚簡，事已往往可覆。即城市胥隸，鄉野微細之人，皆信君之能肅焉。然君於太平，乃以肅去其守官，敉行廩廩不悔。歸而益嚴，既耄愈謹。終其身，足不妄蹈，事不妄求，口不妄褻，兢兢然有古人長者之風，又君之大者云。先是，南平早歿，君既歸而御史亦歿。惟君爲陸氏老，内外子弟咸尊君。而君善自怡樂，數置酒與縉紳大夫高會。縉紳大夫知其不妄敬目之人，皆言：「陸氏伯仲顯名而季獨康壽，以禮終始，夫固各有所豐也。彼樹名於朝，立義於鄉，夫固咸有當爾。苟德之不愆，又何殊焉？」

予與君之子陵游相善，而御史之子隅舉京闈，是歲予亦舉於鄉，爲同年。南平之孫穩舉進士，爲比部郎，與予同朝。蓋陸氏益盛矣。陵有雅才，學亦益博，而亦如君久弗第。至是君歿，陵來見予於家，以比部狀乞銘。而予方治行，諾之而未及銘也。予還都，而陵遣人數千里，趣銘以掩壙。乃序而銘之。君名岡，字如岡，歸安人。生卒年月。於某年某月某日，葬肅齋君錢柯山之新塋。予與陵及諸昆善，而其壻梧州府知事嚴治，予姻也，故知君獨詳。銘曰：

錢柯之塋，君生所營也。産色土而化文石，其精凝也。游斯終斯，志則甯也。盛德不當世，後將興也。徵逐諸昆，慰爾靈也。厥來烝烝，視予銘也。

應天府尹陸珩墓

在香林山。《縣志》

右僉都御史陸矩墓

在下菰城香林山。《縣志》

《勞志》：矩，字仲輿，歸安人。參贊延綏軍務，卒於官。朝廷惜之，賜祭造墳。舊制朝臣四品無造墳例，蓋特恩也。

贈知縣姚讓墓

在金蓋，俗呼百脚墳。

明

姚舜牧　先贈君葬略

贈君初諱華，長更讓，字惟遜，號淳菴。兄弟四人，贈君其仲也。獲配先太孺人馮氏。贈君生於正德辛未（一五一一）某月日，卒於萬曆丁亥（一五八七）某月日。先太孺人生於正德辛巳（一五二一）某月日，卒於萬曆丁酉（一五九七）某月日，享年俱七十有七。擇於今

歲丁酉十二月初十日，奉二先人之柩，葬於上金蓋山之原。《姚承庵文集》

國朝　**姚文田　先世隱德記**

姚姓世務農，七傳至封廣昌知縣，諱讓。幼而孤，從施姓學生理，始徙城中，以貿布爲業。方貿布時，有鄉婦攜幼子以一香鑪來易布，既得布去，廣昌公拂拭鑪，粲然金也。度去未遠，追還之。生子一，即侍御公，諱舜牧。初官廣東新興知縣，改江西之廣昌，遘艱歸。聞江西人晏翊岡善青烏術，延致之，屬相地。翊岡言城南金蓋山土脉厚，登降上下閲數旬，終不能定扦處。會天雨，就山下民舍暫憩。甫入户，見設木主，祀廣昌公也。駭問之，即前返鑪者。母尚在，子已長矣。因具飯，款留中坐。天已霽，日正出射户。翊岡大聲曰：「穴乃在此。」子具詢，願以地讓。侍御公曰：「我地可他求，安用此爲？」又匝月，其子竟持地券至，言屋盡撤，已他徙，且曰：「我母子得鑪歸，置生産，遂能成立，此厚德敢忘報耶？」侍御公感其意，酬以金。今地理家所稱「飛天蜈蚣」是也。《邃雅堂集》

刑部尚書閔珪墓

在金蓋山。《府志》

明

王　鏊　刑部尚書贈太保謚莊懿閔公珪墓誌銘

昔在孝宗朝，其大司寇曰閔公，諱珪，字朝瑛。其先有仕宋爲將仕郎，自汴來家湖州之烏程晟舍里。六世祖德淵，歸安教諭。曾祖諱性，祖諱綬，考諱節，皆以公貴，累贈光禄大夫、柱國、太子太保、刑部尚書。曾祖妣袁氏，祖妣謝氏、朱氏，妣嚴氏，皆贈一品夫人。嚴夫人爲國初工部尚書諱震直之孫。工部醇德懿行，見重高皇。公之生也，人以爲有外祖之風焉。

天順甲申（一四六四）登進士，選授山東道監察御史。屢劾大臣之不法者罷之，而按獄多所平反。成化六年（一四七〇）擢江西按察副使，已而改廣東，進按察使。庾嶺介南、雄南安間，二境爭田不決，公方會勘，衆忽噭呼爲變。或勸公姑少辟之，公不動，徐爲處決。令下，兩境胥悦散去。新會民嘯聚山谷爲亂，公出諭以大義，貰其逋負，遂安堵如故。二十一年（一四八五），江西南贛盜起，擢公都察院右僉都御史，巡撫江西。至則舉廉黜貪，勸分薄賦。且疏盜賊之作皆巨室是由，欲連坐之。仍革豪右横取之弊，京官由是多不悦。會妖人李孜省得倖，因言公不勝任，左遷廣西按察使。弘治初，復公都御史，巡撫畿甸，經理儲備，修理城壕。尋進刑部侍郎。四年（一四九一），以都御史總督兩廣軍務。番禺瀧水柳慶、平樂猺獞相繼爲亂，督其下討平之，屢有白金文綺之賜。其討古田也，都督馬俊違節制，及參政馬鉉死之，時以致敗自俊，非公之由。公乃引以爲罪。時議又欲濟師，公謂罪止首惡，乃設重賞購緝之。已而賊果自縛以歸，公又歸功於下。安南使臣奏：入貢徑憑祥、龍州輒爲所梗。詔下公處分。公曰「是亦自有罪焉」，乃行安南毋得挾私貨行，憑祥無得阻貢物，二夷爭遂息。公在兩廣，通行鹽之地而軍儲以濟，立定、順長官司而蠻人不爲變。八年（一四九五），進刑部尚書，尋改左都御史，掌都察院事，加太子少保。十三年（一五〇〇），遷刑部尚書。

公前後在法司屢治大獄，皆會切情法，加以仁恕。樂工袁琳以罪瘐死於獄，邏人以刑部郎中丁哲濫〔刑〕致之死也。事連御史陳玉，下廷議。時以事由中貴，相顧莫敢發。公獨擬如律。及吏徐珪以死辯哲冤，并下獄深治。公又執如初，竟俱從末減。遼東都指揮張天祥，襲殺虜爲功，大理少卿吴一貫當其罪死。會天祥死獄中，孝宗大怒，親鞫於廷，欲置一貫重辟。公與都御史戴珊進曰：「一貫推按不實，當徒。」上不允。公又力諍曰：「法如是足也。」一貫罪止貶官。宣撫逮妖人李道明，蔓延百餘人，巡撫者欲張大以爲功也。公審定罪止道明，餘皆縱之。其他所全活不可勝紀。

正德初及，諸大臣伏闕上疏不聽，逆瑾用事。公遂請老。詔允，仍加少保，乘驛以歸，輿皂禄米，恩典有加焉。猶以公德厚故也。辛未（一五一一）十月十五日，以疾卒。以壬申年(一五一二)十二月二十日，與夫人王氏合葬於金蓋山之鳳凰原。壽八十有二。夫人累受封誥，秩階一品，先二歲卒。子二：闓、聞。女一。孫男八：宜勤、宜勛、宜勗、宜助、宜勵、宜勳、宜效、宜劭。宜勤，督府都事。勛、勵，國子生。宜勗蚤卒。女四。

公少讀書於廂房之東楹，偶徙而西，忽驟雨震霆破其楹。及出巡徑深山，甫及岸而梁陷。殆若有神相之者。公少則以韓魏公自期，其後敭歷中外，焯著勳烈，雍容廊廟，不見運動而天下陰受其賜，信魏公之流亞歟。及功成身退，壽幾期頤，孫曾滿前，福履之盛，又近世所鮮儷也。予與公同朝久，知公行爲詳。其葬也，聞以墓銘來請。銘曰：

於皇九葉，時明之隆，間於兩社，有若閔公。閔公之庸，奮自南服，内外省臺，出入南北。帝曰俞哉，汝作予士，明於五刑，以弼予治。惟帝好生，惟公慎德，澡漉薰蒸，以長王國。上方耆之，有孽其間，辭榮來歸，烏程之山。人亦有言，刑官罔後，昔也咎陶，不與三后。公持邦刑，有歲有年，福履優游，名德具完。雲曾繩繩，考終大耄，太史刻名，惟後之告。

封南京兵馬司副指揮閔聞墓

在莊懿墓右。

明

閔如霖　琴軒公墓誌銘

閔氏出河南，世有聞人。宋寶慶中遭兵盜，不能安其家業，族屬分散，或在烏程，或在歙，或在浮梁。其在烏程者曰某，以貲爲將仕郎。將仕之子德淵，以文學爲歸安教諭，公其後也。公諱聞，字行之，號琴軒。高祖性，曾祖綬，祖節。父珪，起家御史，歷遷都御史、尚書、少保，謚莊懿。自高祖而下，皆贈官如莊懿公。公生而穎敏，不好異。莊懿公以爲類己，獨鍾愛之。學文修行，不待强教，經籍子史，方技小説，無不涉獵。習騎射，曉音律。然不樂應舉，數從莊懿公於官。親朋書記，各以意裁答，無不合莊懿公旨。莊懿公以都御史督兩廣軍務，有權貴人奉千金壽公。公曰：「此物何以致我，我不敢墮家君之訓。」峻卻之。未幾，莊懿公入總臺憲，陟司邦刑，位尊勢盛。公愈益折節下人，出入敬恭，不爲華靡遨放事。宗族效之，皆恂恂愷悌，人莫敢侮。即有侮者，置不校。循禮而畏法，世家莫及也。故莊懿公政勣家聲，赫然並茂，號稱名臣，公有助焉。

正德庚午（一五一〇），歲饑。公施粟千石，救活飢者，不可勝數。嘉靖初又饑，穀價翔貴，復出粟千石以貸貧民，不論子本，乃焚券棄責，人咸德之。有踰垣而竊公藏金，數迴至數千者，公知其人，竟不告捕。第書其齋壁曰：「人以巧勝天，天以直勝人。」見者問焉，公亦不言其故。其能容類如此。

公能飲，飲至數斗不亂。坐談古今，或雜以諧謔，未嘗譏評人家長短。或有言者，公輒趣行觴以沮之。淩練溪司訓常讚其像，方之漢于公，信哉。關中孫太白一元，豪邁士也，一見公語意合，於是數與公及陸玉崖侍御、龍西溪僉憲、施菁陽進士、淩練溪司訓遊名山佳地。而公與太白魁梧修髯，動履閒雅甚都，望之若神仙。或謂兩人得内養之術，然公壽而太白早世，豈其然乎？太白既没，公梓其漫稿，行於世。

公生於天順癸未（一四六三）二月二十一日，卒於嘉靖甲辰（一五四四）十一月二十八日，春秋八十有二。莊懿公薨之年，亦八十有二。所謂類己者，殆不獨指其才性耶？子男三。宜勵，南京兵馬副指揮，轉上思州知州。公初輸粟授四品官，後以宜勵貴，敕封文林郎兵馬副指揮。宜劭，鄉進士。宜力，府學生。孫男十：延慶、德慶、大慶、寶慶、有慶、允慶、宏慶、公慶、道慶、迪慶。曾孫男七：一夔、一麒、一麟、一范、一清、一鳳、一敬。公善訓子孫，晚節益不倦，故皆多才而有文云。

宜勵等卜今丁未（一五四七）二月二十五日，奉公柩葬於金蓋山莊懿公墓右。而以其外孫潘太史仲驂莊，屬其從子如霖爲銘。如霖曩時少孤落魄，公知而器之加愛焉。今請告而歸也，不及見公，顧執筆爲辭，以識公墓，能不痛哉？銘曰：

人恒怙勢，維公持卑。人恒慕禄，維公厭之。恢乎有容，積而能施。載永其年，以豐本

文。繄德之讐，匪天爾私。《午塘集》

蘇州衛指揮使贈都督經歷閔闇墓

在章嶺。

南京前軍都督府經歷閔宜勤墓

在章嶺下。

江西鉛山所吏目閔宜助墓

在章嶺下。

贈南京廣武衛經歷閔一份墓

在沙山北，俗稱上八畝。

布政司經歷費應寅墓

在陶灣。《胡府志》

徽州府推官温璜墓

在清山隖。《兩浙防護録》

國朝處士閔雪蓑先生墓

在鳳凰原閔家莊南。《金蓋心燈》

國朝 黄宗羲 雪蓑閔君墓誌銘

余在海昌，得交閔紫瀾。閔氏湖州華族，而紫瀾清苦自持，無復膏粱餘習，頗疑其特立獨出，不繫於家門。别之七八年，紫瀾從京師銜痛函書，以其父墓上之銘來請。讀其行略，而後知其學之有本也。

君諱聲，字毅夫，别號雪蓑，原名中正。其先有仕宋爲將仕郎者，自汴南渡，家湖州之烏程。高祖珪，少保、刑部尚書，謚莊懿。曾祖聞，贈應天府通判。祖宜力，贈南昌知縣。

父友曾，太學生。君卓犖不群，爲文芒彩透出紙外，不屑嵬瑣之學。婁東張溥合四方之士爲復社，部分名輩，摠覽時才，而君持湖州之管鑰。同郡潘曾紘督學中州，以君自輔，涇渭藝文，去風即雅。固始，固儒肆也。君以其文闒茸，與解額者，當只熊奮渭一人耳。劉侗殿以楚試行卷來謁，君謂曾紘曰：「此奇才也，公可貲之入太學。」熊、劉二人卒諧君言，其鑒別如此。

乙酉（一六四五）之亂，群盜滿山，勢如燎原，而不敢過君之門。鄉人求君紓難，盜聞之曰：「昔黄巾不犯孫期里陌，我獨不然乎？」遂去而他之。金石變聲，隱閉不關人事，以遺民自置。監司慕而請見，辭阻再三，乃以幅巾詣謁，言談每至曛夕。使君憫其固窮，無從發言，退而嘆曰：「琨玉秋霜，不意菰蘆中乃有斯人。」未幾而詩禍作。

君好苦吟，與吴敬夫批選唐詩，名《嶺雲集》。初，南潯莊允城集吴中人士私纂《明史》，有愚儒暗昧，禍至九裂。奸人因而放手索賂，别生事端。敬夫與聞莊史，其選詩校讐姓氏，有徽人范希曾者，富室也。奸人遂居爲奇貨，以逆案脇之，而君與吴宗潛牽連下獄。司李廖應召惟恐禍之及己也，欲并殺之以自解。君在獄一載，朱墨伊優，與宗潛猶日爲詩自娱。已而獄解。古人言：「詩必窮而後工。」夫所謂窮者，失禄不仕，憔悴江湖之上耳。亦何至交臂歷指，與囚徒爲伍，其窮者轉而爲禍乎？故人之好詩，或至有好窮，顧未有好禍者也。

然窮者未必能傳，而禍者未有不傳。劉夢得之咏桃，李長源之咏柳，蘇子瞻之烏臺詩案，王盧溪、劉後村、孫花翁諸人之禍，落落古今相望，反以此得名。君即未必好名，而圜中之好詩不減，無乃近於好禍乎？

康熙庚申（一六八〇）三月十七日，病將革。其女問之「胸中清明乎？」張目微笑曰：「方寸豈可使亂。」瞑坐須臾，又張目環視室中，盡豁户牖，仰視霄漢而卒。距生萬曆丁酉（一五九七）十月二十六日，年八十四。所著有《泌庵小言》《無衣吟詩稿》，并遺文若干卷，藏於家。娶徐氏，簉蔣氏。子曰夢潮，康熙乙卯舉人，曰夢喧，曰夢愷，曰夢雍。壻曰臧熹、陳冕、楊敏。孫曰望，曰如晦，曰甘來，曰崑來。銘曰：

莊懿之爲司寇，活人無限。君之不死於獄底，其亦天之所眷哉？《南雷文約》

陶靖菴高士墓

在山之陽。《金蓋志略》

國朝 黄 機 高士陶先生墓碣

高士諱然，字浩然，生於蜀，爲淵明先生三十八世孫。先世居會稽，祖唐，應蜀藩聘，遂居蜀。父紳，以萬曆朝武舉，官吴興，爲千户所，卒於官，貧無以殮。先生諸父祥，湖郡諸生，富而義，其先世由會稽遷歸安，卜葬千户君於小梅山。術者謂當出異人。先生年五歲，隨母留蜀，母殁依姊氏。比長，尋親至歸安，則諸父祥墓木拱矣。祥有孫曰思萱，綽有祖風，苕山霅水，陪先生遊履者數載。愛金蓋雅靜，遂卜居焉。先生餐霞飲露，抗懷尹無我、宫無上之高風，慨焉有出世之志。尋復出遊五載，歷閩廣，入滇黔，達燕晉，尋崑崙、星宿，而反休金蓋。其時明社初屋，餘寇未平，窮鄉僻壤，皆成虎穴。先生布襪青鞋，徒步往返，不損毫髮，異哉。石菴子曰：「吾叔年少於我，而三教墳典，記覽無遺，真神仙中人也。」

平居恂恂，若無所長者。究其藴，淵乎其若泉；窺其量，溥博其如天。時而光風霽月，涵平無際。時而旌揚鐲震，草木皆威。人嘗見其與洪洞明、黄赤陽、盛青厓相往來，經處五七日，不聞交談，欻然散去，望之若斷霞孤鶩。又嘗見其登山極巔，四顧蒼茫，仰天長嘯，山鳴谷應，風雲爲之變色。就與語，嗒焉若有喪。或進叩之，則曰：「不出世，莫入世；不入世，莫出世。」蓋出處有權，進退有道，苟不體此而惑於命數，凡夫也，不可以言志也。

歲戊戌（一六五八），受戒於京師白雲觀。律師崑陽王君，授以卷册、如意，命名守貞，遣歸金蓋。因自號靖菴子。癸丑（一六七三）孟冬朔，風雷忽作，乃辭衆説偈而逝。偈曰：「生也寄，死也義。耿耿百千秋，難了此生戲。不如去，不如去。」得年五十有八。思萱爲卜葬於金蓋南麓，舉其柩，若虚器然。

思萱號石菴，湖之碩士，不苟言譽，其所述如此。予爲文其墓碣云。《金蓋心燈》

陶石菴先生墓

在下泉埠。邑人嚴我斯題碣曰「清處士陶石菴先生墓」。

舉人閔夢潮墓

在閔家莊前。

贈編修閔福世墓

在雲壑菴前。

贈朝議大夫閔惇崇墓

在佔脉山。

雲南曲靖府同知閔茗敷墓

在菡萏山陽。四川成綿龍道瞿曾輯題碑曰「閔小艮先生墓」。

鄉飲賓沈秉恭墓

秉恭，新市鎮人。少孤。母姚甘貧矢節，秉恭曲盡孝養。爲人質實，以利濟爲心。康熙庚戌（一六七〇），浙西大水，田禾没，米價騰貴，秉恭減價平糶。清邑長侯元棐廉得之，禮舉鄉賓。壬子（一六七二），秋禾被蟲災，撫院范承謨諭各屬設粥賑飢。歸安舉秉恭董理，分給有法，人沾實惠。治梁甃衕，所在捐貲。年登八秩，五代一堂，人以爲積善之報。卒葬湖之金蓋山隝。《仙潭志》

息縣知縣改餘杭教諭閔艮甫墓

在章嶺山下。

禮部尚書謚文僖姚文田墓

在羅田圩。

閔玉駒先生墓

在仙池潭。《金蓋心燈》

丁氏三世先墓

在山之陰。

丁　桂　丁氏先世墓表

嗚呼！我曾祖考妣、祖考妣暨考，殯淺土數十載。及今妣沈太孺人卒，而桂始克卜葬於金蓋山之陰，非敢怠也，力不足也。《蓮漪文鈔》

處士孝節周先生衣冠墓

在雲壑庵紫清潭左側。知府楊榮緒題碣曰「清故處士周一菴衣冠之墓」。

蕭穆　清故孝節先生周君墓志銘

先生姓周氏，諱思誠，字一菴，烏程人也。生有至性，事親孝，於學無所不窺。聞道場山費文學熙以理學教授，乃往謁師事之。於是研究四子六經，旁及天算醫卜諸書，無不通其蘊奧，而得其指歸。纂輯《下學指南》一編，以示爲學宗旨。家貧，課徒養親，以廉潔自守。同治元年（一八六二）五月初三日，賊陷府城，先生不屈，死之。距生於嘉慶廿四年（一八一九）三月三日，春秋四十有四。

先生父諱永源，字浚泉。母施氏。妻楊氏。生子男一，名驤；女一，未字。當城陷時，惟母施氏得逸出，越數月病卒。有先生故交張君維楨，經營棺斂，如禮葬於菡萏山麓。餘皆殉難。亂甫平，門人輩欲求先生遺骸衣冠，不可得。趙君復振，藏有先生石印一，文曰「一菴」。將謀以葬，而趙君旋卒。今其門人周君文桂等，議以鐵函緘封，迺卜吉於光緒十一年（一八八五）十一月初二日，招先生魂，葬於金蓋山雲壑隝紫清潭左側之阡。先期屬桐城蕭穆爲之志。烏程李宗蓮爲之銘云：「金峰峨峨峻且寬，佳城鬱鬱神永安，鐵耶石耶其忠肝。」門人淩德書丹。

徐薩巘嗣師墓

在山陽，今無考。《金蓋心燈》

陳輕雲王護雲律師墓

均在菡萏山東北麓。

朱巽峰律師墓

在下菰城西北。

江默齋律師墓

在下菰城東北。

德峰上人塔

在雲壑庵中。

餧蚊臺

在章嶺。元待詔章九齡築，湛然大師遺蹟。《金蓋心燈》

中黄夫人祠

無考。

通霄閣

見嚴啓煜詩，俟考。

金蓋山志卷〔第〕三

烏程李宗蓮編輯
烏程潘錫春參訂

先獻録

宋

衛富益，崇德人。幼有異質，識見高遠，不爲章句學。嘗負笈往從金仁山學，深探易理。金卒，復受業於許白雲。白雲重其器識，以友處之。悉究性理，默識心融。許卒，以義制服。既而歸曰：「生何與草木禽獸同朽腐哉？」自以先世歷蒙宋澤，聞宋亡，於崖山日夜悲泣，設壇祭文天祥、陸秀夫等，詞並哀慘，觀者無不墮淚。又稱：「夷、齊何人耶？馮、范何人耶？」遂決意不仕，隱居教授。創白社書院於石涇塘，春秋社日，祀先聖鄉賢，會布衣友賦詩講道，縉紳仕元者不得就列。風度飄然，士林高之。至大間，有司欲薦聞，不就，怪其迂，毁其書院，遂攜仲子隱於湖之金蓋山，學者翕然從之。所著《四書考證》《性理集義》《易經集説》《讀書纂要》《耕讀怡情》等録。至治間，長子迎養還故里。自號耕讀居士，絶口不言世事，不履城市。或有乞詩文者，辭曰：「吾欲胸中涵養德性而已，有何説爲。」嘗語諸子曰：「士之品三，道德爲上，富貴功名何足慕哉？」一日遘微疾，取所著書悉焚之，曰：「吾志晦迹，況玄奥處宋儒究盡，安用留此糟粕耶？」平生推崇儒術，闢異端，表裏洞澈，動定坦夷，接人無貴賤親疎。賢者服其德，不賢者服其化。卒年九十有六。門人沈夢麟、黄彝、鄭忠相率制服，葬於舊隱金蓋山，私謚曰正節先生。正德間，劉督學瑞贊曰：「遠宗正學，獨抱遺忠。」《崇德志》

元

沈夢麟，字原昭，歸安人。博通群經，邃於《易》。衞正節之隱居金蓋，夢麟實受學焉。至元間，以明經領鄉薦，官武康尹。以疾辭，隱居花溪，益肆力於詩文。入明，以賢良徵，不仕。詩法盛唐，有《花溪集》行世。《府志》

錢岳，字孟安，郡人。能詩，與楊鐵厓友善，自號金蓋山人。元季，徙居雲閒，任亳縣丞。同上閔遜，字子謙，號牧齋，晟舍人。性豪邁，博雅能文，與吕徽之、趙仲穆爲友。嘗隱金蓋，構室於桐鳳隖，仲穆爲篆額曰「雲巢」。植梅花百本，逍遥香雪中。一日晨起，知世革，遂白衣冠而出。後往來大滌，三十餘年而殁。《閔氏家傳》

明

閔珪，字朝瑛，烏程人。官刑部尚書，以老請告歸。其先世牧齋公，構静室於雲巢。公嘗往來金蓋，築雲香橋。綸巾鶴氅，遇之者以爲神仙。卒，賜葬於山西鳳凰原。同上

顧應祥，字箬溪，長興人。進士，授饒州推官。治事精敏，歷遷山東布政，拜僉都御史，巡撫雲南。母喪，不受代，奔還，法當罷服除。徜徉菰城、峴山閒，與蔣瑶、劉麟結詩社，有終焉之志。未幾，召爲刑部尚書，調南京致仕。尤精九章法，少從姚江、增城二先生游，然不甚依附。晚年尋逸老社，詩似白少傅，書似趙吴興。年八十餘卒。《府志》

姚舜牧，字虞佐，烏程人。萬曆元年（一五七三）舉人。慕唐一庵、許敬庵之學，自號承庵。知新興縣，調廣昌，多惠政。研精理學，寢食於經書者六十年。著有《四書五經疑問》。謀葬贈公，得地於金蓋之南，擬築廬其閒，扁舟往來，嚣然如布衣焉。《姚承庵文集》

錢鎮，字守中，號南離，一號淡庵，歸安人。嘉靖十八年（一五三九）進士，授武庫主事，

遷郎中。慷慨論列，以直道見擯坐免。少從唐樞講學鮑山，謫歸，徙居思溪。偕陳繡山、孫屏石諸老，復峴山社，春秋燕集，專意著述，有《通史經正》，録學術書藏於家。金蓋所嘗遊處有别墅，子孫即其處建祠以祀，今純陽宫之崇德堂是其地。《縣志》，參《金蓋志略》

國朝

閔聲，字毅夫，號雪蓑。珪玄孫。少負才名，善飲酒，醉則愈豪，灑灑千言。乙酉（一六四五）之亂，群盜滿山，不敢過其門。將歲貢，不就，以逸民自處。當事慕之，請見再三，乃以布衣禮見。歎曰：「琨玉秋霜，不意菰蘆中乃有斯人。」未幾，以詩禍牽連下獄，年餘始解。家益貧，踵門求書者不絶。公厭苦之，乃休金蓋，與陶靖庵、藕益禪師爲石交，有淵明、遠公之趣。晚歲得導引法，能前知。卒年八十有六。羅《縣志》，參《家傳》

閔玉駒，字端甫。性孝友高潔，嘗與同族裕仲太史、訥言、捷三、蓴洙、香苓、芑豐，及門人徐志堅讀書雲巢。中年遽逝，著作不多見。

朱珪，字石君，大興人。乾隆己酉（一七八九）督學浙江，試湖州畢，至雲巢，徘徊達旦，題額曰「白雲深處」，聯曰「雲將問道鴻濛躍，巢父臨源犢飲清」。卒謚文正。《金蓋志略》

閔思堅，字鐵山。鶚元子。乾隆己酉（一七八九）舉人。至誠接物，雖盛暑不釋衣冠。

往來金蓋二十五年，囂然自得。不知其爲貴介公子。《家傳》

吴玉樹，字靈圃，自稱蕉散人，前丘人。博學能文，精繪事。與閔苕敷爲中表兄弟，嘗寓雲巢。酒酣，畫竹石於太虚殿兩壁。

端木國瑚，字子彝，號太鶴，青田人。嘉慶十三年（一八〇八）進士，任歸安教諭。人品高峻，杜門卻埽，以著書自娱。窮經，尤邃於《易》。嘗寓雲巢，與門人費熙講論《易》旨。樂吴興山水，遺命葬於仁王山。湖人思愛之，祔祀峴山蘇公祠。

鮑廷博，字渌飲，烏鎮人。家富典籍，不求聞達。精詩，有「破樓僧打夕陽鐘」之句，人呼爲鮑夕陽。嘗往來金蓋，與閔苕敷等營建純陽宮。以故居被祝融災，至欲築室雲巢，貯純廟所賜書，以事中止。《金蓋心燈》

張鶴，字雲客，下昂人。善詩，工繪事。中年愛金蓋山水，居雲巢，著《文昌孝經疏》，有居塵出塵之致。同上

閔苕敷，字譜芝，晟舍人。生時，其父艮甫公夢羽服者至，自稱貝懶雲，故自號懶雲子。幼穎異而體羸弱，謁高東籬子於桐柏。留數載，授以導引，始充强。資性絶人，讀書窮理，不爲應舉業。比壯，有經世志，援例授州司馬，官雲南。尋丁父憂，不復出。會東籬卒，從其高弟沈子輕雲游，甚器之。沈卒，出歷名勝，足跡半天下。先後遇金懷懷、李蓬頭、龍門

道士輩，與往復講論，多所契合。所至，名公賢士相推重。晚隱雲巢山。山故其先世雪蓑翁舊隱處，拓地居之。學者日進，誘掖不少倦。爲人儁爽沖和，超然物表。年七十餘，精力不衰。尤勤著述，采摭舊聞，成《金蓋心燈》八卷，并輯《書隱樓藏書》二十餘種行世。嘗集《孟子》作楹帖曰「不失其赤子心，善養吾浩然氣」。其平生可概見矣。晏端書《閔懶雲傳》

史吉，字常哉，號西河。父圜，官翰林，里人以史公子目之。少於讀書暇，好黄老術，功名淡如也。嘗居雲怡之許間閣，往來雲巢，以濟人疾苦爲事，精禱雨術。章藩《史公子傳》

周農，字稻孫，號七橋，歸安布衣，住横塘。畫梅似金農，作小詩亦似之，格致清空。評者謂如斷磵流泉，疏花獨笑。著有《鐵笛樓詩稿》。平生孤潔不娶，隱居雲巢，以詩自娱。嘗得鐵瓢二，自號鐵瓢道人。《府志》，參《金蓋心燈》

淩鳴喈，字體元，號泊齋。嘉慶七年（一八〇二）進士，官兵部員外。上清理馬政疏，剔弊防奸，洋洋數千言，以越職被議，罷歸。閉户著書，扁舟往來金蓋，與周七橋同寓撥雲巢。著有《尚書質疑》等數種。

奚疑，字虚白，歸安布衣。所居樓爲城南鮑氏故居，有老榆數株，因號榆樓。幼好吟咏，嚴元照見而異之，引與爲友。由此詣益進，東南名士率與往還，嘯咏無虚日。家貧業酒。客至，具蔬筍，清談相對，有賈耘老風。詩宗王、孟，墨戲效馮可賓，風竹無俗韻。嘗往來金蓋，與張秋水、戴銅士輩觴咏。繪《躡雲圖》藏於雲巢。

閔希濂，字一瀛。烏程舉人，官教諭。沈静好學，嘗率其徒讀書金蓋山中，達旦不寐。其徒苦之，皆逸去。生平淡嗜欲，薄滋味，數十日不肉，泊如也。《愈愚集》

費熙，字養和，號少房，一號真牧，居道場山下。幼禀至性，好讀書。初信二氏説，爲諸生，謁端木太鶴，告以聖賢之道具於六經。退而潛心經籍，研窮先儒之説，得其要領。太鶴邃於《易》，出太極諸圖示之，詮解數千言。熙剖析之，無遺藴。隱居教授，絶意進取。嘗寓雲巢，從學甚衆。語之曰：「爲學不在多言，顧力行何如耳。」又曰：「立志是爲學第一要務。」所著有《困學餘録》《爲己編》《真牧雜記》。他如《書·禹貢》、《大戴禮記·曾子》、劉念臺《人極圖説》，皆有注。

周思誠，字抑凡，烏程布衣，從同里費熙學。性端慤，喜言陽明之學。讀書雲巢，著《下學指南》。賊攻湖州，思誠日坐蕭寺中，講明忠義，慷慨激烈。老兵悍卒皆帖然稱爲周先生。性至孝，賊日偪，有諷之他徙者，曰：「父年八十四，不可轉移，城破吾死父側，命也。」卒遇害。門人奉衣冠葬于雲壑隝，私謚曰孝節先生。

楊維崑，字樸山，歸安諸生。性閒静，不妄交遊，同輩咸器重之。自言前身是天台僧。與周抑凡、淩鶴秋往來金蓋，爲詩酒之會。嘗曰：「無志之有志，有志至者也，如伊尹、太公之流。有志之無志，無志至者也，如今之求富貴利達者。」後病甚，抑凡往省之。張目語之曰：「吾將安往？」周曰：「汝從何處來，汝從何處去。」一笑而卒。

錢孚威，字港舦，烏程諸生。中年好道，往來雲巢，丹笈金經，獨窺其奧焉。錢振倫《示樸齋集》

韋康，字豫堂，郡城人。明南苕先生後裔。少棄舉子業，善病，隱居雲巢，蒔花植竹，翛然自得。居山十年，搜訪古笈，校刊遺書，孳孳不倦。繪《梅鶴修癯圖》，遍徵題咏。遽卒，人皆惜之。

方外

宋

守珣，字佛燈，姓施氏，湖州人。參廣鑑瑛禪師，不契，遂造太平，隨衆咨請，邈無所入。乃封其衾曰：「此生若不徹去，誓不展。」於是晝坐宵立，逾七七日。忽佛鑑上堂曰：「森羅及萬象，一法之所印。」珣聞頓悟，往見鑑。鑑曰：「一顆明珠，被爾拾得。」鑑移蔣山，命分坐説法。出住廬陵之禾山，退藏故里所居爲佛燈院，道俗迎居。天聖（一〇二三—一〇三二）後，徙何山及天甯。紹興甲寅（一一三四），解制退席，謂雙槐居士鄭績曰：「十月八日是佛鑑忌，則吾時至矣。乞還鄞南。」如期雞鳴，端坐如平時，侍者請遺偈，曰「不曾作得」，言訖而逝。弟子奉靈骨塔於普應院之側。

元

文藻，字南洲，温州人。嗣法於月江印禪師。善詩，住何山禪寺。元詩逸。其答定水和尚詩云：「詩篇每向閒邊寫，香篆常於定後燒。」可想見其風致。

明

東洋禪師，武康人。居上金寺，不損戒行。其所居茶竹軒，超然塵外。姚承庵題之曰「露林斗室」。

廣鎮，上金寺僧，篤守戒律，爲時推重。重建上金寺於今所，拮据卒瘏，卒成名刹。徒通義、通文、超乾，皆善修持者。

國朝

智旭，字藕益，吴縣鍾氏子。禪學宗雲棲，嘗著《念佛宗論》，以深信力行爲旨。居蘧雲庵，與閔雪蓑先生相契。晚年退休靈峰，有《淨土十要》等集。《金蓋心燈》按藕益師著有《大佛頂經玄義》，文句精妙無匹，《心燈》失載。

成時，字堅密，藕益禪師弟子也，俗姓吴。明歙縣諸生，遭國變，遂出世。勤修淨業，以

凝定爲宗。有《楞嚴經呪注》《齋天法儀》。同上

超城，字霞標。與悟澈同居於徐庵，專以自性彌陀爲宗，一意念佛。晚主金壇東禪寺，爇薪危坐，説法而逝。徒超然，亦能善承宗旨。同上

悟澈，仁和郭氏子。受具於雲棲，究參圓頓宗旨。後居杭之仙林寺。同上

德峰，雲壑庵主僧，名慧。與陳樵雲相契，每曉起同登金蓋之巔，趺坐空巖，持經呪，十餘年如一日。或問以淨土修持之法，曰：「我心妄覺潛生，故與彌陀忽二，掃淨空塵，圓明自在。」善畫墨竹，風姿瀟灑，有出塵之致。

徐清澄，字紫垣，崑山人。幼嗜玄學，遭家難，遂發出世願。石庵陶先生弟子也。先生没，嘗獨居金蓋，簞瓢自樂，輯《黄庭經注》行世。又與閔雪蓑撰《金蓋雲箋》。晚年習静，致朱蘭、幺鳳之異。創經社，迄今不廢。卒壽九十歲。

金清來，字靜靈，明季諸生，太傅之俊猶子，居江南黄葉村。金氏世居震澤曹村，黄葉村未知何在。性慧而狂，眉宇間有英氣。國亡，縱游天台、雁宕間，遂入金蓋，依陶靖庵，以涵養存真爲學。已而居杭之金鼓洞，事周明陽，以逸士終。

王清虚，自稱洞陽子，姑蘇人。居金蓋六年，瑰意畸行，超然獨處。晚休大滌，愛其山水佳秀，弗他適。年九十六，正襟危坐而化。

徐一返，字巙岩，山東人。少任俠，後悔之，遂出俗。精於符籙，有所祈禱立應。常皈正一，派名漢臣。康熙癸巳（一七一三），繼徐紫垣居雲巢，以斗法授弟子蔣雨蒼。卒葬下昂。

沈一炳，字谷音，世居竹墩，代有隱德。曾祖濂，遷前丘。一炳幼年好道，嘗得法籙於文昌閣，莫之解。遂雲游天台、終南諸名山，遇蜀人李泥丸，授以《三一經》，悟三教洞一之旨。適金鼓洞，師事高東籬，盡得其傳。歸而獨居金蓋，究心儒家性理之學，參《周易》五十年。晚歲通神，知未來，然亦未嘗預示可否。人問吉凶悔吝，據理以答之，不涉神異。幼年禱雨於清溪，立應。乾隆乙巳（一七八五）亢旱，當事延請祈雨。一炳入城建醮，榜於壇云：「今日登壇今日雨，一聲號令一聲雷。」時天無纖雲，人或誚之。移時，果甘霖立沛。柯南陔煜、潘立亭汝誠、吴峨雪啓褒，皆有詩贈之。吴詩云：「奇哉一羽士，濟物道心堅。睠此農民苦，血書籲上天。赤脚曝日中，暍死奚恤焉。一誠信足感，竟得屏翳憐。甘澍霎時足，歡聲騰陌阡。贈詩有丹邱，贊歎非徒然。潘生念桑梓，亦投鴉青箋。我田有負郭，對之喜不眠。濡筆遂誌之，簷角猶潺湲。」後坐化於射村開化院，面色如生。

陳陽復，字樵雲，荻岡人。早歲嗜禪，從事《十六觀經》。乾隆乙丑（一七四五）至金蓋，徐一返授以紫光梵斗法。遂日夜虔禮，甘露降於庭竹間。會沈谷音自桐柏來，授以律宗。

嗣是深自韜晦，以無我爲宗。芒鞋竹杖，往來山水間。所遇如李蓬頭、金懷懷、龍門道士輩，皆有所印證。晚主餘杭三元宮。歲適大旱，邑宰田嘉種延之禱雨，應時大沛，一邑驚異。則告之曰：「某所恃者，賢父母之誠，而邑人士之福也，某何功焉。」餘杭人祠於三元宮。

周陽本，初事符籙，爲道會司，後捨去，入銅山半持庵，面壁二十餘年。嘉慶初，居雲巢，以真誠爲學。嘗曰：「所謂真人者，不失其赤子之心之謂也。但赤子本一無知而混混，真人者物物圓覺而一無所惑，其差别如此。」云。

李陽春，長興之李家巷人。性至孝，母患風疾，乃習針灸科，久之不應。嘉慶庚申（一八〇〇），入雲巢爲道士，虔持朝真斗科，母疾頓瘳。年六十一，端坐而逝。

陳陽真，字太璞，又稱棲雲子。能詩，精演禽，妙契宗旨，出閒入默。卒葬菡萏山。

徐陽盈，字根雲，泰州人。受初真戒，有翛然自得之趣。

蔣通祥，字雨蒼，洞庭東山人。居雲巢，吕潭之南有枯樹，蔣日誦《本行集經》於其下，踰年復活。

朱通道，字春陽，荻岡人。雲巢之建純陽宫也，實自春陽子始。嘗遇異人授金丹術，遂訪溪隱堂故址，創興雲怡。後復創雲巢崇德堂。其事績具程同文、章藩所作傳。

曹來崧，字雲山，蘇州人。眇一目。嘗囟於玄妙觀，遇懶雲子。見其有道氣，攜之居金蓋。僅識之無一年，而徧通諸經。久之，精韵語，格律清空，似唐之皎然。有《雲山詩稿》一卷，《梅花百咏》一卷。後坐化於齊假龕。

王來覺，字雲昭，晟舍人。性至孝。道光某年，時疫流行，妻子相繼殁，將棄家爲僧，母存，不忍決。見費少房先生。費告以「身體髮膚，毀傷非孝」。遂入雲巢，師事徐浩然，受初真戒，道行精進。爲人謙訥不妄言，言必稱其師，蓋篤信謹守士也。咸豐庚辛（一八六〇—一八六一）之間，粤賊竄湖。來覺死守山宇，弗忍去。賊入山，奔避顛躓，致足受傷疾，年餘乃卒。年未及五十，葬菡萏山陽。

黄復恕，字理扶，杭州人。性真誠。同治某年入雲巢，不與妻孥相聞者十餘載。善導引，虔持紫光斗。卒於書隱樓，了然於生死之際。

程來永，原名符，字子祥，晚號抱雲，湖州人。性至孝。初官山西，嗣以粤匪亂，尋親歸。遂入山修道，苦行二十餘年，卒于山，年八十一。門人沈瑞琳叙其事蹟，立小傳附於後。增補

高廷錫，字澄江，桐鄉邑廪生。秉心端慤，品學俱純，而夙慕玄風，淡於名利。居山十餘年，恭儉守己，謙和待人，無論簪纓草履，禮接一致。同志咸欽其誠樸，以爲有古人風焉。

光緒十五年(一八八九)卒,年六十有六。增補

黄德風,桐鄉人。幼時家貧,以耕種爲業。及壯不娶,有出世志。兄後舉得一子,德風遂徧歷名勝,參訪緇黄。忽夜夢有引入梅島者,曰此地可止。後至雲巢,宛若夢境,遂栖居焉。於時兵燹之餘,殿宇俱燬。德風誅茅翦棘,畚土疏泉,勤行苦修,不辭勞瘁,乃得感孚恩佑,廟貌重新。主山三十年,凡坿連本山之産,悉募金購之,以爲常住永遠計。每日朝晚兩次,無論寒暑,必周視田壠,以督傭工之惰者,數十年如一日。並於半路間建知止亭,以便行人憩息。又爲家鄉倡建育嬰堂,嬰孩得保存者無算,溺女之風於是漸戢,皆君之德也。光緒二十年(一八九四)卒,年七十。葬於山之南岡。增補

金蓋山志卷〔第〕四

烏程李宗蓮編輯
烏程潘錫春參訂

叢文録

朱子晚年定論評述序

費　熙

或有問於熙曰：朱子云「聖賢之言，學者不可執一以爲定」。今姚江所集《定論》一書，獨執其晚年病後之説以爲定，得非朱子之心乎？曰：是不然。蓋朱子《或問》《集注》諸書，久已垂爲定本。比及晚年所論，一則曰支離，再則曰支離，其所以大悔乎中年之説者，非無故也。考朱子教人，其言以時而異，要其拳拳於來學者，莫不望其有所依據持守，以幾至於聖賢之域，學者讀其書，果能立志研求，反身實踐。吾知朱子於《或問》《集注》之外，必不復贅一詞矣。不圖末流之弊，徒成説話，所以有晚年之悔也。自明中葉後，高者流於空寂，卑者溺於詞章，分理分心，幾不可問。幸吾浙姚江王子起而振之，提掇靈根，開示來學，識者稱爲濂溪之聞，知非妄語也。無如當日信從者固多，而攻擊者亦復不少。故在留都，又採朱子晚年悔悟之説，輯爲《定論》。其《與安之書》云：「今但取朱子所自言者表章之，不加一詞，雖有褊心，無所施其怒。」推斯言也，王子之志，非徒欲自明其學之無異於朱子，實欲使孔孟以來相傳之正學不絕於天下也。然則王子之心，即朱子之心也。《定論》一書，誠非後學所可妄議矣。坊間舊有評本，係震川某氏所訂。惜其評語與前後所坿見者，徒沿王學流弊，於朱子所以立説與王子所以表章之故，俱未有見及。熙因不揣譾陋，取原本而重較之，僭參管見，前後易以立志説、應試語等篇。非好翻前案也，亦欲表先賢因時立教之心於萬一云爾。

證人要録序

前　人〔一〕

曩者參注劉念臺先生《人極圖説》，就正於端木鶴田師。師進之曰：「《人譜》多載善言善行，人極道理皆在於此，學之足矣。其他空言，非惟不關切性道，即是，不能行。若以闡

〔一〕整理者按：此「前人」，意指與前篇作者爲同一人。後皆同此。

發《圖説》，爲學者開見地，亦茲山之教也。」一日，偶以所注《圖説》贈周生抑凡，抑凡即見得人道之大，不忍自小，思所以勉副之。其所志誠，非尋常可及矣。邇來節鈔《類記》如干條，與《圖説參注》彙訂一編，名曰《證人要録》，請益於余。余聞古哲云：讀書看教言語，皆須宛轉歸就自己。故以今人而誦古人之言，效古人之行，以求合乎古人之心，而俯仰皆無所愧，誠未可以輕躁出也。《人譜類記》自《體獨》以迄《作聖》，義理精深，而功夫不離乎日用。中間毫釐之差，千里之繆，辨之正非易易。必能揆其時勢，審其分量，而後以體之平時者見之日用，庶幾法古而無泥古之譏矣。使徒知記中之言，莫通言外之義，則還桑椹何異矯廉，證牛病實同賣直。慕荀巨伯之交誼，性命漫許，於親存之日殺生，正所以害仁；仰孔寺丞之雅懷，德威不聞，於盗竊之先造橋，適足以濟惡。夫豈獨程子之重難，通乎潞公之恭，文節之儉，無解於公孫之吝耶？余嘉抑凡之志，又甚幸其默契乎師門之所指，故略掇數條，而折之如此。《大畜》之象曰：「君子多識前言往行，以畜其德。」持余説以盡學識之功，凡四書六經，諸子百家，無不可收證人之益矣。抑凡其勉之。

國策行文開合法程序

前　人

自古文章之妙，皆造物者之無盡藏也。而論者以爲，其要訣「開合」二字盡之。昔唐荆川先生爲一代文宗，其平生祕鑰只是一開一合，此明驗也。雖然，行文要訣固不外一開一合矣，究其開合之法，未聞有詳其所由始。

余嘗考自有宇宙以來，凡生人耳目之所及，皆具有一開一合之體勢。其尤彰明較著者，無過於周衰之七國。七國者，天地自然之文章，古今一大開合之局也。當其時，公孫衍、張儀、蘇秦、陳軫之徒，朝秦暮楚，乘機建策。而秦與儀，尤挾其簡練揣摩之技，逞其從横捭闔之謀，竭力發揮，苦心結構，談吐風雲，頃刻變幻。記者次第其詞，垂之簡册，各成一家之言。後人讀書至此，知秦、楚、齊、趙諸大國，互相爭雄於戰國之世百餘年。自有秦主合從以捭之，儀主連横以闔之，而古今大開大合之局，益見天造地設，歷曠劫而不能移易矣。

或者曰：「蘇與張同受業於鬼谷子，所傳《捭闔篇》兩人應共學之。今以合從爲捭而屬秦，連横爲闔而屬儀，又何説也？」曰：「從合，六國并力以擯秦，秦終不得而混一，此秦之所以爲捭也。横成則秦帝，六國相繼而滅亡，此儀之所以爲闔也。語有云：『合久必分，分久必合。』兩間之運會使然，非徒成敗之論也。是故謂七國爲文章自然開合之局也，可；即謂蘇、張之所以從横七國者，爲文章開合之法所由始也，亦無不可。」

余少時喜讀《戰國策》，而莫能窺其閫奧。今於四百八十餘章中，僅取蘇、張從横之説十二章，彙爲一編，綴以舊聞，以爲《行文開合法程》。有志進取者童而習之，會而通之，日循而上。所謂曉變其故詞，甲坼其新意，驟迴於咫尺不爲近，步逸於八極不爲遠。文章之大觀，總不外乎一開一合之法云爾。

上端木太鶴師書

前　人

己丑（一八二九）夏，蒙師示以《易指實義》，暨《論語·一貫可以無大過》，并《人極圖説》。反覆千餘言，皆發前賢所未發，昔人所謂義、文再生，周、孔復肉者也。熙姿愚學淺，再四參之，茫無頭緒。比讀「人道只重實踐，其他空言，非惟不關切性道，即是，不能行」之論，始知有所著力處。蓋實踐者，踐此人道也。人生於艮寅。艮，止其所至善也。欲求至善，不離乾二學聚。第「人心惟危，道心惟微」，乾二臨也。臨大以艮止之，艮其限危熏心，故乾三「君子必終日乾乾，夕惕若厲，无咎」也。以是推之，乾二「大學在止於至善」，乾三「中庸戒慎不覩，恐懼不聞」也。又曰「成始成終，于艮是踐」，行人道宜從艮止一義入手。臆測如此，未知是否。至於以「兑西十，終復始；坎子一，一貫之」學，非熙所敢望。且師言：「兑羊，言善也。」兑爲澤，大人之學，朋友講習。熙自顧習染深，又少同志相切磋，日用間常有認氣爲理之病，還祈吾師告教之。

熙近得《朱子晚年定論》，喜其與師「人道只重實踐」之説前後一轍。惜評閲者徒襲王學流弊，於朱、王所以立説編書之故無一見及。尤可異者，混羲畫於《金剛經》，不勝其情之畔援，意之穿鑿。故世有疑此書爲禪家僞輯者。熙按王氏《年譜》及《與安之書》，的係陽明子手訂，且較《傳習録》天泉證道諸説，尤爲允當因不揣譾陋，重加校正，略參管見，前後增入《立志説》《應試語》與《三教異同書》，皆取其與《定論》相表裏者。兹藉友人公車之便，繕寫呈上，伏祈鑒定幸甚。

與周一菴書

前　人

九峰回山，言足下近來識議甚高，大都文義勝也。至所論楊忠愍公云云，尚未能窺見真際。按忠愍公當彈劾嚴嵩時，位列郎官，地非疎遠，目擊朝廷之上權奸貪縱，國是日非，同朝之士率皆心懷顧忌，無一人敢挺身排擊者，所以不得不言，且不得不極言而危言也。《傳》曰：「苟利社稷，死生以之。」《孟子》曰：「死亦我所惡，所惡有甚於死者，故患有所不避也。」此公之本志也，後人不明精義之學，動據忠愍自託「朝廷恩厚，何以身爲」一語，以爲十罪五奸之劾，因一歲四遷，君恩高厚，故特以身報之，已淺之乎測忠愍矣。況徒以廷杖枷鎖之辱，幽囚困苦之狀，視爲遭際之窮，是千古舍生取義之大賢，無當於豪俠之行矣。率意妄言，切宜戒之。

費少房遺稿序

閔希濂

子曰：「古之學者爲己。」孟子曰：「求在我者也。」學問之道，舍身心又何所從事。然學者資性有高下，故功力有難易。不聞亦式，不諫亦入，上智能之。通大賢以下，則必聞而後式，諫而後入。而聞式、諫入之中，又自各有所以從入者。蓋氣拘物蔽，人各不同，治之之方，亦不能無少異。此《洪範》三德所以有剛克、柔克之辨也。然則學以治己之身心，而善學者又當察我身心之所累，而以前哲之言、之行、之切於己者以則，傚而克治之。

余友費君少房之爲學也，則於此見之真而言之切。嘗云：「學以變化氣質，氣質未化，是則我之病痛。聖賢千言萬語，自我取之，則必對證下藥，然後足以治我之病痛。」此其聞式諫入，專於治己，非空談名理者比也。爰於所讀儒先之書，擇其最切於己者，或參注，或評述，或講習，或演爲直指，而統歸於體驗。苟其有切於己，雖二氏亦有取焉。

君既歿，高弟周君一菴訂其所輯諸書，坿以各種雜著，列爲七册。將以付梓，以君嘗稱余爲同志，當有所言以爲嗃矢。竊憶君長余九歲，始遇於金蓋山之古梅花觀，時爲道光乙未（一八三五）。後聚首於淮南，時爲辛丑以迄甲辰（一八四一—一八四四）。君所輯爲己編，及《朱子晚年定論》評述，蓋在甲午（一八三四）以前。是君聞道甚蚤，而余溺於舉業，徘徊門外，與君久處，迄無一得，又何能有所言。獨君於治己病痛一言，則所嘗聞。今遺書中之卷端自識，及與朋儕論學諸書，又拳拳非一。若夫君之清和純粹，道氣盎然，又何所謂病痛？而猶以是爲言，殆非遜詞，而固其得力處也。後有學君之學，以至乎古之學者，亦師其意而省己，以自擇焉可矣。因書以答周君之意，且以自儆云爾。

十要字集解序

施補華

烏程費少房先生，隱居養親，潛心性理之學，毅然以道自任。平生著書甚多，《十要字集解》，其一也。十要字者，曰「顧」，曰「慎獨」，曰「執事敬」，曰「勿忘勿助」，列爲名目，復於十字之下，各加按語，而集諸儒之説以解之。其書刻於道光之季，自更兵火，原版無存。同志謀重刻之，而屬予叙其首。

予嘗獲私於先生，又深服是書示人於爲學次第，循序漸進，因爲發明先生之意曰：「凡天下之學者，及其陷溺既久，本然之良心往往不復相識，放辟邪侈，惟所欲爲，一若固有應得之事，所謂少成若天性也，故學者必始於『顧』，心目交注，惟恐失之。雖然，心目之所注，力未能守焉，則情之所累，欲之所引，本然之心有日削而日薄者，故顧必繼以『慎獨』，戒慎乎其所不覩，恐懼乎其所不聞，則情欲之萌絶，而良心無所損矣。雖然，存之於静，恐亂之於動也。自君卿大夫士以至庶民，自承祭見賓以至灑埽應對，莫不有事，事之所及，本然之心附麗以行，故慎獨必繼以『執事敬』，而後内外交謹。夫學至内外交謹，工力可云密矣。然或無常勝之氣，或有速效之心，則於事必有所失。事有所失，則於獨必有所歉。獨有所歉，則於顧即有所蒙。故執事敬必繼以『勿忘勿助』，而後内外交謹者，可以漸底於大成。」此先生作書之意也。爲學次第，秩然有條，蓋如此。爰發明之，以告世之讀是書者。

下學指南後序

凌　鶚

《下學指南》一書，吾師周一菴先生，慨聖學之不明，流俗之日下，講學者分門别户，競逞辭辯，徒譊譊於漢宋優劣、朱陸異同，及觀其行事，多背聖賢；又見夫自宋迄明，儒先講義駁雜支離，有乖正學，索隱行怪，亦竊儒名；甚至弟子不契師心，妄作語録，流入禪和，尊師適以誣師。於是先生乃精擇約取，欲上不得罪於聖賢，中不誤一己，下不爲害於將來。如朱子所云，纂録成書，以爲學者標準，庶不爲異端曲學所惑。鶚承先生不棄，命爲參校。然鶚學識卑下，何足與知。又性氣褊躁，負疚良多，幸先生面命耳提，稍知愧悔，顧恐不免爲暴棄之人。且年已幾壯矣，無聞無蓺，懼也何如。展校時，更不啻如芒刺在背也。敢不日抱是書，以自省也夫。

咸豐庚申（一八六〇）冬十月。

朱春陽先生傳

程同文

先生姓朱氏，諱烜，字春陽，號南屏，晚號月波，世居吴興郡南之荻墩村。太史魯齋先生之文孫，自培學博之令子也。先生生而穎悟，髫齡即端莊沈静，嘗讀書雲巢精舍。雲巢係苓峰釋氏静室，一名淨衆，爲金蓋諸梵宇之冠。殿之東偏供純陽帝君像。先生奉之甚虔。一日途遇白髮道者，語先生曰：「子非仕途中人，骨格非凡，可修仙道。惟功行尚淺，亟宜利物濟人，然後静參性理，可能超凡入聖。」語畢自去。由是先生絶意功名，師事仁沖童公，盡通其太乙、壬奇、岐黄之學。即於家庭施醫捨卜，而求者踵至，聞風興起，無間遐邇。

荻墩演教寺三元宫之旁，亦供帝君像，先生又崇奉之。但座非正殿，發願改建，難得其地，寢食籌思，精誠感格，忽夢帝君指示基址方向。醒後喜甚，即偕同人創建前堂後樓，迎祀聖像。工既竣，顔曰「雲怡草堂」，延請吴門羽士蔡君來鶴主之。蔡君素通玄理，先生又師事之，并得其玄默修養之道。迨後令子克家既無繫累，遂養静於雲巢，人地得宜，兼可常奉，時己酉（一七八九）新正也。顧雲巢係借居，且偏祀，非所以昭誠敬，謀拓基創造。即於舊址之前，構建殿宇，辛亥（一七九一）落成，榜其門曰「撥雲巢」。

先生之在山也，不茹素，不易服，彬彬雅雅，仍儒者風，未嘗立異炫奇。常言修養之道，正心誠意植其體，敦倫飭紀達諸用，守身之要在少飲節欲；至於奉真朝斗，神應無方，唯至誠可以格天，可以前知耳。審是，則先生之根株學問亦概可知已。宜其易簀之日，先時預知，毫無疾苦，談笑而逝。先生生雍正癸丑（一七三三）臘月初二卯時，歸真於乾隆癸丑（一七九三）重五戌時。歿之後，有謂先生之精爽，其必在雨雲間乎？予曰不然。昔蘇眉山作《昌黎廟碑》有言：「公之神在天下，如水之在地中，固無往而不在焉。」予於先生亦云。

朱春陽真人傳

章藩

真人姓朱氏，諱通道，字南屏，號月波，晚號春陽子，行三，里人也，幼業儒。祖諱泮功，雍正癸丑（一七三三）進士。父諱汝楠，學博早世。家貧無擔石儲，性曠達，視富貴如浮雲。遇異人授金丹祕，嘗於靜室得回仙句，遂訪溪隱堂故址，創興雲怡。後復構別院於金蓋山，曰撥雲巢。禱雨暘多驗。

有鄉民娶婦，爲妖所蠱，不匝月夫死，姑竊疑之，將訟官。婦泣告曰：「每夕睡夢中有綦巾美男子自北窗來，心輒爲之迷，口亦不能言。」姑弗信，伴之宿，至夜半，果然。遂延道士作法，妖益厲。因過雲巢，長跪不肯起。春陽子曰：「妖已上干天律，當以雷法治之。」即建壇步罡，手持劍向空一擲。俄而有鼠頭墮爐前，而鼠身仍在婦床，大如貓。鄉民率其族咸稱朱真人，拜謝而去。春陽子不以爲己功。其生平以道術降妖，不可勝紀，類率如此。

年六十餘，童顔鶴髮，仙骨飄然。一日，自金蓋山棹舟來至雲怡，邀諸道侣告曰：「余於午日將永訣，特來一叙，數年後當在虎林重晤耳。」晚始别去。越三日，有山人來報曰：「朱真人已坐化於撥雲巢之殿階。」時正五月五日也。趨視之，顔色如生。後有遇之於金龍閣者，都人士遂塑像祀之。始悟虎林重會之語非虚也，是真再來人矣。

史公子傳

前　人

公子姓史氏，諱吉，字常哉，號西河。父諱圜，官翰林，里人因以史公子稱之。少於讀書暇好黄老術，功名淡如也，窮乏晏如也。嘗鍊丹於雲怡之許閒閣，以濟人疾。時遇吾湖旱甚，鄉民請禱之，設醮三日，不一雨。鄉民私語曰：「公子有法已，無法可奈何。」師聞而歎曰：「法無不靈，其如逆天何。」里中耆老齋戒固請，師復慨然曰：「余亦立願救人，即干譴亦所不辭。」遂取産婦裙書符篆，行月孛法。不移時，雷電交作，澤下尺，火光繞面，左頰忽爛焦如錢大，久不愈。師曰：「前功盡去矣。」後又爲鄉民治一妖，甫登壇，有大蛇自中梁蟠繞而下，將以銜其冠。史師不動色，其道侶半多遁去，惟擊鼓者弗絶聲。至天曉，隱其形，擲瓦抛磚，勢益甚。師欲復舉，鄉民以貧告。師歸而謀，諸室寠，空無所有。售田一畝，邀道侶於雲怡建壇，卒爲除其害。遂有史公子賣田降妖之諺，至今傳爲美談。

費少房先生傳

周思誠

先生諱熙，字養和，又字少房，晚號真牧。世居湖州城南道場山下，先世代有達人。先生幼稟至性，比長，好讀書，篤於内行，虚己善下，能自得師。爲邑諸生，謁青田端木太鶴師。師邃於《易》，出太極諸圖示之，詮解數千言。先生剖析之，無遺藴。初信二氏説，及師訓以吾道之重，知聖賢之道具於六經，退而潛心經籍，研窮先儒之説，而得其要領。嘗師同邑閔懶雲先生。世之事懶雲者，皆崇尚玄理，而先生獨得其養氣復性宗旨，一時稱善學焉。事親孝，一應鄉舉，以母訓不重禄養，絶意進取，隱居教授以奉母。及遭母喪，哀毁如禮，鄉黨賢之。處己儉素，廉潔於物，淡然無所好。平居終日，儼然與物接，盎然和懌，有人倫鑒。雅重行實，與人言，必依孝弟忠信，隨事導人以善。

訓後學敦切無倦。常語學者曰：「先儒有言，爲學不在多言，顧力行何如耳。」患讀書者之務記誦而無心得也，戒之曰：「看文字，窮義理，須切己體認。聖賢立言各有指歸，吾人讀之，須審己之分量，於教法中尋一入手處，次第勉爲，勿忘勿助，久之方有進境。若徒泛觀博覽，或自逞臆見，而據此疑彼，借彼擊此，祇增心體之蒙障耳，烏乎可哉？」問爲學之道，則曰：「立志是爲學第一要務，志不立定，聽人所説，或東或西，終日奔馳，迄無成就。」又曰：「志要立得定，又要立得高。世人未第時想發解，得官後想升遷，終身以富貴利達爲念，其志何嘗不定耶？惟立得高，不逃名，亦不狥名，庶不背聖人求志達道之旨。」因言：「中人以下氣質不齊，各有病痛，苦不自知耳。然不知者或有知時，若明知之却只掩飾過去，不肯著力修治，雖有賢師友，亦無如之何矣。」其砭訂後學，類如此。晚年師之者日衆。

咸豐二年（一八五二）五月二十七日以疾卒，春秋五十有八。先生病甚，談笑如平時，於及門尤多訓誨。既卒，聞者莫不痛惜。所著有《困學餘録》《爲己編》《真牧雜記》各若干卷。他如《書·禹貢》《大戴禮·曾子問》、劉念臺《人極圖説》，各有注。及先生門者，以誠親炙久，屬綜先生生平，以志不忘。誠雖固陋，其何敢辭。爰取先生持身教人所及見者，勉掇成篇，惟大雅君子鑒定焉。

周布衣一菴傳

楊榮緒

布衣名思誠，字抑凡，又字一菴，烏程人。生而性行端愨，不伍常兒。稍長，就外傅，日所授書不過數行，而能得其所以云之意。又旁及老、佛諸書，觀其所以異，慨然以儒者自命，不屑於詞章句誦取科第爲事。同縣費諸生熙，有道之士，誠從之學，益大進。

誠之言曰：「仲尼之道，大而能博，自受業其門者，已得其性之所近，况千載以下之人乎？是故周、程、朱、陸諸儒者，其見不同，其説各異，要皆有得於仲尼之遺意。學者守一先生之説，操門内之戈而爲室中之鬬，是亦不可以已乎？且夫水之爲物也，苟非逆流斷港，舉可東注入海，豈必循一道哉？至於所學之失，陸、王固然，彼周、程、張、朱獨無可議者乎？要其説之合於仲尼，不可得而没也。」嘗本此義，擇宋以後諸儒之言，爲《下學指南》若干卷，異同門户之見，一抉去之。又録漢以來名臣碩儒嘉言懿行，爲《尚友編》若干卷，未成而與兵禍。

誠家貧，爲童子師自給。中歲以後，執贄其門者甚衆。誠故泛愛，雖市井小人，皆與之爲禮，就其所言而導之於善。庚辛之間（一八六〇—一八六一），賊屢攻城，誠日坐蕭寺中，與其徒講《論語》。武夫悍卒，帖然坐其下，聽其所説而敬禮之。性至孝，年四十餘，二親在堂，常率其婦嚴氏事之。二親有不豫色，必長跪請罪，俟其和霽而後起。當賊攻城時，有諷誠他遷者，誠曰：「吾父年八十有四，老病且在牀，不可轉移，吾其能遠出乎？萬一城不守，同死命也。」城破遇害。

周處士家傳

施補華

君諱思誠，字一菴，烏程布衣。生而性行端慤，不伍常兒。少長，信佛氏慈善之説，一蟲蠬不忍殺之。家世貧苦，不任僕婢。君每晨起，析薪淘米，助二親治炊。或取垢衣澣濯之，然後入塾誦書。晚歸亦如之。後受邑人聘，授童子句讀，月必數歸，省視二親，析薪淘米，助澣濯，一如少時。爲文章，詞義卓然。然君應郡縣試，輒得高等；學使者至，即病，不獲與試；或與試矣，入號舍病作，文不及終篇。蹉跎三十餘，未隸學官也。其數奇如此。先是，費先生陽熙，字少房，隱居城南道場山，治宋儒之學。其學在破程、朱、陸、王之門户，求其是而得其通，又必旁及老、佛諸家，觀其所以異。君從游數年，學遂大進。行誼純備，布衣蕉萃，門徒甚盛。

咸豐庚申、辛酉（一八六〇——一八六一），粵賊屢次攻湖城。君二親皆老病，涕泣請他徙，不許，曰：「汝畏死，宜亟去，異日破屋中收吾骸骨也。」君遂不敢復言。城之西北隅有寺曰長生，蕭寂閒曠。君與賓友數輩及門徒，日講學其中。當是時，城上下兵賊相持，礮聲震天，公私食且盡，旦暮不可保。兵入民家掠取財物，婦女老人呼，壯者匿，小兒啼。君神色無變，顧謂門徒曰：「患難，命也。朝聞道，夕死可矣。」則皆應曰「然」。同治壬戌（一八六二），君年四十六歲。五月城陷，君爲賊掠去，不知所終。或曰被殺，或曰自賊中走歸，卒於中路。君輯宋以來儒者之言，曰《下學指南》，所謂求其是而得其通者也。又欲輯自漢迄唐名臣碩儒嘉言懿行爲若干卷，曰《尚友編》，未成而與兵禍。

施氏曰：君少時遇異人，授藥一丸，黄金色，氣味芳烈。或傳君被掠時，取藥吞之，遂得尸解。雖語不可信，然余與君中表兄弟，親見此藥，不謂必無是事也。履貞抱素，詘於生而信於死，亦其理歟？

周一菴先生逸事

淩　霞

一菴先生畢生志節，蕭、施二君所爲誌傳詳矣。然尚有嘉言畸行之足以稱述者。先生爲人，其大端在孝親，終身如一日。里人或譽之，先生曰：「孝豈易言哉？其上者以德及人，牖親於道，其次則顯親而揚名。若夫温凊定省，分所當爲，烏足道哉？」自師事道峰費先生後，遂以昌明理學爲己任。每教人勿虚盜聖賢之言以欺人，必實踐聖賢之言以自勵。

在圜城中與弟子講學不輟，辨明拒賊大義，故鄉之人守志不撓，慷慨赴敵，未始非先生潛移默化之效焉。

居室卑陋，門人請易之，先生不可，曰：「以可以無取之資，取而營室，傷廉孰甚。」固辭乃止。生平篤學，於書無所不窺。謂堪輿家言，亦人子葬親急務，不可不知。聞德清羅叟十洲精斯術，師之得其傳。余家有先人壙地，在北郭外之籠山，嘗延先生履視並擇厝期。事竣貽以雙履，力辭不受，且面發赬。再三請，以爲非盜泉，乃受之。其狷介如此。又嘗病暑，身熱如燔，舌焦裂憊甚，竟不服藥，假榻比隣火神廟之空樓。一時朋舊暨諸弟子咸往問疾，先生相對清譚無惰容。倩人招余往視移時，謂氣清之人晤對可以愈疾。間閱法書名畫爲消遣，謂此即藥餌，若徒乞靈於草木，終有偏勝，非長策也。越數日，病良愈。此則禀賦之異，非恒人所可並論矣。又善績事，謂可養性靈。嗣以徒爲人役，近於玩物喪志，遂戒不爲。

余未嘗從學於先生，然每聆其緒論，輒令人鄙吝自消。今仙去已三十餘年，緬懷舊雨，於誌傳外別纂是篇，俾他日修志乘者，有所採擇焉。

書程子翔

施補華

自湖州來者，言程子翔純素澹泊，今爲道士，無若子翔者。余曰：「汝知子翔所以爲道士乎？」

子翔名符，山西一典史。其母庶也，方居湖州，與子翔之長嫂相愛。長嫂中年哭夫與子，目不見物。有子慶餘，博學至行，能事其母及子翔之母，故子翔歲致百十金，以兩老人託慶餘。慶餘亦賴以鍵户讀書，室中怡怡。兩老人竝案而食，同寢而息。咸豐庚申（一八六〇）二月，賊攻湖州，子翔自山西歸，迎母與嫂。嫂以盲不肯行。母曰：「我不忍舍若去，死命也勿徙。」子翔遂棄其官，傭書杭州，一月所入，寄其（十分之）七養之。辛酉（一八六一）十月，杭州破，湖州圍。子翔在賊中，求入湖州不得。同治壬戌（一八六二）五月，湖州破，子翔入城，則巷有賊居，户有賊據。至其家，賊撻之曰：「誰知汝母？」巷求之無有，户求之無有，受撻與駡不知其數。旦遇一人曰走矣，暮遇一人曰死矣。子翔旋出城，求之四鄉，登山而號，涉水而哭，暍無暍，寒無寒，飢無飢，渴無渴，皸手繭足，鬢鬚如蓬，蟣蝨繞衣領，其求不止。鄉之翁嫗無不禮也，童稚無不詢也，廟無不祈也，家無不禱也。如是三年，空中聞母語曰：「骨不可得矣。神鑒汝孝，宜自修。」子翔遂出家爲道士，隱於金蓋山。今之道士，宜其無若子翔也。慶餘没於賊，卒如神所言。

程孝節先生傳 新增

沈瑞琳

去郡南二十里，有金蓋山，峰巒崇厚，巖壑幽邃，其上常有雲氣，多羽客緇流棲鍊之迹。吾師程抱雲先生，實以修道隱於兹山，異書芬芬，粲溢巖室。其爲心泊然無所營，其於世淡然無所嗜，足迹不出山二十餘年。見之者以爲古之畸人焉。

初，先生以典史官山西，節歲俸所入，養其母於鄉。咸豐庚申（一八六〇）東南之亂，先生徒步數千里，歸迎母。母固慈愛先生之嫂，嫂以哭夫盲於目，不能行。母曰：「吾甯死弗舍若去。」先生遂棄官，傭書杭州，得束脩以養母。辛酉（一八六一）十月，杭州陷，先生爲賊所得，念母未殉。同治元年（一八六二）五月，湖州又陷。先生自賊中歸，狂走山谷間，伺賊隙入城求母，累不可得。賊撻之，瀕於死，逸而出，求之荒墟，晝伏夜行，升高而號，哀動道路。或告以母死矣，輒刺血漬路骨求之，無一驗者。如是三年，忽空中聞母語曰：「骨不可得，神鑒汝孝，盍入山閉修，或相見於冥冥中也。」乃遁於雲巢，度爲道士。山中人述其事，至今稱之。

潘學使衍桐使浙時，慕先生高致，三造其廬，始一見，大書以旌。所居邦人士，儒心而道行者，靡遠邇胥知先生名。夫漢季黄老之術興，而内學始名於天下。班固志道家，推原於禮學仁義。後世道術荒誕，往往依附神仙家言，以導養燒鍊殊惑庸衆。至於游神玄默，忘其身以及其親，乃舉性道，而岐之「將率性爲道」之謂。何如先生者，幽顯不易其操，水火不危其慮，駸駸有古賢之風烈。所謂至誠上感，明祇下贊，其詣至苦，其行可以風矣。

先生名符，字子翔，晚號抱雲，湖州歸安縣人也。光緒廿一年（一八九五）四月初九日，卒於山。没之日，有大雲覆精舍，時人以爲孝之異徵焉。門人私謚曰孝節先生，築其墓於菡萏山之巔。

黄翁小傳

李宗蓮少青

翁姓黄，名立幹，字理扶，鐵孫其號也，亦稱滌凡子，仁和人。先世代有隱德，八歲而孤，母陳撫之成立。性至孝，色養惟謹，三十年如一日。壯方授室，有子三。

咸豐庚辛間（一八六〇—一八六一），省城再陷，母及其二子皆殉。翁崎嶇兵間，備嘗艱苦。亂平，訪母遺秏不可得，則日躑躅於山巔水涯。或同輩於流離中得母一面者，必不遠百里走訪之，雖嚴寒盛暑不少異，久之足病。會有故人子自粤〔賊〕中脱歸，告以其母殉節狀，且志其藁葬處，得收母骨，及其王父以下七棺。同謀窆畢，遂慨然有出世志。翁婦，沈文肅公從妹也。文肅寓書招之，翁不樂仕進，辭。同治癸酉（一八七三）入雲巢，不復與家人相聞。晨起必先誦《學》《庸》一過，繼以《道德》《黄庭》。時或繙閲《道藏》，心識手寫，孜孜不倦。坐卧一小樓，人莫得而見之。如是數年，足疾瘳。

一夕，明月皎然，碧山岑寂，翁閒憩巖石間。俄夢有披鶴氅戴青巾者，前致禮，心知非常人，就叩以大道旨要，恍惚有得。林梢風動，瞿然醒。如是學愈精妙，虔修《大洞經籙》。午夜禮紫光斗儀，神鐙示現，滿室光華。其他靈異，翁祕不告人，故莫得而詳焉。壬午（一八八二）九月，復夢前道人攜壺至，飲翁酒，既醉，嘔一物如金丸子，光爍爍四射。道人促翁復吞之，曰「予杏林子也」。遂寤。次日，平子絅裳至山視翁。翁知將遺世，微及前夢。先是，翁常趺坐斗室中，凡入室者，必伺翁出方敢入。一日，高某見翁獨立庭中，遂啓扉入，則蒲團趺坐者，翁也。高驚甚，翁揮手令勿語。是夕，微示疾，夜將旦，索筆書二詩，遂坐化。時十月十四日辰刻也，年五十六歲。先，翁之入山，委家不復問。至是檢篋中，有余太史弼往還書，因就余求其家屬，其幼子名世勛者，來山奉柩歸。

世勛年未冠，有聲庠序，遂述其家世如此。而平子復記翁夢仙事，請予傳，因摭其略而書之。

疏復雲巢故址小引

閔聲

山川之奥區，得真隱而始彰，歷世既久，又賴夫賢而有力者扶持而振興之，乃不至於終泯也。

金蓋山者，洵吴興之奥區矣，碧浪浸其跟，道場諸山羅列環衞，入其中幽修以深，升其巔，蒼然蟠結於雲氣之表，有若巢焉，故隖曰雲巢。劉宋時，陸簡寂先生植梅自給，養真於此，春谷之名所由著也。同光間，羽士宫無上雲遊至此，嘗植桐致鳳，鑿池成字而去。宋熙甯中，華亭梅子春出其居資，構屋一藏，以引天下高人。東林沈東老爲築齋假龕，以奉吕祖。已而俱毁於火。至元至正，吾遠祖牧齋公重興之，趙仲穆爲之記。蓋其地顯自六朝，炳彪於宋元。又有名賢逸士，後先踵接其閒。若顔真卿、蘇子瞻之徒，宦遊憑眺；衞正節、孫太初之輩，寄跡流連。勝地之不没，甯非之數人扶持之力歟？

今且幾五百年，野無遺逸，名公大人足跡罕至，古蹟淪於榛莽。向者養真修道之資，盡歸牧豎樵夫之手。間有幽人羽客攜瓢而來，鳥託猿棲，餐霞食蕨，無所恃而安，則不終歲而去。千百載名區勝壤，將遂泯焉。其高情越世者，能不懷古而動心哉？夫踵事增華，以壯遊觀之所，物换星移，無復過而問之者，出其囊餘，保勝蹟於不泯，其事其人，共有千古。而況雲巢南眺菰城，北望具區，振而興之，亦足以恣遊觀之樂。至於扶持勝蹟，衞道傳宗，厥功大矣。兹將清鼇舊址，拓地更新，訪求雅懷，仰成豪舉，則當表以貞珉，俾夫登覽者徘徊景慕，稱誦勿衰，曰此某代某人之遺蹟，而賢君子某某者相與扶持而振興之者也。豈不與顔、蘇諸賢媲美於無窮哉？是所望於有力者。

順治十五年（一六五八）秋七月望日，晟溪雪蓑氏閔聲謹疏并書，時年七十有四。

原　引〔一〕

陶　然

果求大道，何須海外蓬山；如覓小天，頗有人閒林屋。此江浙同人所爲敬奉純陽吕祖師仙壇於兹巢也。尋去登山之夢，捧日何從；問來采石之家，撥雲斯在。霏微嵐影，高人覩妙而長留；清遠經聲，道侶步虚而時到。顧燒金待轉，且將飯煮青精；釀玉未成，那免茶烹緑髓。大則香壇藥砌，修葺宜勤；細而木几藤輪，補苴亦急。縱不必快取攜於滿篋，亦何堪歎羞澀於空囊。爰有同人，共襄制産。山青水湛，饒菱芡而足樵蘇；陌廣田肥，長桑麻而多禾黍。隸版圖以納賦，義著稱名；規種蒔以徵租，人多勤業。慎司扃鑰，待需豈

〔一〕整理者按：原引即復雲巢故址小引。

計多藏；詳著簿書，積貯無虞虛耗。定爲琅函捧得，守在芝廛；莫教錫杖飛來，施同檀越。由是深林託迹，不苦大藥無資；祕訣存思，便問長生有籍。候鸞鶴於仙路，頻染烟霞；衞龍虎於丹鑪，任遲日月。亭亭金蓋，高峰雲起何窮；鬱鬱銀宫，古篆香飄不斷。未必滄桑即易，後有萬年；將與川嶽永貞，長如一日。恭疏小引，勉贊芳猷。

時維康熙十有三年（一六七四），陶然石菴氏謹疏。

疏拓梅華觀址小引

桐鄉 沈長庚

夫涉嚴瀨者，企釣魚之榭；登孤山者，緬放鶴之亭。處士何居，問七松於林下；先生安在，栽五柳於宅邊。斯蓋亭亭於物表，固宜惓惓於人心。湖郡金蓋山撥雲巢，前宋陸簡寂先生棲隱處也。時在鶴書下賁，鳳翥高騫，作世外之仙人，笑山中之宰相，牽白雲以補屋，鋤明月而種梅。王冕既香浮茅舍，林逋亦花繞蓬廬。而且關尹迎門，著書依然五千卷；陽城主席，薰德何止三千人。此固挹清華於水木，非特放情志於烟霞者矣。然而林泉誰主，棟宇無靈。過宣城之宅，猶稱謝家青山；涉午橋之莊，誰説裴公緑野。茲有懶雲閔先生，談玄窺衆妙之門，探道入古人之室，寄逸軌於巖阿，敞舊基之林麓，仍顔曰「古梅華觀」。觀之西南，尚有沙山一帶，欲輸金而拓地，必集腋以成裘。伏願儒林丈人，德門吉士，知爲善之最樂，信種福之有基，分陸賈之金以買山，借陶朱之錢以種樹。豈特丹房紫館，舊院是新；行見碧甃金溝，靈區斯宅。化宇宙爲學士文人，同是一家眷屬；書姓氏於琅函琳篆，即爲八會仙經。

嘉慶十有三年（一八〇八）八月　日。

金蓋志略序〔一〕

吴江張　城號竹虚

湖州多佳山水，北爲弁山，即小梅山，南爲金蓋。其中吉壤勝境，不可指數。城有遠祖墓在弁山。今年，城爲葬考妣，擇地於是，游歷殆遍，時寓於金蓋山之雲巢。先，余嘗夢遊雲巢，未知其處也。懶雲閔先生居雲巢，見而異之，似落落相識者。立談之頃，恍憶前夢。後見梅華館、桐鳳隖諸處，亦皆夢中所見。始知山水有緣，非虚語也。居數日，又夢道人，稱姓陸，云善地即在弁山左右。及寤，以語先生。先生曰：「此金蓋開山道祖陸簡寂也。」所云當不誤。後果於祖墳旁得餘地，可數弓，堪輿家以爲可用，遂遷王父母柩而合葬焉。

〔一〕整理者按：此序後原有《金蓋志略》正文，被編者李宗蓮删除。嗣後刊刻者淩鶚又補入，即本卷之後的《閔小艮先生金蓋志略》。

余歸雲巢，拜簡寂先生，并乞爲懶雲先生門下。先生出示所集《金蓋志略》，乃知雲巢始末，實爲歷代理學宗門，非祇清淨道場也。城益深敬，乃捐資刊刻《志略》行世，俾知名山講席，洵有源派也。是爲序。

時在嘉慶十四年（一八〇九）四月十四日。

志略後跋

錢塘黄　輝

杜少陵云：「安得廣厦千萬間，大庇天下寒士皆歡顔。」此老在茅屋中發此奇想，其胸中學問度量，千載下猶可想見之。湖郡閔譜芝先生，抱經濟才，遍游天下名山川以擴其聞見，晚乃隱於金蓋，地曰雲巢。初，先生讀書雲巢，得陸簡寂、衞正節諸公之蹟而異之，慨然以復古任。無何，官滇南數年，以外憂旋歸，復入金蓋，遂有終焉之志。乃鳌古梅華館之正址，構講堂數楹。以吕師之所嘗託迹也，中奉吕師像。其外樓閣廊廡，諸築稱是。又墾其地之零餘，及他人所侵占者購而入之。又續置稻畦若干畝，菜畦若干畝，柴山若干畝，蓋計所費不下數萬金矣。先生嘗語輝曰：「自先聖人設教洙泗，其後鹿洞、鵝湖最著。予於雲巢，竊有志焉，將俾遠近遊學者處之，延耆宿輩主其事，其朝夕水火之給，與夫脩脯之奉，取資於稻畦柴山中。然一歲之入，終虞不支，因擬縱遊江淮南北間，冀遇一二同心，共成此志。」行有日矣，先生來別輝，出示所作《金蓋志略》，并沈真陽先生所記二十八勝序，命余爲之跋。閒考支道林作《天台銘》，孔靈府作《會稽記》，兹編詳列金蓋遺跡，靡有所遺，不特有以慰前哲之心，即金蓋有靈，亦當永永呵護矣。輝時讀書青平山，不獲侍先生遊，然筆墨之責，所不敢辭。爰爲志其顛末如此，蓋不勝杜老寒士歡顔之感云爾。

嘉慶己巳歲（一八〇九）七月晦。

自述

閔苕旉

余之辭山也，蓋有故。嘗聞之，志士不素餐。安敢以山居而忽諸？況山居所食，非善信之脂膏，即祖師之法食，降而下之，亦無非司事心血化成者。豈不聞「施主一粒粟，大如須彌山，吃了不了道，披毛帶角還」？且此山爲吴興勝地，《道藏》曰梅華島，郭景純謂「脉接黄山，竅開林屋」者。山境之靈如此。其歷朝人物，則有葛祖、陸祖、宫無上、衛正節、陶靖菴諸上士，皆以忠孝之資昇證神仙者。神日鑒之，何敢以曾建微勞，安居無愧？矧究吾致緣之由，浦江徐子舍其法，姑蘇洪子與之財。度地鳩工，又有姚、王、楊、費、沈、陳諸君分任之。余有何力？計余入山十四年，舍貲僅十分之四，兹囊告竭，年亦漸衰。山中草創麤具，卒無數世磐石之安。倘不力再圖維，烏乎可？余之辭山也，以此故。識此以見余志云。

嘉慶十四年（一八〇九）四月十六日。

記金蓋山名勝

沈真揚

序〔一〕

大凡天下之奇山水，必賴有一時之奇人託足於斯，而後其傳必不朽。浙東、西山水，可謂奇矣。然錢江、西湖、天台、雁蕩，名甲宇宙，不得錢婆留、李鄴侯、支道林、謝臨川之輩，則又烏得而傳？湖郡金蓋山，亦浙西之奇窟也。而其初未嘗傳，傳自尹無我、何克正、陸簡寂、梅子春、衛正節、趙文敏、陶靖菴諸公。始諸公以學問文章光顯人世。故即其杖履所歷，雖窮墟僻壤，皆可以傳。而自靖菴先生歿，則金蓋山杳無人焉。余友閔譜芝，爲元閔牧齋先生十八世孫。初入金蓋讀書，跡衛、陸諸公之址，得梅華隝焉。續出橐金，置田若干畝，地若干畝，誓將重興金蓋，而力猶未逮。余往來兹山甚熟，而與譜芝交又甚契，嘗以陸、衛諸公之學問文章相勸勉，又拊而說曰：「功名有數，而志古人之志，興古人之蹟，雖有數亦不得而限。儒者志在千古，行在跬步，豈徒以浮慕爲哉？」余嘉譜芝之志可復古，冀其能

〔一〕整理者按：「序」字原與「記金蓋山名勝」諸字同行，此處結合文義，調整結構，分作上下兩級標題。

爲金蓋主席也。閒於游屐所至，或一古蹟，一小景，先與譜芝志其地，并其所傳之人。譜芝亦有意於一時奇人之數也，每縋幽鑿險，不辭其瘁，務使有美畢彰，因得合於古者凡一十八景，加新增十景，爲金蓋二十八勝，以俟千百世後，接踵之奇人知而傳之，而春谷理學之風亦賴以不墜。吾於譜芝有厚望焉。

時在乾隆壬寅（一七八二）春孟日。

金蓋出雲

紫宫翳華蓋，霏霏蟠五雲。神仙八百輩，千載毓靈芬。

中黄積翠

中黄數十丈，松柏翠交加。仙人渺何處，開老古藤花。

呂潭子龍

鑿池湧新泉，潭成兩口字。中有龍子生，蜿蜒動風雨。

桐隖幺鳳

萋萋古桐樹，碧色混太清。至今朝陽出，猶有鳳雛鳴。

菰城晚烟

渺渺蒼烟横，蕭蕭暮雨積。杖策古菰城，草滿春山碧。

梅島晴雪

當年梅子春，此地創書院。立雪更何人，梅花空倚徧。

何山曉鐘何楷讀書處。楷每晨起，自撞大鐘，其四山小鐘皆應，無虚日焉。有不應者，必呵斥之，亦可想見其教鐸之嚴也。

上方蒲牢吼，編鐘四山應。誰住讀書堂，吴興何克正。

趙莊夜月趙文敏讀書處，地在金蓋西北。

寂寂此良夜，土牆蘿月春。惟餘舊花木，不見捲簾人。

荻岡夜泊

倚岡結村落，荻葦滿溪生。黄昏漁火上，不見一人行。

溪亭漁隱

翼然回瀾亭，影跨溪當中。老漁一聲邃，溪上白雲空。

南浦征帆

野水沿塘緑，孤帆隔樹明。登樓望南浦，空繫别離情。

東林挂日尹無我嘗宴客山中，約以日暮散。至期晚鐘四起，而日不移晷。客力告辭，及出門，已夜半矣。故有挂日之名。

白日在天中，衆生常苦夜。醮罷出深山，壺中知造化。

慶園叢桂

慶園古桂樹，老幹碧苔封。願隨劉安去，招隱小山中。

蘧雲飛瀑蘧雲，菴名。亦梅子春築，爲藕益禪師注經之所。其址無考。

懸流界空碧，直下萬丈潭。蘧然夢驚覺，身在白雲龕。

沙岡竹雨

朝度章嶺西，息足沙岡上。密竹如擁帚，亂埽青嵐障。

篠蕩秋聲

放舟篠蕩中，人在秋聲裏。月明閒倚篷，多少魚出水。

竹嶼麥浪

新篁摶緑陰，背菴一徑細。放眼十頃田，風捲麥潮起。

章嶺松濤

昨日宿章嶺，春枕怒濤聲。早起出門看，萬松開曉晴。

菡萏承蓋以下新增十景。

天半罡風起，吹落菡萏花。朝來偶一坐，飛到梵王家。

具區湧金

日出具區東，盪水三萬頃。魚龍不敢睡，變作金壇影。

春谷梅隱

梅花滿春谷，道士拍手呼。無人能彷彿，只有一林逋。

尋真溪勝

恍惚桃花源，笑問此何處。溪中人語云，尋真從此去。

雲壑茶烟

采荈足清供，烹泉助苦吟。荒菴何足守，頗有歲寒心。

蓮莊漁唱

繞莊植荷花，花紅波自緑。鄰女來釣魚，誤唱采蓮曲。

西澗紅蘭山之陰多蘭草，其最異者朱蘭也，其花裏朱而心素，殆仙品也。余嘗三見之。

幾度春風裏，尋蘭到澗隅。本來仙子綬，不是誤施朱。

閔苕敷

小溪秋漲

蒹葭忽吹老，溪影動柴門。鷗棲欣有託，釣翁邈無言。

妝臺春曉

一從春申亡，妝臺亦荒穢。當年專寵者，即是李園妹。

甘泉巨跡南金蓋峰南有巨人跡，中有泉，味頗甘。

不見巨靈掌，乃留巨靈跡。湧泉味獨甘，疑是青泥髓。〔一〕

金蓋出雲

東西兩天目，分支結金蓋。雲纔出樹閒，雨已徧山外。

中黄積翠

我聞中黄山，松柏入天青。待得我來晚，看人斸茯苓。

呂潭子龍

鑿潭養守宫，尺蠖有時屈。用汝作霖雨，終非池中物。

〔一〕整理者按：以上爲沈真陽撰《金蓋名勝記》，以下爲閔苕敷撰。

桐隖幺鳳

尚有雙桐緑，曾無幺鳳來。神仙偶住世，靈跡比蓬萊。

菰城晚烟

暮色菰城外，炊烟幾處新。昇平無黷武，不復説春申。

梅島晴雪

深隖無人跡，凋殘梅百株。夜深明月好，能有鶴來無。

趙莊夜月

不見莊中人，依依莊外月。見門欲彈指，苔蝕金屈戌。

何山曉鐘

枕上聽清鐘，窗明四山曉。下方多少人，幾個夢了了。

荻岡夜泊

西風蘆荻秋，繫纜天欲暮。隔樹見漁燈，知是前溪渡。

溪亭漁隱

自買釣魚舟，始覺漁家好。溪長稅又寬，忘却漁翁老。

章嶺松濤

葉上翏翏起，風濤忽滿山。移情有如此，海島學琴還。

沙岡竹雨

杖策登沙岡，塵慮邈以息。密竹散重陰，蒼涼來雨色。

南浦征帆

野水不生波，秋光澹疎柳。斜塘微雨過，日曬布帆走。

東林掛日

半日山中宴，神仙不再逢。常如一片日，掛在東谿松。

竹嶼麥浪

春來看麥時，麥苗纔迸雪。博得浪花飛，農夫汗如血。

篠蕩秋聲

夜宿篠蕩中，秋聲澹人慮。開門月滿山，卻問聲來處。

慶園叢桂

慶園久荒蕪，桂樹幾叢碧。試問小山中，誰是淮南客。

蘧雲飛瀑

藕師從西來，駐錫託幽奥。當户挂巖泉，紅塵飛不到。

春谷探梅

梅花三百樹，待我挂詩瓢。一夜春風至，吹香過石橋。

西澗紅蘭

道人愛谿水，來浴紫金丹。至今西澗裹，猶是長紅蘭。

尋真溪勝

放舟尋真溪，溪深舟屢轉。真面果何如，一步一回變。

蓮莊漁唱

數聲漁唱起，放眼水雲鄉。便欲移家住，何如潭北莊。

小溪秋漲

鏡中堪著我，碧色滿船窗。溪曲疑無地，白鷗飛一雙。

雲壑茶烟

煮茗消長晝，浮烟一縷生。古壇人跡少，風度步虚聲。

妝臺春曉

我思春申君，誤作翟陽賈。昔日故宮人，妝臺同糞土。

巨靈甘泉

誰遣巨靈胡，此地著奇跡。我來酌甘泉，緬思禹王澤。

具區湧金

朝暾上扶桑，光景具區裏。長者須達多，布地金如水。

菡萏承蓋

何年太崋峰，飛來菰城外。小山俯首承，芩麗張金蓋。

躡雲圖詩

分得還字　　張澹

道光十年（一八三〇）十月十九日，苕溪詩老挈伴來游山。瓜皮艇子盪破一湖碧，早見塔影紅出雲霞間。道場峴首一一解迎客，船頭船尾上下垂烟鬟。方屏車蓋變態不可狀，釣魚浮玉離立如排班。櫓聲啞軋響答荻花舞，霜林掩映一抹明桃灣。鷗群水面宛若舊相識，引人入勝小憩來茅庵。枯僧壞佛相視驚且怪，淋漓醉墨題壁何嬉酣。行行止止前有一亭俟，松篁夾道澗水鳴淙潺。芒鞋踏葉聯臂入雲去，雲中鸞鶴拍翅邀吟驂。仙山樓閣縹緲插雲際，紫烟翠靄金碧開晴嵐。重陽已過秋色尚無恙，想見駐顔妙術花同參。惟有仙人可望不可即，或者道根淺鈍仙緣慳。題詩飲酒亦足一生了，何必大丹九轉童顔還。惜無蟹螯左手供大嚼，茗柯實理共啜雲泉甘。斜陽隔嶺促客解歸榜，山禽格格似笑詩人頑。我生百年能得幾回樂，況復勝地勝侶同躋攀。不辭丹青紀勝作圖繪，風塵面目恐對山靈慚。

得來字　　奚疑

欲續龍山會，扁舟載酒來。躡雲尋古道，攜客上層臺。風迴葉初落，霜寒菊尚開。共題新得句，絶壁埽莓苔。

得就字　　戴蒓

游山如讀書，奇處必共究。濟勝縱有具，無侶每抱疚。詞林有玉田，謂春水。瓢笠遠相就。言訪金蓋雲，喜無風雨候。廣廬集巾裾，賤子耻居右。揚舲由玉湖，波光漾明秀。塵屑一分飛，談鋒競馳驟。頓使煩襟寬，不妨矮篷陋。須臾挈小蠻，枯庵互飲酎。酒酣出奇句，石背墨痕透。先至潮音庵，春水題詩於壁。竊謂境與情，即此已難覯。譬如張三軍，螯弧效先奏。側帽遂入山，落葉積層岫。竹秉高人幽，石立美人瘦。鈴鐸語空中，亭臺工結構。洞址認清和，記載或非謬。殘菊雖離披，老黄雜橘柚。山靈知客來，垂容破晴晝。不遇回道人，青枕祕納袖。此外黄冠流，憑誰紫笈授。丹汞希學仙，參苓冀益壽。倘逢沈東老，未必樂邂逅。瀹茗雲泉甘，清味詩脾漱。聯句銅盔催，聲高澈巖溜。但覺才氣揚，不矜險韻鬭。兀然峙騷壇，金翠付雕鏤。夕日倏已沈，不歸猿鶴詬。拖筇踏蘚斑，回首出雲竇。嗟嗟百年中，鼎鼎雙丸走。束縛遭塵袜，爨桐有誰救。今者山水緣，良會登高又。補寫題糕詞，便可買絲繡。紀游更作圖，滿紙雲烟皺。

得花字　張墀

下菰城畔作浮家，落葉西風一徑斜。竹戰似聽疏雨灑，山深不礙冷雲遮。尚餘殘墨詩堪補，此去前邨酒可賒。爲愛晚香如待我，東籬遲放兩三花。

得菊字　戴銘金

舊雨今雨餐山緑，同向陰厓訪茅屋。到門寒翠挺修竹，丹房環以曲闌曲。野鶴飛來就雲宿，幽人分得仙人福。是時十月風如鏃，節過重陽會可續。登臨不亞龍山麓，帽簷狂態簪殘菊。白衣不來送靈醁，瓶笙沸響茶初熟。當年正節留芳躅，樓外松聲伴夜讀。我今廢讀殊碌碌，乞食淮陰被人辱。笠屐招邀雞黍局，杖頭百錢辦未足。山靈倘許一椽築，采藥長騎掛牌鹿。

陳綱 嗜梅

昔年載酒此經過，三十餘年一刹那。滿徑竹陰上衣袖，一枝梅影挂烟蘿。看山客感登樓賦，懷古人傳高士歌。幸得雪中鴻爪在，披圖重問撥雲窩。

楊維崑 樸山

金蓋之峰矗天半，茫茫雲海分浩瀚。白雲裹住青山根，陡從樹杪飛樓觀。霜風已老秋氣高，三吴詩客興何豪。杖藜挈伴入雲去，松風謖謖泉怒號。有酒足持螯，有詩敢題糕。此來不減登高興，重陽雅會何妨叨。年來詩膽如天大，酒酣興足更無憚。芒鞋布襪得得來，直拚脚踏浮雲破。一埽雲烟入畫圖，詩成落盡珍珠唾。往事流連劇可哀，我來展卷重徘徊。掛瓢人去不可作，逸老詩壇半緑苔。此會居然足勝事，前輩風流尚在哉。殷勤重向山靈祝，莫放山雲出山麓。只應長作隴頭眠，免教誤涉風波惡。

宜興崔書輔 仲綸

仙山不可到，到此亦有緣。來游苕溪上，三遇菊花天。兩次遊道場，一上峴山巔。未識撥雲巢，此心尚歉然。今秋復來此，鼓興箭激弦。盪舟二十里，玆山來眼前。村際一以眺，北流水涓涓。石徑入深曲，循行一條鞭。行行復止止，一亭小於船。挈伴穿雲去，松筠紛鉤連。壺嶠近可接，琳宮峨高騫。道侶多舊雨，齋厨殷相延。心燈溯自昔，湫池穿何年。

種梅閱寒暑，據梧忘蹄筌。高樓仙人屋，參壇斯告虔。天台鶴飛來，潮聲盈耳邊。鸞示如晤語，膺服常拳拳。用乩示語。既事辭衆去，落日明歸舷。明晨二客至，持卷索新篇。妙繪張春水，佳詠羅諸賢。貂續慚蕪陋，驥坿相後先。聊志勝游概，衆山渺齊烟。

閔寶樑六楡

天下名山知多少，不遇名流有誰曉。名流能畫復能詩，從此名山共爭道。巍巍金蓋高插天，蒼茫樓閣伴雲眠。幽人來往恣幽賞，攀援欲上翠微巔。庚寅初冬日十九，攜侶來游一老叟。聯吟分詠數千言，更繪丹青弁詩首。生平圖畫喜珍藏，好將卷帙付裝潢。徵得友人詞滿紙，長歌短曲盡琳瑯。回憶少時曾小住，讀書暇時上山去。芒鞋布襪一身輕，躡雲直到雲深處。

憶雲圖記

前人

吴興城南十五里，有山曰金蓋。山半曰雲巢，一名古梅花館，純陽仙師降真處，爲余遠祖元處士牧齋公讀書處。乾隆中，譜芝叔大父從而恢擴之，建純陽宫。錢唐吴穀人宫詹記其事，梁山舟學士書諸石。道光庚寅（一八三〇）十月十九日，烏程奚虚白、疑。吴江張春水、澹。歸安張瘦山、墀。德清戴銅士、銘金。味秋蘸。來游，作展重陽會聯句。詩成，奚君書諸讀書堂壁。咸豐辛亥（一八五一），虛白復偕松愿上人來山，見前詩猶存，又賦七絶四章，所謂「不到名山逾廿載，此來又值展重陽」，時亦十月十九日也。壬子（一八五二）夏，余自楚皖歸，入山訪舊，見虛白翁重題佳什，即思繪圖徵詩。爰訪翁於城南榆樓，出示一卷，知春水已繪《躡雲圖》。〔五人〕各賦一詩，以「還來就菊花」五字，分韻朗吟一過。不禁狂喜乞歸，付之裝池，遍徵題詠。余已忝附七古一章，藏之山中，以爲山門永鎮。戊午（一八五八）筮仕中州，瀕行時登山披閲，展玩不已，囑在山諸君珍守弗替。客歲改官江左，得友人書，知雲巢已遭秦炬，圖亦劫灰，不禁感慨係之矣。幸原題諸詠，猶能記憶數首，用是手録成帙，并丐俞少甫廣文重繪一圖，合爲一卷，名曰《憶雲》。再徵佳詠，以爲他日重新之券云爾。

同治癸亥（一八六三）上巳日識於申江旅次。

震澤俞　岳少甫

清遠吴興載酒過，南山雲比北山多。頻羅學士留遺墨，一序堪追晉永和。

柏因古社幾亭臺，烽火頻年付劫灰。恰憶君家老居士，重尋遺跡入山來。

烏程徐有珂小豁

舊是神仙窟，倉皇劫火臨。此時遇佳節，誰與矢清吟。人事有興廢，山光無古今。同棲滄海畔，遥望白雲深。

德清俞　樾蔭甫

昔賢高詠處，亂後竟如何。見説梅花館，荒涼榛莽多。風流賸圖畫，景物失巖阿。歲歲重陽節，無人載酒過。

中興吾及見，且喜又逢君。試泛玉湖月，重尋金蓋雲。前游半春夢，老輩盡秋墳。援筆題斯卷，淒涼感舊文。

吴江費延釐芸舫

吴興山水稱清遠，薄宦頻年猶未歸。君數游踪捫蘚壁，吾從畫本認苔磯。文留片石驚鴻戲，人去千年老鶴飛。何日相從苕霅路，白雲深處款巖扉。

歸安沈秉成仲復

前賢觴詠足風流，留得青山話舊游。記否當年作重九，攀雲曾踏亂峰秋。

重裝翰墨誦清芬，三日爲霖却羡君。笑我金焦徒管領，年來間煞故山雲。

歸安楊　峴見山

憶向雲巢住，回頭四十年。重來誰舊雨，陳跡已如烟。蒼狗人爭詫，紅羊劫可憐。展君圖畫看，老淚欲潸然。

湘陰顔其政半三

不踏山雲久，勞勞已十年。隨身只琴劍，飛夢到林泉。浩劫餘焦土，名圖勝輞川。幾時同買棹，一醉翠微巔。

歸安吴　雲平齋

鯨鯢百萬鼓腥風，乾坤黯淡劫火紅。回首家山不可見，雲巢金蓋蒼莽中。君來示我圖一軸，滿紙烟雲動棖觸。罔回澗曲認依稀，古寺僧寮猶在目。憶昔陸公此結廬，萬樹梅花坐讀書。空山守户驅猿鶴，幽閣焚香勘魯魚。百年陸氏歎莊荒，爭説神仙下帝鄉。靈跡至今傳羽客，元機終古閟丹房。宋元代有傳人出，占此名山開講席。四方問字輒停車，千里從游多負笈。回頭往事等浮埃，紺宇琳宫没草萊。日落鼪鼯盤古磴，風高麋鹿走荒臺。峙庭中丞發宏願，廣集群公闢宫殿。金碧琉璃耀佛光，莊嚴七寶空中見。譜芝山人慧業精，旁拓筠廊結構新。彌羅寶閣詮真誥，撥雲精舍誦黄庭。雲山經用鮮明始，三教名流常會此。白拂談玄證道心，清詞飛雪參宗旨。年年勝事逢良日，劈箋分題詩滿壁。時清草木亦華滋，肯把風光負佳節。無何劫起恒河沙，中原盜賊亂如麻。烽烟極目鬱無際，青燐白骨遍天涯。我鄉山水最清遠，痛遭殺戮到雞犬。名區勝蹟盡成灰，池館樓臺皆消殄。昊天悔禍賊就擒，郊原城郭賸荆榛。不見人烟但鬼哭，從古浩劫無此深。覽君圖畫悲前事，擊斷如意歌不置。他時重問水雲鄉，欲續勝會在何處。吁嗟，欲續勝會在何處。

烏程閔希濂一瀛

抛卻漁竿去盍簪，劇憐兵火故山侵。巢痕空有游仙夢，劫火難灰憶舊心。烟靄猶然存氣象，丹青聊復寫胸襟。翦茅築舍芝田耨，憔悴雲扃度陸沈。

懶雲心血盡巖阿，傑閣幽寮結構多。昔日黄庭相指授，今朝雲笈孰摩挲。鶴歸華表真無賴，鹿走頹垣奈若何。原説仙家難免劫，劫來先絶鬼神訶。

六館逍遥萬象吞，酒人詞侣集雲根。重陽已過何妨展，金蓋窮探不厭煩。杏樹古壇空畫本，梅花破屋弔詩魂。續貂有句難追憶，轉悔當年稿未存。《躡雲圖》前曾題過。

少年形蹟一頑仙，屢擷荷衣憩蕙櫋。手捉魚龍曾落澗，館東有子龍潭。眼看星斗欲捫天。消磨壯志吾衰矣，落拓遐荒予浩然。時館穀粤東。子每憶雲癡叔甚，瓣香待與話諸賢。

平湖王大經曉蓮

清遠猶存劫後山，一官空負舊孱顔。白雲深處思遺躅，何日誅茅共往還。

舊年，秋遂營隱菁山，遇病不果行。近復約遊金蓋，會余觸殘暑，入吴山。秋遂來，船郵相失惘然　　南　潛

幾番烟水縈苕上，悶把圖經掩不看。金蓋書巢傳姓古，昭回墨雨隔年寒。可無雙影艇將去，放過千山樹色丹。孤跡此時真野鶴，詩成正立蓼花灘。《月公集》

得秋遂山信，寄小雪前一夕宿金蓋山，同其韻　　南　潛

閒中游計作波瀾，試踏山山翠浪乾。衣染霜天分雁色，厓垂紅樹當花看。舊吴塔遠留孤影，新夢苕青閏曉寒。七十二峰隨眼得，爲君倚閣數迴巒。同上

己巳春信宿山中　　沈秉成

地僻鳥聲寂，山中别有天。嵐濃三面合，磬澈數聲圓。雛鳳竹間在，癡龍潭底眠。依依不忍去，小住亦登仙。

塵寰何擾擾，吾自樂吾天。風激泉聲碎，雲籠松蓋圓。此間堪静坐，無事且高眠。久視長生術，心香叩列仙。

次前題

歸安丁紹芬曉芳

左右多修竹，清和古洞天。山蒸嵐氣潤，潭印月光圓。沙淺鷺交舞，雲開鶴未眠。靜中參妙理，墨戲亦游仙。

九日登金蓋山宿古梅花觀

吴鍾奇

遠望雲際山，不見金蓋頂。及登此山巔，始覺絶人境。回視菰城中，蒼煙餘墙影。我來值重陽，忻逢天宇迥。終歲逐塵纓，藉此片時屏。爰憩古琳宫，梅花萬樹静。雖非及花時，心香可意領。更訪古儒冠，謂陳子翔先生。清譚瀹苦茗。情話甫移時，歸巢鶴屢警。止酒解萸囊，觀中戒飲酒。供饌列丹鼎。隨意讀道書，竟夕撫清景。秋高萬籟虚，地曠一心憬。雞犬夢無聲，戛然發深省。明當辭白雲，采菊尋歸艇。

游金蓋山至白雲泉小憩

前人

雲起知何處，泉清直到今。泠然思太古，不覺動人心。坐待山間月，如聞海上琴。振衣莫長嘯，恐觸蟄龍吟。

上巳後三日同吴荆樵光絅遊撥雲巢紀事

施　薰

南郭釣遊地，滄桑已非故。託寄鷺溪頭，今雨時相顧。招招舟子來，隔水卬須渡。舍舟快登陸，翠微歷回互。一徑石梁平，百道奔泉怒。徘徊憩亭陰，長空飛鳥度。微風吹我衣，松花香滿路。修竹百千竿，琳宫白雲護。矯矯金蓋峰，衆山羅列坿。拾級見飛閣，依稀入霞霧。蕭蕭竹聲寒，陰雲倏起布。微雨潭上來，雨色風吹去。石磴滑莓苔，拄杖且徐步。俯仰巖壑間，相得有真趣。莫謂古人癡，疾結烟霞痼。瞻觀神仙境，清虚豁妙悟。新茗泛磁甌，石鼎烹花露。書堂款坐談，清興更堪助。輕舉遺世想，往往令人慕。樂此欲忘歸，西山日云暮。

秋日遊金蓋山

安吉吴俊卿蒼石

漫山白雲起，浩蕩得兹遊。竹影暗交翠，天風横素秋。鳥啼谿澗寂，花落洞門幽。多少巢居客，黄冠只自由。

游雲巢作歌

德清徐士駢渠生

苕溪山色誇城南，雲巢萬丈横翠嵐。久聞勝境未登歷，特攜短櫂窮搜探。晴湖瀲灩足春水，道場窪尊繞船尾。連朝殢雨苦不出，忽訝花光已如此。深山窈冥何處邊，停舟問訊清谿前。連崖翠靄不知路，耳邊泱泱鳴幽泉。初緣修澗歷曲折，旋隨仄徑相躋攀。滿地雲松動寒吹，萬竿風篠摇春烟。華蓋一峰淩絶表，風鬟娟秀眉黛好。衆峰互抱列屏障，古樹森然出林杪。僧寮小憩桃李芳，亂披霞錦叠雪裳。仙人羽鶴渺何許，天花吹落春風香。何公書堂久傾圮，衛氏荒墳古苔紫。梅樹桐花兩寂然，歷數群賢感彈指。舊有桐華、梅樹，爲沈東老、梅子春所植。惟有雲氣終古存，怪異時藏深洞底。山人掀眉爲余言，每遇天陰挾龍起。初時隱約僅膚寸，頃刻瀰漫數十里。始知山竅接林屋，變化萬狀不可擬。郭景純謂雲巢脉接黄山，竅通林屋。莫鐘摇摇催我歸，迴飆更逐溪雲飛。菰蒲獵獵起暝色，湖山回望烟霏微。茲游風景信奇崛，鹿洞鵝峰未足匹。已驚胸次氣鬱盤，更喜歸來眼突兀。

訪懶雲山人

嘉興沈步瀛雲客

曲逕盤紆客到稀，竹梧深處有禪扉。緑陰滿院雨初歇，清磬一聲雲未歸。茗椀風生方丈室，鵲鑪香繞苾芻衣。我來頓覺塵心靜，試向池邊話落暉。

清和洞天

德清沈　澄白華

何處名山隱跡多，南苕溪上白雲窩。潭留兩口清涼水，一飲能教心氣和。晉時月色宋梅華，高士栽培道士家。泉石因緣清福地，幾生修得伴烟霞。桐隝依舊綠陰成，東老重來幺鳳鳴。霎眼樓臺耀金碧，丹崖青嶂日初明。清和何日洞門開，實待神仙八百回。行盡尋真溪畔路，更移一步入蓬萊。煙巒萬種一圖收，鴻印無心雪上留。筆底始知通造化，山川人物自春秋。

自上金寺入雲巢

李宗蓮少青

一徑入深翠，幽然萬慮平。雲行知道在，花落悟身輕。曉色諸天近，禪心初地清。遥聞笙鶴過，舉步是瑶京。

雲巢曉起

苔痕侵曉綠，微雨溼庭陰。得醉何關酒，無絃亦趣琴。梅花多道氣，詩句雜仙心。散髮松林下，黄冠不待簪。

與白華道人入雲巢

野鶴歸來識者稀，飄然一笠叩巖扉。寒雲半掩尋真路，卻逐疎鐘入翠微。

雲巢玩月和白華韻

松風拂危石，天籟靜中鳴。野鶴自來去，碧山空月明。

止止亭題壁

歸安何福同

奚事苦行役，人生有止時。屐痕青草認，山意白雲知。坐我孤亭悄，看山春日遲。光陰原過客，笑爾欲何之。

遊金蓋山遇李夢梅，集句贈之

不用金丹苦駐顔，蘇軾。空門無處亦無關。武元衡。胸中壯氣猶須遣，白居易。世上浮名好似閒。岑參。萬卷圖書千户貴。殷文圭。半潭秋水一房山，李洞。逢人不説人間事，杜荀鶴。

認得詩人在此間。劉禹錫。

讀閔小艮先生所著書

泉唐閨秀汪　端允莊

元亭人説子雲居，疏瀹靈源欲問渠。奇字定能箋碧落，高文應不羨黄初。廣成子後無丹訣，太極圖中有道書。埽盡浮雲消盡翳，一簾松月夜牕虚。

閔小艮先生輓詩

前　人

梅花島上片雲停，一枕黄粱忽夢醒。先生幼年有「一枕熟黄粱」句。太極仙卿葉灋𦄙，廣成高士杜光庭。神歸玉斗璇璣府，道在文昌大洞經。他日吾翁書墓碣，金峰嵐影水邊青。

鶴林院裏修真日，雞足山中授戒年。醫世三尼無極法，先生有醫世玄科，本吕祖三尼醫世説也。傳心一脉太虚天。謂沈祖。慧光都自中和出，丹訣無過孝弟先。長以此二語誨人。九十遐齡書萬卷，華陽真隱是儒仙。

妙諦《還原》命校讐，先生常誨端曰「爾作事誠而堅於道，尚可成就，吾近著《還原》成，當命爾校」。曾瞻梵語話玄修。陽生大地驂鸞去，以丙申冬至前四日辭世。月滿中天跨鶴遊。丁酉元夕降筆鶴壇。香護雲巢新法座，弟子塑像于雲巢。雨寒苕水古書樓。建古書隱廔，藏所著書。紫陽原是南宗祖，多少心燈道派留。

讀金蓋心燈敬題陳樵雲先生傳後

前　人

花環幺鳳朝聽法，露浥朱蘭夜禮星。苦行三千無我相，陰功八百度人經。雲車北極烟光紫，先生爲摩利支天輔相。鶴馭南湖黛影青。曾叩瑶潭香火地，願謌澗雪寫黄庭。

雲巢題壁

閨秀孫佩芬

空翠潑如水，門前多古松。早凉生薄袂，細雨出疏鐘。夢想丹初熟，書真墨未濃。何人騎鶴背，一爲紀游踪。《季紅花館偶吟》

閔小艮先生金蓋志略

蓋聞朝有史，野有録，省郡州縣各有志，名山勝境莫不有文有記，所以傳信也。金蓋山者，吴興郡署之文筆峰，浙西之勝壤也。漢晉迄今，其間高踪隱蹟，代不乏人。靈氣鍾毓，具完生面者，境非一境。尋真谿口，達之山巔，高可十五里，周匝之廣，可四倍之。具區浸其跟，弁道諸峰，擁衛環列。入其中，幽修以深，升其巔，巍然蟠結於雲氣之表。郭景純謂「脉接黄山，竅開林屋，越千二百年後，當有八百神仙輩出」。按之《道藏》曰「梅華島，天下隱男子居之」。若然，直海内之名區，豈僅甲浙西已哉？山之陽曰春谷，又曰桐鳳隝。隝中靈跡〔不〕勝舉，思之神往。其最著者，純陽道祖選仙道場，宋曰齊假龕，元曰雲巢，有明仍宋額，按雲巢見之北宋参寮僧詩集中，則其名非始于元，兹亦述古也。國朝曰古梅華觀，又曰撥雲精舍。昔之人冀完古制，增輝山色，而未之得。己未歲（一七九九），叠蒙成親王、定親王、鄭親王郵賜觀額，曰「太虚真境」，曰「古梅福地」，曰「彌羅寶閣」，曰「蓬萊方丈」。嘉慶五年（一八〇〇），欽蒙天錫綸音，頒以「玉清贊化」匾額。均得摹懸祖殿，以昭敬肅，真億萬年一逢之隆遇，爲千百載湖山壯色者也。烏可無識以作傳信，俾脉脉相傳，知所本始歟？

原夫金蓋一山，其始曰横山，繼曰金蓋，又名何山，再後曰車蓋。車蓋者，有謂陳武帝曾居之，有謂宋高宗曾駐於此。總之形如華蓋，故名，迄今仍之。《道藏》述尹無我題之曰：「金蓋矗，生民樂，稚川來，可駐足。」仙機之兆，自古已然。其南東折而下有小山，曰菡萏，修竹萬竿，臨風摇曳，若菡萏之出水然。上有古冢，相傳爲衞華亭墓。小山之陽爲萬佛閣，明太后號九蓮菩薩所築也，今故址已無存矣。外則尋真谿，即尹真所開。建橋曰雲香，明尚書閔諱珪故跡也。傍有迴瀾亭，宋代梅子春築之，高人沈東老重興之，更名漁隱。其亭雖圮，其址猶存，按即是山十八景之一也。如金蓋出雲而外，又有所謂荻岡漁火、南浦征帆、菰城煙雨、章嶺松濤、篠蕩秋聲、沙岡竹雨、梅隖殘雪、藗雲瀑布、吕潭子龍、竹嶼麥浪、趙莊夜月、慶園金粟、何山曉鐘、中黄積翠、白雲遠眺、東林掛日諸景。類皆環衞是山，任舒瞻矚，自來文人學士即景攄懷，即情言性，題詠甚夥，不盡贅述。

山之陰即春谷。《菰城拾遺》云：東晉時何克正，諱楷，後爲吴興郡守，其先憫世之心綦切，爲築讀書堂以勵後學。旋得道祖陸靜修謚簡寂來居是山，植梅三百本，顔曰「梅花館」，榜聯云「幾根瘦骨撑天地，一點寒香透古今」，與何公後先接踵，闡明理學，士風爲之一振。迨同光間，有洛人宫無上雲遊至此，喟然歎曰：「春谷春谷，植梅不禄，我其已乎，植桐棲族。」爰植梧桐盈隖，遂有幺鳳千百集其上，人莫得而網取之。既又手鑿雙池，池成而龍聚。歎曰：「龍聚兮，鳳可歸，九百秋，人鳳來。」拂袖出山，不知所之，計今九百年矣。呂祖，洛人也；宫而無上，呂字也。其即呂祖之顯化乎？又載：呂陸一靈，先後降生，植桐植梅，手自紛更。神仙隱見，固有可知有不可知者。

宋熙甯間，邑人沈思，號東老，嗜古好仙。夢至一境，菉竹猗猗，繞桐十畝，幺鳳百千，能作人語曰：「東老來，東老來，吾師待汝回。」既忽霹靂交加，仰見呂祖披鶴氅，戴華陽巾，以手指地曰「止我」，遂覺。遍訪名山，至春谷，恍似夢境，乃築齊假龕，奉呂祖像。（又鑿池名呂潭，所由來也。後衞華亭，諱益富，字學敏，初開白社書院於石涇塘，從學者三千餘人，究參性理，爲宋名儒。讀其《祭文丞相》文，慷慨激烈，詞動鬼神，亦可想見其人矣。元當事咸慕之，交薦於朝，不應，逃隱至山，建書隱樓、雪心、雲根、雲窩等居。其徒負笈相從者，仍以千計。著作宏富，卒年九十有六，門人私謚曰「正節」，葬於金蓋山之麓。是則踵東老之後，而實並紹乎梅子春之遺澤，而擴宏其教者也。子春者，諱曰春，亦松江人。考是山十八景，璚樓臺榭，霞館雲廊，計建房舍一藏，悉由子春所構。其性情之疎曠，志量之宏深，誠不可得而没也。

元至正間，閔牧齋，又號雪江，苕之二世祖也，晚好黄老術，卜居春谷，名其廬曰「雲巢」，義取金蓋出雲之意。復葺舊宇一新，趙仲穆篆其額曰「古齊假龕」，并有跋語。前明崇禎間，雲巢爲吏部尚書錢某别墅，而齊假龕則爲藕益禪師旭卓錫之所。師故儒家子，通佛三昧，多所著述。學者宗之，金蓋又賴以一振。

國朝順治間，僧衆星散，屋宇傾頽，過而問者，幾於致慨丘墟矣。幸峨眉陶靖菴先生，棄業來遊，尋訪舊址，翦茅闢徑，葺而居之。造訪錢氏裔，求向所謂雲巢者，擬欲重建殿宇，以奉吕祖。苕九世族祖雪蓑公爲譔疏引，以襄厥事。錢弗之與。〔靖菴〕尋以志焉未逮，説偈而逝。偈曰：「我生也寄，我死也義，耿耿百千秋，難了此生戲。不如去，不如去。」惟時董其事者，屺瞻也。屺瞻亦陶姓，湖之歸安人，繼靖菴之志，勉事株守。歿，傳徐紫垣，徐傳蔣通祥，蔣傳陳陽復。之數君者，皆克以清淨爲宗，承兹道脉，或精玄理，或洞經書，知黄白而弗行，明數術而弗卜，故皆不樂以名蹟顯，人亦罔識爲有道士也。至乾隆五十年（一七八五），歲大旱，陳適遊寓禹航之白雲閣，爲之禱雨，甘霖大澍。里人咸爭仰之，挽留不果，尋即示期長逝於望湖樓。先是，香從體出者三日，氤氲流布，城市皆聞。羽化後七日入龕，目光不落，顔色如生。雖古神仙去世，未有若是之靈蹟昭著者。邑之人請於官，爲立祠像，以致崇敬。嘉慶二年（一七九七）夏大水，南塘危，官民驚怖，競詣祈禱。陳像忽自躍出，離座丈許，牆崩而水退。邑侯爲改建閣，以奉禋祀，凡有誠懇，靡不應響。陳之神雖靈於禹航，苕謂陳之功實基於金蓋也。

越三載，則有春陽朱君來自雲怡，覩勝境之就荒，悲道場之中廢，決捨已成之業，遥承欲絶之緣。雖群魔踞擾，横逆頻加，而春陽則於備嘗艱苦之中，冀綿一綫危微之力。蓋不忘幼時受知於紫垣徐君，曾有「繼吾道而興者必是子也」之語。歸山後，果見都士雲集，問道紛來，雲巢故址，未幾而悉歸故主焉。由是戮力勸輸，鳩工庀材，即今之吕祖殿、崇德堂、神將殿，巍乎焕然，視雲怡有過之者。中堂朱石君先生，時提學兩浙，躬詣瞻謁，題額曰「白雲深處」，聯云「雲將問道鴻濛躍，巢父臨源犢飲清」。其中興之功，與夫承先之志而惠諸後學，有孰得而泯滅哉？至誠可格，陟降非虚。吕祖感其誠，降筆尊其地曰「宗壇」。蓋以（其道脉）源開北宋，遐邇支派胥由此分。《全書》載之，爲可徵信。工甫竣，於壬子（一七九二）之五月五日，春陽忽遺句云：「冒昧山中客，逍遥世外人，生平未了事，留待後賢行。」語畢遂化。規模中紊，扼腕同嗟。

時苕尚未旋里。嘉慶二年（一七九七），大水發於山，牆垣傾圮，諸負偪追，人皆望而避之。苕息裝未久，睡中忽有吟陸簡寂「幾根瘦骨撑天地」聯語。驚寤，猶聞其聲，心眷眷不能置。乃攜浦江徐子德暉入守是山，薪則採於巔，水則運於湄，豺虎爲隣，蒼涼滿目。時且風雪盈山，缾無粒粟者二日。自分甘以死守，更無悔心。忽聞叩門聲急，疑爲索欠者。啓户視之，乃故人林公琅，自滇回蘇，應夢相訪，初未知苕已入山也。解囊以贈，遂得易米，療數日飢。次年春，林又攜償白金八百。苕與徐子益勵進修之志，復齊假龕址，以圖興建。遂有姑蘇洪氏母病革，有感至山。徐生應治之，三易其劑，沈疴頓起。夜感陸祖夢，益深信奉，自願捐捨白鏹約計萬金。此斗閣、彌羅閣所由成也。

苕又念山徑崎嶇，恐慕道者裹足不前，而自河口進山，徑亘二里許，欲平除之，工且非易。七年（一八〇二）秋，忽得樵里童翁，年幾八秩，病體龍鍾，感夢而來，誠求丹藥，一服而病即霍然。乃倡砌石路百丈，復建雲香橋於尋真溪。往來行客，得免褰裳涉險之患。翁其不愧善人歟。九年（一八〇四）冬，翁之姻孫張某，亦爲祈方而來，得吳沈埠桑椹十五枚，紅紫相間，纍若貫珠，以非時所有爲異，持歸服之，病即尋愈。翁復〔撰〕《勸輸路疏》，以襄善舉。其餘踴躍慨助者，另存碑誌。戊辰（一八〇八）夏，山水暴長，橋梁復圮，潭亦衝塞，尋真溪路，幾作迷津。翁復捐銀補葺之。適其姻張子來，復於前桑得椹一握。翁見之喜甚，因以和入濟世丸内，普利無算。去秋，苕又於斗閣東偏齊假龕址廓建房屋二進，一作祖堂，一作客座。梁太史山舟題以額曰「古書隱樓」，并爲之跋。前有隙地，别治一圃，擬植桐、梅數本。非敢追風前哲，聊以不忘遺蹟耳。

計苕入山至今，已十四載。其間崇構殿庭，整除道路，固賴吕祖靈應所致。而後先襄事者，近而苕霅，遠而蘇禾，或以言施，或以力施，或以財帛施。施各其施，要皆有功於金蓋者也。其姓氏籍貫，另詳《同善録》，亦以報本也。若自問年力就衰，慮與茲山不能常結靜緣，又恐千百年來群真風範，授受深心，散見於史策間而莫能稽其一氣相承也。用是采掇顛末，而歷叙之。惟望閎文偉筆，匡予不逮，擴其聞見，以資參考，庶俾後起者得所宗尚，而知其源固有自也。其流亦因之彌長，於以遠紹陸簡寂、衞華亭、陶靖菴諸前輩，闡明道學之本志，而無負吕祖教忠教孝之婆心。斯於我皇上崇茲正教，綸音敷錫，共綿亘於無疆，是則神真之大願也夫。

嘉慶己巳（一八〇九）三月望日，古梅主席龍門第十一代一得子閔苕敷通梵氏述。

閔小艮先生於嘉慶初年自滇旋里，隱居雲巢，勵志開山，重拓故址，可謂艱苦備嘗矣。其所述《志略》，李君少青削去不録，未免没先生苦心。今仍坿刻卷末，亦飲水思源之意云。

光緒丙申（一八九六）夏四月復旦子淩鶚謹識。

跋

吴興爲山水窟，而金蓋屏其南。古隱君子之陶玄浴素、高蹈塵表者，恒於此棲迹焉。讀《心鐙》一編，令人深景仰之思，輒低徊不能去。乃歎天闢奥境，地孕神區，人著畸行，若是之靈且長，而未聞詳稽博考，輯爲志乘，以彰先軌而詔後哲，不重爲山靈所騰笑者哉？錫春生長山鄉，未嘗學問，林壑佳趣，固童而習知。特不克秉筆撰述，闡幽顯微，使之信今傳後，爲生平大憾。曩嘗操小艇，泊山陽，測其陰陽向背、岡巒起伏之大概。倩吴下顧雲壺先生繪圖徵題，留鎮山寺，雖不足爲文獻之徵，亦聊以存我志耳。踰年，得亡友李君少青山志稿本，展卷快讀，若有冥契，惜未經詮次而卒。人能宏道，天不憖遺，藉假數年，俾卒其業，必更斐然可觀，爲湖山增色。今作者往矣，墨瀋猶新。《書》曰：「若作梓材，既勤樸斲，惟其塗丹雘。」夫既勤樸斲矣，脱不踵是而塗丹雘，不幾重負梓材乎？閒考兹山自北宋沈東老隱居以來，滄桑屢易，興廢代有。懶雲閔氏乃遥承其緒，拓土誅茅，創建純陽宫，由是而漸成道場福地，山之靈亦大著于浙西。李君此志，信而有徵，足爲千秋掌故，洵不朽之盛業也。謹加校字，醵金付梓。既畢役，復取先賢舊題之額，浼善書者補之，庶登兹山者披圖覽志，足資印證。他日必有網羅增廣，以彌罅漏者，是李君地下之精靈，與錫春愛山之心願，同禱祝以求之者也。

光緒己亥（一八九九）春三月，烏程潘錫春謹跋。

歸安淩鶚校字，周文桂編次

上海謝文藝齋刻

［附］整理者按：前面《點校説明》已經指出，底本跋文與北京大學圖書館藏光緒丙申年（一八九六）古書隱樓初刻本原跋文稍有差異，謹録文如左，以供參考。

金蓋山志跋

湖郡山水，近推金蓋，而未嘗有志行於世。蓋靈區勝境之必有圖經志載者，實於郡縣志相表裏，一方之盛衰興廢繫焉，豈侈多文爲富乎？錫春生長山鄉，未嘗學問，山林之佳趣，固童而習知。特不克闡揚勝境，俾信今而傳後，爲生平大憾。嘗操小艇，泊山陽，測其陰陽向背岡巒起伏，略具大概。倩吴下顧雲壺外史繪圖徵題，留鎮山寺，雖不足爲文獻之徵，亦聊以存我志耳。不圖踰年得亡友李少青先生《山志》稿本，欣然展讀，實獲我心，惜未經詮次而卒。人能宏道，天不憖遺，藉天假數年，俾卒其業，何致虧九仞之功哉？今作者往矣，墨瀋猶新。《書》曰：「若作梓材，既勤樸斲，惟其塗丹雘。」先生既勤樸斲矣，脱不踵是而塗丹雘，不幾重負梓材乎？爰謹加校字，醵金而付梓也。

考金蓋山自北宋沈東老隱居以來，懶雲閔氏乃頗遥承其緒，拓土闢茅，創建純陽道院，由是而漸成道場福地，山之靈亦大著于浙西。第懶雲氏著書立説，以玄教爲主，士林病之，或相疑詆。先生所撰之志，力矯其《心燈》《志略》之弊，好古敏求，旁搜博採，偶值荒誕不經者，概弗攦入。信而有徵，足爲千秋掌故。既畢役，復取觀中先賢舊題之額，浼善書者補之。俾登兹山者披圖覽志，足資印證。且此志一出，安知不更有人焉搜遺佚，以補今日之闕乎？人傑代出，地靈愈彰，必有續先生之筆，網羅增廣，以彌遺恨者。是先生地下之精靈，與錫春愛山之心願，同禱祝以求之者也。

烏程潘錫春謹跋。

歸安凌鶚、周文桂同校

上海謝文藝齋刊

附録二

龍門正宗覺雲本支道統薪傳（摘録）

目録

序

道之旨大矣哉。崇其正而宗之，則蓄之深者發自遠。全真一脉，溯自元太祖聖武皇帝遣使徵聘邱祖應宣北面，以召對稱旨，褒贈長春演道主教真人，命主全真龍門法派。龍門正宗實肇造於此，繇是天下向化而風同道合，有無往弗届者。逮元世祖皇帝嘉邱祖門下趙虚靜律師招撫有功，勑封混元大宗師，命傳龍門派御賜二十字輩，廣行戒法，大闡玄風，奉一二師之神功，啓千百年之宏教。而登仙，而成真，而得道，伊古以來，不知凡幾。嘗讀邱祖《大道歌》曰：「大道淵微兮，現在目前。自古上達兮，莫非師傳。」乃知後之奉道者，非師傳無以繼其統，亦非師傳無以世其系，則《薪傳》之輯尚矣。

海上覺雲爲浙湖雲巢分支，於有清光緒戊子（一八八八）開派，迄今緣法雲興，皈依日衆，惟有師傳而無統系。正慮閲時既久，稽考無從，未幾奉高真人諭，本壇總理戴子本珩督飭編纂本支薪傳，可見冥漠中有相感之誠也。戴子等於乙丑年（一九二五）冬，盡心搜輯，條分縷晰，秩然可觀，而寒暑無間者，於兹三載。全書行將告竣，旋諭復功序之。復功不文而未敢辭，勉摭宗派源流與本傳緣起，載筆而僭書之，以副真人之命，而待高明之教焉。

時民國十有六年（一九二七），舊曆歲次丁卯七月望日，龍門嗣派第一十四代查復功謹序於黄歇浦上。

例言

一、本編耑集覺雲本支，故定名曰「龍門正宗覺雲本支道統薪傳」。

一、龍門第十一代懶雲閔真人以下，耑列本支統系；十一代以上，略舉其道脉源流，及啓何支派。分別列圖，使閱者得明其我道之源流支派。

一、光緒戊子，本壇張復誠、陳本翀、沈本仁等，恭詣雲巢宗壇，禀准開派。是年三月春，啓建醮典，敦請宗壇王來因、程來永、姚來鑑三師啓派，本刻故尊三師曰宗師。

一、乾坤弟子本可不必分圖載列，今以本壇坤弟子實甚繁庶，因另列女宗一圖，以清眉目。

一、圖内注有「始創」、「中興」字樣者，所以表其功勤，以詔來者。今則始創弟子已寥若晨星，所注按語，悉根據於舊日諭録及諮詢所得者，日久年深，不無遺漏舛訛，閱者有知，敬希隨時指正。

一、在戊子以前入壇從事者曰始創，庚申辛酉重興者曰中興。

一、壇下弟子兼有在外壇傳度，不由本壇給派單者，未便載列本編，兹所以附注其所度者之姓名，爲便以稽考故也。但僅舉其所知，不無遺漏，閲者恕之。

一、本壇已故弟子徐希堂派名本恂，范駿聲派名本斌，並其門下楊合榮，再張梅菘派名合篤，戚春渠派名合怡，諸前輩均爲本壇始創，或贊護有功弟子，奈於其度師名諱及其本人有無傳度，均無從查考，致未能載列本編，殊爲憾事，留待日後查明，再爲增補。但恐遺漏不知者尚不止此，閲者有知，敬希指教。

一、創壇以來，外壇弟子在本壇服務效勞，且著有功績者，已屬不少，然於本壇未有所傳，列之則背乎耑刻本支之義，不列有辜負其往日贊護之勞，今將其姓名揭附於此，以誌不忘。盛澤青雲壇陳本常、程本灝、程合應，武康覺雲壇丁本經，湖濱慈雲壇陳本翀，軋村雷雲壇蔣本和、吴本穀、周合裕，菱湖還雲壇陳復道、諸本性、吴本鑑等。

一、本壇不乏有功弟子，惟未禮師，非故失載，有格於例也。

敕賜龍門派單

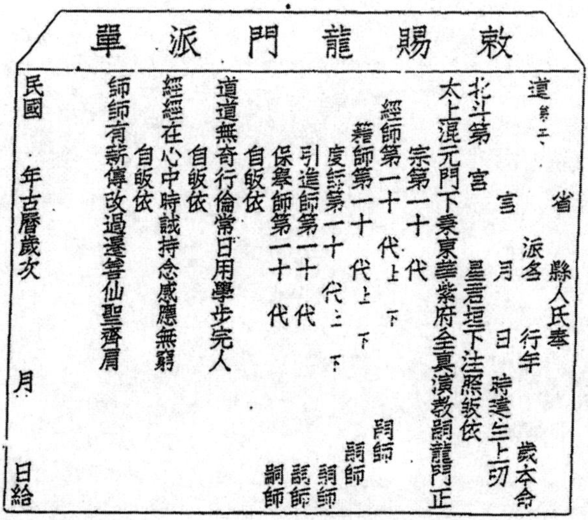
敕賜龍門派單

道第三、　省　縣人氏奉
派名　行年　歲本命
宫　月　日　時建生上叨
北斗第　宫　星君垣下注照敍依
太上混元門下秉京善紫府全真演教嗣龍門正
宗第一十　代
經師第一十　代上　下　門師
籍師第一十　代上　下　嗣師
度師第一十　代上　下　嗣師
引進師第一十　代　嗣師
保舉師第一十　代　嗣師
自皈依
道道無奇行倫常日用學步完人
自皈依
經經在心中時誠持念感應無窮
自皈依
師師有薪傳改過還善仙聖齊肩
民國　年古曆歲次　月　日給

元世祖皇帝御賜龍門派字輩二十字，有清復奉敕賜八十字，續滿一百字

道德通玄靜　真常守太清
一陽來復本　合教永圓明
至理宗誠信　崇高嗣法興
世景榮惟懋　希微衍自甯
未修正仁義　超昇雲會登
大妙中黃貴　聖體全用功
虛空乾坤秀　金木性相逢
山海龍虎交　蓮開現寶新
行滿丹書詔　月盈祥光生
萬古續仙號　三界都是親

高大真人法像

讚曰

仰之彌高兮，望莫及顛。鑽之彌堅兮，學博如淵。一杖一笠，風雨兩肩。真功真行，道德均全。神清如水淡似菊，威而不猛莫敢前。覺雲瞻道貌，金果識當年。其信乎？無愧乎上清第六洞天玉平第一神仙。

停雲子題

讚曰

瞻師道貌，如璞如琳。年七十五，隱居鶴林。周范同契，引爲知音。一承兩緒，仔肩奚深。旬宣歙浦，婦孺咸欽。承傳衣鉢，喜見雲蒸。

朗清子題

讚曰

古人古貌復古心，道範巍巍萬古欽。信手拈花微一笑，笑將樹木克成陰。

絳霆子題

龍門正宗覺雲本支道統薪傳上卷

龍門嗣派第十五代陸本基丹霞編訂
龍門嗣派第十五代費本德正持校正

道脉源流圖

謹按《金蓋心鐙》，以玄玄皇帝爲道祖，純陽帝君爲道宗，今仍之。

（圖譜略）〔一〕

〔一〕整理者按：此處有「道祖」、「道宗」兩張圖譜。「道祖」圖譜自玄元皇帝老子至純陽帝君呂洞賓。「道宗」圖譜自純陽帝君以下至金丹派南宗五祖、全真北宗七真十八子。圖譜文字與《金蓋心燈》卷首《道譜源流圖》幾近全同。此處從略。

龍門正宗支派傳流圖

謹按《金蓋心鐙》，第五代起以至第十四代止，代有分支啓派，流傳宗律。或啓何支派，或改傳科法，不可不爲標揭，使後之作述者得明其統系焉。並略注其出處事迹，編列一圖，俾資參考。惟懶雲閔真人以下僅列覺雲本支，另譜《本支薪傳圖》，以符耑刊本支原意。嗣宗第十五代陸本基謹識。

（圖譜略）〔一〕

〔一〕整理者按：此處圖譜自第一代趙道堅至第十四代律師、宗師百餘人，出自《金蓋心燈》卷首《龍門正宗流傳支派圖》。其第十一代閔懶雲名下注曰：「閔懶雲宗師，爲覺雲本支大宗師，亦即爲啓龍門方便法派三教同修之始祖。」以下有費撥雲等閔氏門徒七人名字，不見於《心燈》圖譜。此處從略。

覺雲本支道統薪傳圖

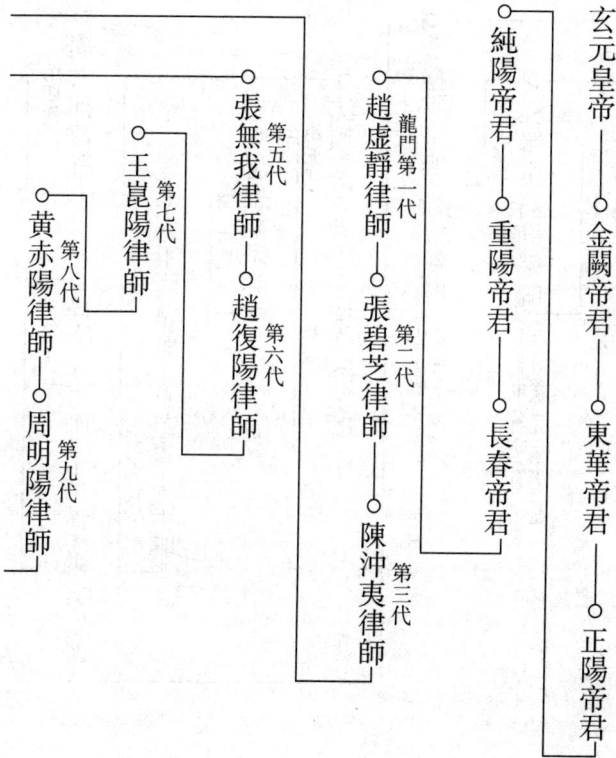

玄元皇帝——金闕帝君——東華帝君——正陽帝君

純陽帝君——重陽帝君——長春帝君

趙虛靜律師（龍門第一代）——張碧芝律師（第二代）——陳沖夷律師（第三代）

張無我律師（第五代）——趙復陽律師（第六代）

王崑陽律師（第七代）

黃赤陽律師（第八代）——周明陽律師（第九代）

第四代 周大拙律師

第五代 沈頓空宗師

第六代 衛平陽宗師

第七代 沈太和宗師

第八代 孫玉陽宗師

第九代 范青雲宗師

第十代 高東籬宗師

第十一代 閔懶雲宗師

第十二代 費撥雲宗師 師門下流傳廣遠，今刻耑列覺雲本支。

第十三代 程來永 子翔 抱雲宗師 雲巢中興玄裔，本壇啓派之宗師也。

第十四代 湯復弼少谷嗣師

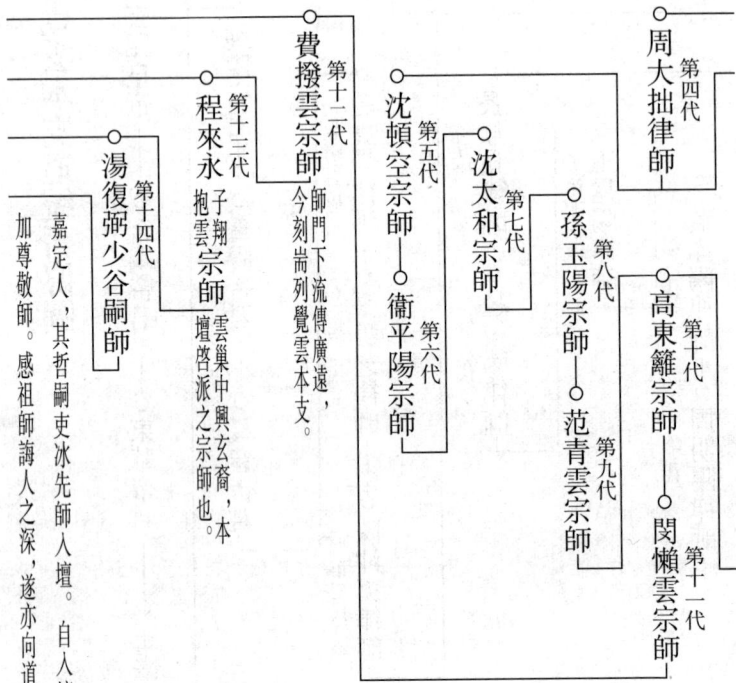

嘉定人，其哲嗣吏冰先師入壇。自入壇後，舉止端嚴於庭幃間，尤加尊敬師。感祖師誨人之深，遂亦向道。隨同諸同玄借地設壇禮斗，

既而玄侶雲集。至戊戌，始開派，僉議購基建屋，師輸資獨鉅。屋成，名其堂曰位中。創辦善舉，施醫給藥，延今不替，皆師之力也。師爲人慷慨好施，協助重建湖州東林山太祖師大殿。奉道尤切，平時日誦《玉皇本行集經》不輟。主持壇事，井井有條，一時稱盛。滬上雲壇之興，當推自覺雲始。而覺雲發軔之始，當以師爲功。

第十五代
車本鎰韻笙拙雲法師
贊護有功，曾受法於卞師鼎三先生門下。雲玉朱合凝皈其門下。

第十六代
邱合度通斌嗣師
贊護有功，中興任力。

第十七代
倪教學雲龍宗嗣
協贊中興。

第十八代
沈永家乃偉嗣生

戴教澄臣清研樵宗嗣

徐教源芝棠宗嗣

徐合健大康宗嗣

第十五代

沈本箴經甫嗣師

陳本儁叔美嗣師

楊本濬星纏嗣師

章本澄穀卿嗣師

林合理修良宗嗣

馮本愨通甫嗣師

徐本逸稚樓嗣師

張本覺鍾山嗣師

潘本原劍英步雲嗣師

第十四代

吳復立義山嗣師 湖濱金漊慈雲弟子，襄助本壇開派。

第十五代

汪本淵鳳初嗣師 創始開派有功。

沈本廉子琴嗣師 創始開派有功。

孫復信任齋嗣師 慈雲弟子，襄助本壇開派。

千本謙拜庭嗣師 創始開派有力。

黄合純學元嗣師 贊護有力。

吳本厚畏三嗣師 創始開派有功。

邵本新延平嗣師 創始開派。

張復功悟珊嗣師 慈雲弟子，襄助本壇啓派。

湯本怡士芬嗣師

楊復常輔村嗣師 復一壇弟子，襄助本壇啓派。

周本英少梅嗣師 創始開派有功。

彭復善墨卿法師

湖濱蔣漊人，慈雲弟子，本壇創始開派頗著功勳。曾受法於張悟徽律師門下。

千本誠芑生嗣師　創始有功，在壇維護亦最久。

葉合理錦如嗣師　贊護有功。

第十四代　沈復忠蓑卿嗣師　創始開派，卓著功勳。

第十五代　王本惠懷清嗣師　創始開派有功。

第十四代　錢復澈月樵梯雲嗣師

本壇創始經營，與有功力。厥後翻造三層樓太祖殿，捐募尤爲出力。嗣以本壇主持乏人，老成凋謝，延師出任艱鉅。任勞耐怨，保守常住，賡辦善舉，駐堂維護十有七年，始終如一日。是時同玄雲散，而常住香火不致中斷，皆師之力也。戊午，羽化於壇。

沈本豁蘭谷頡雲嗣師

其所傳，於會雲有華本誠、姚本德，聯雲弟子翁梁本韞。

本壇贊護，又贊中興。

葉合慶 慶觀 卿雲 宗嗣

費本德 鈞堂 正持 嗣師

定海人，庚申冬入壇。身體多病，自研求玄學，病即霍然。於是勉棄商賈，一志求道。壬戌閏五月，奉太祖諭，任協理壇事之職。此次中興，師力居多也。還雲下合恭、章合理，均皈師門下。

張合明 文源 宗嗣 襄贊中興。

李合義 銘鼒 谷盦 宗嗣 襄贊中興。

第十七代

沈教通 敦木 嗣生

第十六代

錢合立 陶如 樂雲 宗嗣

高合體 中山 宗嗣

鄔合慈 顯昌 宗嗣

徐合銓在皋宗嗣

周合欣鑑澄宗嗣

第十五代

胡本常藜青嗣師開創人壇，協贊中興。

第十四代

吴復瀛子塍悟凡嗣師還雲玄裔。

卞本學鼎三復陽法師

還雲主壇師。青年奉道，性至孝，爲人耿直不阿，人咸重之。癸亥，某鉅公招至京師，建醮祈禳，名重一時。本壇創始中興，悉攸賴焉。曾受法於陳牧齋先生門下。師於各壇均有傳度，如湖城邱合樂、還雲丁合模、賴合藝、姚合斌、章合賓、葉合謙、徐合專、王合習、盧合彰、沈合覺、孫合康、畢合舒、朱合修、沈合遵、雲玉孫合璧、鄧合恒、陸合綿、聞合輔、沈合□、胡合宗、張梁合緣、上海守善壇王合道、邊合明、俞合誠、俞合□等，皆出自門下。

第十六代

任合靜少遵燃雲法師還雲玄裔。

葉教敦慎夫宗嗣贊護有力。

胡合志嗣師

鍾合昌可銘嗣師贊護有力。

曹合義煬孫不煩法嗣

還雲玄裔，本壇充職有年，中興出力。曾受法於張荷莊先生門下。

姚教正佩芳宗嗣

戚教元潤卿宗嗣

沈教悌葆康宗嗣

戴合道質夫真空宗嗣

本壇命名，協贊中興，在還雲皈依。還雲朱教孝皈其門下。

林教田關榮嗣生

姚教身蟾伯宗嗣

王永煦臨煦嗣生

第十七代

蔣教終同壽宗嗣

朱教恒全槐宗嗣

鄭教芳禎含雲宗嗣

第十六代

林合智文光慧雲宗嗣 本壇命名，協贊中興，還雲皈依。

秦教誠叔怡宗嗣

王教永稷臣宗嗣

周合真渭石宗嗣

張合篤鑫三宗嗣

施合銓少初宗嗣 海寧覺仙壇弟子，本壇皈依。

戴教敬達夫宗嗣

余合慶芷江祥雲宗嗣

戚教淵潤甫宗嗣

趙合功鏡波宗嗣

應合龍佐卿真如宗嗣

皈壇未久，於壇堂頗多致力。此次梓印《薪傳》，慨然獨任，見善勇爲，實堪欽佩。亦雲門中不可多得之人也。

周教一兩三宗嗣

汪合瑚明甫宗嗣

第十六代
鄭合思奎元定如宗嗣

沈教孝葆鈞宗嗣

王合仁作霖宗嗣

第十五代
金本幹梅亭明霞嗣師

歸安庠生，青年奉道，終身不娶。爲還雲得力弟子，出駐南潯怡雲多年，恢宏教法，從中規畫指引，得師之力不少。

厥後以行醫駐堂，兼佐壇務。是時常住香火衰微，同緣寂寥，而朔望斗期及諸聖誕未嘗有間，賴師有以維持之。駐壇十有餘年，庚申羽化於壇。門人唐合嘉、張合和、邵顧合堅等，葬師於吳興原籍靈山，題曰「龍門第十五代金本幹梅亭先生之墓」。其所傳一時莫考，知南潯怡雲有潘合楨云。

- 唐合嘉昆甫昌陽法嗣
  本壇贊護有力。庚申改組，不辭勞怨，致力於中興，尤多倚賴。曾受法於陸淇園先生門下。
  - 錢教緣萃農宗嗣
  - 倪教寶善寶宗嗣協贊中興。
- 張合和星北宗嗣本壇贊護，又贊中興。

第十六代

- 黃合融叔平宗嗣本壇贊護，又贊中興。
- 沈合恕作林宗嗣協贊中興。
- 黃合摯聘侯宗嗣協贊中興。

邵合孝琴濤宗嗣

第十四代

韋復吉吉人澹雲嗣師 雲巢玄裔。

王本真一亭嗣師 會雲皈依，本壇贊護中興有力。吳興人，參禪信佛，滬上慈善界領袖，總理本堂善舉已七載於茲矣。滬上會雲、景雲、濟雲均有傳度弟子。

第十六代

金合善錫之宗嗣 會雲皈依，傳於景雲尚有數人。

唐教翔伯羊宗嗣

卞教功伯英嗣生

龔教業匯卿宗嗣

戴合立周文宗嗣

趙合先漁蓀宗嗣

第十四代

沈復長研禪坦菴法師　金蓋玄裔，受法於澄虛蔡復妙先生門下。

潘本嘏憲臣嗣師　會雲弟子。

第十六代

張合深碧臣宗嗣　聯雲弟子。景雲楊教持、姚教壽同爲其門下。

戚教度潤龍嗣生

第十三代

王來因希顔宗師　金蓋玄裔，本壇啓派之宗師也。

第十四代

王復輔靜波嗣師　創始開派，曾主壇務。

張復誠少梅悟徽律師　海寧人，織里萬應壇始創。襄辦本壇開派事宜。

第十五代

鄭本有頌平嗣師　創始開派。

湯本奭吏冰嗣師　創始開派，卓著功勳。

第十六代

趙合朴止安宗嗣協贊中興。

陳合淡雲發宗嗣

第十五代

蔡本進少愚嗣師創始開派有功。

章本益慰先撫松嗣師創始開派有功。

徐合恩炳輝嗣師贊護有功。嗣後協同錢月樵師維持本堂善舉，尤爲出力。庚申，壇堂改組，公推爲本堂協理。奉道拳拳，始終如一日也。

沈本仁少卿嗣師開創贊護有功。

第十五代

湯本蔭馨膳嗣師

第十四代

都復寬子祚律師袁花碧雲弟子。傳於碧雲有馬本瓶，乙酉受戒。

黃本性筱竹嗣師

車合斐潤源嗣師

第十四代
查復功掄先覺斯嗣師

海寧袁花人，光緒乙酉舉孝廉，奉道垂五十年。初皈依湖州之北山雙井嶺。丙戌冬，貢職上海道署，經湯君少谷、張君少梅往訪，商築道院，師曰：「滬上風氣未開，恐驚奇異，宜以善堂爲表，壇場爲裏。」遂與創立位中堂，建設覺雲壇，煞費經營，不辭勞頓。咸服其見之遠，義之公。嗣宦游江南北，猶復簡札，商榷策畫維持。此次中興，適師解組歸，悉心贊護，無微不至，始創孑遺，殆冥漠中有神助者也。

俞本義志雲嗣師

姚本耀叔平嗣師

錢本振荷青青雲嗣師

錢本福味青嗣師

第十四代
金復禮貢三嗣師會雲弟子。

謝本恩芝園企雲嗣師

會雲皈依，本壇贊護中興頗出力。不幸不數年即逝去。

李合緣資深嘯雲宗嗣協贊中興。

齊教長紫元宗嗣

第十五代

戴本珩嘉寶楚雲嗣師

上虞百官人。心直而慈，初皈依會雲壇下。是時適本堂支持不易，延師爲董事，屢年多所資助。庚申，金君梅亭作古，壇堂主持乏人。約師出組董事會，重加整頓，並約王君一亭、翁君寅初、徐君炳輝，公推爲總理、協理之職。壇堂各事，相約分任主持，於是添辦義學，擴充善舉。壇務經師總理，不一年法緣雲集，諸事振興。捐款則踴躍輸將，屋宇亦從而擴張修築。七八年來，得有中興之象者，皆師之力也。

張合勉境如宗嗣

會雲顧合嵩皈師門下，隨師在壇效力，協贊中興。

陳合毅亨剛宗嗣

張合權彥卿宗嗣還雲命名，本壇皈依。

卞合述銘之慕雲宗嗣還雲命名，本壇皈依。

- 壽教承彭年嗣生

第十六代

戚合良繼良通陽宗嗣協贊中興有力。

- 成教清熙元宗嗣
- 孫教立宏文宗嗣

陸合廉慎夫宗嗣

- 王教器宗淦嗣生

顧合忠頎臣宗嗣

壽合中秀甫宗嗣本壇贊護，復贊中興。

- 馬教倫福寶宗嗣
- 虞教真杏蓀啓明宗嗣

沈教義慶浚宗嗣

顧合元棣三宗嗣

陸合禄金吾童霞嗣生

吴合心潤之宗嗣

第十三代
陳來幹牧齋西崖大法師
本壇下奉行法科，悉承授受，故尊曰大法師。

第十四代
江復真輔卿嗣師
贊護有功，本堂翻造屋宇，得師之力也。曾主壇堂事務。

第十五代
陳本護席珍嗣師
贊護功高，捐募尤爲出力。堂宇重新，悉賴師力。上承師志，下啓後昆。悉心維護壇堂，歷有年所，亦覺雲繼起之秀也。

劉合純春榮嗣師贊護有功。

龍合常積之宗嗣

第十四代

俞復言稚吟嗣師　金蓋玄裔。

陳本蘇棣生嗣師

李合德珪有宗嗣　會雲皈依。

陳教仁壽綿嗣生

第十三代

淩來蘇曉湖壺隱嗣師　金蓋中興玄裔。

詹復義榆元清閒嗣師　含山金雲始創。

胡本清餐霞嗣師　金雲贊護。

楊合虔貫伯發雲法嗣　金雲皈依。庚申入壇，協力中興。曾受法於陸淇園先生門下。在新市慈雲所傳，有金教因、王教明、龐教衡。金雲所傳猶有。

第十七代

余教誠少峰虛堂宗嗣　襄贊中興。

陶永勤之煜嗣生

馬教良秉成宗嗣 襄贊中興。

朱教得蔭餘虛谷宗嗣

徐教承福炘虛聲宗嗣

胥教潤吟梅宗嗣

趙教孝仲安宗嗣

第十三代
沈來鶴仲復嗣師 金蓋中興玄裔。

第十四代
翁復義寅初嗣師

爲南屏佛弟子。庚申冬，由本壇頒賜龍門派名，皈依龍門法派。本壇中興，與有贊護之力。壇堂改組，公推爲協理之職。

第十五代
程本達恢玄嗣師 會雲皈依，本壇賜名。

闢北聯雲爲師手創。會雲高本儉皈其門下。

徐合綱潤奎承先嗣師　本壇玄裔，協贊中興。

第十三代

柴來開含章嗣師　皈雲弟子，還雲始創。

陸復濟欣齋梯雲嗣師　還雲始創。

第十五代

李本才龍田銀蟾嗣師　還雲玄裔。駐壇有年，策畫維護，頗著功力。堂宇重新，尤多致力之處。光緒丁酉以後數年，與陳君省三合力維護，亦功不可没者也。

潘合雅菊林尋真嗣師　本壇玄裔，復贊中興。

陳教虛介眉宗嗣

陳合倫章倫宗嗣

董合淵鴻生宗嗣

第十三代

鄭來通瑣雲嗣師　皈雲始創。

第十四代

金復翔鑑屏濟雲嗣師還雲始創。

陸本基淇園丹霞法師

吳興人，別號重九生。還雲玄裔，辛酉春入壇，協贊中興。受法於卞鼎三先生門下。所傳於還雲，有章合定、章合規、章合方、岳合明、倪合志等諸人。傳於雲玉有。

費合珊鶴年冊長宗嗣襄贊中興，本壇命名，還雲皈依。

孫教全望時嗣生

費合新豐年知止宗嗣襄贊中興，本壇命名，還雲皈依。

第十七代

戚教昌潤寶嗣生

第十六代

任合因效忠宗嗣中興襄事。

馮教遵兆渠嗣生

馬合書遇安法嗣兼受法，本華靈壇弟子。

陳合省炳麒宗嗣

第十五代

吳本蘊韻濤赤雲嗣師 本壇始創，復贊中興。奉道三十年，始終不懈。乙丑，羽化於壇。

倪合定鑫南淡雲嗣師 本壇贊護，復贊中興。

傅教正永濤宗嗣

胡教謙雲峰宗嗣

陸永保根生嗣生

秦教嚴竹霖宗嗣

戚教堅惠昌嗣生

談合智仁傑宗嗣

第十三代

鄭來悟問雲嗣師 皈雲始創。

柴復永小章吉雲嗣師 還雲始創。

第十五代

吳本源綸之了煩法師 還雲玄裔，受法於卞鼎三先生門下。

姚合球冕卿碧霞法嗣 兼受法。還雲玄裔，壬戌入壇。

計教勤瑞麒宗嗣

唐教慤符寅宗嗣

第十三代

查來鎮湘帆嗣師

第十二代

余陽輝蓮村宗師

第十三代

姚來鑑守梅宗師 雙井嶺興創本壇啓派之宗師也。

宋復能桂軒步雲嗣師 創始開派有功，總理壇務。

周本鈞秋白嗣師 創始開派。

吳復悟稚生嗣師 贊護有功。

附注：查本壇弟子，有頗著効力而禮師於外壇者，復有本壇頒賜派名而禮師不在本支本壇者，列之則無從歸系，不列則有虞遺漏，特分別揭注於右，以誌不忘云爾。

本壇弟子魯合功，皈依會雲卜本靜門下。

本壇賜派沈本敦，皈依會雲沈復長門下。

本壇賜派陳合增，皈依會雲王本真門下。

本壇賜派顧合志，皈依會雲王本真門下。

本壇賜派馮教元，皈依會雲金合真門下。

本壇賜派翁呂復方，皈依會雲程來永門下。

覺雲本支女宗薪傳圖

自道祖太上老君以至龍門第十一代流傳支派，已詳載於前頁《薪傳圖》內，茲不復贅。

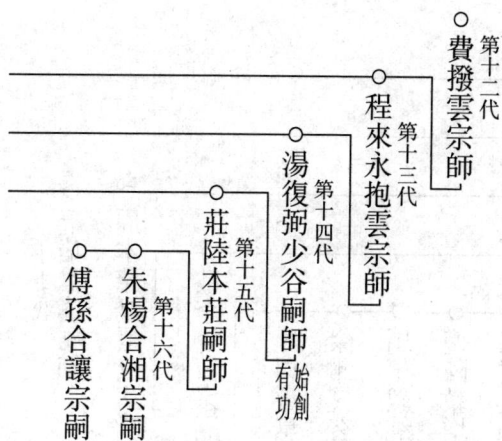

第十二代　費撥雲宗師

第十三代　程來永抱雲宗師

第十四代　湯復弼少谷嗣師　始創有功

第十五代　莊陸本莊嗣師

第十六代　朱楊合湘宗嗣

傅孫合讓宗嗣

第十五代

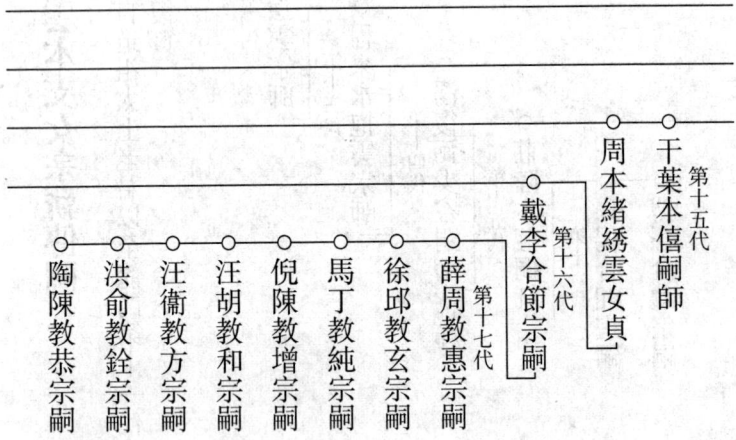

干葉本僖嗣師

周本緒綉雲女貞

第十六代

戴李合節宗嗣

第十七代

薛周教惠宗嗣

徐邱教玄宗嗣

馬丁教純宗嗣

倪陳教增宗嗣

汪胡教和宗嗣

汪衛教方宗嗣

洪俞教銓宗嗣

陶陳教恭宗嗣

戴竺合修宗嗣
周李教契宗嗣
張呂教果宗嗣
白朱教成宗嗣
胡俞合永宗嗣

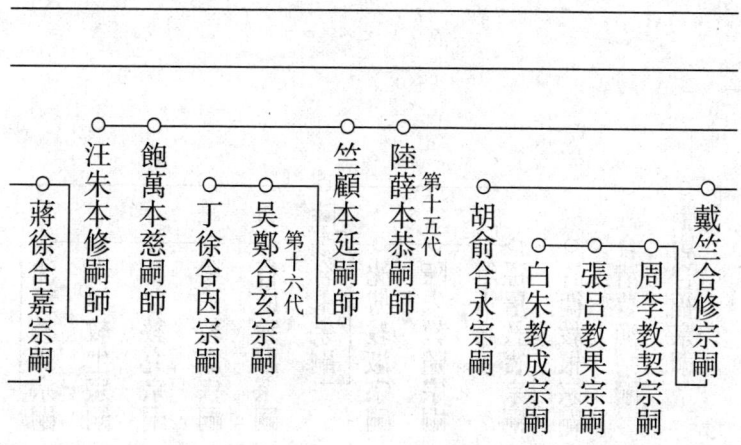

第十五代

陸薛本恭嗣師
竺顧本延嗣師

第十六代

吳鄭合玄宗嗣
丁徐合因宗嗣
飽萬本慈嗣師
汪朱本修嗣師
蔣徐合嘉宗嗣

沈孫教謙宗嗣
干周教生宗嗣
韋曹教究宗嗣
梁王教貞宗嗣
曹戚教嚴宗嗣
陸張合玉宗嗣
沈傅教淑宗嗣
陳朱教隨宗嗣
第十七代
孫屠教賓宗嗣
許衛教根宗嗣
戴合清夢漁宗嗣
張唐合福宗嗣

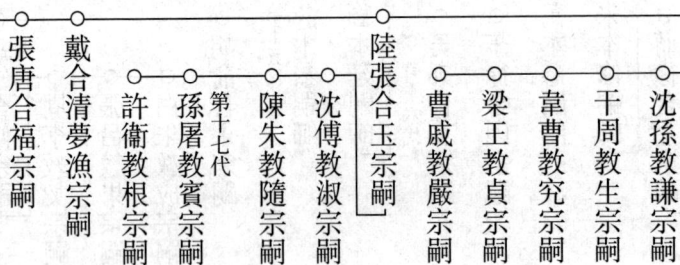

- 汪張合箴宗嗣

第十四代

- 彭復善墨卿嗣師
  - 張千本謹嗣師 開派始創。
- 蔣金復端嗣師
- 吳復瀛子塍嗣師 還雲玄裔。
  - 卞本學鼎三法師 本壇始創，復贊中興。
    - 汪陳合孝嗣師 隨同贊護，有功在壇。
    - 施邵教定宗嗣
      - 秦永和瑞娟嗣生
    - 姚邵教正宗嗣
      - 戚孫永慧嗣生
      - 戚計永齡嗣生

第十七代

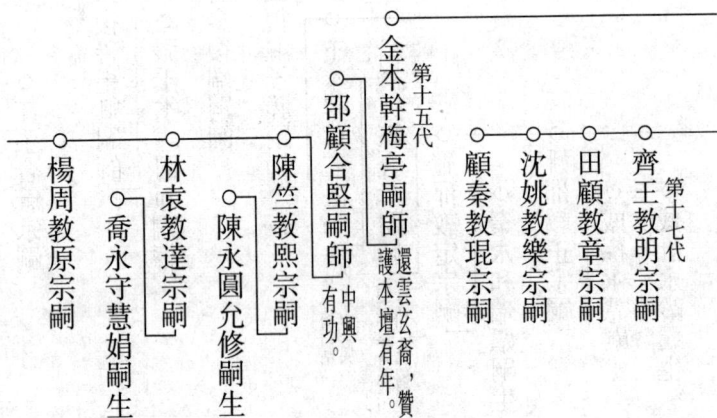

齊王教明宗嗣

田顧教章宗嗣

沈姚教樂宗嗣

顧秦教現宗嗣

第十五代

金本幹梅亭嗣師 還雲玄裔，贊護本壇有年。

邵顧合堅嗣師 中興有功。

陳竺教熙宗嗣

陳永圓允修嗣生

林袁教達宗嗣

喬永守慧娟嗣生

楊周教原宗嗣

陳周教聯宗嗣
沈唐永衍嗣生
馬齊永安嗣生
葉徐永真嗣生
顧陸教淑宗嗣
第十八代
張永貞大新嗣生
第十七代
宋顧教元宗嗣
秦萬永福嗣生
孫李教福宗嗣
張吳教圓宗嗣
金謝教慶宗嗣
湯卞教懋宗嗣

朱邵教廉宗嗣

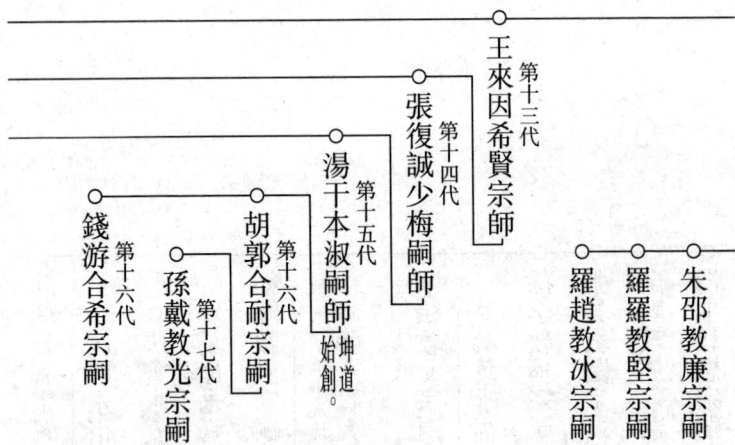

羅羅教堅宗嗣

羅趙教冰宗嗣

第十三代　王來因希賢宗師

第十四代　張復誠少梅嗣師

第十五代　湯千本淑嗣師　坤道始創。

第十六代　胡郭合耐宗嗣

第十七代　孫戴教光宗嗣

第十六代　錢游合希宗嗣

第十五代
干周本清嗣師

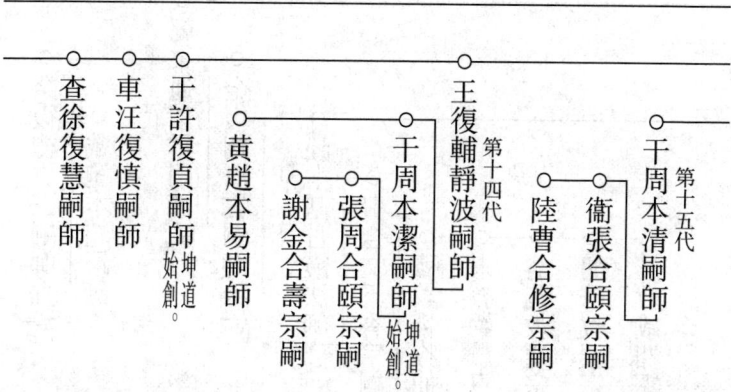

衛張合頤宗嗣

陸曹合修宗嗣

第十四代
王復輔靜波嗣師

干周本潔嗣師坤道始創。

張周合頤宗嗣

謝金合壽宗嗣

黃趙本易嗣師

干許復貞嗣師坤道始創。

車汪復慎嗣師

查徐復慧嗣師

金復禮貢三嗣師 會雲弟子。

戴鮑本超嗣師

第十三代

鄭來通瑣雲嗣師 皈雲始創。

金復翔濟雲嗣師 還雲始創。

第十五代

陸本基丹霞法師 還雲贊護，本壇中興。

費合文天香宗嗣 中興致力，本壇命名，還雲皈依。

穆教希吟仙嗣生

朱教勤慧貞嗣生

翁范教通宗嗣

胡符教珊宗嗣

吳教咸湘雲嗣生

- 吳本蘊赤雲嗣師本壇始創，復贊中興。
  - 吳李合潔嗣師中興有功。
    - 俞錢教靜宗嗣
    - 張李教心宗嗣
    - 喬汪教清宗嗣
      - 姚陶永明嗣生
      - 范永得秀珍嗣生
      - 許永延定珍嗣生
    - 朱全教中宗嗣

第十七代

- 穆沈教靖宗嗣
- 吳談教誠宗嗣
- 徐高教誠宗嗣

張周教勇宗嗣
汪胡教敷宗嗣
吴朱教本宗嗣
林李教修宗嗣
朱陸教静宗嗣
戚項教孝宗嗣
席葉教成宗嗣
陳王教敬宗嗣
陶姚教章宗嗣
劉陸教姜宗嗣
汪孫教方宗嗣
李任教先宗嗣
馬丁教光宗嗣

第十七代
王梅教清宗嗣
衛胡教藝宗嗣

第十六代
魯錢合善宗嗣
魯何合純宗嗣
陸合猷不字女貞
戚邵教智宗嗣
陳李教瀓宗嗣
孫徐合恕宗嗣

第十三代
費顧來欣嗣師 還雲贊護
諸夏復節嗣師

還雲贊護。傳於還雲，有顧翟本操、徐嚴本悟、王吳本恩、范孫本葆、陸車本老、葉吳本貞、朱汪本儉、楊姚本慎諸人。

費華本聰嗣師 中興坤道領袖，在還雲禮師。

孫尤合慧宗嗣 中興有力。

翁計教源宗嗣

計朱教臻宗嗣

第十七代

梅胡教勤宗嗣

戴黃合淑宗嗣

第十六代

胡朱教清宗嗣

周沈合中宗嗣

王李合緣宗嗣

李王合樂宗嗣

陸李教思宗嗣

王錢教亨宗嗣

丁華教修宗嗣

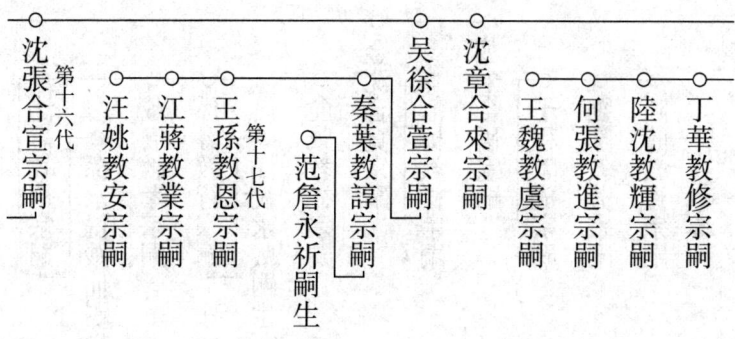

陸沈教輝宗嗣

何張教進宗嗣

王魏教虞宗嗣

沈章合來宗嗣

吴徐合萱宗嗣

秦葉教諄宗嗣

范詹永祈嗣生

第十七代

王孫教恩宗嗣

江蔣教業宗嗣

汪姚教安宗嗣

第十六代

沈張合宣宗嗣

- 沈壽教德宗嗣
  - 孫永得妙仙嗣生
- 戴袁教孝宗嗣
- 孫壽教行宗嗣
  - 汪祝永戴嗣生
- 俞戴教祥宗嗣

金沈合寬宗嗣
- 范梅教祥宗嗣

戴朱合悟宗嗣
- 干程教成宗嗣
- 劉陸教芳宗嗣
- 陸薛教近宗嗣

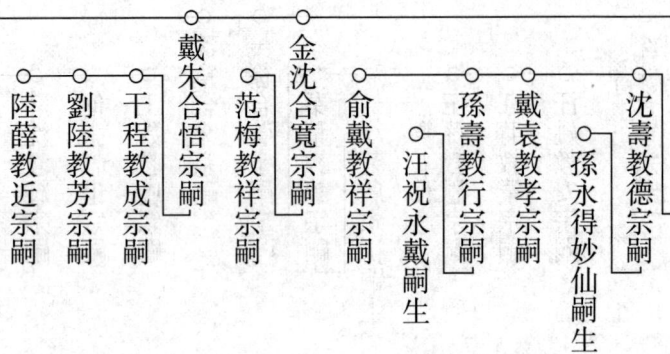

第十六代

高王合德宗嗣

應吳合修宗嗣

戚金合誼宗嗣

第十五代

卞龐本德嗣師還雲贊護。

費陸合同宗嗣

陸孫本恭嗣師還雲命名，本壇禮師。

費華本心嗣師

費張本慧嗣師

費施本靜嗣師

第十三代

柴潘來貞嗣師還雲贊護。

孫汪復道嗣師還雲贊護。

陸下本和嗣師還雲贊護。在還雲傳度汪李合辦。

費王合和宗嗣

龍門正宗覺雲本支道統薪傳下卷

列傳

第三代陳大律師傳

第四代周大律師傳

第五代張大律師傳

第五代沈大宗師傳

第六代趙大律師傳

第六代衞大宗師傳

第七代王大律師傳

第七代沈大宗師傳

第八代黄大律師傳

第八代孫大宗師傳

第九代周大律師傳

第九代范大宗師傳

第十代高大宗師傳〔一〕

第十一代閔大宗師傳

派名一得，原名苕旉，字補之，一字小艮，自號懶雲子，吴興世家子。父大夏，舉於鄉，授河南息縣令，後改教諭餘杭。師生日，息縣君夢羽服者至，曰「余貝懶雲也」，故别號署嬾雲子。幼聰穎，從群兒嬉，墮井中，若有挽之出者。體素弱，謁東籬高師於桐柏山，遂皈龍門，命名一得，受服食、撟引法，未幾病愈體充。資性過人，父命歸讀書，研究性理，不爲科舉業。比壯，有經世志，承息縣君命，援例入選雲南州司馬。以父喪歸，不復仕。出訪名勝，歷吴楚燕趙，足跡半天下。先後遇金懷懷、白馬李、李蓬頭、龍門道士輩，皆龍門西竺心宗諸師也。相與講論，多所契合。

師於乾隆五十五年歲庚戌（一七九〇），攜大戒書往雲南謁雞足道者。按雞足道者來自月支，西方國名，休於雞足山，自稱野怛婆闍，而無姓名字號。野怛婆闍，華言求道士，所精惟斗法。順治十七年庚子（一六六〇）始至京師觀光演鉢。崑陽王祖贈姓曰黄，命名守

〔一〕整理者按：以上各傳從略。其中，《龍門第一代趙大律師傳》至《第十代高大宗師傳》均見《金蓋心燈》。

中，且曰：「汝但住世，越一百三十秋，大戒自得。」遂囑返，仍持斗祕，精勤不怠。管天仙聞蹟而師之，命名太清。管傳金懷懷、白馬李。金傳活死人、李赤脚、石照山人。活死人傳住住生。道者又傳大脚仙、王袖虎。大脚仙傳張蓬頭。張傳龍門道士、李蓬頭等。自龍門第八代至十二代，後無所考。蓋雞足道者傳派，均以龍門派字所傳，故稱龍門西竺心宗開派祖師也。至師往謁道者時，適距順治庚子正一百三十年。道者見而喜曰：「尊師命，以西竺斗法付師，以易大戒書。」則黄、閔二師兩得也。其創開法門，廣傳戒律，一切因緣遲早，崑陽王祖固早已見及之。師拜受西竺至寶，歸纂《大梵先天梵音斗咒》，凡十部，計十二卷，刊傳於世。《斗法》所稱嘓哆律師，即黄律師也。閔師以戒易法，亦稱律師也。

有沈輕雲律師，爲東籬首座弟子，學綜三教，得東籬真傳。東籬宗師將示化時，師年纔逾弱冠，親往送別，嗣後遂從輕雲律師學，以師禮事之，遵師命也。其及門諸子，皆犖卓一時，師獨得其法，常守輕雲十義之訓，數十年不敢稍懈。沈師羽化金蓋山，師遂主之，閉關修道。憫其法嗣淩替，屋宇傾頹，慨然思振其緒，於是修葺增壯，拓其規模。遂啓龍門方便之法，以三教同修。儒者讀書窮理，治國齊家；釋者參禪悟道，見性明心；道者修身寡過，利物濟人。至律法宗教四宗，及居家出仕，入山修道，尋師訪友，蓄髪易服，均俾有志者自然而行。大旨以五倫八箴爲體用，蓋聖賢仙佛無不由五倫八箴而證果焉，故曰龍門方便法門。自是學者日進，自當代名公卿相，及緇流羽士，以至胥吏僕輿，欽其道範，納交受業者，實繁有徒。入室者雖不多，而誘掖奬勸，因其言而自新者，亦復不少。是以咸稱補之先生者也。

師朗若秋月，和若春風，定則如山，虛則如谷。中年學已貫徹，晚境更臻純粹，語默無非至道，起居純是天機。至於樂善好施，精神强固，猶其小焉者也。其教人也，有體有用，有本有末，篤於實行，不事神奇。嘗憫丹經邪正混淆，流弊滋多，爰取平日聞於師友，及四方好道之人，持其所藏之本，過訪就正者，讐校勘訂，剖其真僞。凡陰陽採補，詭傳邪説，悉皆屏斥，歸於中正。所著《金蓋心鐙》八卷，沿流溯源，發潛闡幽。又《書隱樓藏書》二十八種及《還源篇闡微》，以儒釋之精華，詮道家之玄妙，言言口訣，字字心傳，俾有志者循序漸進，自有爲以造無爲，不至昧厥旨歸。石照山人，西竺心宗師也，謂其能集玄學之大成。周梯霞，即輕雲師弟子也，謂其篤實輝光，清虛恢漠，足以承先啓後者，洵不誣也。

嘗冬夜遇一故人，衣薄見寒色，解身裘衣之。族中停柩數十，貧不能舉，爲擇地營葬。息縣君方官河南，夢衣冠者數輩來謝。後得師書，夢夕即葬日也。其得雞足道者黄律師、輕雲沈律師祕傳諸法，因時而用，無不立應如神。惜得其法者，今已不數覯矣。

歲乙未（一八三五），年七十有八，其嗣以孝迎養於家。逾年冬，偶染微疾，倏然長逝。

自擬身後楹聯曰:「修道祇爲求己志,著書未盡度人心。」又集《孟子》書曰:「善養吾浩然之氣,不失其赤子之心。」即此數語,其生平可概見矣。師生於乾隆戊寅(一七五八)十二月初二日,卒於道光丙申(一八三六)十一月初十日,住世七十有九歲,葬於金蓋山之東麓。

第十二代費大宗師傳

派名陽熙,字養和,號少房,一號真牧,自號撥雲。湖州烏程縣道場山人。先世多顯者。師生有至性,稍長好學,補邑諸生,三教經書無不採覽。時青田端木太鶴以通儒爲學官,師以師事之,於六經及先儒之學皆潛研而得要領。太鶴深於易,詮釋太極圖數千言。讀者多不省,師一覽輒悟,由是能得其學。一應鄉舉,以母訓不重禄養,不復進取,奉母家居,教授終日,與諸弟子講學無懈。

師少時無好尚,惟慕玄學,時與羽客往來,多所契合。聞金蓋山閔懶雲師道學之名,特往謁之。閔師印證不數語,極深相契,乃命今名,示以三教要旨,師拜受已。由是潛心參究,學力益深。隔年餘,母病,百救無效,遂殁。師願以身殉,師長理喻至再始休。窀穸畢,遂侍閔師學。晚澈儒道奥義,著作頗多梓世。閔師化後,即主金蓋山純陽宫講席。師生平教人,以力行心得,窮理立志爲主。從學顯者甚衆,所傳甚廣,近今江浙各雲壇,悉皆出自師門。秉金蓋之遺緒，啓方便之法門，閔祖而下，偉爲一代之宗師也。

第十二代余大宗師傳

派名陽輝，字蓮村，吴興人，金蓋玄裔。性善而慈，言行不苟，導人以善之心，孜孜不倦。嘗搜買善書，而於蘇松常鎮各埠設肆推售，必非博蠅頭之利，足徵其勸善之誠，用心亦良苦矣。暮年好道尤篤，養志修心，不問外事，山居持誦禮拜，奉道拳拳，不第爲鄉里之善人，亦龍門之泰斗也。師之生平事迹，聞載之上海毛對山先生《孽黨禍祚記》特詳，惜是書今一時訪求無著耳。

第十三代王大宗師傳

派名來因，字希賢，金蓋玄裔，亦即本壇啓派之宗師也。師爲人和藹可親，心静神逸，甘淡泊，絶嗜欲，致力於金蓋，數十年如一日，是以雲門中奉爲泰斗，名重一時。而於地方公益，遇有慈善事業，無不悉心贊助，鄉黨咸目之爲善人，尊之以長者。晚年尤精於煉度，一時學者風從。師曾於郡城合股開設採芝堂藥肆，修合丸散必誠必敬。人有謂其精誠所感，二次遇仙云。

第十三代程大宗師傳

派名來永，號無心，晚號抱雲。原名符，字子翔，湖州歸安人也。初，先生以典史官山西，節歲俸所入養其母於鄉。咸豐庚申（一八六〇）東南之亂，先生徒步數千里歸迎母。母固慈愛先生之嫂，嫂以哭夫盲於目，不能行。母曰：「我甯死弗捨若去。」先生遂棄官，傭書杭州，得束修養母。辛酉（一八六一）十月，杭州陷，先生爲賊所得，念母未殉。同治元年（一八六二）五月，湖州又陷，先生自賊中歸，狂走山谷間，伺賊隙入城求母，累不可得。賊撻之，瀕於死，逸而出，求之荒墟，晝伏夜行，升高而號，哀動道路。或告以母死矣，輒刺血漬路骨求之，無一驗者。如是三年，忽空中聞母語曰：「骨不可得，神鑒汝孝，盍入山閉修，或相見於冥冥中也。」乃遁入雲巢，度爲道士。山中人述其事，至今猶稱之。

先生居山淡然無所嗜，泊然無所營，足迹不出山二十餘年，見之者以爲古之畸人也。潘學使衍桐使浙時，慕先生高致，三造其廬始一見，大書以旌：「所居邦人士，儒心而道行者，靡遠邇胥知先生名。」夫漢李黄老之術興，而内學始名於天下。班固《志》，道家推原於禮樂仁義，後世道術荒誕，往往依附神仙家言，以導養煉氣殊惑庸衆，至於神遊玄默，忘其身以及其親，乃舉性道而歧之，將率性爲道之謂。何如先生者，幽顯不易其操，水火不危其慮，騣騣有古賢之風烈。所謂至誠上感，明祇下贊，其詣至苦，其行可以風矣。」清光緒二十一年（一八九五）四月初九日，卒於山。歿之日有大雲覆精舍，時人以爲孝之異徵焉。門人私謚曰孝節先生，築其墓於菡萏山之顛。

第十三代姚大宗師傳

派名來鑑，字守梅，吴興人。雙井嶺北山始創金蓋玄裔，亦即覺雲啓派之宗師也。青年好道，喜參玄學，初習《靈寶畢法》，精勤不倦。及皈龍門正宗，始知所學之非，棄之。蓋其信道之篤，見道之真，確得九戒中修持專一之旨。然非具有真知灼見者，曷克臻此。師之爲人樂善不倦，經辦湖郡仁濟善堂有年，凡遇各省及本鄉災賑，無不飢溺己任，竭力勸募。即如各鎮鄉育嬰保嬰各善堂或有不給，無不出爲維護支持，見善勇爲，無微不至。朔望親自赴鄉，到處宣講因果報應，感化鄉愚。是以官民欽仰，衆口皆碑，即鄉村婦孺，無不稱之爲善士。宜其哲嗣本泉，一舉連捷，天之報施善人，洵不爽也。

第十三代陳大法師傳

派名來幹，號西崖，字牧齋，吴興之陳泰人也。青年慕道，喜參玄學，聞金蓋撥雲子主講席，文章道德炳耀一時，乃趨山皈投焉。侍座多年，因得沈、閔諸祖不傳之祕。厥後祈晴禱雨，治病驅邪，依法奉行，輒獲感應。殫畢世之精神，闡諸階之法籙，利濟是任，終身行之而不懈。晚年學尤貫徹，朱顔鶴髮，飄飄若仙。我幼時猶親炙之。師一日病危，命其及門卞子鼎三，奏告急告斗科，斗未竣，師曰：「我報應已得，鴉雀夜鳴，與我師撥雲子病危告斗時同其報應。我病必不起矣。」既而果然。彌留之際，端坐作煉度狀，命子子蕃擊磬於耳，設壇於庭，嗡嗡運祖炁，因聲一響，神飛目瞑，斯亦奇矣。嘗聞之師曰：「凡人蟬蜕時，魂上出而升於天者爲仙，氣下出而入於地者爲鬼。」則師之證仙也無疑矣。師在生曾辦射村育嬰善堂及地方公益，掩埋露骨等善舉，靡不竭盡心力。是師向善之誠，好善之量，發之於外者，尤所共見共聞。至其爲人之謙和，持己之端方，以及嘉言懿行，有不暇縷舉者矣。師逝於清光緒丙申年（一八九六），住世六十八歲。

後跋

粤溯我龍門啓派，肇始於邱長春真人。真人以儒宗而作道祖，本正心修身之學，立開物成務之功，道法神通昌明於元葉，斑斑史乘，歷有可稽，非從事於清静寂滅之途者所可同年而語。是以學者奉爲圭臬，心鐙賡續，代不乏人。蕃衍宗支，盛於金蓋山中。皈依弟子，自閔祖啓方便法派而後，半多出自俗居有志之士，於是儒而道者日愈多，推行教法日益廣，今者雲壇竟遍於江浙。海上覺雲之立，昉於有清光緒十四年（一八八八），歷立四十寒暑。凡屬壇務之興，胥仗祖師飛鸞宣化，靈異昭著，有感斯通，以故攀附龍門者，亦日盛一日。在壇服務者，多半承授衣鉢，弟子相繼相繩。分金蓋之餘光，演全真之教法，仰纘道統，不雜旁流，洵有不容淹没者在也。前年春，祇奉鸞諭，譜訂《薪傳》，既蕆乃事，復奉諭爲跋。本珩不文，不敢違，因述梗概，以告來者，庶幾數典不忘云爾。

丁卯（一九二七）孟秋之吉，上虞戴本珩嘉寶氏謹跋。